# 南京事件と新聞報道

## 記者たちは何を書き、何を書かなかったか

上丸洋一
Jomaru Yoichi

朝日新聞出版

# 南京事件と新聞報道

## 記者たちは何を書き、何を書かなかったか

南京事件と新聞報道●目次

装幀　弾デザイン事務所
地図　鳥元真生
写真提供　朝日新聞社
（クレジットのないもの）

凡例

・原則として敬称は略した。用字用語は新聞社のルールを参照した。
・年号は西暦を用いた（引用文を除く）。「一九××年」の場合、誤読の余地のない範囲で「一九」を略した。
・引用文中、〔 〕は著者が加えた。旧かな遣いはそのまま、旧字体の漢字は新字体に改めた。句読点や濁点、読みがなを補った箇所、改行を省略した箇所がある。カタカナはひらがなに改めた。「かず〳〵」「返す〴〵」などの繰り返し記号は用いず、「かずかず」「返す返ず」などとした。明らかな誤字は訂正した。
・引用文には、今日では使用が不適切な差別的な語彙や表現が含まれるが、資料の歴史性にかんがみ原文のままとした。
・引用文中「□□」は脱字または判読不明字、「○○」は原文の伏せ字を示す。
・南京戦当時、各紙夕刊は、慣行上、実際の発行日の翌日の日付を欄外に記載していた。時系列の混乱を避けるため、夕刊については実際の発行日を採って「××日発行の△△新聞夕刊」などと表記した。「××日付△△新聞」という場合は、すべて朝刊を示す。
・当時の新聞では、記者の署名記事でも、例えば「山田特派員」のように、名字だけ書いているケースがほとんどで名前は書かれていない。可能な範囲で補足したが、多くは紙面の表記のままとした。
・同盟通信社の配信記事の場合、確認できた範囲で掲載紙を示した。
・朝日新聞は当時、東日本では「東京朝日新聞」（略称・東朝）、西日本では「大阪朝日新聞」（同・大朝）の題号で、また毎日新聞は同様に、「東京日日新聞」（略称・東日）「大阪毎日新聞」（同・大毎）の題号でそれぞれ発行されていた。本書では適宜、当時の題号や略称、あるいは「朝日新聞」「毎日新聞」の呼称を使用する。

# 序章　「まぼろし」の正体

## その記者は南京にいなかった

「あれ、これはおかしい」

思わず声をあげてしまった。

二〇二〇年五月下旬、鈴木明『「南京大虐殺」のまぼろし』（以下『まぼろし』と略す）を読み返していたときのことだ。

著者の鈴木は一九七二年、かつて中国戦線に従軍した一人の元記者に取材した。南京陥落直後に起きた捕虜の集団虐殺について尋ねたが、元記者の答えは「さっぱり要領を得なかった」という。

その箇所を読んだときだ、変だと気づいたのは。

なぜなら、鈴木が会った記者は三七年一二月一三日の南京陥落から二カ月近くたって初めて南京入りしている。「要領を得なかった」としても不思議はない。南京で捕虜の虐殺が多発していたとき、その記者はまだ福島にいたのだから。

**「諸君!」に連載**

順を追って説明しよう。

『まぼろし』は七三年三月に文藝春秋から単行本が刊行された。それ以降、版を重ね、一〇年後の八三年一一月に文春文庫版が出版された。[1]

私（上丸）は、この文庫版で『まぼろし』を読んだ。

そして、その後も幾度かこの本を手に取ってきた。

二〇〇五年から〇七年にかけて、私は、論文「『諸君!』『正論』の研究」を勤務先だった朝日新聞総合研究本部発行の月刊調査研究誌「ＡＩＲ21　朝日総研リポート」に断続的に寄稿し、保守言論誌の論調の変化を検証した。[2]その際、単行本のもとになった鈴木の一連の論稿にも目を通した。月刊誌「諸君!」（文藝春秋）に掲載された次の五編である。[3]

第一編「『南京大虐殺』のまぼろし」（72年4月号）
第二編「向井少尉はなぜ殺されたか　南京『百人斬り』のまぼろし」（72年8月号）
第三編「向井少尉は何故殺されたか・補遺」（72年10月号）
第四編「南京・昭和十二年十二月」（72年12月号）
第五編「南京　昭和十二年十二月（続）」（73年1月号）

これらが単行本の第一章「『南京大虐殺』のまぼろし」、第二章「向井少尉はなぜ殺されたか」、第三章「南京への道」、第四章「南京・昭和十二年十二月」、第五章「そこで中島師団はなにをしたか」にそれぞれ、概ね順に対応している（ただし、初出論稿よりかなり加筆されている）。

二〇〇七年から〇八年にかけて、朝日新聞は、戦時報道を検証する「新聞と戦争」を夕刊に連載した。取材班に参加した私は、このなかで「南京」と題するシリーズを担当、南京戦をめぐる報道を振り返った。その際も『まぼろし』を読み直した。

このように、繰り返し読んできた『まぼろし』だったが、それまでは、先にふれた記述のおかしさに気づくことはなかった。

## 無責任な文章

二〇二〇年二月、新型コロナウイルスの感染が国内に広がる直前に私は新聞記者生活を終えた。そして、日本軍の南京侵攻当時の新聞報道について改めて調べてみようと、本格的に資料集めを始めた。『まぼろし』を手に取ったのは、その作業を始めて三カ月ほどたったころだった。そこで、私は、この本の「おかしさ」に気づく。

著者の鈴木は次のように述べていた（要旨）。

――福島県の会津若松に本拠をおく歩兵第六五連隊（両角業作連隊長、通称両角部隊）が、一九三七年一二月の南京攻略戦で大量の捕虜を得た。そのことを秦賢助という作家が、雑誌「日本週報」に書いていることがわかった。秦の消息を調べるため、秦の出身地である福島県の新聞社を訪問。そして福島民友の元特派員、坂本を郊外の自宅に訪ねた。

以下は『まぼろし』からの引用である。

「坂本氏は幸い、日華事変勃発とともに中支に福島民友の特派員として派遣され、当時の事情にくわしかった。そこで『秦〔賢助〕氏』の名前を出すと、彼はとっさに『あの人はひどい。ダメですよ』と手をふった。

『あの人は、自分で会ってもいないのに、人からきいて、自分の体験みたいに書いてしまうんです。昔『花の白虎部隊』〔正しくは『白虎部隊』〕という本を出しましたが、私たちが話したことを、自分がインタビューしたように書いて、あとは新聞の切り抜きでデッチ上げたんです〔略〕』

「秦氏のことは判明したが、それにしても、両角部隊に捕えられた一万五千と確認(?)されている大量捕虜はどこに、どうして消えてしまったのだろうか。〔朝日新聞の特派員だった〕横田氏は前述したようにすでに亡くなられており、坂本氏は両角部隊について南京に行ったはずなのに、大量捕虜の件については、さっぱり要領を得なかった。顔色からいっても嘘をついているようにも思えないし、どうやら本当に知らない様子なのである」

ここが問題の箇所だ。

## 「坂本」とはだれか

鈴木は「坂本」について、福島民友新聞社の特派員だったと書いている。そもそも、そこからまちがっている。南京戦を取材した福島民友の特派員に「坂本」という名の記者はいない。日中戦争の初期、福島民友が中国に派遣した記者は、当時の署名記事などから、「市野直治」(三七年一二月三日に帰国)、「長谷川平八郎」の二人であり、その後、三八年一月一〇日に「南条清三」が福島を発って中国に向かったことが確認できるだけだ。

「坂本」を中国に派遣したのは、福島民友ではなく、そのライバル紙である福島民報だ。

二〇二〇年五月に私が『まぼろし』を読んでいて「これはおかしい」と気づいたのは、東京の国立国会図書館で入手しておいた南京戦当時の福島民報のコピーを偶然、数日前に読んでいたからだ。

――おかしい、「坂本」という記者が福島を発ったのは、三八年に入ってからだったはずだが……。

ピンときて、すぐに紙面のコピーを確認したことは言うまでもない。

鈴木は、肝心の新聞名を取り違えていた。しかも、この基本的な事実の誤りは、その後の文庫版などにもそのまま引き継がれており、訂正されていない。[4]

「坂本」のフルネームは「坂本六良《ろくろう》」という。

確かに、坂本は両角部隊に従軍している。しかし、坂本が派遣されたのは、「〔三七年七月七日の〕日華事変勃発とともに」（『まぼろし』）と言えるような時期ではない。南京が陥落した三七年一二月一三日前後の時期、坂本は南京にいなかった。その時期は福島にいた。

坂本が南京を訪れたのは、陥落から二カ月近くたったころだ。

三八年二月三日付の福島民報に社告が載っている。それは「坂本従軍記者　五日、出発に決定」の見出しで次のように述べている。

「揚子江北、津浦《しんぽ》線〔天津―浦口間の鉄道線〕上に活躍しつつある両角部隊の戦績並に郷土将兵の消息を詳報すべく、従軍記者第二陣として編集局員坂本六良君を派遣に決定、手続き中だつたが此程一切の準備を完了、来る五日午前十時二十四分福島発上り準急で単身壮途に就く事になつた。〔略〕徐州作戦の戦機正に動きつつあり同記者が戦地より発する第一報はこの稀有の大会戦に於ける郷土部隊の輝ける偉勲の報告であらう」

坂本派遣の主な目的は、南京侵攻のあとに行われた徐州作戦の取材だった。二月に派遣された坂本は、当然のことながら、南京陥落の場面に居合わせていない。

南京戦を取材していない坂本に南京戦の話を聞いて、鈴木はどうするつもりだったのか。

「大量捕虜の件については、〔坂本は〕さっぱり要領を得なかった。顔色からいっても嘘をついているようにも思えないし、どうやら本当に知らない様子なのである」

鈴木は、いかにも思わせぶりにそう書いている。しかし、南京にいなかったのだから、坂本の返事が「さっぱり要領を得な」くても、あるいは「本当に知らない様子」だったとしても驚くに値しない。

鈴木は、坂本に会った際、まっさきに「あなたは、いつ、南京に入りましたか」と尋ねるべきだった。この点があいまいなままでは取材は前に進めない。

それにしても鈴木は、坂本が南京侵攻に従軍していなかったことを本当に知らなかったのだろうか。知らなかったとしたらあまりにうかつだし、知っていて書かなかったのならあまりに不誠実だ。

いずれにしても、ずいぶんずさんな取材だというほかない。これでは南京事件の「真相」に迫ることなど、とうていおぼつかない。

ひょっとすると、鈴木は、坂本が「どうやら本当に知らない様子なのである」とあえて書くことで、捕虜の大量虐殺などあいまいなうわさ（「まぼろし」）にすぎないと読む者に印象づけることを意図したのではなかったか。そのために、坂本が南京に入った時期をわざと明示しなかったのではないか。そんな疑念さえ浮かぶ。

## 回想記に記述

では、南京侵攻に従軍した福島民報の記者は、だれなのか。

その記者は、箭内《やない》正五郎という。

鈴木が『まぼろし』の取材にあたった七二年当時、箭内は存命だった。『南京事件はなかった』（2022年刊）などの著書がある近現代史研究家、阿羅健一が八五年一二月、八一歳だった箭内に福島市内の自宅で会い、話を聞いている。[5] なお、箭内正五郎の証言については第六章で検討する。

鈴木は、取材する相手をまちがえた。

その後、私は、坂本が回想記『無冠の帝王　実は明治生まれの田舎記者』を八四年に出していることを知った。このなかで坂本は、従軍記者体験について次のように述べている。

「〔一九三八年〕二月三日〔先の新聞社告から実際には五日とみられる〕、私は単身中支戦線へ旅立った。〔略〕長崎には船の都合から二泊して上海へ。着いた上海は先日までの激戦場だった。焼けてもいれば死んでもいる。激戦の跡がなおそのままだ。福島兵の両角部隊を追って上海から一人旅。あとでは軍用機にも乗せて貰ったがそのときは汽車で前線へ。途中の南京でみたもの、聞いたもの――それはあの呪わしい南京の虐殺だ。なにが積んであるのかと、臭いのもかまわず近寄って見れば、揚子江岸にある屍体の山である。この南京で一休み。対岸の浦口へ渡って津浦線沿いに北上する。歩いたり、貨車に乗ったりで」

『無冠の帝王』によると、坂本は戦後、福島民友に移って政経部長、主筆を務め、五〇年に退社。週刊紙「福島政経新聞」（のち日出新聞と改題）の創刊に携わって社長を務めたが、こちらも一〇年で辞めた。

その後は平和、護憲運動に取り組み、七三年に月刊誌「財界ふくしま」の編集委員に就いた。九一年に八三歳で他界するまで健筆をふるったという（「財界ふくしま」91年11月号）。

## 引き返した読売記者

南京戦の「真相」を語ってもらおうと鈴木が会った元特派員の一人に原四郎がいた。原は七二年当時、読売新聞の副社長を務めていた。日中戦争の初期、原は中国に派遣された。『まぼろし』によると、原は南京事件について、次のように語ったという。

「当時の新聞記者が見ていないというのは、つまりは当時の記者は日本軍の勇敢な記事だけ送っていればよかったのだから、ヒューマニズムの立場から、日本軍の暴行というようなものを、つっこんで取材していないのは当り前」

鈴木は、あたかも原が南京で虐殺を「見ていない」と語ったかのように書いている。ところが、調べてみたら、原もまた陥落時には南京にいなかったことがわかった。しかし、鈴木はその事実を書いていない。

原については筆者（上丸）に少し予備知識があった。

戦後の五四年三月一日、中部太平洋マーシャル諸島のビキニ環礁沖を航行中のマグロ漁船、第五福竜丸が米国の水爆実験に遭遇、乗組員二三人が被曝した。この事実をスクープした読売新聞の当時の社会部長が原だった。この経緯を私は、戦後日本の原子力政策とそれをめぐる報道について検証した朝日新聞の連載「原発とメディア」（二〇一一～一二年）の取材で調べたことがあった。

あの原が南京でどんな記事を書いたのだろう。そんな関心から、当時の新聞を繰ってみた。その結果、上海から南京に向かう部隊についた原は、三七年一一月から一二月初めにかけて連日のように署名入りの記事を書いていた。しかし、南京発の原の署名記事は確認できなかった。

その後、原が八七年に日本新聞協会のインタビューを受け、次のように語っていることがわかった。

「南京へは私は入らなかった」

「上海で、南京が落〔ち〕たということを聞きまして、私は、暮れに日本へ帰ったんです」（日本新聞協会編「別冊新聞研究25　聴きとりでつづる新聞史」89年刊）

原はやはり、南京には行っていなかった。では、南京事件については、いつ知ったのか。原は八二年にこう語っている。

「わたしが、南京で大虐殺があったらしいとの情報を得たのは、南京が陥落して三カ月後のこと。当時、軍による緘口令が敷かれていたわけではない。なぜ今ごろこんなニュースが、と不思議に思い、各支局に確認をとったが、はっきりしたことはつかめなかった。また中国軍の宣伝工作だろう、というのが大方の意見だった」（82年8月31日付「世界日報」）

この通りだとすると、原は三八年三月ごろになって初めて、日本国内で「大虐殺」の情報にふれたことになる。そして、それは確かな情報ではなかったと原は結論づけている。

一方、南京陥落からちょうど一カ月がたった三八年一月一三日に読売新聞上海支局に着任した同紙記者、小俣行男は、その晩、南京から戻った連絡員から、捕虜の虐殺の話を聞いたという。連絡員とは、原稿の運搬などで報道活動を支えた人たちのことだ。

小俣は、六七年に出版した著書『戦場と記者』のなかで、日本軍が南京・下関《シャーカン》で中国人捕虜を一列に並べて重機関銃で撃ったという連絡員の話に続けて、こうつづっている。

「連絡員の話は耳を覆いたくなるような残虐な話ばかりだった。私たちは新聞社にいたので、戦場の話は一般の人よりも詳しく知っている筈だった。しかし東京には、こんなむごたらしい話は伝わってこなかった。それどころか、東京にいると、いつの間にかみんなが聖戦という言葉の魔術にかかっていた。〔略〕毎日毎日『護国の鬼となって散華した』とか『悠久の大義に生きる』とか『東洋平和のための聖戦』というような言葉をきかされているうちに、いつしか戦場が神聖なものに置きかえられていた。〔略〕ところが来てみると、戦場とは殺人、強盗、強姦、放火……あらゆる凶悪犯罪が集団的に行なわれている恐しいところだった」

## 報道人の罪

敗戦からほぼ一年がたった四六年七月三一日、東京裁判（極東国際軍事裁判）で南京事件をめぐって審理が行われているさなかに、読売新聞は社説で次のように論じた。

「南京暴行事件は、当時従軍したものならば多かれ少かれその事実を知つてゐるであらう。『聖戦』といひながら侵略戦争を強行し、一時的な『勝利』ののちに行はれたかずかずの蛮行を目撃しながら、しかもなほ『皇軍』といひ、そのやうな蛮行が戦争には不可避なものとして、高いヒユーマニテイにみづから目隠しをし、敢て直言し得なかつたわれわれ報道人の罪はけつして軽いものではない」

「あのやうな蛮行を敢てしながら『中国民衆を敵とするものにあらず』といふ声明を押しつけようとした無理は、その後のあらゆる対華施策の矛盾となつてあらはれてゐるのだが、何よりも中国民衆に対日敵意を植ゑつけ、その敵意が十数世紀にわたる日華国交史にいまだかつてみなかつたほどの深刻無残なものとして尾を曳いた、といふ点に、われわれは南京暴行事件を中心とする軍閥蛮行の拭ふことの出来ない歴史的罪悪を認めずにはをられない」

それにしても、鈴木は、原にインタビューした際、南京陥落時にどこにいたか確認しなかったのか。それともあえてあいまいなままにしておいたのか。

鈴木は、『中国の赤い星』で中国共産党の実像を世界に伝えた米国のジャーナリスト、エドガー・スノーが著書『アジアの戦争』（原著は41年刊、邦訳56年刊）で南京事件にふれていることを指摘したうえで、「スノウは南京に行っていないことがはっきりしているから、具体的な取材をしていない。絢爛たる文章ではあるが、内容に説得力がない」と批判している。

それでいて鈴木自身、陥落時に南京にいなかったことがはっきりしている元特派員に取材し、「さっぱり要領を得なかった」などと書いているのだ。

なお、エドガー・スノー『アジアの戦争』について「内容に説得力がない」とした箇所は、「諸君!」七二年一〇月号掲載の鈴木の論稿第三編から引いた。単行本でも『アジアの戦争』を取りあげているが、右の一節は削除されている。

注

1　二〇〇六年には、新書サイズの『「南京大虐殺」のまぼろし』が出版社「ワック」から刊行された。「解説」で東中野修道は「日本軍の南京占領にかんする研究史において先駆的な研究」「その後の研究にとっての、一つの基盤となってきた」と評している。

2　二〇一一年、『「諸君!」「正論」の研究　保守言論はどう変容してきたか』として岩波書店から出版された。

3　鈴木明が「諸君!」に寄稿するについては、次の経緯があったと「週刊読書人」七三年五月二八日号が紹介している。

「当時、同誌（「諸君！」）の編集長だった田中健五氏（現在「文芸春秋」編集長）によれば、『そのころ、「南京虐殺」についていろいろのジャーナリズムでとりあげられていたが、むこうへ行って帰って来た人たちが「事実はそうじゃない」と語っていたので、事件の原点を探ろうということになり、企画されたもの』だという。その執筆者として鈴木氏が起用されたのは、たまたま、田中氏が中国問題研究家の中島（中嶋）嶺雄氏を訪ねたとき、そこに鈴木氏がいあわせ、お互いに面識の間柄になったのがきっかけである。そのとき鈴木氏は、台湾問題について熱心にしゃべっていたそうだが、『南京大虐殺』の原点を探るという企画がたてられたとき、田中氏は鈴木氏に白羽の矢を立てた」

**4**　このほか「河北新報」とすべきところを「河北日報」と誤るなど、初出以来の誤記が、ワック社版までそのまま継承されている。

**5**　阿羅健一『聞き書　南京事件』87年刊。『「南京事件」日本人48人の証言』の題で2002年、小学館文庫に収録。さらに2022年には、陸軍の元軍人2人の証言を加えた『決定版「南京事件」日本人50人の証言』が育鵬社から刊行されている。本書の引用は小学館文庫版による。

## 公表されていた現場写真

『まぼろし』のもとになった論稿が「諸君！」に連載された七二年当時、南京事件をめぐる資料が今と比べ、質量ともに乏しかったのは事実だ。とくに、日本人将兵の日記など日本軍の行動を記録した資料は、ほとんど発掘、公表されていなかった。

しかし、全くなかったのではない。

例えば、京都第六師団第三〇旅団の旅団長だった佐々木到一の手記『ある軍人の自伝　増補版』[1]は、現場の指揮官の立場から、南京戦の模様を描いていた。

鈴木も佐々木到一の手記から次の一節を引いている。

「部隊をまとめつつ前進、和平門にいたる。その後俘虜ぞくぞく投降し、数千に達す。激昂せる兵は上官の制止もきかばこそ片っぱしより殺戮する。多数戦友の流血と十日間の辛酸をかえりみれば、兵隊ならずとも〝皆やってしまえ〟といいたくなる[2]」

評論家の橋川文三は、この本の「解説」で「南京虐殺の情景を描いた戦後の多くの記録と比べても、この記録は十分以上の迫力をそなえているといえよう」と評している。

ところが、鈴木は、右の部分を引用しておきながら、橋川とは反対に「残念ながら、『大虐殺』の具体的イメージは浮かんでこない」と切り捨ててしまう。自分の「大虐殺」の「イメージ」に合わないということだろうか。

## 後ろ手に縛られて

佐々木の手記だけではない。南京城内で撮った虐殺死体の写真が、戦後の占領終結から半年ほどたった時期に、日本の雑誌に掲載されていた。この事実は現在も一般にはあまり知られていないようだ。

写真を載せたのは、月刊のグラフ誌「国際文化画報」(49年9月創刊、国際文化情報社)の五二年九月号。「初めて世に出る南京大虐殺の実相[3]」のタイトルで、見開き二ページに大小一二点の写真を掲載した。

撮影したのは同盟通信のカメラマンとして京都第一六師団(中島今朝吾師団長)に従軍した不動健治だ。五二年当時、不動はこの「国際文化画報」の編集長を務めていた。

以下、写真説明を列記する。

「南京陥落直後のせい惨な南京城内」

「女や子供のざん殺死体」

「ハッキリ判る兵士の死体」

「刑場に運ばれる人々」

「南京攻略戦に従軍した当時の本誌不動編集長（中央）左は当時の部隊長中島第16師団長（攻略軍戦闘指揮所にて）」

「良民も非戦闘員も兵隊も区別のつかぬ捕虜収容所」

「明日の運命を知らぬ捕虜の群」

「人間の肉にむらがる野猫」

「銃剣で刺殺した瞬間」

「街上にころがる非戦闘員の虐殺死体」

最後の「非戦闘員の虐殺死体」の写真には、少なくとも七体の死体が写っている。なかには後ろ手に縛られていることがはっきり見てとれる死体もある。ただ、どの写真も撮影日時と撮影場所が明示されていないことが惜しまれる。

写真に次の短い記事が添えられている。

「戦犯裁判の法廷においていわゆる〝南京大虐殺〟として世界の耳目を驚倒させた日支事変中最悪の事件も既に十余年を経過した今日、軍国調の払拭された現在では殆んどその総てが忘れられようとしている。偶々《たまたま》本社で発行している〝画報近代百年史〟が近く発行される第十五集[4]においてこの真相を採り上げる段階に及んだので、ここに初めてその当時の写真が世に出ることになつた。それで本誌でも同時にこれらを掲載し記録に止めて警世・自省の資とすることにした。これらの写真は当時中島〔今朝吾〕師団（十六師団）に一従軍記者として南京に入城した本誌不動編集長が当時十余日にわたつて厳重なる撮影禁令の網をくぐつて撮影したものの一部で今まで世上の世論に誤解を

「国際文化画報」1952年9月号の南京特集見開き＝国際文化情報社刊、不動健治撮影

生ずるおそれあるを慮り一度も日の目を見たことのない貴重な写真であった」

「この事件については既に戦犯裁判記録にも詳述せられ最も不名誉なる旧日本軍の蛮行として余りにも世界的に喧伝されたもので良識ある日本人からひとしくひんしく《ママ》をかったものである。そして法廷の証言によつて初めて知らされたこの大惨虐行為のあと味はながく今に至るまで醜悪な歴史の一頁に汚点をとどめている」

また、編集後記はこう述べている。

「本号巻頭三四頁がすこし暗い感じのページとなりましたが、南京虐殺事件の写真は初めて公刊物に出るものだけに自讃で恐れ入りますが異彩を放つていると思います。尤も太平洋戦争中には死傷者の点ではもつと物凄い場面を沢山到るところで見慣れてきた人達が多いのでたいした感興も受けないかも知れませんが、日支事変中としては大変な問題となつたもので戦犯裁判でも非常に重大視せられたものであることは皆様既に御承知の筈です。そして当時新聞記者として従軍していた本誌編集長が自ら撮影したものであるだけに、その真実性も保証せられるところです。今までにこれが発表せられなかつた原因はいろいろありますがここでは省略致します。写真の散逸せぬ間に歴史的な記録として本誌に載録しておくことも意義なきことではないと思います」

## 『アジアの戦争』にも掲載

確かに、不動が自分で撮影した写真を、不動自身が編集長を務める雑誌に掲載したのだから、写真の出所に疑問の余地はない。米軍の日本占領が終わったあとに公表したのは、写真が戦犯訴追に利用されないよう配慮したのではないかと推測される。

鈴木は、不動撮影の現場写真を見ていなかったのだろうか。

鈴木が『まぼろし』で、エドガー・スノーの『アジアの戦争』を取りあげていることはすでに述べた。実は、この『アジアの戦争』の中に不動撮影の写真が三点、掲載されていた。「国際文化画報」五二年九月号に掲載された一二点のうちの三点で、不動からの提供写真であることも明記されている。『アジアの戦争』を読んだ鈴木がこれらの写真を見なかったとは考えにくい。

鈴木が『まぼろし』の取材をした七二年当時、不動は七〇代前半で健在だった。そのことは、南京戦に従軍した兵士や記者に取材した阿羅健一が「不動氏は〔一九三七年一二月〕十三日、南京に入城した。お目にかかろうとしていた矢先、昭和六十年〔一九八五年〕に八十七歳で亡くなり、話をうかがうことはできなかった」と八七年の著書『聞き書 南京事件』に書いていることからも確認できる。

鈴木は不動に取材することはなかったようだ。

不動は南京での取材体験を書き残さなかっただろうか。

調べてみると、不動に『叢談　鎌倉山』（71年刊）と題する著書があり、次の記述があることがわかった。

「南京大虐殺事件の現場に偶々遭遇して秘かに写真を撮ったが、常日頃猫の子一匹をタイヤで轢殺《れきさつ》しても見るに忍びない心境が人間の大量虐殺という生き地獄の場に臨んで暗然としながらもレンズを向けたその異常心理は、冷厳なる戦争の『生か死か』の限界選択を与えられた無我の心境にある者のみの持ち得る非人間的な特異な心理現象なのであろうか。帰国のときその写真の大部分は廃棄を命ぜられ、あるいは没収されてしまったが、その内の何枚かは難を逃れて持ち帰ることが出来た。そしてこれが後年唯一の当時の資料となって珍重がられ、毎年その記念日には新聞雑誌やグラフに撮影者名入りで同じものが何度も掲載せられることとなってしまったのには聊《いささ》か気恥ずかしく困惑の思いがする」

## 不動健治の回想

現場写真の多くは、中国から持ち出せなかったという。

『叢談　鎌倉山』によると、不動は太平洋戦争が始まったあと、同盟通信が中心になって日本軍占領下のシンガポールで発行した「昭南新聞」の理事などを務め、戦後、帰国した。四九年に、戦前からの出版人である大沢米造と共同で「国際文化情報社」をおこし、編集長に就いた。そして、南京からひそかに持ち帰った写真を、自分が編集長を務める雑誌「国際文化画報」に掲載した。

不動はまた、七五年二月に著した回顧録『写真遍歴七十年』[5]（同盟写真部同人会発行、非売品）でも、南京での取材についてふれている。『叢談　鎌倉山』の記述と内容はほぼ重なるが、国立国会図書館も収蔵していない資料なので、記録の意味で引用しておく。

「南京の入城時には、かの悪名のひとしお高い南京大虐殺事件の現場に逢着して、ひそかにこれを取材し、多数の写真を撮ったのであった。

常日ごろのネコの子一匹をタイヤで轢殺しても、見るにしのびない心境が、人間の大量虐殺という生き地獄の凄惨な光景場面に臨んで、しばし暗然としながらも、理性を黙殺し、任務のために進んでレンズを向けた、その異常心理は、われながら真に解し難いものがあった。これこそ戦場に臨んで〝生か死か〟の限界に、その選択を与えられた無我の心境にあった者のみの体験し得る、非人間的な特異な現象であろうか。戦後いろいろ論難の的となったこの事件は、その現実を直視せずして雑音は無用である。帰国の時、写したフィルムの大部分は、惜しくも没収されてしまったが、難を逃れて持ち帰った少数のものは、今でも珍重がられて新聞、雑誌に利用されることが多い」

『写真遍歴七十年』によると、雑誌「国際文化画報」は「毎号の印刷部数五十万を下らなかった」という。

注

1　佐々木到一の手記は最初、『ある軍人の自伝』の題で六三年に普通社から出版された。これには「南京攻略」の章は含まれていなかった。次いで六五年に集英社が刊行した『昭和戦争文学全集別巻　知られざる記録』に佐々木の「南京攻略記」が収録された。これは佐々木が三九年四月にタイプ印刷しておいた草稿「戦場記録――中支作戦編」を改題したものだ（橋川文三による同『別巻』「解説」による）。その後、六七年に勁草書房から「南京攻略」の章を加えた『あ

る軍人の自伝 増補版』が刊行された。

**2** 鈴木明は、この一節の出典をなぜか明示せず、「佐々木少将の(日本人によって書かれた、恐らく唯一の一級資料)よく使われる資料の一節」とだけ書いている。引用も不正確で、注1の『昭和戦争文学全集別巻』、『ある軍人の自伝 増補版』の当該部分と照合すると、「片はし」を「片っぱし」とし、「辛惨」を「辛酸」とするなど、この短い引用文中に少なくとも六カ所、原文と異なる箇所がある。

**3** 「南京大虐殺」という呼称は、朝日新聞記者、本多勝一が七一年のルポ「中国の旅」で使ったのが最初だという見方が一部にある。しかし、これは事実ではない。中国の軍事法廷で戦犯として裁かれた元熊本第六師団長、谷寿夫の四七年一月一五日付「申弁書」(鈴木明『「南京大虐殺」のまぼろし』所収)のなかにも「南京大虐殺」の語が使用されている。また、ここに示したように「国際文化画報」五二年九月号でも「南京大虐殺」がタイトルに使われている。ほかにも例えば、五五年に刊行された立野信之の小説『東京裁判』に「南京大虐殺」の語がみられる。

**4** 『画報近代百年史第十五集』(52年8月1日初版発行、国際文化情報社刊)は、「国際文化画報」に掲載された写真一二枚のうち、八枚を掲載。記事部分は、こう書いている。

「南京に入城した日本軍(主として中島師団)は、市内の掃蕩に当って、近代史上最大の虐殺事件といわれる恐るべき悪虐行為を行った。事件の証人たちの述べるところによれば『2万人からの男女、子供達が殺され』4週間にわたって南京は血の街と化したといわれる。ほとんど総ての女性は老若をとわず野蛮な被害を受け、家という家は掠奪を受けた。『南京における日本軍の乱行(南京の強姦)として世界に宣伝され』て、日本の名誉は地に墜ちた。日本軍はこの事実が外に洩れることを恐れ、あらゆるニュース・ソースに対して厳重な検閲をおこなったが、一部外国人も残留しており、また事実は覆いかくすべくもなかった。この南京の残虐行為こそ、結局中国をして徹底抗戦に導く結果をもたらしたものであった」

筆者(上丸)が図書館で閲覧した『第十五集』は奥付に「昭和三十一年十二月一日 十四版印刷発行」とあり、かなりの部数、発行されたことが推測される。

**5** 『写真遍歴七十年』は、共同通信OBの沼田清氏からコピーの提供を受けた。記して感謝申し上げます。

## 取材手法への疑問

鈴木の『まぼろし』を精読すると、その取材手法に疑問が浮かんでくる。

元特派員に取材する際、鈴木はなぜ、彼らが従軍中に書いた記事や、撮影した写真が載った紙面を入手して事前に読み、それを取材相手に示して、彼らの記憶を引き出そうとしなかったのか。茫洋と広がる記憶と忘却の混沌のなかから、確かな証言を聞き出すためには、そのための準備作業が欠かせない。新聞記者や新聞カメラマンの場合はむしろ、そのための資料（新聞紙面）が残っているという点で準備しやすいはずなのだが。

ところが、『まぼろし』を読むと鈴木は、ほとんど事前準備なしに、いわば「手ぶら」で取材相手のもとに向かったようだ。元記者に会って話を聞くのに、彼らが従軍中、どんな記事を書いたか、事前に紙面にあたることとなしに会うのは、取材の糸口をみすみす捨ててしまうようなものだ。それはまた、相手の思い込みや記憶違いをただすうえでも欠かせない作業だったはずである。

難しいことではない。南京陥落前後の一カ月分でも新聞を点検しておけば、より具体的に話を聞き出すことができたのではないか。

### 命乞いする人々

もう一つ疑問として浮かぶのは、取材相手が語った話の核心を鈴木がどれほど正確につかみ、それを文章にしていたかだ。

陥落直後に南京に入った報道関係者の一人に映画カメラマンの白井茂がいる。白井は陥落翌日の三七年一二月一四日、ドキュメンタリー映画の撮影で南京に入った。鈴木は、この白井に会って話を聞いている。『まぼろし』によると、白井は鈴木にこう語ったという。

「映画だから娘をとりたいと思ったが、とにかく娘というものに最後まで会えなかった。われわれ報道人は自由に難民区に入れたが、それでも娘はいなかった。難民区の出入は厳重だった。難民区の中の民衆は、特にわれわれに対して敵意をもっているようには思えなかった。遠巻きにして眺めている者もあり、近寄って物をネダる者もいたようだ。城内で、ごろごろ死体がころがっていたとか、集団で死んでいたというような光景に出会った記憶はない」

「虐殺の現場は二度見た。一度はサクがあったように思う。はるか離れているところで、銃殺していた。数は憶えていない。揚子江でない川のところで、機関銃で撃っているところも見た。私なら抵抗すると思ったが、彼等は従順に死を待っていたようだ。川にとび込んで、向うに泳ぎついた者もいた。二百人ぐらいいたと思う。場所は憶えていない。当時〝大虐殺〟という噂はなかった」

鈴木が七二年に白井に取材して書いた右の文章と、白井自身がペンをとって書いた次の文章を読み比べてみよう。白井は、八三年に出版した自伝『カメラと人生』で、南京での体験を次のように振り返っている。

「〔三七年一二月一四日〕午後南京に近づくにつれ戦禍のあとがなまなましくあたりに展開されてくる。異臭が鼻をつく。トラックはその中を走る。やがて遠く南京の城壁が見えて来た。城壁高く日の丸の旗が上っている、南京は昨日陥落したのだった」

「中山路を揚子江へ向かう大通り、左側の高い柵について中国人が一列に延々とならんでいる。何事だろうとそばを通る私をつかまえるようにして、持っているしわくちゃな煙草の袋や、小銭をそえて私に差出し何か悲愴なおももちで哀願する。となりの男も、手前の男も同じように小銭を出したり煙草を出したりして私に哀願する。延々とつづいている。これは何事だろうと思ったら、実はこの人々はこれから銃殺される人々の列だったのだ。だから命乞いの哀願だったのである。それがそうとわかっても、私にはどうしてやることも出来ない。一人の人も救うことは出来ない。

柵の中の広い原では少しはなれた処に塹壕のようなものが掘ってあって、その上で銃殺が行われている。一人の兵士は顔が真赤に血で染まって両手を上げて何か叫んでいる。いくら射たれても両手を上げて叫び続けて倒れない。何か執念の恐ろしさを見るようだ」

「よく聞かれるけれども、撃ってたのを見た事は事実だ。しかし、みんなへたなのが撃つから、弾が当ってるのに死なないのだ、なかなか。そこへいくと、海軍の方はスマートというか揚子江へウォーターシュートみたいな板をかけて、そこへいきなり蹴飛す。水におぼれるが必ずどっか行くと浮く、浮いたところをボンと殺る。揚子江に流れていく。そういうやりかただった。

戦争とはかくも無惨なものなのか、槍で心臓でも突きぬかれるようなおもいだ、私はこの血だらけの顔が、執念の形相がそれから幾日も幾日も心に焼付けられて忘れることが出来ないで困った。私は揚子江でも銃殺を見た。他の場所でも銃殺をされるであろう人々を沢山見たが余りにも残酷な物語はこれ以上書きたくない。これが世に伝えられる南京大虐殺事件の私の目にした一駒なのであるが、戦争とはどうしても起る宿命にあるものか、戦争をやらないで世界は共存出来ないものなのだろうかとつくづく考えさせられる」

白井の自伝の叙述は具体的、迫真的で、映像的でさえある。そして、虐殺の光景を目のあたりにしながら、何もなし得なかったことへの深い悔恨の念がつづられている。白井は、虐殺の強烈な記憶を心の傷として長年、抱え続けてきた。

一方、鈴木の聞き書きの方は、一言でいって、あまりにも内容が薄い。城内に「ごろごろ死体がころがっていた……というような光景に出会った記憶はない」とか、あるいは「当時〝大虐殺〟という噂はなかった」とかいった言葉を白井から引き出そうと、鈴木が躍起になっている印象がぬぐえない。話し言葉と書き言葉ではもともと「密度」にちがいがあるとはいえ、鈴木の聞き書きからは、虐殺を目撃したときの白井の苦悩も煩悶もうかがうことができない。

## 外交官の述懐

鈴木はまた、『まぼろし』の取材にあたって、事件当時、南京の日本大使館参事官だった日高信六郎から「親切なレクチュア」を受けたという。南京陥落直後に上海から南京に戻り、外国大使館などとの折衝にあたった人物だ。日高は「三十五年前の思い出話」を「流れるように語」ったという。

日高は南京で何を見たのか。鈴木が、その談話を書きとめている。

「街は全くの無人で、猫一匹飛び出してきてもハッとするような雰囲気でしたね。下関《シャーカン》にも死体はまだ残されていました。着くとすぐ、占領に際して、日本軍と現地人との間にいろいろなトラブルがあるときかされ、軍の関係者に一人一人廻って、善処を求めて歩きました。軍もそのことには非常に神経を使って、憲兵隊長など夜中に訪問したのですが、憲兵全員に非常呼集をかけ、見廻りを厳重にしたほどです」

鈴木は「いろいろなトラブル」としか書いていない。日本軍と現地の人々との間にどんな「トラブル」があったのか。そこを具体的に聞き出さなくては南京占領の実態は描けない。かえって、なにかを隠しているような書きぶりである。日高はこれだけしか話さなかったのだろうか。

鈴木が日高に話を聞いた六年前、つまり六六年に刊行された『広田弘毅』（広田弘毅伝記刊行会編）のなかで日高は、次のように述べている。ちなみに広田は、日本軍の南京侵攻当時の外務大臣である。

「捕虜の処遇については、高級参謀は〔南京侵攻の司令官である〕松井〔石根《いわね》〕さん同様心胆を砕いていたが、実際には、入城直後でもあり、恐怖心も手伝って無闇に殺してしまったらしい。揚子江岸に捕虜たちの死骸が数珠つなぎになって累々と打ち捨てられているさまは、いいようもないほど不愉快であった」

「一度残虐な行為が始まると自然残虐なことに慣れ、また一種の嗜虐的心理になるらしい。戦争がすんでホッとしたときに、食糧はないし、燃料もない。みんなが勝手に徴発を始める。床をはがして燃す前に、床そのものに火をつける。荷物を市民に運ばせて、用が済むと、『ご苦労さん』という代りに射ち殺してしまう。不感症になっていて、たいして驚かないという有様であった」

「根本は、軍人に限らず、日本人全体から、いつのまにかモーラル・チェックというものが失われていたという点にあると思われる。いついかなる時にも、人として絶対にある程度以下のことはしないという心構えの欠如が、南京事件を惹起した最大の原因であると私は思う」
鈴木の聞き取りとの密度のちがいは歴然としている。

## 削除された部分

鈴木は『まぼろし』で「南京事件はなかった」とは断定していない。一方で「確かにあった」とも書いていない。いや、実は「諸君！」七二年一〇月号に掲載された「向井少尉は何故殺されたか・補遺」のなかで、鈴木は、次のように述べていた。

「僕はもとより、昭和二十年以前の日本が中国に対して行なった行動（中国にだけではなく、全世界に行なった行動）が正しいとは夢にも思っていない。日本軍国主義の罪悪を憎む点では現在の本多勝一氏をも浅海一男氏をも上回る確信がある」

本多勝一は当時、朝日新聞編集委員。七一年に新聞連載した「中国の旅」で日本軍による中国侵略の実態を振り返り、大きな反響を呼んだ。浅海一男は東京日日新聞の特派員として南京へと進撃する日本軍を取材。その途上、二人の将校が「百人斬り競争」をしたと報道した記者の一人だ。

鈴木はさらに、こう強調する。

「僕は『南京事件』そのものが、『あったか、なかったか』という設定そのものが、全くナンセンスであると思っている。あれほど激しい戦闘があり、そこに何万という『帝国軍人』が押しかけていって、事件が起きなかったと考えることは、全く不可能である」

「くり返しいうが、僕は『南京事件はまぼろしに過ぎない』と考えたことは一度もない。そこでは、とにかくかなり大変なことが起った」

それならなぜ、「まぼろし」などという言葉をタイトルにしたのかと問い返したくなるが、結局、鈴木は「日本軍国主義の罪悪を憎む」とし、「『あったか、なかったか』という設定そのものが、全くナンセンス」「事件が起きなかったと考えることは、全く不可能」「『事件はまぼろしに過ぎない』と考えたことは一度もない」「とにかくかなり大変なことが起った」と断定的に述べたこの部分を単行本では削除してしまう。白黒はっきりさせずに、謎めかしておく方が世の関心を引く、そのうえ過剰な反発を回避することもできる、とでも考えたのだろうか。

## 一つのドキュメント

鈴木は、東京裁判が認定したり、中国が主張したりするような大規模な集団虐殺はなかった、それが真相であろうに従軍記者は、勇気がないために戦後もそのことを書かないできたと批判する。

そして、『まぼろし』の末尾で南京事件について「中国側に、軍民合わせて数万人の犠牲者が出たと推定される」と述べながら、「その伝えられ方が当初からあまりに政治的であったため、真実が埋もれ、今日に至るもまだ、事件の真相はだれにも知らされていない」と結論づける。

さらに「あとがき」で「『南京事件』なるものの全貌を知ろうとすれば、当時南京にいた数万といわれる将兵が今も全部現存していて、その全部について厳密な事実調べが行なわれなければ、それを知ることは出来ないわけである。そして、いうまでもなく、それは百パーセント不可能なことである」と述べて、結局、真相は不可知（まぼろし）である、という結論にたどりつく。

そのうえで鈴木は「これは昭和四十七年に書かれた一つのドキュメントとして読まれるべきだ」（「文庫版のためのあとがき」）と述べる。

それはその通りだと思う。『まぼろし』は、南京事件から三四年、敗戦から二六年たった時点で元特派員らに（何の準備もなく）面会して談話を集めたものの（あるいはそれゆえに）、結局「真相」に到達することができなかった――その経過をたどる「一つのドキュメント〔記録〕」として読まれるべきであって、それ以上のものではない。

鈴木自身、「例えば日本のある雑誌が『私はこうして南京の良民を殺した』という記事を、三十四年後の今日、『良心的な告白』として『匿名』で発表しても、これは資料としては殆ど意味はない」と書いているが、もし戦後の「告白」がすべて無意味であるなら、戦後数十年もたって「南京城内では死体を見なかった」と元記者や元軍人が語ったとしても、同じように「資料としては殆ど意味はない」はずだ。[1]

それにもかかわらず、鈴木は、戦後数十年たってから収集した談話だけで事件の「真相」を描こうとして結局、失敗に終わる（「まぼろし」を描くことには成功したのかもしれないが）。

そもそも「『極東軍事裁判速記録』〔正しくは『極東国際軍事裁判速記録』〕を、穴のあくほど、何回も何回も読み返した」と述べながら、「勝利者の敗者に対する決定的な優越感」を証人の表情に見たという感覚的な理由だけで多くの被害証言をほとんど無視し、日本の元記者、元軍人らの戦後の証言だけで事件の「真相」を描こうとした、その方法自体が誤っていたと言わざるを得ない。

南京事件を「まぼろし」にした責任の少なくとも一部は、鈴木が言うように、戦後になっても事件について語ろうとしなかった多くの元記者たちにあっただろう。しかし『まぼろし』の叙述のあいまいさについては、鈴木自身に責任があった。

実は鈴木自身、そのことを自覚していたふしがある。

『まぼろし』の単行本が出て二カ月半ほどたったころ、鈴木はこうもらしている。

「ぼくの本は、いままでの事実を否定するという意味あいがあるものですから、ある意味では、それほどのことはなかったんだみたいな形で、やや強調したきらいはあるわけですね」（73年5月28日付「週刊読書人」）

この発言は重要だ。鈴木が『まぼろし』を書いた目的は、事実を明らかにするためではなく、事実を「否定する」ため、あるいはあいまいにするためだった。予めたてた目的にそってこの本を書いたことを鈴木は自分で認めていた。

『まぼろし』は七三年、山崎朋子の「サンダカン八番娼館」とともに、第四回大宅壮一ノンフィクション賞を受賞した。賞がその名を冠するジャーナリスト、大宅壮一は、毎日新聞の取材班の一員として陥落前後の南京を見た経験があった。

大宅はその経験について、まとまった著作を残していないが、戦後の六六年九月に中国を訪問した際、同行の藤原弘達（政治評論家）、大森実（ジャーナリスト）、梶山季之（作家）らとの現地座談会でこう語っている。

「入城前後、入城までの過程において相当の大虐殺があったことは事実だと思う。三十万とか、建物の三分の一〔が焼かれた〕とか、数字はちょっと信用できないけどね。まあ相当の大規模の虐殺があったということは、私も目撃者として十分いえるね」

「ちょうどね、われわれが南京にはいったときにね、たくさん殺した兵隊さんと、だいたい同じ年配の連中がわれわれの前を歩いている……」（……は原文。「大宅考察組の中共報告」「サンデー毎日」66年10月20日臨時増刊）

七〇年に死去した大宅には、『「南京大虐殺」のまぼろし』を読む機会はなかった。

## それは「なかった」のか

その後、南京事件の研究は大きく進展した。南京戦に従軍した兵士の日記などの同時代資料（一次資料）が相次いで発掘され、中国人被害者に取材した証言集や、陥落当時、南京城内にいた欧米人の日記なども公刊されてきた。むしろ「まぼろし」論に触発され、それに対抗するために、南京事件をめぐる歴史学研究が進展してきたといえるかもしれない。

中国人被害者、中国人難民の救済活動にあたった欧米人、報道した欧米ジャーナリスト、南京に滞在していた外国外交官、日本の外交官、日本人将兵……それらの証言を総合するなら、南京で大規模な虐殺があったことはとうてい否定し得ない。大規模な集団虐殺とはいっても、それは一カ所で何万人もの中国兵が一斉に虐殺されたというようなものではなくて、大小さまざまな規模の集団虐殺があちこちで行われたということだ。

これに対し、南京虐殺事件はごく小規模なものだったとか、あるいはそもそもなかったとか主張する著作も八〇年代半ば以降、次々と出版されてきた。

なかには、こんな指摘もある。

「『朝日』『毎日』（当時『東京日々新聞〔正しくは東京日日新聞〕』）『読売』の三紙の昭和十二年十二月から翌年二月まで、すなわち『南京虐殺』のあったとされる時期の縮刷版（朝日）やマイクロフィルム（東日、読売）をコピーして、当時の新聞報道について詳しく点検した。自主規制や検閲があったとはいえ、この三紙のどのページをくってみても虐殺や暴行の匂いさえも感じられない」（田

中正明『〝南京虐殺〟の虚構』84年刊)

記事がないのは事件がなかったからだ、というのだ。

しかし、新聞はそもそも、その三紙だけではない。それに日本にとって不都合な事実は報道が許されなかった当時、虐殺を報じる記事が仮になかったとしても(本当になかったかどうかは、これから検証する)、それをもって事件そのものがなかったとみることはできない。

それにしても「自主規制や検閲があったとはいえ……虐殺や暴行の匂いさえも感じられない」とはいかにも奇妙な、トリッキーな論法だ。「自主規制や検閲があった」のだから「虐殺や暴行の匂いさえも感じられない」としても不思議はない。それに、本当に「匂い」もなかった、と言えるのかどうか。

また、一部の元従軍記者らが戦後になって「見ていない」と言っていることを一つの根拠にあげて、「事件はなかった」と主張するむきもある。しかし、一部の元記者が「見なかった」と語ったからといって、事実が「なかった」と断ずることはできない。

南京で起きたことの全体を「神」の視点で見わたすことができた者は、そもそも一人もいない。城郭都市南京は広い。城壁の長さは約三四キロ、山手線一周の長さとほぼ同じであり、城壁内の面積は山手線の内側の面積とほぼ同じだ。南京城内のある地点で「何も見なかった」としても、城内の別の場所で集団虐殺が「なかった」ことの証拠にはならない。

ある記者が事実「見なかった」としても(時と場所によっては、あるいは、そういうこともあり得たかもしれない)、それをもって南京のどこにも「虐殺はなかった」と断ずることはできない。

注

1　歴史学者の笠原十九司は、こう述べている。
「〔後年の〕回想録が史料として意味があるのは、体験時にはわからなかった体験目撃の意味がわかって書いていることである。大切なのは回想録の史料としての特徴をふまえて他の史料と照合しながら史料批判をおこなって活用することである」（笠原『「百人斬り競争」と南京事件』２００８年刊）。戦場体験の聞き取りでも同様のことが言えよう。

## なぜこの本を書いたのか

一九三七年一二月から翌年一月にかけて、日本軍は、直前まで中国の首都だった南京に侵攻、城内にとどまる中国軍将兵の「殲滅」を図った。戦意を失った投降兵や、武器を持たない一般住民らを捕らえて集団で虐殺したほか、南京への途上においても、略奪、放火、強姦と人道に反する行為を繰り返した。

その現場に新聞記者がいた。

彼らは何を見たのか。

彼らは何を書き、何を書かなかったのか。

新聞は読者に何を伝え、何を伝えなかったのか。

戦時報道とは何だったのか。

それらを当時の新聞から跡づけてみたい。

私はそう考えた。

### ジャーナリズムの仕事

これまで歴史学者は、陸海軍部隊の戦闘詳報など日本軍の公式資料、日本軍将兵が当時書いた日記類、南京に残っていた欧米ジャーナリストの報道記事、難民の支援にあたった外国人の日記、書簡、記録類、中国の社会事業団体が作成した資料、東京裁判での証言、中国人被害者の証言、日本人将兵や報道関係者らが戦後著した回想記——などをもとに、南京事件の実態を明らかにしてきた。

南京で日本軍が多数の中国兵捕虜や非戦闘員を虐殺したことは、否定し得ない歴史事実だ。

しかし、従来の研究を見わたすと、南京戦当時の新聞報道を広く参照して書かれたものは、私の知るかぎり、ほとんどない。参照したとしても、朝日新聞（東京朝日新聞、大阪朝日新聞）、毎日新聞（東京日日新聞、大阪毎日新聞）、読売新聞の全国版にほぼ限られ、それら大手紙の地方版や全国各地の地方紙まで広く目配りしたものは確認できない。郷土部隊の動きを追って一部の地方紙の記事が引かれることがあるにはあるが、数は少ない。

朝日、毎日、読売の地方版や地方紙は、南京戦について何を書いたか。当時の新聞報道の全体を見わたす作業はこれまでほとんど手つかずだった。

それには二つの理由があったとみられる。

第一の理由は、報道統制下、当時の新聞は戦場の実態をありのまま書くことが許されなかった。だから、今になって読み返しても、南京事件の事実を特定するうえではあまり参考にならない。そんなふうにみられてきたのではないか。

もう一つの理由は、日中戦争当時の日本中の主な新聞に目を通すとなると膨大な作業量になる。それが果たして意味のある作業となるのかどうか確証はない。そのために着手する研究者がいなかったのではないかと推測される。

歴史学者がそう考えるのは無理もないことだった。統制下にあった当時の新聞記事をたどっても、それだけで「歴史」が書けるわけではない。

そこで私は考えた。新聞が歴史研究のための一つの重要な素材であることはまちがいないにせよ、新聞が南京戦について何を報道し、何を報道しなかったか、その報道の中身を個々の記事に即して具体的に検証し報道機関の責任を考えるのは、歴史学というより、本来、ジャーナリズムの仕事ではないか。

そう気づいて私は、南京戦を報じた新聞をできるだけ広く、網羅的に集めて、その報道を検証してみることにした。軍事について知識の乏しい私には荷の重すぎるテーマであり、適任とは到底言えそうにないが、結局、思いついた者がやるしかないのだろうと覚悟を決めた。その作業を通じて、戦争報道とは何だったのか、その特質を明らかにしてみたいとも思った。それが二〇一九年の秋だった。みるべき記事があるかどうかは、実際に、みてみないことにはわからない。そういう思いも私にはあった。

戦時下の文学と文学者について研究した高崎隆治はこう指摘している。

「私は過去二十年に余る年月を、もっぱら戦時下に記された戦争の記録を研究テーマとしてそれに取り組んできた。それによってわかったことの最大のものは、戦時下の検閲のきびしさを考慮に入れた上でなお、ある場合には、戦後に書かれた手記や証言よりも、戦争下のそれの方がはるかに正確であり信頼できるということであった」（高崎「砂上楼閣の舞台裏」、本多勝一編『ペンの陰謀』77年刊）

この言葉に励まされて、私は、文字のかすれた八十数年前の新聞（マイクロフィルム版）を図書館で閲覧し続けた。この膨大な量の記事のなかに、戦場の実相を伝える数行が、ひっそりと埋もれているかもしれない。そんなあわい期待を抱きながら。

## いのちをふたつ

検証の対象としたのは、東京の国立国会図書館や地方の県立図書館などが収蔵する新聞各紙(別掲)。一九三七年一一月から三八年二月にかけての紙面を中心に、新聞によってはその幅をもっと広げて、南京戦に関する主な記事を集め、パソコン上でノートをとりながら読み返した。

本書執筆の目的は、日本軍の南京侵攻を新聞はどう報道したか(報道しなかったか)を検証するという、その一点にある。言い換えると、当時の新聞が記事と写真で描き出した「戦場」という空間を、時をへだてて歩き直す一種の「フィールドワーク」「現場ルポ」というほどのつもりである。

叙述にあたって、南京戦当時の新聞記事を多数、引用した。それは、新聞が何を書いたか(あるいは書かなかったか)、戦時報道とは何だったのか、個々の記事それ自体に語らせたい、というねらいからである。

戦時下の新聞、とくに全国の地方紙を横断的に読むのは、デジタル時代の今日なお、かなりの時間と労力を要する。記録性の上からも、多数の記事の引用には意味があるのではないかと考えた。

南京事件については、虐殺の規模が議論の中心におかれてきたが、その点は専門の歴史学者の検討にゆだねたい。三〇万人はもちろん、三万人、三〇〇〇人、あるいは五〇〇人であれ、たいへんな規模の殺戮であることにちがいはない。五〇〇人なら免罪される、というものではない。

思うに、人数や死者数はカウントできても、「いのち」はカウントできない。一つの「いのち」と別の一つの「いのち」を足し算することはできない。

近代短歌に大きな足跡を残した歌人、土岐善麿は、読売新聞社会部長、東京朝日新聞に移って学芸部長、調査部長を歴任し、日本軍の南京侵攻当時は論説委員を務めていた。

日中戦争下に土岐は次の一首を発表している。

遺棄死体数百《すうひやく》といひ数千《すうせん》といふいのちをふたつもちしものなし（歌集『六月』40年刊）

●本書執筆のため、収集、閲覧した新聞と所蔵施設は次の通り。北海道をのぞき、地方紙は各県域を販売対象としているものを主な対象とした。（ ）内は発行地。題号で判別可能なものは割愛した。なお、南京戦のあと新聞統合が始まり、ここにあげた幾つかの新聞は消滅した。また、新聞統合後に発足した北海道新聞、京都新聞などは、ここには登場しない。埼玉、滋賀両県については当時発行されていた地方紙の所在を確認できなかった。

【北海道・東北】北海タイムス（札幌）／小樽新聞／函館新聞／東奥日報（青森）／岩手日報／秋田魁新報／河北新報（仙台）／山形新聞／福島民報／福島民友新聞／会津新聞
【東京・関東】東京朝日新聞（各道府県版を含む）／東京日日新聞（同）／読売新聞（同）／国民新聞／報知新聞／都新聞／中外商業新報／中央新聞／二六新報／やまと新聞／帝国大学新聞（以上、東京）／上毛新聞（前橋）／下野新聞（宇都宮）
【中部・北陸】山梨日日新聞／静岡民友新聞／信濃毎日新聞／新潟新聞／北国新聞（金沢）／新愛知（名古屋）／名古屋新聞／岐阜日日新聞／伊勢新聞
【近畿】大阪朝日新聞（各府県版を含む）／大阪毎日新聞（同）／大阪時事新報／産業経済新聞（大阪）／京都日日新聞／京都日出新聞／神戸又新日報／神戸新聞
【中国・四国】合同新聞（岡山）／山陰新聞／松陽新報（以上、松江）／関門日日新聞（下関）／防長新聞（山口）／香川新報／四国民報（高松）／愛媛新報／海南新聞／伊予新報（以上、松山）／徳島毎日新聞／高知新聞
【九州・沖縄】福岡日日新聞／九州日報（福岡）／大分新聞／豊州新報（大分）／長崎日日新聞／佐賀毎夕新聞／九州日日新聞（熊本）／九州新聞（熊本）／宮崎新聞／鹿児島新聞／鹿児島朝日新聞／琉球新報＝以上、国立国会図書館

福島新聞／いはらき新聞（水戸）／房総新聞／横浜貿易新報／富山日報／北陸日日新聞（富山）／北陸タイムス（同）／奈良新聞／和歌山日日新聞／中国新聞（広島）＝以上、各県立図書館

福井新聞＝福井県文書館
千葉毎日新聞＝千葉県袖ケ浦市立図書館
鳥取新報＝米子市立図書館

# 第一章　上海戦線で

## 報道統制と「神話」

大阪毎日新聞熊本支局員、五島広作が熊本駅の駅長室に呼び出されたのは、熊本第六師団に従軍して熊本を発つ直前の一九三七年七月末のことだった。師団の情報主任参謀が五島に言い渡した。

「五島、わが六師団はいよいよ出発征途にのぼるが、オレが情報主任参謀としていっさいの報道関係の責任者だ。従軍記者諸君に伝えろ。よいか、軍に不利な報道は原則としていっさい書いてはいかん。戦地では許可された以外のことを書いてはいかん。この命令に違反した奴は即時内地送還だぞ。記事〔は〕検閲を原則とし、とくに軍機の秘密事項を書き送った奴は戦時陸軍刑法で銃殺だ」（五島『南京作戦の真相』66年刊）

三週間ほど前の七月七日夜、北平（当時の北京の呼称）郊外の盧溝橋で、演習中の日本軍と中国軍との間で武力衝突が起きた（盧溝橋事件）。

一一日、日本政府は、「武力抗日」に対する「自衛権の発動」であるとして中国への派兵を発表、「北支事変」と名づけた（9月2日、支那事変と改称）。

新聞社が動いた。

一三日、東京朝日新聞は一面に「四十三名を動員す　航空班精鋭も配置」の社告を掲載した。記者、カメラマンのほか、戦場特派員の助手として原稿やフィルムの運搬などにあたる「連絡員」や、現地で採用された記者など多数が動員された。

同じころ、東京日日新聞、大阪毎日新聞、読売新聞、同盟通信社も記者を中国に送り込んだ。

検閲当局はさっそく言論報道の引き締めを図った。内務省警保局図書課は七月一三日、各庁府県長官あてに「時局に関する記事取扱に関する件」を発し、次の事項などに特段の留意を払うよう指示した。

「反戦又は反軍的言説を為し或は軍民離間を招来せしむるが如き事項」

「我が国民を好戦的国民なりと印象せしむるが如き記事或は我が国の対外国策を侵略主義的なるが如き疑惑を生ぜしむる虞《おそれ》ある事項」

「反戦」を説くことも「侵略」と呼ぶことも禁じられた。

五島は、出発前に熊本出身の新聞社の幹部に励まされた。

「おまえは精鋭熊本兵団の従軍毎日特派員としての栄誉のため、万難を排し、八千万国民、二百万県民の代表として、一死報道の大任を果たすことを期待する」（『南京作戦の真相』）

「戦争」という名の怪物が走り出した。

## 従軍記者心得

日中戦争の従軍記者には「陸軍従軍新聞記者心得」が適用された。三〇年以上前の一九〇四年、日露戦争の開始に際して陸軍が制定した記者規範だ。

それはこう定めていた。

「第十条　従軍者は従軍中総て高等司令部の命令に服従し其の定むる所の規定を遵守すべし」

「第十一条　従軍者の通信書（通信文私信電信等を総称す）は高等司令部において指示せる将校の検閲を経たる後にあらざれば発送することを得ず」

記者は軍の命令に「服従」すること、検閲を受けることが義務付けられていた。報道の自由も独立も保障されていなかった。報道機関は軍への従属を強いられた。一方で記者は、軍から食糧の提供を受けることや乗り物に便乗することが許された。

三七年八月一三日、上海で日本の海軍陸戦隊と中国軍が戦闘を開始した。

この日、東京朝日新聞の論説委員は夕方までに、翌一四日付の社説「政府の重要声明」を書き上げていた。

「三万居留民の保護のためには最後まで兵火の惨を避けることが絶対に必要。〔略〕吾人はこの危険万状の瞬間に処して、尚最後の希望を捨てず、『厳重交渉をなすと共に居留民の保護につき万全の措置を講』ぜんとして、静かに支那側の出方を見んと欲するものである」

社説は、この時点ではまだ戦争回避の望みを捨てていなかった。ところが、印刷にかかる間際に事態が動いた。時間がなく、社説の書き換えが困難だったのだろう、追記の形で「遂に決裂」という見出しをたて、次の一節を加えた。

「前論を終るや終らざる、午後四時支那正規軍より砲撃開始、我軍これに応射して、愈《いよいよ》戦闘は開始されたとの急電に接した。〔略〕つひに我軍の応戦已むを得ざるに至つたのは返す返すも遺憾至極である。〔略〕吾人は我海軍が最善をつくして居留民保護のために断乎として起ち、皇軍の威力を発揮して、この不法極まる支那軍の脅威を一気に除去せんことを望む」

「兵火の惨を避けよ」という主張と、「皇軍の威力を発揮せよ」という主張と。正反対の主張が同じ一つの紙面に並んで載った。

一四日、中国軍は上海に停泊する日本の艦艇などを空から攻撃、翌一五日、長崎を飛び立った日本の航空隊が東シナ海を横断して南京を空襲した。この日、松井石根《いわね》を司令官とする上海派遣軍が編成された。日本は中国との全面戦争に突入した。

## 使命は「神話」づくり

名古屋第六連隊の連隊長、倉永辰治が上海北部の呉淞《ウースン》で戦死した――。

大阪毎日新聞の特派員、藤田信勝[1]が、ある兵士にそう教えられたのは、三七年八月末のことだった。兵士は要旨、次のように説明した。

――倉永は、占領した農家の一室にいた。そこに何人かの兵士が入ってきた。その日は敵味方を判別するため、「尾張―名古屋」を合言葉と決めていた。深夜、何人かの兵士が入ってきた。「尾張」と倉永が言った。ところが、兵士たちは「名古屋」とは応えず、いきなり銃を撃った。連隊長のあっけない死だった。

事実かどうか確認しようと藤田は連隊本部に行った。農家の前の広場で、連隊長の遺骸を火葬にするところだった。

「部隊長は戦死されたそうですね」

「そんなことはない」

「これはなんですか」

「戦死した兵隊の火葬だ。なにごとがあっても上海の報道部で発表する。それ以外は一切書いてはいかんゾ！」

上海に帰ると、すでに連隊長の戦死は発表されていた。上海戦における最初の将校の戦死だった。藤田は、合言葉のことにはふれずに、しかし、できるだけ事実に即して記事をまとめたが、上海の陸軍報道部の検閲で「不許可」となった。改めて簡単な記事を書いて日本に電報で送った。

翌日、大阪本社の編集主幹から「他紙に劣る紙面は遺憾なり」という趣旨の訓電がきた。あとで他紙の記事をみると、連隊長は、戦闘の先頭に立って指揮し、軍刀を抜いて「進め、進め」と叫びながら壮烈無比の戦死を遂げたと見てきたように書いていた（藤田『体験的新聞論』67年刊）。

藤田は「反戦記者」の疑いをかけられたらしく、三カ月で帰還命令を受けた（藤田「私たちは国民をかく騙し続けた」「潮」71年10月号）。

従軍記者の使命は何か。この一件で藤田は気づく。

「架空の武勇伝を書くこと、つまり神話づくりが従軍記者の任務だったのである。その後戦争の全期間を通じて、新聞記者は事実をも真実をも伝えるものでなく、軍の発表にしたがって、国民を鼓舞する〝ペンの兵士〟であることを使命と考えねばならなかった」（『体験的新聞論』）

## 伊予新報、都新聞の戦争批判

三七年九月一三日、警視庁は、陸軍省が作成した「新聞掲載事項許否判定要領」を東京市内の新聞社に伝えた。これによって、次に示された記事は掲載が禁じられた（内務省警保局「出版警察報」第101号）。

「我軍に不利なる記事写真」

「支那兵又は支那人逮捕訊問等の記事写真中虐待の感を与ふる虞あるもの」

「惨虐なる写真但し支那兵又は支那人の惨虐性に関する記事は差支なし」

日本軍に「不利なる記事写真」の掲載を禁ずるといっても、何がそれにあたるかは当局のハラ一つだった。新聞社側にそうした認識がなくても、当局が「不利なる記事」とみれば、掲載は許されなかった。日本が犯した残虐行為の写真は掲載が許されなかったが、中国軍のそれは許された。ただし、筆者（上丸）が調べた範囲では、中国軍による残虐行為の写真を掲載した新聞は見当たらない。

これより早く、憲兵司令部は八月二八日、各憲兵隊に対し「時局に関する言論、文書取締に関する件」を通達、政府や戦争に対する批判的言論の取り締まり強化を命じた。監視対象とされたのは、次のような事項を含む言説だった。

「皇軍の名誉威信を損じ又は軍紀の厳正を疑はしむるが如き事項」

「国境を超越する人類愛又は生命尊重、肉親愛等を基調として現実を軽蔑する如く強調又は風刺し為に犠牲奉公の精神を動揺減退せしむる虞ある事項」（吉田裕、吉見義明編『資料日本現代史10』84年刊）

国境を超える人類愛、生命尊重の思想は危険視された。それらは「この国に命を捧げよ」という思想と相反していたからだろう。

そうしたなか、八月三一日の伊予新報のコラム「山荘随観」は、こう述べた。

「戦争といふものがいかに悲惨なものであるか、いかに呪はるべきものであるかといふことを実はわが国民の多くは知らないといつていい、もしこの度の日支事変が長期にわたる国際戦化するであらうならば、わが国民もかくてはじめて現代の戦争のいかに悲惨であり呪はるべきものであるかを知るであらう」

「いたづらに疲弊困憊《こんぱい》が叫ばれた農山村、そのいたいたしい農業経済の傷手《いたで》も、やがて来るべき国難の傷手、国際戦争から来たるべき傷手にこれを比較するであらうならば、それはおそらくものの数でもないであらう」

慧眼だった。しかし（むしろ、それゆえに）伊予新報は発禁となった。理由は「殊更に戦争に因る国民生活の窮乏並に戦禍の悲惨なる状態を誇張し延《ひい》て反戦思想を醸成し国民の士気を沮喪せしむる虞」があるから、とされた（「出版警察報」第１０８号）。

九月五日付都新聞は、臨時帝国議会の開会にあたって「臨時議会の任務、事変の目標と限界を示せ」と、次のように論じた。

「支那事変の目標が分らぬといふ意見があるさうだ。さう云へば徳富蘇峰翁は『我等は何となく暗夜に、山径《やまみち》を引ずり回はされつつある心地がする』と慨嘆されてゐる。徳富翁でさへさうだとすると、国民は皆目、目標が分らないかも知れない。

事変の目標が分らぬやうな飛んでもない事態の儘《まま》にして置くと、国民は目標の限界を飛び越えて、それこそ飛んでもない錯覚をおこす惧れがある。現にロシアをやつつけろイギリスを倒せといきまいて支那事変が世界戦争の序の口だ位に目標をつけ、限界をひろげて考へてゐるものさへあるやうだが、こんな事から、万に一つ、まちがつてそんな事にでもなつたんでは徳富翁も厳戒されてゐたやうに『戦争の為の戦争』ともなる危険があらう」

記事に付された署名は「遠久高司」。戦後、日本社会党委員長を務める鈴木茂三郎のペンネームだった。これもまた的確で予言的な批判だった。しかし、「国論統一を攪乱する如き議論」であるとして都新聞も発禁処分を受けた（「出版警察報」第109号）。

戦争を疑問視したり、戦争に反対したりする主張は検閲で封じられた。

反戦の主張を取り締まる動きが記事になることもほとんどなかった。

その数少ない例が、三七年九月一三日付東京朝日新聞に載った「反戦の論調　城森弘弁護士を留置」という記事だ。

「警視庁外事課は、弁護士の城森弘を軍刑法第九九条（戦時又は事変に際し軍事に関し造言飛語を為したる者は三年以下の禁固に処す）違反の嫌疑で取り調べている。城森は米オクシデンタル大で経済学宗教学を修めたクリスチャンで、昨年一一月に渡米、ハワイの新聞ハワイ商業の今年八月一二日号に『軍国主義者達を戒しむ』を寄稿。支那事変に論及して反戦的内容を述べたことが在留邦人の投書から判明した」（要旨）

その著書『戯曲　受刑者耶蘇』（32年刊）によると、城森は、東京府立青山師範学校、日本大学法文学部予科を出て一九二四年に弁護士資格を取得。すぐに米ロサンゼルス郊外の大学に留学し、二六年に帰国した。東京・深川、次いで本所に労働者ホームを建て、無産者の相談に当たった。熱心なキリスト教徒だったという。

一〇月二二日発行「夕刊やまと新聞」のコラム「余韻」は、鹿児島での反戦文書摘発にふれていた。

「最近、鹿児島市基督教婦人連盟から北支の皇軍に送るといふ慰問袋百個の内容を念のため憲兵隊で調べて見たら中に『支那兵も同じ神の子ですから殺さないで下さい』といつた反戦的文書が殆ど全部に入つてゐたといふので大問題になつた」

ささやかな反戦の声も、たちまち圧殺された。

注

1 藤田信勝は戦後、毎日新聞ロンドン支局長、論説委員などを務め、一面コラム「余録」を担当した。

2 新愛知新聞社の特派員、永谷義雄は著書『血みどろ従軍記』（39年刊）で倉永連隊長戦死の公表文を紹介している。それによると、連隊長は八月二九日早朝、十字路を徒歩で左折しようとした瞬間、左胸部に銃弾を受けて倒れた。弾丸は心臓部を貫通、約三〇秒で名誉の戦死を遂げたとしている。

## 中国軍を侮るな

上海で戦火があがったころ、上海には、朝日、毎日、読売、報知新聞、同盟通信などが支局をおいて記者を常駐させていた。

「上海、朝日新聞支局は、万歳館といふ旅館の経営してゐるビルデイングの二階を占拠してゐた。玄関の前には、社旗を立てた自動車が並び、薄暗い廊下は、堆く積まれた新聞紙や箱やで、田舎新聞社の編集局さながらの大混雑であつた」（杉山平助「北支より上海―南京へ」「改造」38年2月号）

朝日新聞上海支局のデスク（次長）を務めた矢島八洲夫は、次のように回想する。

「支局の上の階に陸軍の報道部があり、後に陸軍省報道部長になった馬淵逸雄さんらがおり、朝日に対しては好意的によくめんどうをみてくれた。当時は記事は全部事前検閲だったが、時間的にも非常に有利だった。白川〔威海〕支局長が非常に社交的な人で、陸海軍はじめ航空隊の人たちともつき合いが広く、源田実なども よく支局へ来ていた」（朝日新聞社社史編修室『朝日新聞編年史　昭和十二年下』）

上海派遣軍の報道部長を務めた馬淵逸雄によると、上海戦当時、百数十人の従軍記者、通信員が報道部の将校とともに戦場に出入りしたという（馬淵「中支に於ける報道戦」、矢部良策編『アジア問題講座第二巻』40年刊）。連絡員などを加えると、さらに多くの人員が直接、南京戦の報道にかかわったとみられる。

## 日帰り取材

記者たちは、カメラマンや連絡員らとともに、午前二時、三時に支局を出発し、自動車や徒歩で前線に向かった。暗いうちに行動する方が安全だったからだ。原稿は伝書鳩などで支局に届け、取材を終えれば上海市内に戻った（鈴木兼吉『鳩とともに三十六年』80年刊）。

戦闘現場が上海市内やその近郊である間、記者たちは上海市街と戦場を日帰りで往復していた。その後、戦線が拡大されて前線が遠のくと、無電技師が記者に同行して、現地から原稿を上海支局へ送信。その原稿がさらに電話または電信で大阪本社に送られた。

一方、単身、派遣された地方紙の記者たちの苦労は並大抵ではなかった。

新潟新聞の今泉記者によると――。

「我々の書く総べての従軍原稿は○部隊で検閲を受け再度上海にある報道部で検閲を受けて内地へ

送るのであるが、このため部隊に四六時中ついてゐる訳にはゆかんし、それでも部隊が上海の近くにある時は大してこの連絡に困らないが、離れて来ると上海から部隊へ追ひつくまでが一と苦労である、戦線が広くなつたときなど途中どんなところに敗残兵がゐたり便衣隊〔軍服ではなく平服を着た部隊、ゲリラ部隊〕がゐるか判らないので危険この上もない。〔略〕だから部隊に着くと救はれた様にホツとして再び上海に帰るのが嫌になるほどだ。勿論途中の食糧や日用品は自分で背負ひ自分で造らなければならん、部隊にゐても同じやうな事だが兵隊の中でやつてくれるといふのも出て来るが、あの苦労振りを見てはたのむのはとても忍びない」（38年1月22日付新潟新聞「江南戦線を往く」）

戦場で書いた原稿は、検閲を受けるため、上海の軍報道部に自分で運ばねばならない。それを終えると、従軍する部隊を追って戦場に戻る。その繰り返しだった。

今泉はさらにこうつづる。

「追撃戦だけはすつかり参らされた。昼夜ぶつ通しで歩かせられたこともあつた。兎《と》に角《かく》睡眠不足や栄養不良がゴツチヤになつて神経ばかりイライラしてどう仕様もない。足の裏の豆なんか問題でなくなる、膝が棒のやうになつて曲らなくなつて凍るころになると変なもので、敵でも出て来てくれればいいといふ様な考へを起す（部隊が交戦をすれば我々は少しは休めるから）」（同右）

一方、上海派遣軍報道部も、前線から情報収集する手段がなく、軍司令部との連絡も思うように取れないために上海戦では苦労を強いられた。報道部長の馬淵は「朝早く宿舎を出でて自動車で戦線を回り歩き、第一線の情況を見たり聞いたりして、夕方報道部に帰り、蠟燭《ろうそく》の下に地図を開いて戦場で見聞して来たことを新聞記者に話をする」のが通例だったと述べている（馬淵『報道戦線』41年刊）。

## 中国軍は強かった

上海で日本軍は非常な苦戦を強いられた。兵士たちが郷里に送った手紙の一節を新聞が紹介した。

「敵も昔日の支那軍ではなく近代兵器を使用して支那軍とても侮ることは出来ません」（37年9月15日付大朝岐阜版「支那兵も侮れぬ」）

「支那兵は予想外に強く、特に十八、十九、二十歳くらゐの若き兵は最後の一兵まで一歩も退かず、銃剣にて突き刺しても平然たるものがありました」（38年2月18日付大朝長崎版「侮れぬ支那兵」）

兵士たちは、それぞれにこう訴えていた。

中国軍を侮るな。

もともと、日本が中国に侵攻した背景には「中国は国家としての統一がとれておらず、中国人には国家意識も愛国心もない。一撃を加えるだけで中国はすぐにも降伏する」といった意識があった。例えば、陸軍大臣や朝鮮総督を務めた陸軍軍人、宇垣一成は三七年一一月二三日の日記にこう書いている。

「支那人は民族意識としては相当に深き根柢を有するも、国家意識は強烈でない。吾人から見れば頗る《すこぶ》稀薄であり、微温である。支那人は各其学んだる学問や技術の系統に強く色どられて統一性を欠いて居る」

一方、中国軍はなぜ強いのかという記者の質問に、岐阜歩兵第六八連隊の少尉は、こう答えた。

「徹底した排日教育の結果、学生が銃をもつて参戦してゐる、さういふ彼らはやつぱりかなりな愛国心をもつてゐるのです、それがこんどの場合も支那軍を強くしてゐるやうに思はれました」（37年9月18日付大朝岐阜版「再起を前に戦火を顧る」）

自分たちに愛国心があるように、中国の年若い兵士たちにも愛国心がある。弾丸飛び交う前線で、少尉はそのことを「発見」した。

ある部隊長は東京・八王子の中学校生徒らに向けて、こう書き送っている。

「屍山血河、荒涼たる新戦場の最前線に笑ひを含んで斃《たお》れてゐる兵は未だ頬の丸々とした少年兵ではないか。彼等は誤れる救国観であるにせよ愛国の情に燃えて死を鴻毛《こうもう》の軽きに致したもので従来の職業的老兵達とは比べものにならぬ程勇敢である。而してこれらは諸君と同じ十六歳から二十歳迄の青少年兵であることを銘記せよ」（37年12月14日付東朝府下版「戦線からみた支那人観」）

首相の近衛文麿もまた、秘書の原田熊雄に語っていた。

「支那軍は予想以上に非常に強い。〔略〕祖国に対する非常な愛国心なり、抗日の精神なりが強く教育されてゐる」（原田述『西園寺公と政局　第六巻』37年9月28日の項）

日本軍の侵攻が中国の人々の愛国心や国家意識を高め、抗日意識を高めた。抵抗のナショナリズムだ。では、日本軍はどうだったのか。上海にある日本大使館の一等書記官だった田尻愛義は戦後、こうつづる。

「日本軍の士気は低調そのものであって中国軍の方がはるかに高い。捕虜をみても、どうも大和魂は先方に乗り移った感がする。〔略〕〔上海を流れる〕蘇州河を引揚げてくる兵隊の首には女用の狐の襟巻、腕には金時計がキラついていた」（『田尻愛義回想録』77年刊）

## 逃げる中国兵を撃つ

戦場では、記者も兵士も凄惨な光景を目の当たりにした。当時の新聞からも、その一端を垣間見ることができる。

奈良県出身の自動車隊員は郷里に便りを送ってきた。

「第一線に入って以来、我が自動車隊も敵兵追撃隊に選ばれて歩兵を乗せ、連日前進を続けてゐるが、支那兵の生々しき屍を自動車の轍《わだち》に轢《ひ》く気持だけは平時では味はれない。逃走する支那兵を車上より射撃する面白さや、敵の負傷兵の逃げ遅れて手を合せて命乞ひをする様は筆舌にも尽せない痛快味があります」（37年11月10日付大朝奈良版「敵の屍を乗り越え前進また前進」）

記者のなかには、中国兵を銃で撃った者もいた。上海・江橋鎮の戦いで日本軍の戦車に同乗した徳島毎日新聞の特派員がこう書いている。

「操縦士の川添上等兵が叫んだ。『敵が逃げるぞ』アッ!! クリークの真二ツに折れた橋から一人、二人、三人、五人まで支那兵が水中へ……。射手の神田一等兵が顔を真赤にして機銃を揚げた。当らない。興奮した記者は前日、蘇州河でろ獲した支那将校のモーゼルを取出して一発、二発、三発射つた。アッ一人が沈んだ。水が朱に染つた。その時友軍の砲撃だ、戦車の巨体をゆり上げて三十間〔約五四メートル〕と離れぬ江橋鎮の東端へ実に危いが綺麗な猛烈な砲撃だ」（11月12日付徳島毎日新聞「戦車に搭乗　江橋鎮攻略に従軍」）

注
1　海軍軍人。戦闘機パイロットとして日中戦争での南京空襲や太平洋戦争での真珠湾攻撃などに参加。戦後、参院議員を務めた。

## 松井石根の記者会見

床屋でのおしゃべりがもとだった。京都で牛乳販売業を営む二五歳の松尾幸二が警察の厳しい取り調べをうけることになったのは。

盧溝橋事件から一カ月後の三七年八月六日、松尾は床屋の職人にこう話した。

「日本軍隊は支那へ領土及権益の侵略に行つて居るのである、故に支那人と雖《いえど》も民族意識に目醒めた知識階級の人々は今後如何なることがあつても排日抗日運動に全力を注ぐであらう、夫《そ》れは斯くすることが愛国的行為である、支那の行為は正当防衛である、日本の侵略に対して已むに已まれず戦つて居るのである」（内務省警保局保安課「北支事変ニ関スル情報（其四）[1]」）

松尾は警察に検束され、取り調べをうけた。しかし、「左翼思想抱持者に非ず且つ改悛の情顕著」であったため、「厳重諭示」だけで「放還」された。

この戦争はおかしい。

若き牛乳店主はそう考えた。まちがっているのは日本だと。

一カ月後の九月六日、首相の近衛文麿は帝国議会で演説した。

「帝国が〔排日の支那に〕断乎一撃を加ふるの決意を為したることは、独り帝国自衛の為のみならず、正義人道の上より見ましても、極めて当然のことなりと固く信じて疑はぬものであります。〔略〕固より帝国の打撃を加へんとする目標は、斯る誤れる排外政策を実行しつつある所の支那政府及び軍隊でありまして、帝国は断じて支那国民を敵とするものではないのであります」

しかし、「自衛のための戦争」という日本の主張を国際社会は受け入れなかった。

一〇月五日、国際連盟の諮問委員会は、中国における日本の軍事行動について「自衛ではない」とする報告書を採択。「中国に対する日本の軍事行動は紛争の起因となった事件とは絶対に比較にならぬ大規模なものと認めざるを得ない」と報告書は述べ、不戦条約などに違反すると認定していた（臼井勝美『新版日中戦争』２０００年刊）。

日本の侵攻は自衛の範囲をはるかに超えているという見解だった。

米ルーズベルト大統領は五日、日本の軍事行動について「宣戦の布告も警告も、また正当な理由もなく婦女子をふくむ一般市民が、空中からの爆弾によって仮借なく殺戮されている戦慄すべき状態が現出している。〔略〕彼らは、平和を愛好する国民の共同行動によって隔離されるべきである」と非難した（防衛庁防衛研修所戦史室『支那事変陸軍作戦1』75年刊）。

のちに日本軍は、南京で多数の兵士、市民を虐殺して国際的な非難をあびることになるが、それ以前に、中国への侵攻自体が過ちだった。「捕虜の殺害は戦闘の範囲内だ」などという主張が今日、一部にあるが、中国の領土に大軍を送り込んで中国軍との戦闘に及んだこと自体が正当性を欠いていた。

**後援と感謝**

一〇月九日午後、上海派遣軍司令官の松井石根は、日本の記者十数人と会見した。上海で松井が記者会見に応ずるのは初めてだった。松井はここで大意、次のように語った。

――近いうちに上海付近の敵軍に対し決戦的攻撃を実行する予定である。国民の激励と後援に感謝するほかには今は語る言葉はない。

記者たちがこれにどう応じたか。松井が日記に書いている。

「各新聞通信員一同能《よ》く予の意を諒《りょう》し　緊張せる態度を以て其通信員の任務に努力し　軍の行動を後援すべき決意を述べて退散せり　又上海各新聞社及同盟、朝日、毎日の代表者は各新聞記者を代表し　予及将兵に対し感謝の辞を呈し一同撮影の後帰還せり」（『南京戦史資料集Ⅱ』[2]）

記者たちは、軍の行動を「後援」する決意と将兵への「感謝」を述べた。記者と軍はそうした関係にあり、軍の行動を監視するという視点は記者団になかった。

## 外国人記者との会見

翌一〇月一〇日正午、松井は今度は「倫敦《ロンドン》タイムス通信員フレザア　紐育《ニューヨーク》タイムス通信員アベンドと会見」し、「支那を膺懲《ようちょう》すると云ふよりも　如何にして四億万民衆を救済し得べき乎と云ふ考にて一杯なり」などと語った。

松井は日記にそうつづっている。

「概して両人共予の率直の談話に満足の意を表して帰れり」（『南京戦史資料集Ⅱ』）

実は「フレザア」と「アベンド」は「〔日本に〕好意を有する由にて特に選まれて他に先んじ」て会見した記者だった（「上海派遣軍参謀副長　上村利道日記」『南京戦史資料集Ⅱ』）。二人が実際に日本に「好意」をもっていたかどうかは不明だが、そのように映った記者を選んで先に会見するというのは、いかにも公平を欠くやり方だった。

松井は、外国人記者に対する日本外務省の対応に不満をもっていた。

「川越〔茂・中国駐在〕大使の使者酒を持ち見舞に来る〔略〕聞く所に依れば在上海大使館側にて

は　未だ何等外国通信員買収等の手段を講じあらずと云　誠に吃驚の至〔略〕今後の宣伝戦に非常に不利を招くべく憂慮の至なり」（「松井日記」37年10月1日の項、『南京戦史資料集Ⅱ』）

外国記者に買収工作をしていないと聞いて松井は驚いた。「日本の正義」への「理解」を松井は金で買おうとしたらしい。

上海には二〇以上の欧米の新聞社が記者を配置していた。しかし、日本軍の記者会見に足を運ぶ記者はほとんどいなかったようだ。報道部長の馬淵がこう書いている。

「〔中国側の〕定期の会見には押すな押すなの盛況だつた。それに引き換へ、日本側に於て外人記者を声を嗄らして呼び集めても来ず、こちらから態々《わざわざ》メトロポール〔外国特派員が利用したホテル〕に出かけて行つて話をするが、一向に飛びついて来ない」（馬淵「中支に於ける報道戦」、矢部良策編『アジア問題講座第二巻』）

そんな状況を何とかしなくてはと考えたのだろう。上海の日本大使館は一一月一日、国内外の記者をメトロポールホテルに集めてパーティーを開いた。福岡日日新聞（37年11月5日付「凄いぞ肉弾爆撃　我《わが》出先主催内外人記者招宴」）によると、外国人記者約九〇人、日本人記者四〇人を招待した。パーティーのなかで、ワシントン・ポストの記者とAP通信の記者が異口同音に「〔米通信社〕UPと同盟の通信がその内容を全く異にしてゐるので困る。僕らは熱心に真実を伝へようと努力してゐるが、真の情報を捕捉することが出来ない」と苦情を述べた。

そうした日本の報道機関に対する不満は国内にもあった。対中国外交の実務責任者である外務省東亜局長、石射猪太郎《いしいいたろう》が日記につづっている。

「米国の一新聞云く、日本は何の為めに戦争をして居るのか自分でも判らないであろうと。其通り、

外字新聞を見ねば〔日本の新聞だけでは〕日本の姿がワカラヌ時代だ」（『石射猪太郎日記』〈93年刊〉37年9月2日の項）

日本海軍は八月一五日から二カ月間に南京を六五回にわたって空襲し、一般市民三九二人が死亡していた（中国側調べ、笠原十九司『南京事件』97年刊）。

「自衛のための武力行使である」

「正義人道の戦いである」

そうした日本政府の対外宣伝を、駐日米国大使のジョセフ・グルーは、日本人の「一自由主義者」にあてた手紙の中でばっさり否定した。

「日本のプロパガンディスト達が米国で間断なく使った『自衛』という言葉は、不幸なものだったと思います。並の米国人は丁寧に耳を傾けるでしょうが『だが日本は中国の土地で戦っているんでしょう?』と聞き返すだけのことだと思います」（グルーの日記『滞日十年』〈48年刊〉37年12月3日の項）

注

1　アジア歴史資料センター Ref.A06030016600

2　本書でしばしば参照した『南京戦史』（89年刊）、『南京戦史資料集』（同）、『南京戦史資料集Ⅰ』（増補改訂版、93年刊）、『南京戦史資料集Ⅱ』（93年刊）は、いずれも元陸軍将校の親睦団体である偕行社の「南京戦史編集委員会」が編纂した。

## 火野葦平の手紙

三七年一一月五日、熊本第六師団、久留米第一八師団、宇都宮第一一四師団などからなる「第一〇軍」（柳川平助司令官、柳川兵団とも）が、上海の南西、杭州湾に上陸した。苦戦が続く上海戦線の戦況を打開するためだった。

この杭州湾上陸を、首相の近衛文麿も内閣書記官長〔現在の内閣官房長官にあたる〕の風見章も、新聞記者から聞かされるまで知らなかった。軍の作戦については内閣の関与を許さない、知らせる必要もないというのが陸海軍の考えだった（風見『近衛内閣』51年刊）。

政府と軍は一体を欠いていた。ちなみに風見は、大阪朝日新聞の記者、信濃毎日新聞の主筆を経て政界に転じた人物だ。

一一月七日、上海派遣軍と第一〇軍を統一指揮するため中支那方面軍（司令官は、上海派遣軍司令官の松井石根が兼任）が編成された。

### 嘉善での戦闘

杭州湾上陸作戦に従軍した一人に玉井勝則がいた。小倉歩兵第一一四連隊の伍長だ。

福岡県若松市（現北九州市若松区）で「玉井組」を率いて沖仲仕（荷役労働者）を束ねる一方、地元の文学同人誌に詩や小説を発表する文学青年でもあった。筆名は「火野葦平」。出征直前に詩集『山上軍艦』を出版、のちに芥川賞を受賞する「糞尿譚」を同人誌に発表したばかりだった。

火野が戦地から家族に寄せた手紙が、大阪朝日新聞北九州版（37年12月16日付）で紹介された。見出しは「勝ちゃん大手柄　『山上軍艦』の詩人伍長　敵兵　卅六《さんじゅうろく》人生捕り」。記事が掲載されたのは南京陥落（一二月一三日）のあとだが、手紙の内容は、一一月の杭州湾上陸直後の出来事を書いたものだ。こうした時間差は当時の新聞では日常的にみられた。出来事の発生から、かなり時間がたったあとで関連の記事が載ることは普通のことだった。

記事には次の前文が付いている。

勝ちゃん大手柄
『山上軍艦』の詩人伍長
敵兵卅六人生捕り

玉井伍長

1937年12月16日付大阪朝日新聞北九州版の記事（部分）。
「勝ちゃん大手柄」の見出しで火野葦平の手紙を紹介した

「戦争詩集『山上軍艦』のヒーローわが郷土の詩人伍長玉井勝則君が決死隊として敵トーチカに躍り込み、占領した上、敵兵三十六名を捕虜にしたといふ素晴らしい戦功物語〔略〕北九州詩友はもとより同君を知る者は勝つちやんが大手柄をしたと南京陥落の慶祝にこの郷土の誇りを織込んで感激の万歳を送つてゐる。左記は同君が若松市の実家に送つたその奮戦ぶりを物語る手紙の断片である」

以下、記事は、火野の手紙を紹介する。

「杭州湾から壮烈な敵前上陸（十一月五日）をして以来の部隊の戦闘振りは新聞やラヂオなどですでに承知のことと思ふ。今日まで何度となく弾の下を潜り、生死の巷の中にさらされた（中略）。嘉善の戦では部隊の栄誉となるべき武勲をたてた。お父さん達に生きてかへれば立派なお土産話となると思ふ。トーチカが随所にあつて嘉善では前進出来ず、攻撃のため三日を費し（中略）部隊長の命を受けて兵七人をつれて決死隊となつてトーチカを占領に行つた。そしてそのトーチカを占領し、敵兵三十六名を捕虜にし、武器弾薬、書類などを戦利品にし、一人も怪我人なく引揚げて来た。トーチカに忍びよつて銃眼から手榴弾を七ツぶちこんだ（中略）南京まで八十里、今まですでに七、八十里も歩いたらうか、皇軍将兵の苦労は口や筆では述べられない（以下略）」（「中略」「以下略」は記事の原文のまま）

杭州湾に近い嘉善での戦闘で、中国軍のトーチカを占領し、三六人を捕虜にしたというのだ。捕虜がその後、どうなったかについては書かれていない。

このあと、火野が所属する小倉歩兵第一一四連隊は嘉興を経て、いったん南京をめざすが、途中から行き先をかえ、徐州へと向かった。ただし、火野は、部隊を離れて、一二月一七日に南京で行われた日本軍の入城式に参加している。

## 小林秀雄が来訪

翌三八年二月、火野の小説「糞尿譚」に芥川賞が贈られることが決まった。三月、杭州に駐留していた火野のもとを文芸評論家の小林秀雄[1]が訪れ、文藝春秋の特派員という肩書で火野に芥川賞を授与した。

このとき火野は三一歳、小林三五歳。「二人は直ぐ旧くからの友達の様になつた」（小林「杭州」「文藝春秋」38年5月号）。

火野は小林に嘉善の戦闘について語った。それを小林はこう書きとめている。

「火野君は七人の兵を連れ、一番大きな奴〔トーチカ〕に、機銃の死角を利用して近付き、這ひ上つて、通風筒から手榴弾を七つ投げ込み、裏に回つて扉をたたき壊して跳り込み、四人を斬つて、三十二人の正規兵を×××で縛り上げたと言ふ。一たん縛つた奴は中々殺せんものぞ、無論場合が場合なので、わしは知らなんだが、夕方出てみると壕のなかに××××××××おつた。中に胸を指さして殺してくれといふ奴があつての気の毒で××てやつたがな」（同右）

最後の伏せ字二文字は「殺し」以外にあてはまる文字が浮かばない。

先にみたように、火野は、朝日新聞に掲載された郷里への手紙で、中国兵三六人を捕虜にしたとだけ述べていた。しかし、小林には別の説明をしたらしい。三六人中、四人は現場で斬殺し、あとの三二人も（伏せ字部分を前後の文脈で補えば）火野の知らないうちに、別の兵士がすべて殺害したのだろうと想像がつく。

火野はその後、中支那方面軍報道部長の馬淵逸雄に誘われて、三八年四月に報道部に転属になる。そして、雑誌「改造」三八年八月号に発表した徐州攻略戦の従軍記「麦と兵隊」が評判を呼び、単行本化されて一〇〇万部の大ベストセラーとなった。兵士の武勇伝ではなくて、その日常の喜怒哀楽を活写して読者の共感を得た。

続いて火野は「杭州湾敵前上陸記」の副題をもつ『土と兵隊』を発表した。しかし、これには中国兵三六人を捕虜にした場面は描かれていない。

それが日の目をみたのは戦後になってからだった。五三年に出た新潮文庫『土と兵隊・麦と兵隊』には、次の一節が加えられている。

「横になつた途端に、眠くなつた。少し寝た。寒さで眼がさめて、表に出た。すると、先刻まで、電線で珠数つなぎにされてゐた捕虜の姿が見えない。どうしたのかと、そこに居た兵隊に訊ねると、皆殺しましたと云つた。

見ると、散兵壕のなかに、支那兵の屍骸が投げこまれてある。壕は狭いので重なり合ひ、泥水のなかに半分は浸つて居た。三十六人、皆殺したのだらうか。私は黯然とした思ひで、又も、胸の中に、怒りの感情の渦巻くのを覚えた。嘔吐を感じ、気が滅入つて来て、そこを立ち去らうとすると、ふと、妙なものに気づいた。屍骸が動いてゐるのだつた。そこへ行つて見ると、重なりあつた屍の下積みになつて、半死の支那兵が血塗れになつて、蠢いて居た。彼は靴音に気付いたか、不自由な姿勢で、渾身の勇を揮ふやうに、顔をあげて私を見た。その苦しげな表情に私はぞつとした。彼は懇願するやうな目付きで、私と自分の胸とを交互に示した。射つてくれと云つて居ることに微塵の疑ひもない。私は躊躇しなかつた。急いで、瀕死の支那兵の胸に照準を付けると、引鉄《ひきがね》を引いた。支那兵は動かなくなつた。山崎小隊長が走つて来て、どうして、敵中で無意味な発砲をするかと云つた。どうして、こんな無残なことをするのかと云ひたかつたが、それは云へなかつた。重い気持で、私はそこを離れた。[2]」

三六人の中国兵が皆殺しにされたと思ったら、瀕死の中国兵がひとり、自分を射ってくれと言うので「私」はその胸に向けて引き金をひいた。

## 面白い戦争

嘉善での戦闘と火野の「土と兵隊」について、ここまで述べてきたのは、当時の新聞がどこまで書けたか、どこから先は書けなかったか、具体的にみることができるからだ。

火野の手紙を紹介した朝日新聞北九州版の記事は、火野の部隊が中国兵三六人を捕虜にしたところまでしか書いていない。その後、全員殺したことについてはまったくふれていない。ただ「皇軍将兵の苦労は口や筆では述べられない」という記事中の一文が何かを暗示するだけだ。

嘉善の戦闘を報じた新聞はほかにもある。

関門日日新聞の内田特派員は「敵兵二百を殲滅して頑堅なトーチカを完全に占領したのが午後五時すぎ、兵隊も戦のあとで苦しかつたのを忘れて『こんな面白い戦争なら毎日でもいい』と言つてゐた」（38年1月18日付「片岡部隊従軍記　嘉善前方のトーチカ奪取」）と書いた。

また、九州日報（福岡）は、小倉連隊の片岡角次連隊長が部下の将兵に送った書信を紹介した。連隊長は嘉善の戦闘について、こう述べていた。

「勇敢なる我が擲弾《てきだん》兵は、堅固なる障壁に拠り頑強に抵抗しある敵兵をめがけて手榴弾を投げて一挙に三十余名の〔を〕文字通り全滅せしめ候、敵の遺棄したる死体のみにても三百余名に上り我の損害は僅かに二十名に過ぎず、支那軍が攻撃し来りたるは此の戦闘のみに御座候」（38年2月1日付「トーチカに攀ぢ登り　手榴弾を落し込む」）

これらの記事をみても、戦闘で中国兵を「殲滅」「全滅」させたと書かれており、捕虜としたあとに殺した事実はうかがい知れない。しかし、それは報道統制下、新聞がそうした事実を記事にできなかったからであり、記事に書かれていないからといって捕虜の殺害がなかったことの裏付けにはならない。そのことを、右の記事が端的に示している。

さらに言えば、日本軍は杭州湾上陸直後から中国の一般民衆を虐殺していた事実が、朝日新聞記者、本多勝一のルポ「南京への道」（「朝日ジャーナル」84年4月13日号—10月5日号、『本多勝一集23　南京大虐殺』〈97年刊〉に収録）で明らかにされているが、南京戦当時の新聞には、そうした事実は一切書かれていない。

南京戦にかかわる多くの著作のなかには「虐殺はなかった、新聞が書いていないのがその証拠だ」といった主張も一部にみられる。しかし、新聞は虐殺の光景を書くことが許されず、自己規制した。新聞に虐殺の光景が書かれていないからといって、虐殺がなかったことの証明にはならない。

## 家族に伝えた真相

火野が戦後、「土と兵隊」を新潮文庫で出すときに加筆していたことはすでにみた通りだ。その記述はどれほど、事実に即していたのだろうか。

日本文学の専門誌「国文学」二〇〇〇年一一月号に火野葦平が南京から家族にあてて出した一九三七年一二月一五日付の手紙が「新資料」として、花田俊典九州大学教授によって紹介されている。

この手紙で火野は嘉善の戦闘について詳細につづっていた。


「〔手榴弾七個をトーチカに投げこんだあと、中国兵が〕四人最初出て来ましたが、一人は頬べたが半面千断れてゐました。分隊の兵がそこへ坐れといふと、一人逃げ出したので、すぐ、その兵隊が射つと、たほれました。ライライといふと、次々に出て来るのが、皆、若い兵隊ばかりです。これは所謂精鋭なる正規兵です。手榴弾にやられたらしく、アゴのないのや、眼のつぶれたのや、息たえだえのやが、出て来て、手をあはせて、ぺこぺこしながら、二十四五人も出て来ました」

「〔トーチカの〕奥の方で大声でわめく声がする。手榴弾でやられて、うなつてゐるのだらうと思つたのですが、どうも、よく聞くと、泣き声らしい。暗いので、すかして見ると、二人ほど居るのが、泣きわめいてゐるのです。ライライとどなつても、しばらく出て来ませんでしたが、私が入つて行くと、立ち上つて、わんわん泣いてゐる、暗いので、戸口の近くまで引き出すと、十六七の可愛らしい少年兵です。首の所に手をやつて、僕をおがむやうにし、命だけは助けてくれといふ意味でせう、しきりに、何かいふのかわからないけれども、田舎に、両親も居るし、日本に抵抗したのが悪かつた、親のところにかへりたい、といふ意味らしく感じました。眼を泣きはらして、僕の両肩へ、すがりながら表に出ました」

「つないで来た支那の兵隊を、みんなは、はがゆさうに、貴様たちのために戦友がやられた、こんちくしよう、はがいい、とか何とか云ひながら、蹴つたり、ぶつたりする、誰かが、いきなり銃剣で、つき通した、八人ほど見る間についた」

「恰度、昼だつたので、飯を食べ、表に出てみると、既に三十二名全部、殺されて、水のたまつた散兵濠の中に落ちこんでゐました。散兵濠の水はまつ赤になつて、ずつと向ふまで、つづいてゐました。僕が、濠の横に行くと、一人の年とつた支那兵が、死にきれずに居ましたが、僕を見て、打つてくれと、眼で胸をさしましたので、僕は、一発、胸を打つと、まもなく死にました。すると、もう一人、ひきつりながら、赤い水の上に半身を出して動いてゐるのが居るので、一発、背中から打つと、それも、水の中に埋まつて死にました。泣きわめいてゐた少年兵もたほれてゐます。壕の横に、支那兵の所持品が、すててありましたが、日記帳などを見ると、故郷のことや、父母のこと、きようだいのこと、妻のことなど書いてあり、写真などもありました。戦争は悲惨だと、つくづく、思ひました」

この手紙で家族に書き送られた情景がもっとも具体的、迫真的だ。おそらくこれが事実にいちばん近いのだろう。

トーチカを襲撃して三十数人の中国兵を捕らえたという事実は戦時下の新聞記事でも、家族への手紙でも、戦後の新潮文庫版への加筆でも一貫していた。

新潮文庫版で火野は一人の中国兵を自分で撃ったと書いているが、右の手紙によれば、撃ったのは実際には二人だったようだ。

中国軍は、三七年一一月一〇日ごろをさかいに、上海戦線からの退却を始めた。第一〇軍は一五日、幕僚会議を開き、中国軍追撃を独断で決定した。

注

1　小林秀雄は帰国後、朝日新聞に「支那より還りて」と題するエッセーを寄稿し、次のように述べている。「新聞社の特派員達の苦労は、向ふで見聞したが大変なものだ。彼等は報告する為にペンをとるといふより寧ろ軍隊とともに戦つてゐる。彼等は観察眼を働かせるより先づ若く強壮な肉体を動かさねばならぬ環境で苦労してゐる」（38年5月18日付）。

2　『本多勝一集23　南京大虐殺』はこの箇所について、戦時下の「検閲で削除され」たとしているが、三八年一一月に出た改造社版『土と兵隊』には、この部分は、もともと書かれていなかった。この部分を火野は、戦後になって加筆した（玉井史太郎「『土と兵隊』戦後版補筆」、玉井家私版『葦平曼陀羅』〈99年刊〉所収）。

# 第二章　南京へ

## 一番乗りをめざして

一九三七年一一月一六日発行の上毛新聞夕刊は「南京発ニューヨーク経由ＡＰ電」を使って首都南京の情勢を伝えた。

「南京動揺極度に達し　避難民下関《シャーカン》に殺到す」

下関は、南京城の北西、長江を上り下りする船の船着き場があった。迫りくる日本軍から逃げようと、市民多数が、南京からの脱出を図っているというのだ。日本軍の接近におののく南京城内の様子は、断片的ながらこの頃から日本国内にも伝えられていた。南京に駐在していた日本の報道機関は、すでに南京を去っていたが、外国の特派員はまだ残っており、世界に向けてニュースを発信していた。

一六日、中国・国民党政府は、南京から重慶への遷都を決定した（実際には長江上流の都市、漢口が臨時の首都になった）。富裕層が先に南京を離れ、あとには主に貧困層が残された。

一二月一日、「中支那方面軍司令官は海軍と協同して敵国首都南京を攻略すべし」との大命（天皇の命令）が下った。中支那方面軍は兵力一六万〜二〇万人。南京攻略戦の戦域には市部と県部を合わせて一〇〇万を超える住民、難民がいた（笠原十九司『増補南京事件論争史』２０１８年刊）。

## トラックやバスで

日本軍が南京へと動き出すと、記者たちも色めき立った。南京一番乗りを果たして、他社より先に第一報を日本に送りたい。そんな競争心が彼らを駆りたてた。

中支那方面軍報道部長の馬淵逸雄は記者たちに「どの部隊に従軍したら南京一番乗りができるか」と相談をもちかけられた。

馬淵は「なるべく各隊に平均に従軍記者の配当をする必要があつたので、色々と効能書をいふて、各部隊に従軍記者をつけた」（馬淵『報道戦線』）。

馬淵によると、上海―南京間にある中国有数の大きな湖「太湖」の南側を西進した第一〇軍は「文字通り困苦欠乏に堪えて前進した。〔略〕従軍記者はただついて歩くといふだけで、たとへ戦況を入手しても、これを通信する手段がなかつた。従つて歴史的活躍をした柳川兵団〔第一〇軍〕の方は、新聞紙面にはひつそり閑として実に気の毒であつた」という（同右）。

各新聞社から、また各部隊から文句が出ないよう、軍報道部は記者を部隊にふりわけた。

朝日新聞、毎日新聞、読売新聞、同盟通信は、各部隊に記者を送り込んだほか、中心となる取材チームは無電機を積んだ自動車を用意して、それぞれ移動した。[1]

自動車組は比較的、恵まれていた。護衛がつくわけではないので当然、危険がともなうが、進むも止まるも自分たちで決めることができた。

苦労をしたのは部隊と行動をともにした文字通りの従軍記者たちだ。

朝日新聞、毎日新聞の場合、特定の部隊につく記者は、無電技師や連絡員が同行することが多かったようだ。一方、ほとんどが単身で戦地に送り出されてきた地方紙記者は、取材・執筆はもちろん、原稿の運搬や食糧の確保など、すべて一人で対処するほかなかった。

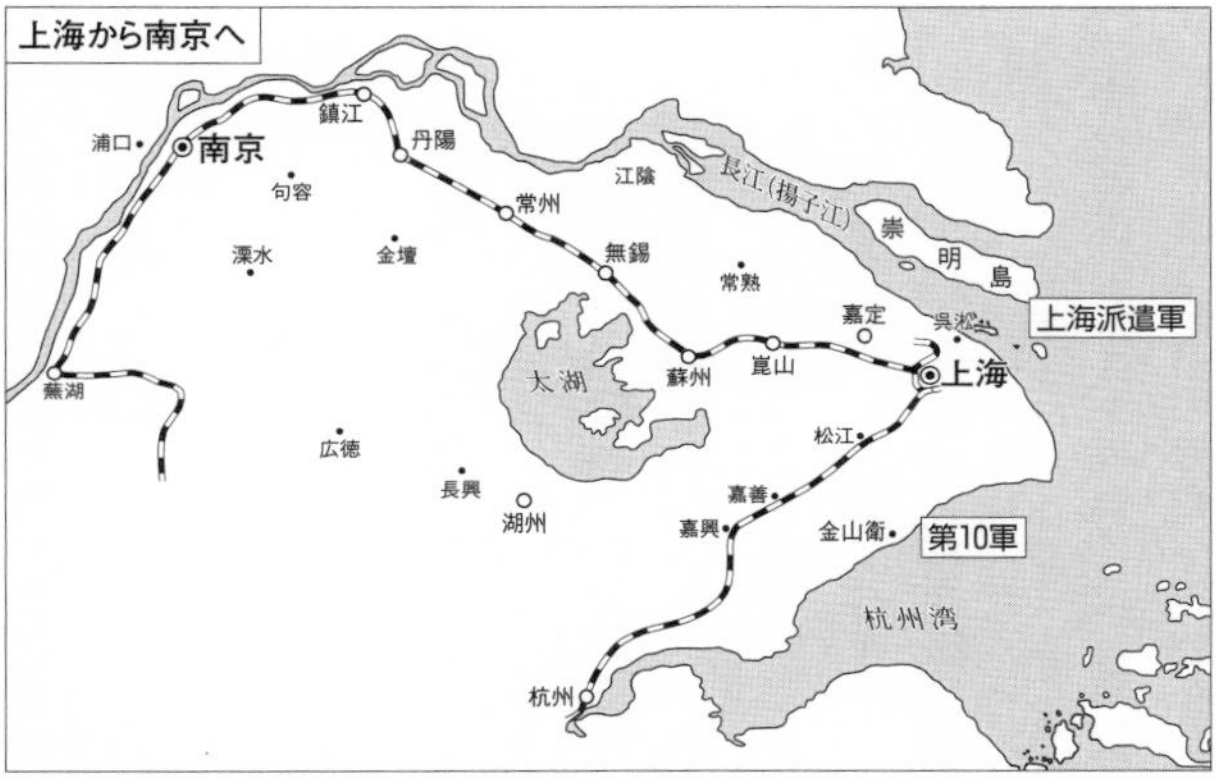

上海派遣軍は上海から太湖の北側を、第10軍は金山衛から太湖の南側を通って南京へと侵攻した

各社の従軍記者が呉越同舟、一緒に行動することもときにはあった。

一枚の毛布で三人が寝た。徳島毎日新聞の八坂記者は、こう振り返っている。

「〔上海の〕南翔陥落近しの活気ある雰囲気は既に〔一一月〕九日の夜から漂つてゐる。我れこそは一番乗りをせんものと〇〇部隊本部には九日夜は同盟、大朝、大毎、読売の各記者が一宿一飯を乞ふてソラと言へば直ちに飛び出せる様な準備をして居る。温厚な〇〇部隊長『今晩〇〇は〇〇ホテルだな』と冗談を言ふ位に大入繁昌だ。〔略〕一晩の内にどの様に尚我軍に有利に転開する事か之れを楽しみに記者等三人に一枚しか支給の出来得ない毛布にくるまつて豆がらの上にごろ寝だ」(37年11月17日付徳島毎日新聞「○○部隊本部は各社の記者で一杯」)

## 部隊を追って

南京一番乗りをめざして、記者たちの競争が始まった。

「南京をゴールとする競馬の様に各部隊が毎日抜きつ抜かれつしてゐた。〔略〕夜を日についでの大進軍、行軍してゐる道路の上へ背嚢背負つたままでゴロリと仰向けになつて寝る」こともあったと東京朝日新聞の斎藤一記者は書いている(38年1月27日付東朝群馬版「従軍記者の手帖から」)。

危険を顧みず、戦闘の最前線に出る記者もいた。

静岡歩兵第三四連隊の上等兵が語る。

「新聞記者は兎に角最前線に就き又、中にはそれより前になるので何度か敵兵だと思ひ銃口を向けたか知れない。制服がまちまちな上に風雨に晒《さら》され色が褪《さ》めて丁度支那兵に似て来るからだ」(38年1月16日付東朝静岡版「田上部隊勇士座談会」)

特にカメラマンは、迫力のある戦闘場面を写そうと前に出た。

大分新聞のカメラマン、二宮勇は「十二月十七日の南京入城まで部隊の最前線でカメラを命のたねとして働きましたが、弾丸に馴れないうちは却々《なかなか》写せませんでした。兵は姿勢を低くして射撃してゐても写真の仕事は背伸びしなければ立派なものがとれずまったく命懸けでした」と語っている(38年2月5日付大分新聞「非戦闘員として南京攻略戦を観る」)。

とはいえ、カメラマンも常に部隊の先頭にいたわけではない。

毎日新聞のカメラマン、佐藤振寿によると「軍の動きは、わずかに師団司令部に従軍していた記者たちが知っているだけで、第一線に近いわれわれ記者たちは知るよしもなかった。したがって連隊に従軍していた記者たちは、連隊本部と同行するのが〔情報を得る〕最良の方法だった」という（佐藤「従軍とは歩くこと」『南京戦史資料集Ⅱ』）。

戦闘は前線で繰り広げられたが、情報はやや後方の連隊本部に集まった。このため、前線には出ずに、師団司令部や連隊本部に張りつく記者もいたようだ。

自動車組の記者たちは日中、師団司令部や連隊本部などで取材して夕方に自動車に帰ってくる。原稿を書いて無電技師にわたすと、無電技師はろうそくの灯の下で懸命に無電機のキーをたたいた。送信原稿が多いときには、夜中の一二時近くになっても「トン・ツー」の音が絶えなかったという（同右）。

## 記者も飢えていた

部隊の進撃は急だった。そのため後方からの食糧の供給が追いつかなかった。記者もまた空腹に耐えた。

小倉歩兵第一一四連隊に従軍した関門日日新聞の内田記者は南京への途上、民家に駆け込んだ。

「午後三時ごろだつた。或る無名の一部落において土民の居らぬ家へ入つて見た。すると薩摩芋が山と積んであるではないか。見付けた兵が走つて来てさけんだ。芋だ、芋だ！　とさけんでゐる。兵隊は雪崩を打つてその芋の山に突撃した。ポケットに入れ切れぬほど詰めて帰つて来て生芋をガリガリと嚙んだ。はじめの三つ位は味が解らなかつた。その時の味もまた永久に忘れられない美味さだつた。或る兵士が台所で見付けたと言つて菜の葉の漬物を持つて来た。その塩漬の菜ツ葉を洗はずそのままムシヤムシヤと嚙んだ。塩が利いてゐなかつたが漬物に飢ゑてゐた記者にとつては山海の珍味にもましたうまさだつた。生芋と菜ッ葉漬に元気をとり返して行軍はまた続けられた。山中に隠れてゐる敗残兵を狩出して適当に処分しつつその日は夜十二時まで歩き続けた」（37年12月28日付関門日日新聞「片岡部隊従軍記」）

略奪した食べ物で飢えを満たすと、部隊は狩り出した敗残兵を「適当に処分」しながら行軍を続けた。兵隊が徴発した肉や野菜を記者も食べた。戦地での物資の徴発は、対価を支払うことが戦時国際法で義務づけられていたが、実際には、ほとんどの場合、略奪と異なるところがなかった。

長崎県の朝日新聞諫早通信部の記者で、主計少尉として出征した大串政雄は、長崎通信局に次の手紙を送った。

「南京戦線で一番困るのは水の悪いのとあのボロボロした南京米のまづさです。北支と違つてこちらは殆ど井戸がないため炊事はクリークの泥水を明礬《みょうばん》なんかで濾《こ》して使ふのですが、いくら濾しても妙な香とドロドロした濁りが取れません」

「副食品は兵站の缶詰追送が思ふやうにいかないため砂糖、醬油、味噌などの調味料だけを支給されてはあとは徴発といふので今夜の食膳に上すべき羊や水牛などを従へての部隊の珍行軍は笑へないユーモア戦線風景です、馬とても同じこと馬糧の大麦がないため、玄米を食はせることもあり、馬ながら可哀さうです」（38年1月5日付大朝長崎版「大串本社員の陣中便り」）

従軍記者たちは、持参した食糧が底をつけば、部隊を頼るしかなかった。しかし、気前のいい兵隊といつも出あえるわけではなかった。朝日新聞の三船四郎記者は、情けない思いをかみしめた。

「僕達の通つた道はとかく山道の片田舎が多かつたんで現地徴発といふ奴は余りききません、それで兵隊さんの食べてゐる一個の堅パンを手に入れたいために何回もその前をうろついてご機嫌をとって見たが一向効果を奏さないので悲観したり、あさましい限りです」（37年12月17日付朝日新聞「本社報道陣座談会」）

## 松本重治の進言

日本軍が南京に向けて進撃を続けていたころ、同盟通信上海支社長の松本重治《しげはる》[2]は、近衛首相のブレーンの一人、後藤隆之助に進言した。

「南京を占領しても、中国側には、多少の面子がつぶれることもあるかも知れないが、蔣介石が責任をとって下野するなどということはあり得ない。とすれば、南京占領は全く無意味なものだ。かえって中国人士を抗日に結集せしめるばかり。〔略〕柳川兵団〔第一〇軍〕に従軍していた『同盟』記者の話によれば、柳川兵団の進撃が速いのは、将兵のあいだに『掠奪・強姦勝手放題』という暗黙の諒解があるからだとさえいっている。これでは、皇軍の皇軍たる面目もなければ、すべては、全くの『無名の師』〔大義名分のない戦〕に堕することになる。結論的には、南京まで行かないうちに、兵を停め、和平交渉に徹するほかに、日本を救う道はない」（松本『上海時代　下』75年刊）

しかし、日本軍は止まることを知らなかった。南京を攻略すれば、戦争は終わる。軍上層部から一兵士までがそう期待して侵攻を急いだ。

注

1　京都第一六師団津歩兵第三三連隊の上等兵、高島市良の従軍日記をまとめた『日中戦争従軍記』（２００1年刊）の三七年一二月九日の項に「戦車の後から、同盟、毎日、朝日の自動車が、社旗を翻らせて続く。職業意識とはいえ、勇敢に出て行く」とある。

2　松本重治は三六年一二月、国民政府の指導者、蔣介石が中国共産党軍によって監禁された事実（西安事件）をスクープしたことで知られたジャーナリスト。戦時下に同盟通信編集局長。戦後、四五年一二月に同盟の元幹部らと日刊紙「民報」（のち「東京民報」と改号）を創刊して日本の民主化を主張したが、経営不振で三年で廃刊に。アメリカ学会会長、国際文化会館理事長などを務めた。

## 郷土部隊と新聞記者

地方紙（郷土紙）は、多くの場合、一人ないし二人の記者が郷土部隊に従軍した。ただし、地元の部隊が派兵されない場合には特派員を出さないで、同盟通信から配信された記事だけで戦況を伝える新聞社もあった。派遣の経費や記者の安全などを考慮した結果だろう。

戦地において、新聞記者、とくに地方紙の記者と郷土部隊の兵隊は、独特の関係で結ばれていた。公式には軍と従軍記者は、報道統制を軸に、命令と服従の関係にあったが、弾丸とびかう戦場においては、より密接で一体的な関係にあった。

### 感激の男泣き

海南新聞（愛媛）の特派員、渡部種義は、兵士が自分に言葉をかけてくれたときのうれしさを、こうつづっている。

「近頃は〇〇部隊へ行くと

『やア記者のおつさんまた来たかナ』

『新聞記者も危ない所を苦労するなア』

『わしらも内地にをるときにや新聞記者のことぢや、どうせエエ加減のことを書いとるのぢやらうと思つてゐたが、来て見てたまげたぞナ、わしらより危いときがさいさいぢやものなア』

『それでも記者さんもマメで結構ぢやな』

『実際後方で書かうにも部隊が前に出とるけん、ここまで来にや書けんものなア』
○○本部に勤務してゐる兵隊が寄つてたかつて慰めてくれる」（37年11月15日付海南新聞「兵も馬も泥海の中　補強しつつ進軍」）
兵士にとって記者は、自分たちの奮闘ぶりを郷里に伝えてくれる大事な存在だった。

宮城県、福島県から出征した輜重《しちょう》特務兵（物資の輸送にあたる兵士）が戦場で語り合ったなかにも、次の発言がみられる。

「記者殿、かういふことを書いて貰ひてえんだが――つまりね、国の人間は俺達特務兵が戦線に出ねエちう風に考へとるらしいから、そこをうまい風に書いて俺達が第一線にどんなに危険を冒して弾薬や、握り飯を運んでゐるかを知らして戴きたいだが――」

「そだ、そだ、第一線の歩兵は壕の中にはいつとるに、こちとら野ツ原を歩いて弾のヒユーヒユー来る中を駆足《かけあし》さ出来ずに持つて行くんぢやからなあ」（11月12日付東朝宮城版「田代・両角両部隊　特務兵の座談会」）

戦場でどんなに苦労しているか、どんなに頑張っているか、そして何より、今も無事でいることを郷里の人々になんとか伝えてほしい。兵隊たちの切なる願いだった。華北戦線の部隊に従軍した山形新聞の小笠原記者は、山形県出身の負傷兵の言葉に感激の涙をながした。

「すぐる日の激戦で沢山怪我人が出た□野戦病院にその勇者たちを見舞つたが、その折『山形新聞従軍記者』とある記者の腕章に飛びついて、『記者殿、御苦労さまです、どうか弾に当らないやうに気を付けて働いて下さい、兵隊の代りは沢山あるが、あなたはたつた一人ですから……そのあなたが万一の事でもあつたら、それこそ尊い戦死者や我々の奮闘振りを誰が故郷に伝へてくれるでせう』と勇士たちから泣いてすがられたときには、ほんとうに感極まつて記者も思はず男泣きに泣いてしまつた」（11月30日付山形新聞「海老名部隊唯一の記者へ」）

郷土新聞の記者について、福島県出身の戦傷兵士が座談会で語り合った。

「私達の部隊には東京新聞〔東京で発行されている新聞〕の記者の方は殆ど見えませんでした。郷土新聞の記者の方の奮闘振りは実に素晴らしいものです。私達の事が一寸でも書いてある新聞を見ると嬉しくて嬉しくて皆で寄つてたかつてそれを見たものでした」

「いや全くです、東京新聞の記者の方が偶然にも回つてきていろんなことを書いた所だけが如何にも激戦であつた様に思はれる傾きがありますが、我々の所にも郷土新聞がなかつたら……とそう思ひますよ」

「無暗に負傷して来たやうに思はれたかも知れないからな……」（笑声）

「報道戦線の人々も全く我々以上に苦労されますよ、友達と云ふよりも兄弟と云つたやうな感じで色んな用事を頼めましたからね」

「然し新聞社の方は何でも達者ですね、我々よりも先に支那人の子供などを手なづけて、すぐ商売気を出して（笑声）支那語でも覚えてそれでネタを取らうと云ふ算段をするのですからね叶ひませんよ……」（38年1月21日付福島民友「白衣の勇士に聴く4」）

### 書いてくれない

兵隊と記者と、立場は違っても同じお国なまりで語る者同士、故郷を遠く離れた戦場で親近感を抱くのは自然なことだったろう。一方で記者が同行しない部隊の兵士は不満だった。秋田 魁《さきがけ》新報の嘱託従軍記者、小林喜代吉は秋田出身の兵士たちから不平を聞かされた。

「『我々は〇〇に上陸して以来兵站部ではあるとはいひながら何度も第一線に出て戦争をして南京まで進んできたのだ。常に国を考へ郷里を思つてゐるのに秋田魁は何も書いてくれない。一人の記者をも派遣してくれぬ、北支の方にはやつて居るではないか、各方面から慰問使が来るのに秋田県からは一人も来ない。東北からは数日前工藤鉄男代議士一人のみだ。御前が来て二人目だ』と喜びのあまり〔兵士たちから〕不平が飛出す。まるで僕は彼等勇士の不平総攻撃の引受所になつてしまつた。こうなると上海の激戦より転戦、南京を陥いれた勇士達もまるで駄々をこねる小児のやうだ。僕は『充分秋田魁に書くから勘弁してくれ』と謝る」（38年1月22日付秋田魁新報「南京戦跡を見る」）

こうした声があがるのは、ほかでもない、兵士たちが戦場で郷土の新聞を読む機会があったからだ。三七年一一月中旬、中支那方面軍は「上海方面に於ける報道、宣伝業務の現況」と題する文書[1]を作成している。文書は「兵に支給するもの」の一つに「郷土新聞」をあげ、こう述べている。

「郷土新聞　第一線各師団衛戍《えいじゅ》地の新聞を取り寄せ郷里の師団に交付しあり、之れが輸送は軍に於て恤兵《じゅっぺい》費を以て支出す」（『南京戦史資料集』）

郷土新聞を日本から取り寄せて関係各師団に配布する、その輸送費は公費をあてるというのだ。兵士たちの戦意を鼓舞し、士気を高めるうえで、郷土紙は欠かせないものだったことがわかる。

上海戦線で重傷を負った岐阜県出身の少尉は、郷里の知人への手紙に、こうつづった。

「戦地で一番待たれるのは故郷の新聞です。しかし私は上海に居る間一度もこの欲望を満すことは出来なかつた。上海合同新聞〔日本語紙〕を一度見たが穴があくほど隅から隅まで読みました。〔大勢で回し読みするので〕最後の者が見るころにはボロボロです。一線の兵士が知つてゐることは前面の敵のことのみで、世間のことは新聞でなくては判りません。殊に故郷の新聞は格別です」（37年11月24日付大朝岐阜版「高橋少尉の陣中報告」）

日本から届いた新聞はもちろん、一般の兵士だけでなく、派遣軍の幹部も読んでいた。

上海派遣軍参謀長、飯沼守の三七年一〇月二日の日記に次の記述がある。

「本日軍用定期航空来り本日付の『日日新聞』を見、更科そば鯛すしを味ふ」（『南京戦史資料集』）

「日日新聞」は東京日日新聞を指すのだろう。日本で発行された新聞を、上海では、早ければその日のうちに読むことができた。軍の幹部は、新聞を読みながら戦争をしていた。

## 従軍記者の使命

三七年八月中旬に朝日新聞の支局次長として上海に赴任した矢島八洲夫は戦後、出征兵士の消息を伝えるのが新聞の重要な役割だったと振り返っている。

「上海へ出かける前に本社で戦死傷者の氏名を地方版用にどしどし送るよう云われていた。〔略〕この取材は地味で骨の折れるものだったが、特派員諸君にがんばってもらった。郷土部隊について来た特派員には特にやってもらった。東京部隊について来た足立〔和雄〕君などはよくやってくれた」

（朝日新聞社社史編修室『朝日新聞編年史　昭和十二年下』）

地方紙や全国紙の地方版には、戦地にいる郷土出身兵士を、とくに理由もなく、ただ集めて撮ったという風の写真も、しばしば掲載された。「笑顔で食事をとる勇士たち」といった説明がついているが、これらはニュースとしてはほとんど意味がない。それを掲載したのは、ひとえに銃後の人々に彼らの健在を伝えるためだった。

福島民友の南条清三記者は中国に向け出発するにあたって、読者に決意表明した。

「私に課せられた責務は我が親愛なる郷土将兵を硝煙下に親しく慰問し、且つ銃後県民の赤誠をお伝へして第一線将兵をして後顧の憂ひなからしめ、茲《ここ》に銃後の護りを弥《い》や固からしめるにあります、思へば責務の重さを痛感致しますが筆を執るものは筆を以て尽忠報国の誠を致すは当然の事でありま す。茲に微力なりと雖も一身以て文章報国の使命を果すべく、然して県民各位の御期待に副《そ》はんことを期し一意烈々たる感激に燃え立つてゐる次第です」(38年1月10日発行福島民友夕刊「南条記者メッセージ」)

記者の使命は、郷土出身の兵士と銃後とを励まして国家に貢献することであると考えられていた。その使命は、国策である戦争の遂行に役立つことにあった。記者たちはそれを「報道報国」と呼び、自らを「報道戦士」と呼んだ。

注

1　同じ文書は検閲について「軍機取締に重点を置き従軍記者の通信文検閲に過誤なきを期しあるも之に任ずる将校不足し完璧を期するを得ざる憾あり」とも述べていた(『南京戦史資料集』)。

## 日の丸と放火

記者や兵士たちは、行軍の先々で、中国の民衆が日の丸を掲げているのを目撃する。どうして中国人が日の丸を——。その光景を意外に思い、故郷への手紙につづった。

「人家には日の丸の旗で『大日本歓迎』と書いてあり、又大きな鍋で湯を出し芋を出すの歓迎振りです。〔略〕農夫は畑へ行くにも町を歩くにも日の丸の旗を持つてゐます。主なき家の近所で豚か又は鶏が遊んでゐるのを摑んで来て鍋に入れるのが無二の娯楽です」（37年11月7日付東朝長野版「豚の逃げ足は支那兵より早い」）

### 弾丸除け

四国民報（香川）の永田照雄記者は、激戦のあった無錫《むしゃく》で日の丸を見た。

「〔三七年一二月六日〕正午、無錫を通過する。この付近では、支那兵の死体に野犬が群をなしてゐる。既に戦火修まつた付近の良民たちは、左腕に日章旗を縫ひつけ復興への第一歩に着手してゐる。彼らは記者の車を見て最敬礼だ」（37年12月18日発行四国民報夕刊「上海から鎮江へ」）

このように、日の丸が登場する記事は数多い。そのほとんどは、中国の民衆が日本軍を歓迎していることの証しとみて書かれている。日本軍が来て村に平和が訪れた、と。

そうしたなか、日の丸の意味を中国民衆の立場から書いたのが次の記事だ。

日本赤十字社千葉県支部が華北に派遣した救護班は、東京朝日千葉通信局に送った便りで、こう指摘していた。

「町から村へと日の丸の旗が立ててあるが、案内の支那人に『真に日本軍歓迎の為か』ときくと『いや日本軍が恐ろしいからだ、早くいへば弾丸除《たまよけ》だ。未だ嘗て外敵の侵略を受けたことのない当地の民衆です。三月か六月で心から信頼するはずはありません』に呆れてしまつた」（38年1月29日付東朝千葉版「日の丸は今の所弾丸除け」）

武器を持たない中国民衆にとって、日の丸を掲げることは、日本軍に襲われないための窮余の一策だった。日の丸の旗をつくるのはそう難しくない。敵意のないことを示して、せめて命だけは助かりたい。記者も兵士も、中国民衆の意図に、実は気づいていたのではなかったか。それを新聞は、日本軍に都合よく、中国民衆が日本軍を歓迎している光景と読みかえて報道した。

日本軍は中国民衆の警戒を解くため、占領地帯で宣撫《せんぶ》工作をおこなった。

われわれの敵は中国政府と中国軍である、われわれは中国民衆を救うために戦っている――。

それが日本軍の言わば「表看板」だった。そんな日本軍の「真意」を中国人に理解させるため、占領地では宣撫班が活動した。

日本軍の宣撫班の先導で、中国人の子どもが日の丸をもって歌をうたいながら行進する。そんな光景を描いた記事がある。

「一行は親善ビラを部落部落で配布し、〝日本軍信頼すべし〟〝日支親善提携こそ東洋平和の礎石〟等々と土民に呼びかけるのだ。現に部隊のとどまる所では日本軍こそ信頼に足るものとの認識がゆきわたつてゐるものの、一寸離れた部落へ偵察にでも行かうものなら農民といはず行商人といはず一斉に逃げ出す。それも後をも見ずに韋駄天走りの逃げ方だ。リーベンピン（日本兵）が鬼よりも蛇よりも怖いのだ。〔略〕さうした土民達の対日本軍観を是正するのが宣撫班の仕事なのだ」

「恐怖敬遠はこまる、日本軍は良民を敵視しない。いや敵視どころか日支提携の温かい手をさしのべて居るのだ……紅根（高粱《コウリャン》）の茎を柄とした紙の日の御旗の行列よ、あの村この村に、〝日支親善〟を撒き散らして呉れ」（12月7日付東朝長野版「戦線絵だより」）

日本兵が中国の民衆にひどく恐れられていることを、このように率直に書いた記事は珍しい。では、日本軍に恭順の意を示せば中国人は救われたのか。

戦場の現実は、あくまで苛烈だった。

朝日新聞記者、本多勝一は、日本軍の南京侵攻当時、南京郊外の農村に暮らしていた女性、陳光秀（南京戦当時20歳）に八三年に取材し、次の証言を得た。

「〔三七年一二月〕一五日、村人たちはあつまって、日本軍が村にあらわれたときの対応の方法を相談した。『歓迎大日本』とかいた旗をたててむかえれば、家を焼かれないし虐殺もされないというわさをきいていたので、その準備をした」

「一六日の午後、村はずれで見張りにでていた親戚のおじが『日本軍がきた！』とさけんで村にしらせた。かねてうちあわせておいたとおり、村の男たちは『歓迎大日本』の旗を何本もかかげ、村の道の両がわにならんででむかえた」

「到着した日本軍は、歓迎におうずるどころか、その旗をうばってちかくの積み草にさすと、男たちをならべていろいろ検査した。〔略〕約一〇〇人のこの青年たちを、日本軍はすこしはなれた道路ぞいの田んぼに連行した。〔略〕青年たちは、たがいに向きあってひざまずく格好で二列にならばされた。〔略〕そのまわりをとりかこんだ日本軍は、銃剣で一斉に刺殺した。死にきれず何度もさされ、『たすけて！』とさけぶ青年もいた」（『本多勝一集23　南京大虐殺』）
一〇〇人ほどの青年のうち、かろうじて死を免れたのは三人だけだったという。ここでは「歓迎大日本」の旗は、何の効果ももたらさなかった。

## 少年兵士、女性兵士の死

中国軍には若い兵士が多かった。日本の兵隊や記者は、そのことに驚いた。

南京をめざす山梨県出身の特務兵が郷里に送った手紙も、少年兵の死をつづっていた。

「その支那兵は二言三言うめき声を立ててその場にどつと倒れました。暗闇を透して傍に近寄つて見ると間違もなくこれは眉目秀麗な少年ではありませんか。私は憎い敵とはいへ早速手厚い介抱を与へ、年はいくつと紙に書き聞いたところ、十四歳と言ふではありませんか。少年は何も語らず益々苦しさを訴へるのでした。私はいつそこの儘にして置いてやらうと思ひましたが、この少年にも懐かしい父母兄弟もあることだらう、せめて名前のみでもと思ひ尋ねましたが、只無心に顔を振るばかりでした。私は可哀想な少年の身の上を考へつひ泣かされた。その内到頭、息を引取つたので戦友数名と共に穴を掘り親切に埋め、せめて間違つた支那人の精神が一日も早く目覚めるのを祈り合掌しました」（12月3日付東朝山梨版「射ち倒した支那兵　見れば十四の美少年」）

一〇代半ばで死んでいった中国兵に同情をよせ、特務兵は泣いた。何の恨みもない人間同士が殺し合う戦場の不条理に、特務兵は気づいていたことだろう。しかし、中国人の抗日精神が間違っているからこんなことになった、としか書くことができなかった。

戦場には女性兵士の姿もあった。侵略に抗して女性たちも武器を手にとった。

福島県出身の戦傷兵が語った。

「私が馬家宅の戦闘でトーチカを落し入れて中へ這入《は》つて見ますと、十八九の娘が機関銃に手を掛けたまま死んでゐましたが、その娘が一人丈けで男は一人もゐませんでした。皆逃げて了つたのでせうと思ひますが、女の身で良くあれまでと思つて感心しました。然し可哀想でしたよ、あんな娘が……と思つてね」（38年1月21日付福島民友「白衣の勇士に聴く」）

一方、村からは女性の姿が消えた。信濃毎日新聞の堀江三五郎記者はこう報じた。

「驚いたことは私達が行くとどの部落にも一人も年頃の女が居らず逃走してしまつた事で、これは部落同士が互ひに連絡を取り合う申合せが出来てゐるらしく、可成り離れてゐる部落でも直ちに通報し合ひ若い娘は一人も残つてゐません」（38年1月29日付信濃毎日「山本部隊陣営の篝火の話題」）

**家を焼き払う**

日本軍は、村の家々に火を放ちながら侵攻した。当時の新聞もその事実を書いている。

部隊付の軍医、鈴江豊は「敗残兵討伐記」と題する従軍記を徳島毎日新聞に寄せ、こう述べる。

「敗残兵は土民服を着け、或は銃器或はピストル或は竹槍、思ひ思ひの武器を携へ抵抗しつつ退却する。己れ小癪《こしやく》と喊声《かんせい》挙げて追撃追撃又追撃。見る見る内に敵は百二三十の屍体を遺棄して前方の部落に逃げ込んだのは約七八十名もあつたであらう。密集部落の突撃は厄介なりと、部落を包囲し数十軒の民家と草叢《くさむら》に火を放ち一名も残さず殲滅したのは午後三時三十分である。万歳万歳の声は天地も崩れんかと思はれ、余煙は尚ほ濛々として天に冲《ちゆう》し昼尚ほ暗く壮絶快絶の極みであつた」

（38年1月12日付徳島毎日）

「数十軒の民家」に民間人がどれくらい残っていたか、この文面からはわからない。それにしても凄惨な光景である。まさに侵略の光景だ。

一方、熊本県出身の衛生隊伍長は郷里への手紙に誇らしげに書いた。

「夜の十時頃漸く敵を潰逃せしめて魯港鎮へ引返しました。帰るときには二三十軒ばかりの部落の家に全部火をかけたのです。敵の宿る所がない様にです。千米ばかり来た頃は後方一面真紅な火の海です。その物凄い有様、天までなめ尽す様な紅蓮《ぐれん》の焔です。其真紅なあかりを背に一同意気揚々寒風の夜を縫ふて引揚げました」（38年1月25日付九州新聞〈熊本〉「川辺伍長陣中記」）

このように、日本軍が放火をしたと報じた記事は珍しい。当時の新聞は、ほとんどの場合、中国側の仕業として報じている。とはいえ、日本軍兵士がしばしば放火をしたことは、日本側の資料でも明らかだ。

たとえば、杭州湾に上陸後、南京に向かった第一〇軍の法務部長、小川関治郎[1]は日記（37年11月23日の項）にこうつづっている。

「強姦、掠奪、放火等相踵《あいつ》いで頻発するを憂ひ之を予防せんとす　之れは戦場に於ける特別心理なるか至る所強姦を恣《ほしいまま》にし掠奪を敢てし放火を悪事と認めず実に皇軍として恥ずべきこと言語に絶す」

（小川『ある軍法務官の日記』２０００年刊）

強姦、掠奪とならんで放火が頻発した。

少し時期はずれるが、記者の証言もある。四〇年に中国・湖北省での作戦に従軍した朝日新聞記者、鈴木二郎は、部隊の参謀が各社特派員を集めて、これから集落を焼き払う作戦をするが、「敵の焦土戦術として報道してくれ」と指示されたという。

「老女、子供が、燃える庭先で泣きさわいでいたりした。『かわいそうに』とつぶやく兵隊もいたが、黙々として目をそらす兵隊も多かった。しかし、燃えていない家を見つけると、パラパラと駆けだすのもいた。それは獲ものを見つけた犬のように、うれしそうにさえ見えた。そして、すぐに火の手が上がった」

「『これは舞文曲筆の類だ』と思いながら〔中国軍が放火したと〕書いた。この思いは、のちのちまで私の心にひっかかった。しかし軍刀が、鉄砲がこわくて書いたのではない。戦前に育てられた国民意識が、この記事を抵抗なく書かせたのだと思う」（鈴木「煙は天を掩い続ける音が響く」「潮」71年10月号）。

日本軍は言わば、右手で「東洋平和」の大義を掲げ、左手で村々を焼いた。

注

1　法務部は軍法会議を担当する部署。憲兵が摘発した将兵の軍律違反を裁き、軍隊内の秩序の維持を図った。第一〇軍に従軍した小川関治郎は文官の立場から南京攻略戦を目撃、貴重な証言を残した。

## 同情と虐殺

日本の兵士や記者たちは、南京への途上、中国民衆の悲惨な姿にふれた。

宇都宮歩兵第六六連隊の渡辺林一郎少尉は、飢えに苦しむ人々の窮状を郷里の恩師に手紙で報告した。

「支那民衆はどうなる事でありませう。住む家は全部焼かれ食物もなく、着のみ〔着〕のままで野に山に□けて居り、凍死、餓死日毎に増すばかり。良民に対しては実に可愛想であります、毎日吾等も演習で山に出かけますが、骨と皮ばかりでふらふらして居る土民を見受ける」(38年1月30日付下野新聞「鉄の武人にこの涙」)

とりわけ兵士たちの胸を打ったのは、幼い子どもの姿だった。

## バンヂヤイバンヂヤイ

戦地から郷里に送られた手紙に、しばしば中国の子どもが登場する。

**静岡県出身の少尉の手紙**「戦場には小さな子供達が取り残されて逃げた親の行方も知らず迷つてゐるのを我が優しい日本軍の兵士達に救はれ、箸や茶碗を持つて御飯を喰べながら無心に遊んでゐるのを随所に見受けます。どの家も家財道具はなくその悲惨な姿を見る時、幸福な日本帝国に生をうけたものの有難さが一層深刻に感じられます」(37年11月10日付東朝静岡版「敗れし国の惨めさ」)

**新潟県出身の一等兵の手紙**「我々の宿舎に二三日前から、小さい支那人の子供が『兵隊さん……』と言ひなれない言葉で物を乞ふのをみて思はず胸一杯になり、ありあはせた飯と汁を与へてやりました。その喜ぶ顔や食べる様子、敵にして敵にあらず親切にして今でも一緒にをります」(38年2月6日付東朝新潟版「軍事郵便」)

日本軍兵士はたいていの場合、空腹の子どもを救済する者として紙面に登場した。そして、記事は、日本の子どもに、日本に生まれたことの幸福を説いた。

幼い子どもがなぜ日本軍の進撃路にとり残されていたのか、理由はわからない。しかし、そうした子どもたちも、日本軍が侵攻してくるまでは家族といっしょに、たとえ貧しくとも、それなり平穏に暮らしていたにちがいない。

中国の子どもたちに対する日本軍兵士の憐憫と同情は、手紙の文面をよむ限り、この戦争の意味について考えたり、疑問を抱いたりするところまでつながることはなかった（もっとも、つながったとしても、それを新聞が紹介するのは困難だったろうが）。

兵士や記者たちの目に、幼い子どもたちは、ある種、敵・味方の別を超える存在として映ったのだろう。東京朝日の江橋特派員は次のように、国境も国籍も超えた「普遍的な存在」として戦場の子どもたちをみた。

「子供の世界、童心の世界には戦争も抗日もない。恐ろしい銃声、剣のきらめきもケロリ忘れて居る。日本兵をよい遊び仲間にしてしまつた。〔略〕兵隊さんを『バンヂヤイバンヂヤイ』で迎へ、決して離れない。何処迄もついて行く。宿営近くの子供達は母親の膝下から一日中離れて、兵隊さん達と散歩したり、キヤラメルを貰つたり、飴を貰つたりしてすつかり仲好しだ。〔略〕異国に可憐な支那子供の姿を見て勇士達は遠く祖国のわが子を思ひ出して居ることだらう」（38年2月8日付東朝茨城版「国境を越えて　子供は可憐だ」）

一方、新潟新聞の特派員は、食べ物を乞う子どもの姿をみて、こうつづった。

「蘇州からまた汽車に乗せてもらつたのであるが、列車が停ると土民の子供等がウヨウヨと集まつて来て（中には四歳位の幼児までゐる）手に一ケ宛汚ならしい籠を持つて食べ物をくれとペェペェ頭を下げてゐる、そのみぢめさ。この中に子供の母親らしい五十の坂を越した様なお婆さんがゐて、他の子供にばかりやらないで自分の子供にもくれとワメイてゐたが、戦敗国の民はこの様に実に哀れなものだ」（38年2月11日付新潟新聞「敗残国民は悲し」）

記者の視線には、中国の民衆に対する憐れみと蔑みがないまぜになっていた。

## 皇軍に奉仕する農民

日本軍は、中国の農民らを集めて、荷物運びなどの労働力として使役した。

東京日日新聞（37年12月21日付）は「皇軍に奉仕する南京の苦力《クーリー》風景」の見出しで、苦力が日本軍の荷物を運んでいる組み写真五枚を掲載した。写真には「背嚢《はいのう》をおんぶして手には荷物を下げての皇軍への奉仕、長閑《のどか》な南京風景！」という説明がついている。

大阪毎日鹿児島沖縄版（12月28日付）は「事変画報　苦力は歩く」と題して写真特集を掲載。松尾特派員がこう書いている。

「苦力は沿道の至るところにうようよゐる。米やたばこを得るよりも易い。食へない人間はよろこんでこれに応ずるのだ。命の危険はさらになく、食べさせて、金をやらうといふのだから支那人はほくほくものだ」

「民衆は、早くも至るところ日本に信頼をかけはじめてゐる。〔略〕苦力の必要がなくなつて金を与へて自分の村に帰れといふと、泣いてどうしても金を受取らず、どこまでもつれて行つてくれと哀願する。勿論全部ではないが、日本軍を助けようといふ心持にすつかり変つたものをみるようになつた」

これらの記事は、日本の兵士と中国農民の友好ムードを強調していた。[1]

その実態はどうだったのか。先に引いた第一〇軍の法務部長、小川関治郎が、日本軍の荷物を運ぶ中国人の姿を日記につづっている。

三七年一一月二九日「支那人は何処より連れ来るか軍の前進に沢山の荷物を負ひ或は棒にて釣り行先は何処までなるか恐らく我軍の前進の最後まで連れ行かるるにあらずや　結局何十里先までそれもほとんど食物を貰ふ位にて　それに少しでも服従せず不服がましき風をすれば直に遣《や》られるし全く言ふが儘《まま》なり　途中にて兵二人が剣を抜き一人の支那人が仰向けになり居りしを抉り居りしを見たり　又一人の支那人が血みどろになりて苦しみ居るを見たり」

一二月一一日「支那人は命ぜらるる侭《まま》に多くの荷物を背負ひ中には相当老人も居たるを見る既記の如く戦敗国の良民なる民程不幸なる者なしと　その場合我が兵の命《めい》が侭に従はず少しでも拒めば立ち所に遣られ万一逃げてその辺をうろつけば直に遣られ　支那人としては進退これ極まり結局言はれるままに動かざるを得ざるに至る」（小川『ある軍法務官の日記』）

日記中の「遣られる」は「殺される」という意味だろう。少しでも不満のそぶりを見せると、中国人はたちまち殺された。友好ムードだけでは語れない実態があった。

このように、当時の新聞記事と、当時書かれた記録をあわせて読むと、その落差に愕然とする。記者たちは、戦場の事実を伝えるためにというより、戦場の事実を隠すために記事を書いたのではないか。そんな疑いさえ浮かんでくる。

毎日新聞の特派員として南京戦に従軍した浅海一男は、日本軍が進撃中にとらえた捕虜の扱いについて、戦後、こう証言している。

「逃げおくれたか、投降してきた『敵』の兵士たちの多くは、日本軍の将兵の『私的従卒』にされました。そのために、日本軍の隊列の両側にもうひとつの沈鬱な隊列が並行して進んでいく風景がしばしば見られました。『従卒』たちは日本軍将兵の重い荷物を山のように背負わされ、食糧も与えられず、鞭と罵声に追い立てられて行軍をともにしたのです。〔略〕この不安と辛苦の日々は、それでも国民党軍兵士たちにとってつかの間の〝平安〟であったかもしれません。なぜなら、進度の早い追撃戦に明け暮れていた日本軍は、しばしばこれらの『従卒』をかなぐり捨ててでも目の前の戦闘に駆けつけなければならなかったからです。そのようなとき、大部分の『従卒』たちはかれらの綿服に火をつけられるか、冷めたい鋼鉄でかれらの頸部を切断されるか、または機関銃の一連射の向う側に置かれるかの運命がめぐってきたのでした」（浅海「新型の進軍ラッパはあまり鳴らない」、本多勝一編『ペンの陰謀』）

## 処刑と憎しみ

南京へと侵攻する日本軍は、中国兵ばかりでなく、一般の農民らも「敵」とみなして容赦なく殺戮した。[2]

サンケイ新聞は六二年一月から翌年八月にかけて、山梨県版に「郷土部隊奮戦記」を連載した。甲府歩兵第一四九連隊など郷土部隊の「奮戦ぶり」を語り伝える狙いで、甲府支局の樋貝義治記者が担当した。六四年に単行本『戦記・甲府連隊　山梨・神奈川出身将兵の記録』にまとめられている。

三七年九月下旬、上海戦線での甲府連隊の行動について、同書は、こう述べている。

「〔中国側の〕密偵が、わが軍の占領地内にいることはたしかだった。どこの部隊でも、怪しい土民はすべて捕えて処刑した。なかには無実のものもいたかもしれない。だがなにしろことばは判らず、服装は同じ――、戦場の常としてやむをえなかった点もある」

「捕えてみたら老婆だったこともある――抗日思想は、こうした土民の間にまで根をおろしていたのだ。そして、それ以後、土民にたいする追及は厳しくなり、捕えたものは、すべて処刑することになったのだった」

農民と兵士は外見からは見分けがつかない。だから、怪しいとみれば、十分に確かめもせずにすべて殺した。そうした行動は、上海での戦闘開始からわずか一カ月あまりの時期にはすでに始まっていた。

福知山歩兵第二〇連隊の衛生兵は三七年一一月二九日の日記に次のようにつづっている。上海—南京間の都市、常州で部隊は民間人を虐殺した。

「午前一〇時出発、常州の敵を掃蕩に行く。正午入城す。住民を殺せとの命により、全部で八〇人程老若男女を一まとめにし、夕方銃殺す。最初にして最後の光景ならん。全部一カ所に集める。念仏をとなえるもの、泣くもの、助けを乞うもの、惨状まったく目もあてられず、やがてひびく重機関銃により、バタバタ悲鳴をあげて倒れる光景は、まったく心を鬼にしても見ておられぬ。実際戦争は悲惨である」（笠原十九司『「百人斬り競争」と南京事件』2008年刊）

言うまでもなく、「八〇人程」の「老若男女」の一人ひとりに「いのち」があった。

こうした場面を目撃した記者もおそらくいたことだろう。しかし、こうした光景をつづった記事は見当たらない。

南京へと向かう戦場には中国語の通訳がいた。日中を結ぶ実務担当者を養成した専門学校「東亜同文書院」（上海）の学生が従軍して通訳を務めた。

そうした学生通訳を集めて行われた新聞の座談会で、一人がこう指摘した。

「学園〔東亜同文書院〕の理想〝靖亜〔アジアを安んずる〕〟は、学園にゐるときは簡単に出来るように思つてゐたが、従軍の結果、真の日支提携を実現するのには物凄い苦しみが横《よこた》はつてゐると思ふ。支那の民衆は大敗によつて非常な憎しみを懐いてゐるだらうと思ふ。これを柔げるには非常な決心が必要である。日本民族は彼らを真の親善に導かねばならぬ大きい任務を負はされてゐると思ふ」（38年3月21日付大阪毎日新聞西部総合版「東亜同文書院　従軍学生座談会」）

中国の民衆が日本に「非常な憎しみ」を抱いていることにふれた稀有な記事だ。中国民衆を救うために日本軍は中国軍と戦い、中国民衆はこれを歓迎しているという「神話」への静かな批判が含まれていたのかもしれない。若い通訳は、中国の人々の「非常な憎しみ」を肌身で実感していた。

注

1　戦場での中国人使役について、鈴木明の『「南京大虐殺」のまぼろし』は、次のように述べている。

「日本の兵隊たちは、中国の一般民衆を使役にして、荷物や兵器を運ばせるものが、だんだんにふえてきた。『うるさい』隊長は、固くこれを禁じたが、見て見ないふりをする指揮官も大勢いた。使役にかり出された中国人は、たいがいは一日で帰された。余り遠くまでゆくと、帰るのが大変だからである。しかし、中には、ずっと南京までついてきた者もいる。器用に日本語を憶えて、後に通訳として活躍したものもいる」

2　一九四〇年から五年近くにわたって主に中国・山西省を一兵士として転戦した作家の田村泰次郎は、戦後の作品「裸女のいる隊列」（54年）のなかで、民間人の殺戮について、こうつづっている。

「長い戦争の期間をとおして、日本軍に殺された住民の数は、恐らく日本軍と闘って死んだ中国軍の兵隊の数より多いのではないだろうかとさえ、私には思われる。すくなくとも、中国の奥地では、戦場で見る敵兵の死体よりも、農民の数の方が、私たちの眼に多く映るのが、普通だったのだ。ある時期においては、ときには、公然と、住民をみな殺しにしろという軍命令が出たこともある。燼滅《じんめつ》作戦というのが、それだった。

『おい、こんどの作戦は、ジンメツだとよ』

作戦開始のときになると、兵隊たちはそんな噂をしあった。作戦地域内の部落という部落は焼き払って、生あるものは、犬の子一ぴきも生かしておかないというのが、建前だった。日本軍全体が、血に狂った鬼の軍隊になった」

## 誤報と万歳

日本軍は急速に南京へと迫った。

一九三七年一一月下旬には早くも、日本国内各地で南京陥落に向けた祝賀準備が始まった。新聞は、そうした動きを伝える記事をさかんに掲載した。

「南京の陥落まつて宇和島市で戦勝大祝賀」（37年11月19日付海南新聞〈愛媛〉）

「南京陥落近し　別府で早や祝賀計画」（11月27日付大朝大分版）

日本軍が日一日と南京へと近づくなか、上海派遣軍報道部長の馬淵逸雄は考えた。

――南京占領の第一報が、新聞社の競争の為に日時が狂ったり、甚しく事実と相違したり、各部隊の功績を傷つけたりするようなことがあってはならない。南京占領に関しては、たとえ城門の一角の占領についても軍報道部発表前に通信をしてはならない、南京が事実において占領されても、報道部が発表するまで報道してはならないことにしよう（馬淵『報道戦線』、要旨）。

報道部の発表を受けて各社一斉に報道する。そんな状況を馬淵は思い描いた。しかし、現実はそのようには運ばなかった。

### フライング誤報

一二月七日早朝、国民政府の指導者、蔣介石が妻の宋美齢とともに飛行機で南京を脱出した。

この日、東京朝日新聞は「南京今や風前の灯火　皇軍入城刻々迫る」と報じた。読売新聞も「けふこそ首都南京を占領」の見出しを立てて、今日にも陥落の見通しであるという観測記事を掲載した。

もっと踏み込んだのが東京日日新聞だった。

同紙は七日発行の夕刊で「南京・事実上陥落す　敵軍潰走　攻撃を中止し　城外で悠々入城待機」と報じた。

大分の豊州新報も同じく七日発行夕刊で「南京遂に落城」と見出しで打った。ただし、記事本文(上海発同盟)は「[各部隊は]敵の後を追つて最後の進撃を続けて居り……」としか述べておらず、見出しが先走った格好だった。

よその新聞社に先を越されたくない、同着ではつまらない、早晩陥落するのだから多少早すぎても先に書く方がいい。

フライングの背景には、おそらくそんな意識が働いたのだろう。

七日夜、歌舞伎俳優の尾上菊五郎は東京・歌舞伎座の舞台で「万歳」を唱えた。

「日の丸の小旗を用意させて置いたのは数日前からで、早くこれを振つて万歳をやりたくなり、七日、南京は事実上陥落したも同じだと聞き、何も陥落といはなきやアよからう、城外に迫つてでいいぢやねえか……」(12月8日付東京日日新聞)

さらに東京日日は翌八日付で、早くも「南京わが手に落つ」と題する社説を掲げたほか、「世界戦史に燦たる南京攻略」と銘打って特集紙面をつくり、作家村松梢風のエッセー「南京の思ひ出」などを掲載した。

しかし、実際には金沢第九師団の一部隊が南京市街を取り囲む城壁の一角に取りついただけで「陥落」には、まだほど遠かった。このころ、上海の記者クラブでひと騒動もちあがったらしい。馬淵報道部長がこう書いている。

「某社が七日吉住部隊〔金沢第九師団、吉住良輔師団長〕の一部が南京城の一角を占領した記事を発信し、国内に一大センセイションを捲き起した為め現地記者統制の足並が乱れようとした。〔略〕上海記者倶楽部に於て、某社記者の一週間報道部立入禁止と、入城式の前日まで軍用機による前線視察の便宜供与拒絶といふことを決定した」（馬淵『報道戦線』）

## 国際委員会が記者会見

「南京陥落断末魔の哀姿」――一二月七日発行の函館新聞夕刊に、そんな見出しの記事が載った。同盟通信がニューヨークから発信した記事だ。句読点のほとんどない、読みにくい文章なので要約して示す。

――UP南京特派員は六日、城内の混乱状態を次のように報道した。日本軍が五日に長江上流の都市、蕪湖《ぶこ》を爆撃して以来、避難民はジャンクやランチを捨て、水上への避難を断念した。〔略〕子供を抱え、家財を背負った市民数千は「国際避難地帯」へとわれ先に避難している。

記事中の「国際避難地帯」は「南京安全区」「南京難民区」を指すのだろう。[1]

南京安全区は、日本軍の攻撃を逃れて難民となった人々を収容、救援するため、南京にとどまっていた米国人、ドイツ人が設置した中立地帯だ。ドイツの電機メーカー、ジーメンス社の南京支社支配人を務めるドイツ人、ジョン・ラーベを委員長として三七年一一月二二日に発足した南京安全区国際委員会が運営にあたっていた。

安全区は、南京城内の北西の一画、面積は八・六平方キロメートル（笠原十九司『南京難民区の百日』）で、現在の東京都中央区（一〇・二平方キロ）、台東区（一〇・一平方キロ）よりやや狭い。南京城内の面積は安全区の約八倍で、東京の山手線内側の面積（約六三平方キロ）よりやや広い。

日本軍が近づくなか、南京安全区国際委員会は連日、記者会見を開いていた。

安全区にある金陵女子文理学院の米国人教師、ミニー・ヴォートリンの日記に、次の記述がある。

**一二月九日**「今夜、記者会見の最中に大きな砲弾が新街口に落下し、みなびっくりして椅子から飛び上がった。青ざめた人もいたのではないかと思う。これは、わたしたちが初めて体験した砲撃だった。きょうは飛行機の爆音がただの一時間も絶えることはなかった。[2] 記者会見の出席者はこのところ、新聞記者が二人、中国人が二人だけで、あとは宣教師だった」

**一二月一〇日**「日本軍が光華門のすぐ近くまで迫っているそうだ。市街周辺のあちこちでほとんど一日中火災が目撃されている。今夜は西の空が真っ赤に染まっている。〔略〕今夜の記者会見では、南京が〔日本軍に〕引き渡されたあとの難民の問題が提起された。この先数カ月間、だれが彼らの面倒をみるのだろうか」

**一二月一一日**「今夜の記者会見には二〇人――すべて外国人――が出席した。四人の新聞記者のほかは、ドイツ人二人とロシア人青年一人を除けば、あとはすべて宣教師だった。〔略〕これを書いている間にも、市の南東と南西の方角で激しい爆撃音と機関銃の音が聞こえる。人びとの予想では、敵は三日のちには城内に入るだろうが、その間にはすさまじい破壊をおこなうだろう、というのだ」

（『南京事件の日々　ミニー・ヴォートリンの日記』岡田良之助、伊原陽子訳、99年刊。以下『ヴォートリン日記』）

「人びとの予想」はあたった。

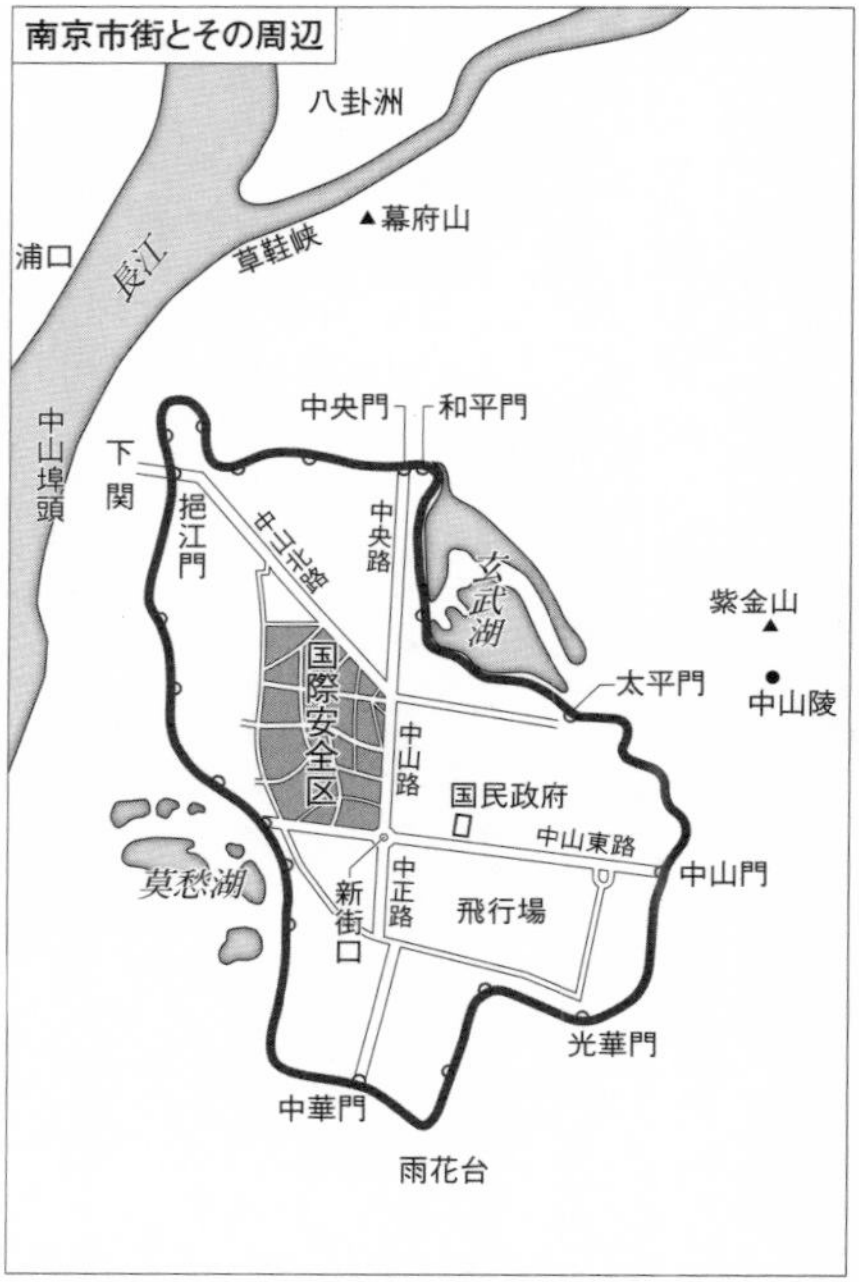

南京市街とその周辺

## 「光華門を占領」

日本軍は着々と南京へと近づいていた。

一二月八日夜、戦車部隊（独立軽装甲車第二中隊）の中隊長、藤田実彦のもとに、新聞各社の特派員が集まってきた。彼らの関心は「南京一番乗り」であり、そして何より食い物だった。

「九時頃になつて、更に東京日日の安養寺友一君、栗原千代太郎君、『ナべさんナベさん』と呼ばれてゐた読売の田辺君、報知の中山君、その他の新聞記者諸君がやつてきて自分の部屋は一杯になつた。そして何処の部隊が南京に一番乗りするかと甲論乙駁、めいめい相当の理由を述べてゐた。そして後方連絡機関を持たない新聞記者諸君は朝から飯もたべてゐないといふので、分捕の支那米で給養してやつた。〔略〕飯をたべ終ると新聞記者諸君は一人減り二人減りして十二時頃皆何処かへ行つてしまつた」（藤田『戦車戦記』40年刊）

九日、日本軍は、南京城上空から飛行機で中国軍に対し次の投降勧告文を投下、一〇日正午までに応じなければ総攻撃を開始すると宣言した。

「日軍は抵抗者に対しては極めて峻烈にして寛恕《かんじょ》せざるも無辜の民衆および敵意なき中国軍隊に対しては寛大を以てしこれを冒さず、東亜文化に至りてはこれを保護保存するの熱意あり。しかして

貴軍にして交戦を継続せんとするならば南京は勢ひ必ずや戦禍を免れ難し」(37年12月10日付東京朝日)

中国軍からの回答はなかった。

馬淵逸雄報道部長の著書『報道戦線』(41年刊)によると、一二月一〇日午後、金沢第九師団が光華門を占領したという一報が、ある新聞社から馬淵のもとに届いた。日本にこれを発信していいか、という問い合わせだった。

馬淵が飛行隊に尋ねると、午後六時ごろになって、南京上空から帰った飛行将校が「光華門付近の城壁に日の丸が翻るのを見た」と話したことがわかった。

午後七時、馬淵は記者を集めて「南京城一角占領」と発表した。発表したあと、馬淵は一抹の不安を感じた。もし間違いだったら取り返しがつかない。現地からの公式の報告はまだ来ていなかった。実際のところ、金沢第九師団鯖江歩兵第三六連隊の一大隊が光華門の一角をかろうじて確保しただけだった。

日付かわって一二月一一日午前一時、東京の大本営が「南京城光華門を占領」と発表した。

明け方近く、馬淵は大本営報道部長あてに電報を打った。

「昨十日午後七時の発表は城壁一角の占領にして未だ完全なる占領にあらざる意味に付き可《しかるべく》然指導相成度《あいなりたし》、完全占領は別に公報を俟《ま》ち発表す。目下第一線との通信意の如くならず、軍司令部又移動中にして連絡取れず。各新聞社の無電のみ殺到する有様なり」

まだ城壁の一角を占領したにすぎない、完全には占領していないと大本営に念を押したのだ。

しかし、一一日の朝刊各紙は、一斉に「南京陥落」を報じた。

## 「目下城内を掃討中」

馬淵は著書『報道戦線』で、以上のように説明している。しかし、実際の紙面はその説明通りにはなっていない。

馬淵は一〇日午後七時に「南京城一角占領」と発表したと述べているが、実際に新聞に掲載された発表文は次の通りだ。

「上海軍午後七時発表〔略〕わが軍は〔略〕全線一斉に進撃、飛行隊の猛撃と相俟つて夕刻早くも各城門を占領し目下城内を掃蕩中なり」

この発表文を同盟通信が発信、一一日付の朝刊各紙に掲載された。

「南京城一角占領」どころか、「目下城内を掃蕩中」と上海では発表していたのだ。軍の公式発表がこれでは新聞社が「南京は陥落した」とみるのも無理はない。

「陥落」を待ちわびて前のめりになっていた各新聞社は、勢いよく走り出した。

一一日付東京朝日は「祝・敵首都南京陥落」の文字を第一面に刻んだ。紙面を飾った「日の丸」は、中央の赤い「丸」が当時としては珍しく、赤いインキでカラー印刷された。

読売新聞も「南京・中山門外発」で、「わが助川、片桐、野田、大野各部隊は十日午後総攻撃命令とともに、中山門に殺到、遂に城門を突破して城内へとなだれこんだ。〔略〕城門を突破した各部隊は続いて城内の大掃蕩を行つてゐる」と報じた。

なかには次のような記事さえあった。

「記者は〇〇部隊に従軍、南京攻略戦に参加、この歴史的なる戦闘と皇軍の奮戦をまのあたり見つつ感激の数日を送つたが、十日午後六時遂に南京に突入、記者は〇〇部隊と共に入城、城壁高く輝く日章旗の下に於いて天地に轟く万歳の声に和することが出来た、茲《ここ》に、政権はも早一ケの敗残軍閥にすぎない、支那事変はかくて聖業の第一段階を完了した」

記事を載せたのは一一日付東奥日報、書いたのは、特派員の竹内俊吉だった。部隊と一緒に入城して万歳をした、これで戦争は一段落した——とまで竹内は筆を走らせた。

しかし、実際には城内に入った部隊はまだ一つもなかった。

ほかの地方紙もいっせいに「南京陥落」を報じた。

北海タイムス「昨夕南京陥落す」

秋田魁新報「首都南京陥落　正に十日午後五時」

福島民報「首都南京昨夜遂に陥落！」

新愛知「南京陥落！　皇軍万歳!!」

九州日報（福岡）「南京つひに陥落す」

九州新聞（熊本）「首都南京陥落」（以上、いずれも一一日付）

ただし、同じ軍の発表をもとにしながら、例えば名古屋新聞、福井新聞のように、この時点では「陥落」の文字を使わなかった新聞もあった。

馬淵は一一日午後、南京占領の報道で東京が大騒ぎになり、ラジオニュースを聞いた天皇も「御機嫌斜ならず」と東京の同盟通信が報じたのを知って、いっそう気が気でなくなった。両三日中に完全占領できなければ自決するほかない、と覚悟を決めた（馬淵『報道戦線』）。

同盟通信は一一日になって「南京はまだ陥落していない」という趣旨の記事を上海から打電した。

「南京は南北二里、東西一里の広大な地域で、城内の防備も相当に整つてゐる事であるから、一角の占領を以て直に南京城の陥落と見るのは尚早であるが、皇軍の威力を以つて猛攻すれば南京城を完全に占領し城頭高く日章旗を翻すの国民的感激の時も近い事と思はれる」

事実上の訂正記事だった。

ところが、各新聞社は、祝勝ムードに水を差すとみたか、今さら後戻りできないと考えたか、この同盟電を無視した。掲載が確認できたのは、一二月一三日付鹿児島朝日新聞だけだ。

一方、京都第一六師団歩兵第三〇旅団の旅団長、佐々木到一は一一日の日記に、部下の一人が憤慨していた、と次のようにつづった。

「六十余名の新聞記者が全部交通便利な正面の本道に蝟集《いしゅう》し自分自身の一番乗りの記事を電波に乗せるべく気負つてゐるのであるから、軍隊は相当に迷惑をするのである。今日の戦争に一番乗りは問題ではない、寧ろ縁の下の力持ちとなつて他部隊のために犠牲となるものの働きが貴いのである」

(『南京戦史資料集』)

三七年一二月一一日発行の静岡民友新聞夕刊は、日本軍が中国軍を長江岸に追い込んだと報じた。同盟通信の配信記事とみられる。

「脇坂部隊〔鯖江歩兵第三六連隊、脇坂次郎連隊長〕前面の敵は死物狂ひの逆襲を企て、激戦は今朝五時に及んだが、わが軍の猛反撃のために〔中国軍は〕遂に全く潰滅し、敵は命からがら下関方面に雪崩を打つて遁走せんとする。敵は揚子江を渡らんとすれど舟なく、ここに支那軍十万は殲滅の運命に陥つた」

大規模な「殲滅戦」の始まりを記事は予告していた。

## 提灯行列の海

「南京陥落」の報道を受けて一一日、東京帝国大学、東京文理科大学（東京教育大学、筑波大学の前身）、専修大学、明治大学、中央大学、法政大学、早稲田大学、東洋大学、立教大学、慶応大学、日本大学で祝賀行事があった（37年12月12日付国民新聞）。

日本中が歓喜にわいた。一一日夜に大阪朝日の本社を訪れた旗行列、提灯行列の団体は計八八団体、参加者は六万九四〇〇余人の多数に達した。

「本社前一帯は午後七時ごろから十一時前まで文字通り灯の海と化し、市民の鼓舞する姿は力強い限りであつた」（12月12日付大朝大阪府内版）

街頭の興奮と熱狂を各紙が大きく報じた。

朝日新聞の陸軍省担当記者だった田村真作は戦後、こう述懐する。

「日本内地でも、戦勝祝賀の行列が続けられ、日本の民衆は口々に、南京陥落万歳をさけんだ。しかし、この声は――ああこれで、やつと戦争もかたづいた――という国民のよろこびの声だつた。そして、――もうすぐ、父が、夫が、愛人が、帰つて来るという国民の万歳であつたのだ」（田村『愚かなる戦争』50年刊）

東京・後楽園スタジアムでは一二日午後、読売新聞社主催の「南京陥落戦勝祝賀大会」が開かれた。同スタジアムは、三カ月前に開設されたばかりだった。

大会では、永井柳太郎逓信大臣の祝辞のあと、陸軍省新聞班の大久保中佐が「南京陥落と国民の決意」を述べて銃後の覚悟を促した。

第二部では陸軍戸山学校軍楽隊が行進曲「南京陥落」を初演奏。第三部ではポリドール、キング、ビクター、テイチクなど各レコード会社の代表歌手がダットサンに分乗してグラウンドを一周したあと、軍国調歌謡で満場を楽しませた（12月12日発行読売新聞夕刊「歓喜沸く後楽園スタヂアム」）。

注

1　笠原十九司『南京難民区の百日』（２００５年刊）によると、当時、英語で「Safety Zone」と呼ばれ、中国語訳では安全区と難民区の両方を使用していた。同書にならい、本書でも二つの呼称を用いる。

2　日本海軍航空隊は三七年八月から一二月にかけて、南京を五十数回にわたって空襲し、一六〇余トンの爆弾を投下した（海軍省海軍軍事普及部「支那事変に於ける帝国海軍の行動」）。

## 陥落前夜

日本中が「南京陥落」に沸く（ただし実際にはまだ陥落していなかった）三七年一二月一二日、和歌山日日新聞は一面コラムで「南京陥落を機会に　決意を表明せよ」と主張した。

「卒直にいつて、私共は政府のやり口に対して多くの疑問と不満とをもつてをる。先づ軍事と両輪の関係にあるべき外交政策について、これが刻下の最大関心事であるに拘らず政府は国民に対して満足な説明も与へねば、安全感をも与へてはをらない」

軍がひとり前を走っている、政府は今後、対中国外交をどうするのか。言外に、戦争の早期終結を求めたとも読みとれる主張だった。

## 捕虜一五〇〇人

一二月一二日、宇都宮歩兵第六六連隊（山田常太連隊長）は、南京城の南の台地、雨花台《うかだい》で中国軍と遭遇、「抵抗を断念して投降すれば命は助ける」と伝え、約一五〇〇人を捕らえた。夜一〇時ごろ、飯を炊いて与えると「食に飢えたる彼等は争つて貪食」した。

捕虜は最終的に一六五七人にのぼった（歩兵第六六連隊第一大隊「戦闘詳報」『南京戦史資料集』）。

翌一三日午後二時、連隊長から次の命令が出た。

「旅団命令により捕虜は全部殺すべし。其の方法は十数名を捕縛し、逐次銃殺しては如何」

この命令に基づき、捕虜の処分について第一、第三、第四の各中隊長が集められ意見交換した。その結果、各中隊に等分に分配し、監禁室から五〇人ずつ連れ出して各中隊で刺殺することになった。各隊は午後五時に刺殺を開始、午後七時半ごろまでに終えて連隊に報告した。

第一中隊は当初の予定を変更して、一気に監禁、焼殺しようとして失敗した。

「捕虜は観念し恐れず、軍刀の前に首を差し伸ぶるもの、銃剣の前に乗り出し従容とし居るものありたるも、中には泣き喚き救助を嘆願せるものあり。特に隊長巡視の際は各所に其の声起れり」（同右）

## 各紙が報道

ここで約一五〇〇人の捕虜を得たことについては、当時の新聞もふれている。

東京日日新聞の伊藤清六特派員[1]は南京から次のように書き送った。

「山田（常）部隊〔宇都宮歩兵第六六連隊〕高柳准尉の率ゐる一隊は去る十二日、南京城外で激戦中、たまたま倉庫を襲撃した際、付近に陣地を持つて抵抗中の敵と遭遇し、戦車隊と協力のもとにこれ

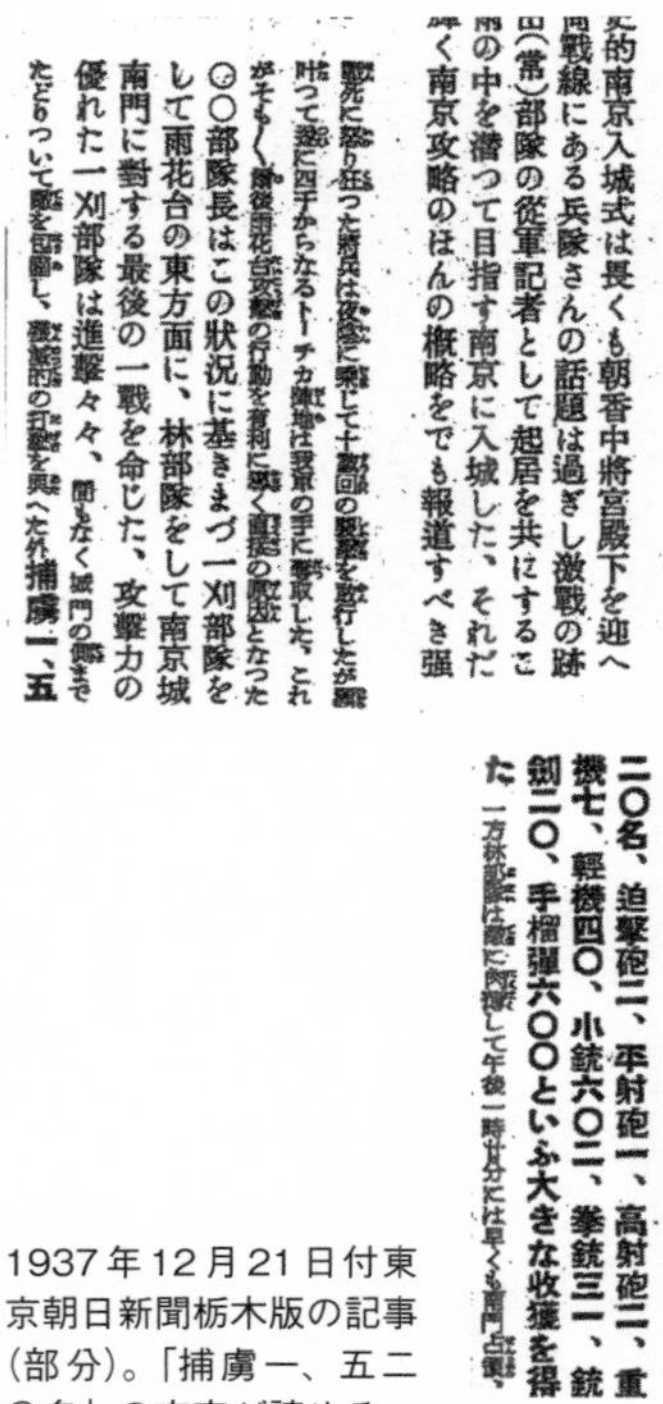
史的南京入城式は畏くも朝香中將宮殿下を迎へ
而戰線にある兵隊さんの話題は過ぎし激戰の跡
田(常)部隊の從軍記者として起居を共にするこ
雨の中を潜って目指す南京に入城した、それだ
障く南京攻略のほんの概略をでも報道すべき强

死に狂った敵兵は夜陰に乘じて十數回の逆襲を敢行したが
つて遂に四千からなるトーチカ陣地は我軍の手に奪取した、これ
がそもそも雨花台攻撃の行動を有利に導く前提の原因となった
〇〇部隊長はこの狀況に基きまづ一刈部隊を
して雨花台の東方面に、林部隊をして南京城
南門に對する最後の一戰を命じた、攻撃力の
優れた一刈部隊は進撃々々、間もなく城門の側まで
たどりついて敵を包圍し、激戰の死鬪を與へた外捕虜一、五
二〇名、迫撃砲二、平射砲一、高射砲二、重
機七、輕機四〇、小銃六〇二、拳銃三一、銃
劍二〇、手榴彈六〇〇といふ大きな收獲を得
た　一方林部隊は敵に肉薄して午後一時廿分には早くも南門占領、

1937年12月21日付東京朝日新聞栃木版の記事（部分）。「捕虜一、五二〇名」の文字が読める

を包囲し殲滅せんとしたが、敵軍中から白旗を掲げ降伏して来たので、総計一千五百二十名を捕虜とし偉勲をたてた。なほ十三日の南京城内の掃蕩にも多数の敗残兵を捕虜とした」（12月24日付東日栃木版「白旗掲げて降伏　捕虜何と千五百名」）

宇都宮連隊が捕虜にしたのは、戦意を失い、白旗を掲げて降伏の意思表示をした中国兵だった。歩兵第六六連隊第一大隊の「戦闘詳報」も「投降せば助命する」と勧告した旨、記述しており、記事と一致する。

読売新聞栃木版には、栃木県出身の上等兵から父親に届いた手紙の一節が紹介されている。

「あらゆる苦闘を続けて南京へ入城しました。〔略〕〇〇日我が部隊が敵の正規兵千三百名余名を『ホリヨ』にしました。本事変最大の捕虜ださうです」（38年1月20日付読売栃木版「軍国の家に快報」）

宇都宮連隊が千数百人規模の捕虜を得たことを報じた新聞はほかにもあった。

三七年一二月二一日付東朝栃木版「捕虜一、五二〇名〔略〕といふ大きな収獲を得た」

一二月二六日付東日栃木版「白旗を掲げて投降した敵兵千五百名を捕虜にした」

一二月二九日付下野新聞「敵正規兵千三百余名を捕虜とし〔略〕」

――などだ。

しかし、その後、捕虜をどうしたか、という点については、どの記事もふれていない。無抵抗の捕虜の虐殺は軍にとって、公表がはばかられる「不都合な事実」だったということだろう。

そして、つい、読み流してしまいそうになるが、武装解除された一五〇〇人もの捕虜（そこには少年兵も含まれていただろう）を殺害する、それもわずか三時間たらずですべて「刺殺」したというのだから、これはとてつもない「大虐殺」と言うほかない。

ベトナム戦争の「ソンミ虐殺事件」を引照すると、ベトナム中部のソンミ村で六八年、米部隊によって殺害された住民は、五〇四人といわれる（2018年4月25日付朝日新聞「ソンミ虐殺50年、消えぬ記憶」）。事件は、ベトナム戦争最大の戦争犯罪の一つとして、今に語り伝えられている。

宇都宮連隊による捕虜の集団虐殺ひとつをとっても、南京で日本軍が大規模な虐殺事件を起こした事実は動かない。宇都宮連隊の兵士の一人は、捕虜刺殺の模様について日記にこう書き残しているという。

「午後五時、南京外廓にて敵下士官六名を銃剣を以て刺殺す。亡き戦友の敵《かたき》をとった。全身返り血を浴びて奴ののど笛辺りをつきたるや、がぶ《ママ》血をはいて死ぬ。背中と云はず腰と云はず、刺して刺して刺しまくり、死ぬるや今度は火をつけてやる。中に、ウナリ乍ら二、三尺はい出すのがある。生温い血が顔にはねる。手を洗はず夕食を全く久し振りで食べる」（秦郁彦『南京事件』86年刊）

**地下室の中国兵**

宇都宮連隊が中国兵多数を捕虜にした三七年一二月一二日、上海派遣軍司令部近衛工兵連隊は、南京城の東南にある工兵学校を占領した。このときの模様を東京日日静岡版と東京朝日静岡版が報道している。掲載日は同じ三八年二月一九日だ。

東日静岡版は「地下室の敵七十八名　燻《いぶ》し出してふん縛る」の見出しで、こうつづっている。

「〔十二月〕十二日午後二時頃、私達は中山門付近工兵学校に○○を設けて敵に猛射を浴びせてゐたが、敵砲弾が中々命中率がいいので浅田部隊長以下○○名が小シャクな奴だと憤慨してゐる中にヒヨツと下を見ると学校の地下室に敵がゐて、その近くで電話をもつて砲兵と連絡をとつてゐる様子。不敵の奴とばかり地下室の入口で焚火して燻してやつたところ、たまらぬとばかり一人づつノコノコ出て来たので、ふん縛つたが、総計七十八名ゐました。〔略〕こんな嬉しいことはなく部隊の手で処分しようとしたのですが、歩兵部隊に渡してやりました」

一方、東朝静岡版は「燻し出してまんま　七十八名生捕る」の見出しで、次のように述べている。

「十二月十二日の午後二時頃でした。われわれの部隊は工兵学校を最後の観測所として中山門に向つて猛烈な砲撃を加へてゐました。すると観測所の地下室に何やら動く気配がしたので調べたところ、何とそれは支那兵だったのです。〔略〕狭い入口でドンドン火を焚き、その煙を中へ煽ぎ込んでやりました。さあ中にゐる連中は苦しくて堪らず、たうとう一人づつ外へ飛び出して来ました。〔略〕出て来る支那兵を一人一人巻脚絆をとつて縛りつけたのです。勘定して見たら丁度七十八人ゐました。全部付近にゐる歩兵部隊の手に引渡しました」

どちらの記事も「浅田部隊」の「寺田源一伍長」が語ったとしており、同一人物に取材したことがわかる。工兵学校の地下室に隠れていた中国兵を煙ぜめにして捕まえ、歩兵部隊に引き渡したという根幹的事実は一致している。

二つの記事は、どこまで真相を語っているのだろうか。

同じ現場について書いたとみられる兵士の手紙がある。

工兵学校を占領した近衛工兵連隊所属の岩崎昌治は、東京の実家に出した手紙に、こうつづっていた。

「〔一二月〕十二日深夜工兵学校を完全に我等工兵の手に取った。其の時味方の負傷一名、彼等〔中国兵〕は兵器数十丁を残し敗走しました。敗残兵七十七名を取って其の場で銃殺しました。さすがに支那正規兵、見事な死方をした者もありました。立派に吾等の銃口の前に立って笑って死についた者さえありました」（岩崎稔『或る戦いの軌跡　岩崎昌治陣中書簡より』95年刊）

岩崎は、自分が目撃したありのままを郷里に伝えたのだろう。この手紙に照らすと、新聞が何を書き、何を書かなかったかはっきりと確認できる。

新聞は、中国兵を捕らえるところまでは書いた。東日の記者も東朝の記者も、中国兵を煙で「燻し出し」たことを「面白い」とみて記事を書いたようだ。しかし、「ふん縛つ」た中国兵を「其の場で銃殺」したことにはふれなかった。

無抵抗の中国兵七十数人がただちに銃殺された。

新聞が書いていないからといって、それだけで虐殺がなかったとは言えない。そのことは、ここでも確認できる。

## 一二月一三日朝

毎日新聞の取材班に参加して京都第一六師団に従軍したジャーナリストの大宅壮一は一二月一二日、南京城外の孫文（号・中山）の陵墓「中山陵」から谷ひとつ隔てたところにあった中山文化教育館に、カメラマンの佐藤振寿らといっしょに入った。

先に着いた各社の記者一〇人ばかりが、入り口に近い一室を占拠しており、奥に部隊の本部があった。

毎日の記者が、リュックにしこたま詰めてきた日本の米や缶詰類などを取り出すと、他社の記者たちが「ワアーッ」と歓声をあげて喜んだ。部隊長が「南京入城の前祝だ」といって飯盒《はんごう》に半分ほどの日本酒を差し入れてくれたので、みんなで飲んだ（大宅「香港から南京入城」「改造」38年2月号）。

「日本酒と満腹で歌が出た。当時はやりの『露営の歌』で、日本酒の酔いも加わり、歌声も大きく合唱になってしまった。すると旅団司令部の副官が来て、通信が聞きとれないから歌を止めてくれないかと言われ恐縮したが、歌をやめたとたん、屋外の銃砲声が聞こえて来て、中山門の陥落近しという感がした」（佐藤振寿「従軍とは歩くこと」『南京戦史資料集Ⅱ』）

浪花節を得意とする京都日出新聞の特派員が、名人広沢虎造の物まねをいくつかやった。それが終わって、みんな寝についた。

しかし、大宅は眠れず、建物の屋上に上がって、南京城の東の玄関、中山門の方から聞こえてくる砲銃声に耳をすませて一時間以上、立ち尽くしていた。

「〔一三日午前〕三時すぎだつたか、司令部に電話で中山門の落ちたことが報ぜられた。そこで僕は仲間にそのことを知らせて、すぐにも出発しようかと思つたが、夜があけるまでは危険だからと制止された。かくて紀念すべき十二月十三日の朝はつひにきた。僕は未明に一同を叩き起して、出発の用意をした」（大宅「香港から南京入城」）

一二月一三日朝、記者たちは、土まみれの靴に、足を突っこんだ。

注

1　伊藤清六記者の足跡をたどる「記者・清六の戦争」が二〇二〇年七月から八月にかけて毎日新聞に連載された。筆者は、清六の兄のひ孫にあたる伊藤絵理子記者。『清六の戦争　ある従軍記者の軌跡』として二一年に単行本化された。

伊藤清六は一九四五年六月、フィリピンで戦病死したという。

# 第三章　さまざまな「百人斬り」

## 消えた7行

一九三七年一二月一三日未明、日本軍は、南京城内に侵攻した。

その日の東京日日新聞と大阪毎日新聞は、南京への途上、「百人斬り競争」をしてきた二人の少尉、ともに京都第一六師団歩兵第九連隊に所属する向井敏明と野田毅が一〇日、一〇六人と一〇五人という記録をつくって再会したことを報じていた。[1] ところが、別々に行動してきたため、どちらが先に一〇〇人に到達したかわからない、そこで改めて一五〇人をめざすことにした、と。

いわゆる「百人斬り競争」[2] である。

向井と野田は戦後、南京で開かれた軍事法廷で裁かれ、四八年一月、死刑に処せられた。

南京戦（に限らず日中戦争の全体）において日本軍は、中国人捕虜や武器を持たない一般民衆を斬首、斬殺した。それを目撃した記者もいた。新聞は「〇〇人斬り」の「手柄」をあげた兵士たちを「勇士」

などとたたえた。

**不可能だと批判**

向井、野田両少尉による「百人斬り競争」を七一年、朝日新聞の連載ルポ「中国の旅」が取り上げた。日本軍が中国で何をしたか、中国の人々は戦争をどう記憶しているか、新聞が現地取材をもとに報道するのは、これが戦後初めてだった。

この連載のうち、とくに「百人斬り競争」に疑問を投げかけたのが鈴木明だった。鈴木は「諸君！」七二年四月号掲載の論稿「『南京大虐殺』のまぼろし」で本多のルポを批判した。鈴木明の論稿については、すでに序章で取りあげているが、ここで改めて検討したい。鈴木は、こう述べている。

「平時と戦時とでは、基本的に『残虐』の受けとられ方が違う。『戦場で百人殺せば英雄だが、平時に一人殺したら死刑』というチャップリン映画のテーマではないが、この殺人がもし戦闘中のことならば、少なくとも昭和十二年当時の日本人の心情には『許される』残虐性であろうが、いかに戦時中の日本といえども、戦闘中以外の『殺人ゲーム』を許すという人はいないだろう」

百人斬りは戦闘中に戦闘員を相手にした行為であって、平時に殺人ゲームをしたわけではない、だから三七年当時の日本人からみれば非難にはあたらないというのだ。さらに鈴木は、こう指摘した。

「たしかに戦争中は、そういう豪傑ぶった男がいたことも推定できるが、トーチカの中で銃をかまえた敵に対して、どうやって日本刀で立ち向ったのだろうか？」

つまり、鈴木は、戦闘中に百人殺すのは、「当時の日本人の心情」としては「許される」行為だったと主張する一方で、相手はトーチカの中にいるのだから「百人斬りは不可能だ」とも述べていた。

## 野田少尉の講演

鈴木のこの論稿の中に、次の一節がある。

「私〔鈴木のこと〕は『私はこの耳でN少尉（野田少尉のこと）の百人斬りの話をきいた』という内容が載っている雑誌、『中国』七一年十二月の記事を読み、そのなかに『N少尉は戦犯として南京で銃殺された』という内容があるが、この件に関してはたしかめる余裕はなかった」

この箇所を読み返して筆者（上丸）は「おやっ」と思った。

鈴木は月刊誌「中国」七一年一二月号の記事を読んでいたのか――。

「中国」は、中国文学者の竹内好を中心とする「中国の会」が編集、発行していた雑誌で、七一年一二月号には「日中戦争の追憶　〝百人斬り競争〟」と題する文章が掲載されている。志々目彰《しじめ》という人物が投稿したもので、四百字詰め原稿用紙で約九枚、三ページの記事だ。

志々目は、鹿児島県立師範学校付属小学校を卒業する一年前の三九年春、来校した同校出身の「N少尉」すなわち「百人斬り」の野田少尉が児童の前で話すのを直接、その耳で聞いた。志々目の記憶では、野田はこう語ったという。

「郷土出身の勇士とか、百人斬り競争の勇士とか新聞が書いているのは私のことだ……

実際に突撃していって白兵戦の中で斬ったのは四、五人しかいない……

占領した敵の塹壕にむかって『ニーライライ』とよびかけるとシナ兵はバカだから、ぞろぞろと出てこちらへやってくる。それを並ばせておいて片っぱしから斬る……

百人斬りと評判になったけれども、本当はこうして斬ったものが殆んどだ……

二人で競争したのだが、あとで何ともないかとよく聞かれるが、私は何ともない……」（……は原文通り）

そこで志々目は次のような感想をもった。

「白兵戦では斬らずに戦意を失って投降した敵を斬るという〝勇士〟の体験談は、私にはショックだった。ひどいなあ、ずるいなあ。それ以上のことは幼い自分には分らなかった。これでいいのだろうか、そんな軍と軍人で果して〝聖戦〟が可能なのだろうか。陸軍幼年学校に入り、国軍の生徒としての教育をうけるようになってから、そのことをあらためて思い返すようになっていた」

野田が斬った中国兵の大半は、戦意を失って投降した兵士だった。

野田がそう語ったという志々目の証言を、鈴木明は読んでいたのだ。

このことは何を意味するのか。

野田が中国兵を斬ったのは、「戦闘中以外の『殺人ゲーム』」だったと当の野田が語っていた——。

そうした趣旨の志々目の回想を読んでいながら、鈴木は、野田の行為について、戦闘中だから許されるという趣旨のことを述べていたことになる。

「私〔鈴木のこと〕は『私〔志々目のこと〕はこの耳でN少尉（野田少尉のこと）の百人斬りの話をきいた』という内容が載っている雑誌、『中国』七一年十二月の記事を読み……」という右に引いた一節（「諸君！」の誌面で七行分の文章）とその前後を、鈴木は単行本にする際、削除した。

そして志々目は、この「削除」の事実に早い段階で気づいていた。

「諸君！」の記事を「本屋で立ち読みすることもあった」という志々目は「〔記事が〕単行本になった時この注記は除かれて矛盾が現れないようになっていた」と、のちに出版した著書『私記　日中戦争史』

（2012年刊）に書いている（ただし、志々目は「注記」としているが、実際には本文の一部）。

毎日新聞が報じた「百人斬り競争」が、捕虜や一般民衆の斬殺を指すとみられることは、中国戦線に従軍したほかの元兵士も指摘していた。「人間の条件」などの作品で知られる作家、五味川純平は、六八年に著した『戦争と人間』第一〇巻で、「百人斬り」を報じた毎日新聞の記事の見出しを引用したうえで、次のように指摘していた。

「彼我入り乱れての白兵戦では、当人も何人斬ったか覚えられるものではないし、だれかがその人数を確認してくれるわけのものでもない。数字が確認されているからには、目撃者の前で斬ったのでなければならない。その状況は、白兵戦ではなくて、捕えた者を叩き斬ったか、既に戦意を喪失して難民または捕虜同様となった群れに斬り込んだか、進軍の途次少数の敗残兵を拾って斬ったかしたにちがいないのである。これはもはや武勇ではなくて、必要なのは残忍性だけである」

五味川は、関東軍の一兵士として四三年から敗戦まで、旧満州（中国東北部）のソ連との国境地帯ですごし、前線警備にあたった。「百人斬り」が戦闘中の行為ではないことを、五味川は知っていた。それは五味川ひとりが知っていたのではなく、「〇〇人斬り」がそういうものであることは、戦場の言わば「暗黙の了解」だったのかもしれない。

念のため付言すると、五味川が右のように書いたのは、本多勝一が朝日新聞に「中国の旅」を連載する三年前のことである。

注

1　東日、大毎が向井、野田両少尉の「百人斬り競争」について報道するのは、三七年一一月三〇日付（大毎は同日発行夕刊)、一二月四日付(大毎も同日付)、一二月六日付(大毎は七日付)に続いて四度目だった。
2　向井、野田の「百人斬り競争」については笠原十九司『「百人斬り競争」と南京事件』(2008年刊)が詳しい。

## 創作か事実か

向井、野田両少尉の遺族は二〇〇三年、毎日新聞社、朝日新聞社、本多勝一らを相手取り、事実無根の創作記事で名誉を毀損されたとして裁判を起こした。東京日日新聞の当時の報道はすべて虚偽であり、両少尉は「百人斬り競争」をしていない、というのが原告側の主張だった。

これに対し、被告側は、両少尉の部下だった望月五三郎が戦後に書いた手記『私の支那事変』(私家版、85年刊)を証拠の一つとして提出した。そこには次の記述があった。

『おい望月あこ〔あそこ〕にいる支那人をつれてこい』命令のままに支那人をひっぱってきた。助けてくれと哀願するが、やがてあきらめて前に座る。少尉の振り上げた軍刀を脊にしてふり返り、憎しみ丸だしの笑ひをこめて、軍刀をにらみつける。一刀のもとに首がとんで胴体が、がっくりと前に倒れる。首からふき出した血の勢で小石がころころと動いている。目をそむけたい気持も、少尉の手前じっとこらえる。戦友の死を目の前で見、幾多の屍を越えてきた私ではあったが、抵抗なき農民を何んの理由もなく血祭にあげる行為はどうしても納得出来なかった。

その行為は、支那人を見つければ、向井少尉とうばい合ひする程、エスカレートしてきた。両少尉は涙を流して助けを求める農民を無惨にも切り捨てた。支那兵を戦斗中にたたき斬ったのならいざ知らず。この行為を連隊長も大隊長も知っていた筈である。にもかかわらずこれを黙認した。そ

してこの百人斬りは続行されたのである」（笠原十九司『「百人斬り競争」と南京事件』から再引用）

このほか、裁判では、大阪毎日新聞鹿児島沖縄版（1937年12月1日付ほか）、鹿児島毎日新聞（37年12月16日付）、鹿児島新聞（37年12月18日付ほか）、鹿児島朝日新聞（38年3月20日付ほか）掲載の関連記事[1]が証拠として提出された。

このうち、三八年一月二五日付大毎鹿児島沖縄版は、「二百五十三人を斬り　今度千人斬り発願」の見出しで、野田が故郷、鹿児島の友人に送った手紙を紹介していた。

「南京入城まで百五斬つたですが、その後目茶苦茶に斬りまくつて二百五十三人叩き斬つたです。おかげでさすがの波平《なみのひら》も無茶苦茶です。百や二百はめんどうだから千人斬りをやらうと相手の向井部隊長と約束したです。〔略〕極楽や靖国神社にもゆけず、二百五十三人も斬つたからぼつぼつ地獄落ちでせう」

**原告敗訴の判決**

裁判は二〇〇五年八月、東京地裁で原告側が敗訴。東京高裁でも〇六年五月、原告側が敗れた。東京高裁は判決でこう述べた。

「南京攻略戦当時の戦闘の実態や両少尉の軍隊における任務、一本の日本刀の剛性ないし近代戦争における戦闘武器としての有用性等に照らしても、本件〔東京〕日日〔新聞〕記事にある『百人斬り競争』の実体及びその殺傷数について、同記事の内容を信じることはできないのであって、同記事の『百人斬り』の戦闘戦果は甚だ疑わしいものと考えるのが合理的である。

しかしながら、その競争の内実が本件日日記事の内容とは異なるものであったとしても、次の諸点に照らせば、両少尉が、南京攻略戦において軍務に服する過程で、当時としては、『百人斬り競争』として新聞報道されることに違和感を持たない競争をした事実自体を否定することはできず、本件日日記事の『百人斬り競争』を新聞記者の創作記事であり、全くの虚偽であると認めることはできないというべきである」

一〇〇人を超える中国人を実際に斬ったかどうかは疑わしい、しかし「百人斬り競争」と報道されるような競争をしたこと自体は否定できず、記者の創作と認めることはできない、というのだ。

原告側は判決を不服として上告したが、最高裁は〇六年一二月二二日、上告を棄却した。

翌〇七年五月六日付読売新聞社説「南京事件70年　事実に基づいた議論が必要だ」は次のように述べた。

「二人の日本軍将校が一〇〇人斬り競争をしたという常識では考えられない話も現地にある『南京大虐殺記念館』などで紹介、展示されてきた。〔略〕東京高裁判決は昨年、『「百人斬り」の戦闘戦果は甚だ疑わしい』とした」

読売社説は、高裁判決の前段だけを引用した。そして「百人斬り競争」は全くの虚偽、創作記事とは認められないと判決が結論づけたことにはふれなかった。

読売社説が判決の一部だけ引用したことは、笠原十九司『「百人斬り競争」と南京事件』ですでに指摘されているが、「事実に基づいた議論が必要」だと主張する社説が、事実（判決文）の一部だけを提示する結果となった。

読売新聞が戦後の東京裁判のさなか、南京事件について社説（46年7月31日付）で「〔日本軍の〕かずかずの蛮行を目撃しながら、〔略〕そのやうな蛮行が戦争には不可避なものとして、高いヒユーマニテイにみづから目隠しをし、敢て直言し得なかつたわれわれ報道人の罪はけつして軽いものではない」と反省の弁を述べていたことは、すでに序章でみた通りだ。

## 今度は千人斬りだ

「百人斬り競争」については、東京日日、大阪毎日のほか、鹿児島新聞など先にあげた幾つかの地方紙も報道したが、それだけではなかった。ほかにも関連記事を載せた新聞がある。

九州日報（福岡）は、野田の「戦果」が一〇〇人に到達したという知らせを受けて、鹿児島県に住む野田の父が「大よろこび」して次のように語ったと報じた。

「とうとうやりましたか。前夜夢で息子が帰つて来て四十人斬つたといふから四十人位何だ百人斬れと叱つてやりました。戦死はもとより覚悟の前ですが、百人斬らないうちに死ぬのは残念と思つてゐましたが、これで安心しました」（37年12月15日発行夕刊「敵兵の首級　百五を斬る‼」）

同じ記事が一二月一六日付九州日日新聞（熊本）、長崎日日新聞にも掲載されているので、同盟通信の配信記事とみられる。

また、大阪朝日新聞広島版は、野田に慰問袋を送った「福山市門田高女愛国子女団」のもとに、野田から礼状が届いたと報じた。

「かの武田信玄が永禄四年川中島の戦ひで詠じた有名な

　鏖殺江南十万兵
　腰間一剣血猶腥
　竪僧不識山川主

向我懸懃問姓名
の一詩[2]に
御慰問袋有難く拝受仕《つかまつ》り候、小生北支、中支を馳駆仕り念願の百人斬りを成し遂げ、支那四百余州も未だ狭しと感じ居候。来るべき日には千人斬りする覚悟にて候云々、と記した感謝の手紙を〔野田が〕寄せてきたので同校では早速この勇ましい音信を全団員に伝へると共に本紙に伝へられた鬼少尉の祈願百人斬りの由来を話し一層の武運長久を祈つた」(38年2月17日付「今度は千人斬りだ　野田少尉から勇ましい返信」)

注
1　本多勝一ほか『南京大虐殺と「百人斬り競争」の全貌』(2009年刊)が、これらの記事を紹介している。
2　漢詩の意味は「江南十万の軍隊を皆殺しにし、腰の剣はまだ血に濡れて生臭い。田舎の坊主は藩主の俺を知らず、ばかていねいに『そこもとのご尊名は』などと問いおった」(島森哲男「武田信玄漢詩校釈」『宮城教育大学紀要』第49巻〈2015年刊〉)。

## 「〇〇人斬り」の実像

「百人斬り競争」はほかにもあった。
熊本歩兵第一三連隊に従軍した大阪朝日の米山特派員は、南京の南西約百キロ、長江沿岸の蕪湖から記事を送った。熊本県出身の二人の下士官が、南京への途上、「百人斬り競争」を繰り広げた、と次のようにつづった。

「両勇士は双方とも剣道二段の腕自慢。一つ百人斬り競演をやらうではないかと各地の激戦に日本刀をふるつて敵陣に躍り込み、手当り次第敵兵の首をチヨンギつては

今日はおれが三人勝ちこしだ

と互ひに負けず劣らぬシーソー・ゲームの首斬りコンクールを実演してをつた。〔略〕陸の猛虎のやうなこの両勇士は、その後も引続き獅子奮迅の活躍を続け、本田曹長は目下六十人、渡辺軍曹は四十六人の支那兵をそれぞれ家宝の愛刀で撫で斬つたといふ」（38年2月26日付大朝熊本版「悲願百人斬りの戦功くらべ」）

取材の経緯はわからないが、記事の内容からみて、競争をした当人に話を聞いたのだろう。東京日日新聞の「百人斬り競争」の記事と同様、右の記事も紙面上、ちょっとした「話題もの」という扱いだ。ただ、東日の「百人斬り競争」報道の場合、部隊の進撃を追って継続的に記事が掲載されたが、右の記事については続報は出なかった。記事がどこまで事実を述べているかはわからないが、殺害を競い合うこと自体はあり得たことだろう。

右の記事で注目されるのは、東京日日が報じた「百人斬り競争」よりさらに直接的に、あるいはさらに露骨に「首斬りコンクール」という言葉を使っていることだ。「首を斬る」という行為は、平時であれ、戦時下であれ、人間の尊厳に対する最大級の冒瀆、侮辱であり、人倫に反する行為だった。そのことがわかっているから、新聞は斬首の場面をリアルに描くことがなかったのだろう。そうした行為を日本軍は日常的に繰り返した。[1]

## 斬殺八二人

東京日日新聞の特派員、田中光武は、「百人斬り」をめざす新潟県出身の少尉について記事を書いた。

「〔少尉は〕将校斥候として十数名の兵と共に前進しながら百数十名の敵と遭遇戦を演じ、遂にこれをみな殺しにして、この時二十八名の正規兵を斬り捨てたのをはじめ、〔三七年の〕年末までに斬つた支那兵は少くも六十名は下らないのに思ひついた同君、初日の出を拝した荘厳な一瞬、東洋永遠の平和のためには抗日分子の一兵たりとも殲滅しなければならないとの思ひつきで『よし！幸ひ生還出来れば凱旋までに支那兵百人斬りをしてやらう』との決意を固め、これまでの約六十名は不正確であつてはならないといふので五十名と打ち切り、新年から改めてもう五十人を斬り捨てる決心をしたのだ」（38年1月9日付東日新潟版「元朝の念願〝百人斬〟」）

少尉は語る。

「日本刀は無銘のナマクラだつて支那兵の首は斬れる。はじめは夢中で斬りつけたもんだが、いまでは平気さ。〔略〕去年のは五十人に打ち切つてこれからもう五十人斬り始める。俺の運が続くかどうか、これは疑問だが斬れるならどうにかして百人斬りを完成したいつもりだ」（同右）

一方、山梨県出身の別の少尉は郷里にこう書き送った。

「南京には人民も相当居住してゐますが、老人や病人や子供達ばかりです。〔略〕戦争もいよいよ板について上手になりましたが、随分人殺しも致しました。軍刀で自分が直接斬殺したのみでも八十二名ですし、部下をして機関銃で射殺せしめた者こそ〇〇〇名はあります」（38年1月7日付東日山梨版「少尉の敵兵百人斬り」）

この記事は、南京での集団虐殺を示唆するかのようだ。

このほか、一人で「二〇人斬った」「三〇人斬った」というたぐいの記事は、全国紙、地方紙を問わず、枚挙にいとまがない。[1] しかし、それらの記事はいずれも「〇〇人」という数字ばかりが躍っている印象で、多数の中国兵をどのように斬ったのか、具体的な記述はほとんどない。

宮崎新聞の高木特派員は、都城歩兵第二三連隊の将校を集めて座談会を開いた。そこで「七十八人の敵兵」を斬った少尉のことが話題にのぼった。

記者「何か奇蹟的なことに出会つたことはありませんか」

〔略〕

将校「奇蹟的とは云へないかも知れぬが其処にゐる少尉は一人で七十八人の敵兵を殺したんだから偉いよ」

記者「どうしてやつつけたんです」

将校「わけはないさ、土民を使に立てて敵兵を呼びよせ、出て来た奴をやつたんだ」

記者「(少尉に)その時のことを詳しくきかして下さい」

(駄目だ駄目だと少尉は立つて行く)(37年12月23日付宮崎新聞「陣中座談会」)

なぜ「少尉は立つて行」ったのか、何か語りにくいことでもあったのだろうか。

### 据え物斬り

次のような記事もある。

「部隊長の如きは伝家の宝刀を振り翳して手当りしだいに斬りまくり三十余名の敵を斬倒し、〇〇准尉は四十人まで数えて斬つたが後は覚えないといふ猛烈さであつた。〔略〕翌二十八日朝韓家村付近に遺棄されてあつた敵の死体は五、六百であつたが、悉《ことごと》く斬傷、突き傷であつたのを見てもこの白兵戦の物凄さを想像することが出来る」（37年9月2日付東京日日新聞「四十人まで数へたが　後は覚えぬ千人斬り」）

いっぺんに四〇人以上、斬ったというのだ。しかし、一度の戦闘で一人の兵士が、このように多数の人間を斬殺したとは常識的には考えにくい。

この記事について、歴史学者の笠原十九司は次のようにみる。

「日本軍が得意とした相手陣地への夜襲攻撃による白兵戦の場面である。四〇人という数には誇張もあると思われるが、これに近い数を斬ったとすれば、最初に斬り込んで中国兵を投降させ、捕縛した中国兵を『据え物斬り』で斬首した可能性が高い」（『「百人斬り競争」と南京事件』）

### 湖州での戦闘

「据え物斬り」とは無抵抗の投降兵や捕虜、一般の農民らを地べたに座らせて首を斬り落とすことをいう。

「二〇人斬り」「三〇人斬り」などというのも、至近距離での文字通りのつばぜり合いの末に斬り捨てたのではなく、抵抗の意思のない捕虜や農民らを座らせて斬ったのではないかと推測される。そのことは「百人斬り競争」の野田少尉が、白兵戦の中で斬ったのは四、五人しかいない、「百人斬り」といっても本当は並べて斬ったものがほとんどだった、という趣旨の発言をしていたことからもうかがえる。

とすると、「〇〇人斬り」と新聞が派手に報じたなかには、無抵抗の捕虜や民間人の集団虐殺が相当、含まれていたのではないかとみられる。

例をあげてみよう。

三七年一二月二五日付大朝北九州版に、戦場で負傷して病院に収容された八幡市（現・北九州市）出身の准尉の手記が掲載されている。見出しは「伝家の宝刀揮ひ数十名撫斬り　湖州市街戦の猛突撃」。

「〔一一月二四日〕午前六時ごろには早くも前線部隊は湖州に入り、市街戦酣《たけなわ》で敵は市街の煉瓦壁に銃眼をあけて頑強に抵抗したが、部隊の意気ますます旺盛、いずれも一死報国を誓ひクリーク渡河の決死隊に参加、われ先に飛出してバタバタと敵弾に倒れながらもなほ第一線に参加を歎願する勇士ばかり、私も伝家の宝刀則宗を引き抜いてこの決死隊に加はり南門に猛突撃を開始、逃げ惑ふ敵兵数十名を斬りまくつてここに一番乗りの栄光をかち得たのも束の間、無念にも右手その他に敵弾を受けてこのほど〇〇陸軍病院に送還された」

一一月二四日の湖州の市街戦で、日本軍の決死隊がクリークを渡って南門に突撃、中国兵数十人を斬りまくったというのだ。

この日の戦闘について、中国側の証言がある。

三七年一一月二四日、日本軍が湖州に攻め込んだ。当時九歳の柏登高は、両親と妹の四人家族で、湖州市南部に住んでいた。父は、日本軍に連行されていった。市内には、逃げ遅れた中国軍の一部が隠れていた。日本兵は中国兵を捜し回った。柏の家の前には幅五メートルほどの運河があり、その対岸に無人の家があり、その隣に空き地があった。捕虜がここに集められた。

「柏少年は自宅の戸のすきまから見ていた。日本兵たちは捕虜を運河岸にならべると、まず丸はだかになるよう命じ、ついで銃剣でおどして運河にとびこませた。あまり深くはないので溺死したりはしないが、寒さはかなりのものだから、ひどいことにはちがいない。〔略〕日本兵は捕虜たちを運河から空き地へあがらせた。虐殺がはじまったのはそのあとである。三、四人の日本兵が刀をもって待つところへ、まわりの日本兵たちが裸の捕虜をつれてゆく。すわらせられた捕虜のうしろから、刀をもった日本兵が首をきる。こうして五、六十人の捕虜がみな殺しにされた」(『本多勝一集23　南京大虐殺』)

先の大朝北九州版の記事では「クリーク」、右の証言では「運河」となっているが同じ意味とみていいだろう。また、先の記事では日本軍の決死隊がクリークを渡って中国軍に突撃、日本刀で数十人を斬りまくったとされるが、右の柏登高の証言では、日本軍は、中国兵を裸にして運河に飛び込ませたあと、空き地にあげて五〇—六〇人を斬殺したという。どちらがクリークに入ったかはわからないが、いずれかが「クリークに入った」という点と、その後、中国兵が斬殺された点は一致している。

大朝北九州版の報道が、柏登高の証言する場面と同じものを指すのかどうか、にわかに判断することはできない。ただ、描かれた状況はよく似ている。柏登高の証言に従えば、日本軍は、捕虜にした中国兵を「据え物斬り」で集団虐殺したことになる。それを新聞は「逃げ惑う敵兵数十名」を斬りまくったと報じた。

当時の新聞報道のなかには、無抵抗の捕虜の虐殺を戦闘上、殺害したかのように書いたものが、かなり含まれていたのではないか。

### 日本刀の切れ味

日本軍将兵が捕虜を斬首していたことは当時の新聞も報じている。

福島県出身の一兵士は郷里に次のように書き送った。

「去る○○月○日、初めて我軍刀を使用、無敵四五人斬り、又生捕り、兵五人を連れ来り打首に無〔為〕し、日本刀の切味たるや実に驚き入り、最初打首する時、一人目は思ふやうに首が切取れず、二回目よりは見事打切り、自分ながら驚き入りたり」（37年11月27日発行会津新聞夕刊「自分乍ら驚く日本刀の切味」）

一方、宇都宮歩兵第六六連隊の上等兵は、郷里の妻に手紙でこう知らせてきた。

「上陸してから今迄の戦闘中□陣□突撃支那兵を六人斬りました。最初の奴は肩へザックと斬り込んで仕舞つたが、二人目はスッパリ首を斬り落しました。三人目は首から少し上にかかり頭蓋骨につかへてよく切れませんで刀の歯が少しこぼれました、四人目からは腕がきまつて三人共スッポリ見事に首が斬れて三尺も向ふへ飛びました、何と云つても日本刀の斬れ味は凄いものです」（37年12月9日付下野新聞「敵兵六人斬る」）

これらの記事には中国兵の動きは書かれていない。静止している。捕虜を座らせて斬った「据え物斬り」の光景と推測される。こうした記事は実に多数にのぼる。

つい字面を読み流してしまいそうになるが、現実の場面を想像すると、あまりの凄惨さに息をのむ。日中戦争下、「皇軍慰問」のために中国戦線を訪れた三味線漫談家の玉川スミは日本軍が捕虜の首を斬る現場を見たと次のように証言している。

「あんまり言いたくないんだけど、これは……。〔捕虜が〕日本刀でバーッと首斬られて……。首斬るとね、レンコンの穴みたいにね、のどが。すぐに血は出ない。そうね、三十秒ぐらいしたら、こうやって斬られているのが、ブワーーーッと血がでてくる。すごいえげつなかったたってこと、酷かったってこと。あの酷かった戦争をいちいちいちいち心の中にとどめておいてごらんなさいよ、

今ごろ本当に身も何ももたないしょ」（2010年8月放映のNHKドキュメンタリー「戦場の漫才師たち」から）

なかには、郷里に写真を送った兵士もいた。

「同封の若き青年写真は自分が愛刀で斬つた六人目の支那正規兵です」（12月26日付東朝千葉版「敵六名を斬る」）

殺害する直前に中国兵の写真を撮り、手紙に同封したのだろうか。

注

1　関連論文に、小野賢二編、解説「報道された無数の『百人斬り』」（「戦争責任研究」2004年冬季号）、小野「『百人斬り競争』を検証する」（「人権と教育」2009年5月号）がある。前者は、福島県内の図書館に所蔵されている日中戦争期の全国紙、地方紙から「〇〇人斬り」について報じた記事を集めている。後者の論文で小野は「南京に関連する『〇〇人斬り』のほとんどは捕虜集団虐殺現場での『据え物斬り』だと、断定してもいいのではないだろうか」と述べている。

## 斬首と検閲

中国人捕虜の首を斬った日本軍将兵が、それを手紙で郷里に伝え、その一節をさらに新聞が紹介する。そうした例はたくさんあった。手紙を取捨選択したのは記者だった。手紙の記述はいずれも断片的であり、日時、場所が特定できるわけではないし、状況を詳しく語っているわけでもない。「手柄」を強調するために、数字などには多分に誇張が含まれていたとみられる。それでも、それらは、その場にいた者にしか語れない戦場の光景の一端を、リアルに伝えた。

福岡県出身のある少尉が郷里に送った手紙にはこう書かれていた。

「彼ら（中国兵）が日本刀を恐るることはこれまた非常なもので、□して近寄つて来ずこの点は憐れなくらゐだ。日本刀の斬味はいまさらながら感嘆のほかなく、コロリと首の落ちるときの有様は実に無造作なものだ」（38年1月8日付大朝福岡版「あの首もコロリ　日本刀の斬味」）

こうした記述を読むと、報道統制下にどうしてこれが掲載されたのか、疑問にかられる。中国兵、中国人の逮捕、尋問などの記事や写真のうち、虐待の感を与えるおそれのあるものについては、新聞掲載が禁じられていたからだ（陸軍省新聞班作成「新聞掲載事項許否判定要領」、内務省警保局「出版警察報」第101号）。

それなのに、右のような、「虐待の感を与えるおそれのある」記事が、どうして掲載を許されたのか。いや、その前に、戦場の兵士が日本に送った手紙も検閲されていたはずなのに、どうしてそれがそのまま国内に届いたのか。

## 兵士の手紙をチェック

戦地の兵士が国内に送る手紙は、部隊の上官によって検閲された。その実態を上海派遣軍野戦郵便長だった佐々木元勝が証言している。

「〔軍の〕法務部が検閲した手紙千五百のうち百八十通違反がある。その中には便衣隊や俘虜の銃殺を葉書などに書いたのがあるのである。このような事は禁止されているのであるが、俘虜や便衣隊は毎日のようにつかまって、みんなの好奇心をそそるのである。首を斬ったとか、パンパン拳銃

で撃ち殺したとか、そんな話が多い」（佐々木『野戦郵便旗』73年刊）

捕虜の殺害を手紙に書くことは禁じられていた。

しかし、検閲では、すべての手紙を読むわけでなかった。

時期はやや下るが、四二年の資料「北支憲高第三〇九号　郵便検閲月報（八月）」によると、軍事郵便の総件数三〇〇万前後のうち、検閲したのは三〇万弱、割合にして一〇%弱だった。検閲したうち、押収、墨塗り削除の処置を加えたのは二〇〇―四〇〇件ほど、つまり〇・一〜〇・二%しかなかったという（寺戸尚隆「軍事郵便の検閲と民衆の戦争意識への影響」、龍谷大学国史学研究会「国史学研究」２００８年3月刊）。それなら捕虜の殺害を書いた手紙が家族のもとに届くのも不思議ではない。しかし、私信に書くことさえ原則として禁じられていた捕虜の虐殺が、どうして新聞に載ったのか。

中国人の「首を斬る」行為は、凄惨な「非人道的行動」であると同時に、戦場では日常的に見られる光景でもあった。

一方、銃後において、「〇〇人斬り」あるいは「首をとる」といった言葉は、兵士の「手柄」や「奮戦」ぶりを語るために日常的に使われており、小学生でも口にした。こうした「日常」が検閲のありようにも反映され、書いていいことと書いてはならぬことの境界をあいまいにしたのではなかったか。

そうした風潮の土台に中国民衆に対する差別意識、侮蔑感情があったことはまちがいない。長野県出身の上等兵は、戦場から郷里に送った手紙に次のようにつづっている。

「御父さん御母さん、心配しないで下さい。不二雄はとても元気です。支那兵の首も数へ切れない程斬りました。又射ちました。人間と思へば斬ることも殺すことも中々出来ませんが、悪い虫と思へば平気なものです」（37年11月5日付東朝長野版「敵兵二人田楽刺し」）

差別が人を殺した。

新聞が「南京陥落」と誤報を流したころ、元海軍将校の鹿児島市長、伊地知四郎は記者に語っていた。

「支那は下等動物だから上海といふ心臓、南京といふ首を切断されてもなほ生存を続けて行くかも知れないから、わが軍としてはまだまだ徹底的にやつつけて下等動物を支持する他の勢力が閉口するやうにせねばなるまい」（12月12日付大朝鹿児島沖縄版「蔣介石に弔電打つと面白い」）

このむき出しの差別意識。

こうした記事は当時、珍しくなかった。それらは「中国人を殺すのに躊躇はいらない、それは道徳的に正しい行為だ」というメッセージを読む者に与えたことだろう。記者がそこまで意識して書いたかどうかはともかく、「中国人を殺すことは善である」「多数の中国人を殺すことは善である」という戦場の論理にお墨つきを与え、兵士たちを鼓舞した。

ただし、新聞が「斬首の光景」を書くのに何の制約もなかったかと言えば、それもまた違うようだ。当時の新聞をみると、向井、野田両少尉の「百人斬り競争」にせよ、それ以外の兵士の手紙にせよ、いずれも、いわば兵士個人の「手柄」について述べたものであって、兵士の集団（部隊）が、上官の指揮下に捕虜あるいは一般民衆を斬殺した場面を描いたものではない。

もちろん、だからといって、そうした組織的な集団虐殺がなかったことにはならない。「三〇人斬り」「四〇人斬り」といった武勇伝風の記事は、そうした集団虐殺を言わば「内在」させていた。それらのすべてが組織的な集団虐殺だったとまでは言えなくとも、少なくともその一部はそのようなものだったとみることができるだろう。

南京への途上、日本軍が捕虜や、武器をもたない民衆を斬首し斬殺した。そのことは、これまでみてきたように、当時の新聞報道などから明らかだ。殺害した人数には誇張も含まれるとみられ、そのまま受けとることはできないが、無抵抗の捕虜や非戦闘員を虐殺した事実があったこと自体を否定することはできない。

このように書くと、たとえば鈴木明の『「南京大虐殺」のまぼろし』のように、当時の戦場では斬首など当たり前の行為だったという声があがりそうだが、それが広く行われていたからといって、それによって斬首の非人道性が免罪されるわけではない。

三八年二月、福岡県で発行されていた「西部菓子飴新報」という業界紙が発禁となった。それは中国戦線にある一兵士の手紙を紹介していた。

「首が見事に落ちました。敗残兵見付け次第一人残せず《ママ》切ころして居ります。面白いものです（中略）戦敗国のあはれさ、男と云はず○と云はず見付次第殺されて居ります。一人残さずと言ふ意気込みです」（内務省警保局「出版警察報」第１１１号）

発禁の理由は「我軍に非人道的行動あるが如く描写したるものにして皇軍の威信を失墜せしむる虞ある」ことによるとされた。

注意しなければならないのは、斬首は当時においても「非人道的行動」すなわち、あってはならない行動と考えられていたのであって、今日の人権感覚に立って決めつけているわけではないことだ。

当時は捕虜の虐殺が広く行われていたから問題ないのではなく、広く行われていたことが問題なのだ。

## 一刀両断の方法

驚かされるのは、当時の新聞に、斬首、斬殺の方法を指南する記事まで載っていたことだ。中国兵二八人を斬り倒したという陸戦隊曹長が「体験に基づいて」つづった手記で、三七年一一月に同盟通信が上海から発信した。

「一　支那兵の首は前後左右いづれからでも十分の三くらゐの力量で切断出来る。うしろから斬る場合は皮一重を残し得ることも事実だ。その瞬間二呼吸くらゐの間は出血があたりに飛散するから返血を浴びないよう体をかはしたがよい」

「四　支那兵に対する袈裟切は、腕の上部から腰の上まで斬り下げるのが有効だ。肩から斬り下げるとなかなか一刀両断といふわけに行かない」（37年11月16日大阪毎日、大毎鹿児島沖縄版、18日付松陽新報〈松江〉が掲載、表記には異同がある）

こうした項目が、全部で八つ並んでいる。

記者は、何のためにこの記事を書いたのか、読者はこれをどう受けとめたのか。

南京戦当時、一七歳だった作家、安岡章太郎は、著書『僕の昭和史1』（84年刊）で、こう述べている。

「僕らは、南京虐殺事件というものについては知らされていなかったし、細かい数字や何かは無論、全然知らなかった。〔略〕だいいち僕自身は、その頃、日本人の将校が二人で中国人の『百人斬り競争』をやったという新聞記事が出ていたことを、全然憶えていないのである。〔略〕僕の家では、新聞は朝日と〔東京〕日日をとっていたが、日本の将校がシナ人の首をいくつ切ろうが、そんなことには少しも興味が持てなかったからであろう。この僕の無関心は当時の新聞に軍部の検閲が加えられていたということとは直接関係のないことだ」

注

1　三八年二月一六日付東京日日新聞福島版に「今後軍事郵便は自発的に検閲をうけよ　特高課から出征家族へ注意」の見出しで要旨、次の記事が載っている。
「戦場に奮戦する勇士の手紙を受け取った家族が感激、興奮のあまり、通信の内容を広言し、これが軍機事項に触れる重大な結果を招いていることを憂慮し、今後第一線からの軍事郵便は、駐在所、警察署に受取人が自ら持参し検閲を受けることとした」

## 記者が見た捕虜斬殺

「路傍の電柱に縛された便衣隊　蘇州攻略戦線にて」

そんな説明のついた写真を三七年一一月二三日発行の報知新聞夕刊が掲載した。報知新聞は戦後、スポーツ紙に転じたが、当時は一般紙だった。

写真には、電柱に後ろ手で縛られた二人の若い男が写っている（写真右下）。二人は素足にサンダルのようなものを履いている。帽子をかぶった左の男は、すでに死を観念したかのような淡々とした表情を浮かべ、右の男は、みけんにしわを寄せ、唇を閉じている。

新聞半ページを埋める写真特集「戦線景物」の一枚で、ほかに四枚の写真が掲載されている。このうち、武装解除された「捕虜千余名」の写真（左上）は、軍服を着た大勢の正規兵が不安そうなまなざしをカメラに注ぐ。また「これが十二歳の支那軍一等兵　朱小柱」と説明された写真（左下）は、あどけない少年が、こわ張った表情を浮かべている。

これらの捕虜がどうなったかについては何も書かれていない。

1937年11月23日発行報知新聞夕刊の写真特集「戦線景物」

写真の撮影者として名前があげられている三人のうちの一人、二村《ふたむら》次郎は戦後の五九年、カメラ雑誌の座談会で、こう語っていた（当時、二村は毎日新聞写真部次長）。

「〔日本軍に〕不利なものを写したのでは〔検閲で〕絶対に許可にならないというのも困ったものでしたよ。どうせ許可にならないのなら撮っても仕様がないと、手をこまねいていたものが多いが、今になって考えてみると、許可にならないようなものでもどしどし撮っておくべきでしたね。僕らの見通しが甘かったんだな」（「アサヒカメラ」59年9月号「座談会　写真商売うらおもて　元従軍カメラマン」）

このときは「許可にならないようなものでもどしどし撮っておくべき」だったと後悔していた。ところが、それから四半世紀たった八六年、二村は次のように述べる。

「捕虜といっても、戦いの途中、捕虜の一人や二人を斬るのは見たことがあります。皆もそういうのは見ているから、特に話題になったことはありませんでした。捕虜と一言で言いますが、捕虜とて何をするかわかりませんからね。また、戦争では捕虜を連れていく訳にはいかないし、進めないし、殺すしかなかったと思います。南京で捕えた何百人の捕虜は食べさせるものがなかったから、それで殺したのかもしれないな。あの時、捕虜を連れていった兵隊を捜して捕虜をどうしたのかを聞けば、南京虐殺というものがわかると思います」（阿羅健一『「南京事件」日本人48人の証言』）

二村は「何百人の捕虜」の殺害を「殺すしかなかった」やむをえなかったと半ば肯定し、自分とは関係のないこととして「南京虐殺」を語った。「許可にならないようなものでもどしどし撮っておくべき」だったとかつて語っていた二村が、ここでは微妙にスタンスを移動させている。

**自決を図る捕虜**

三七年一一月二四日付の福岡日日新聞には、「武装解除された支那兵」の写真が載っている。数百人規模の中国兵が、長い列をつくって粛々と歩いている写真だ。足元は裸足で、サンダルも履いていない。服装はばらばらで、一般の農民にしか見えない。戦意がないことは一見して明らかだ。

彼らはすでに「戦闘の外」にあった。

これらの捕虜がその後、どう扱われたか。福岡日日は何も述べていない。

戦場で記者やカメラマンは、多くの中国人捕虜と出会っていた。日本軍の捕虜となった中国兵はどんなようすだったのか。その表情を当時の新聞が伝えている。

捕虜のなかには、捕虜となったことを潔しとせず、自決を図る者もいた。愛知県出身の伍長が、元の職場である警察署に送った手紙にこう書いている。

「十二月十三日わが部隊は南京道から湯水鎮北方三キロの地点で敵千三百名と遭遇し肉弾戦となり、弟の仇はこの時ぞと私は斬つて斬つて斬りまくりました。その翌日、捕虜のうちに紅顔十五歳の少年正規兵がをりましたが、この少年を田のなかの方へ連れて行くと斬られるとでも思つたのか、途中石の門に顔をぶつつけ血達磨になりました。何といふ健気なしかも哀れな奴かと思ひましたが、またそれらの勇敢さにも実は驚きました」（38年1月11日付大朝名古屋市内版「少年捕虜自殺計る」）

少年は、日本兵に斬られるくらいなら自決しようと考えたのだろう。

下野新聞の稲葉勝政記者は、今まさに首を斬られようとしている若い中国兵の様子をこうつづった。

「捕虜だ捕虜だと叫ぶ声がする方向に駈け付けてみると漸く二十歳位の若い正規兵が三人手拭《てぬぐい》で後手に括られ、日焼けした幾分神経質の顔をにつこと微笑せて我が将兵の顔をギロギロ見回してゐるが、恐怖感からか顔の筋肉がピリピリと動き足はブルブル慄ひてゐる、ポケットをさぐれば万□□四十師の一等兵、孫小鎮、陳干宇、曽達敏である。〔略〕銃剣を、刀を眼の前に差出されて、メイファアーヅ〔没法子＝仕方がない〕と一言云ふきりで悠然と首を前に差し延ばす有様だ」（37年12月21日発行下野新聞夕刊「諦めの早い支那兵」）

稲葉は「孫小鎮、陳干宇、曽達敏」と、捕虜それぞれの名前を記事に書いた。これは当時の紙面では極めて珍しいことだった。中国兵はほとんどの場合、「支那兵」「敗残兵」「便衣兵」「残敵」「捕虜」などの集合名詞でひとくくりにされ、個人名を書くことはまずなかった。

小倉歩兵第一一四連隊に従軍した関門日日新聞の特派員、内田茂生は、中国兵捕虜の斬首をまのあたりにし、その光景を生々しくつづった。

「一人の支那正規兵が捕へられた。部隊中で支那語を自由に話せる遠藤君が隊長の傍ら立つてペラペラと□答してゐる。然し彼は一四七師〔師団〕の落伍兵で名を王と言ひまだ多数の敗残兵が昨日この山道を逃げたと言ふより外に答へなかつた。敵兵は斬り捨る外に道はない。斬れ！　部隊長の命□〔略〕軍曹が腰間の愛刀を抜き放ち『ヱイッ』の気合諸共に斬り捨てた。剣道三段の腕の冴えは見事に極まり僅かに皮を止めてその首は前へガクリとのめり、斬口からガバガバシユッシユッと不気味な音を立てて鮮血が奔り出て辺りの枯草を紅に染めた。〔略〕生首をバサリと落される首斬り実見は初めてだつたが、眼前に見てゐる記者の気持は微塵も動揺しなかつた。むしろ快哉を叫びたい位だ。支那兵に対して極度の憎悪を持つ記者の気持ちが戦争を知つてゐる人には解つて貰へると思ふ」（37年12月29日付関門日日「敵兵の首見事極ってコロリ」）

こうした記事が新聞に載るのは珍しいことだった。この記事が検閲を通過した一方で、新聞には決して載らない記事があった。それは、このような捕虜の虐殺を批判する記事だ。

### 戦争とは何か

東京朝日新聞の記者、団野信夫[1]は三八年三月、現在の河南省新郷で「便衣隊とその通謀者」の処刑を目撃した。そのときの模様を戦後、次のように回想している。

「のどかな野道を、五人の男が手をしばられて、飛行場の端の方へ歩いてゆく。便衣隊とその通謀者ということで、地上部隊が捕まえてきた。もう覚悟はきめているらしく、静かな列であった。

突然、四番目にいた若い男が、大声で叫んで暴れ出した。すると、先頭にいた老人がふりむいて、強い口調で何か言った。この効き目はあざやかだった。若い男はとたんに静かになり、行列はまた進みはじめた。何を言ったのかと通訳に聞くと、

『騒いじゃいけない。われわれの正しいことは、神が知っている』

と、たしなめたのだという。

老人は小柄で、白いあごひげが見事だった。村長か、それとも村の長老か、よほど信頼を集めている人物にちがいない。

男たちは目かくしをされて、つぎつぎと斬首されていった。最後に残った老人は、目かくしをことわった。後ろに立ったのは、背が高く、肩幅も大きい下士官である。剣道三段とかで、新しい軍刀を試すのだとはりきっていた。

最初の一太刀は、ねらいがはずれて肩にうちこんだ。つぎの刀も、また肩だった。深傷《ふかで》にも端座の姿勢をくずさなかった老人が、その時、首を回してふりむき、じっと無言で下士官を見上げた。どうしたんだ、すっぱりやれと問いかけている風に見えた。

そのあとは見るに耐えなかった。精神的混乱に陥ったのだろう。この巨漢は、めちゃくちゃに刀をふるった。ついに老人の体は、前の穴に倒れ落ちた。死刑執行者は、血にぬれた刀をだらりと下げたまま、部下が声をかけるまで、しばらくぼう然とつっ立っていた。その顔は真っ青だった。だれも口をきくものはなかった」

団野は考えた。

「きょうは、たしかに立派な死を自分の目で見た。ちからをもってても冒し得ない人間の精神を見た。老人は殺されたが、精神では殺害者に勝った。それははっきりしている。すさまじい精神力の持ち主、優れた指導者が、この中国の農村にいた。この人物の命を奪う、戦争とは、いったい何だろう」

団野は七四年、この一文を朝日新聞東京本社の編集局報に書き、晩年の九二年になって『一新聞記者の昭和体験』と題して他の原稿といっしょにまとめ、自費出版した。

南京戦に限らず、日本軍による中国人虐殺を目撃した記者は少なくなかったとみられる。しかし、団野のように、戦後になって当時の心境を明らかにした記者はほとんどいない。

## 少年を救った記者

福島民報の特派員として、南京陥落二カ月後に中国に渡った坂本六良は、日本兵に殺されそうになっていた中国少年をすんでのところで救った。以下、坂本の著書『無冠の帝王』（84年刊）から引用する。

「徐州に向う途中のことだった。小休止の号令で休んでいると、知り合いの兵隊が一人の少年を縛ってきた。十二、三歳、中学生なら一年というところ――

『斬ってみませんか。戦争にきた思い出になりましょう』

と、その兵隊は軍刀を抜いて私の手に握らせた。

『どうしたことだ……この少年がなにをした？』

『いや、べつに……逃げおくれていたのを縛ってきたんです。あなたに斬らせてやろうか、と』

〔略〕私は従軍記者である。殺傷するのが役目ではない。そう思って私はそれまでに何回かあった殺人の機会を避けていた。いま、目の前に斬って見ろと差し出されたのは無抵抗の人間、ましてや

少年だ。そこで私は、

『斬って見ろというのは私に処分を任かせるということか』

そうですというのに、どれそれでは、と私は刀を持ち直し、少年を縛ってある縄を斬り解いた。

あっ、という叫びとも吐息ともつかないものが同時に起った。瞬間、少年の顔に赤味がさす……信じられないという顔だ。

『さあ往け！　二度とつかまらないようにするんだよ』

走り出して、一度私をふり向いてから、少年は猫のように駆け去った」

注

1　団野は戦後、農業専門記者としてペンをふるった。幾度も中国を訪問して農村を取材。六〇年安保当時は論説主幹の笠信太郎のもとで副主幹を務めた。著書に『日本人と中国』（79年刊）などがある。

## 皇軍の倫理

南京へと侵攻する途上、日本軍は多数の捕虜を殺害した。これまでみてきたように、その一端は当時の新聞報道からもうかがえる。

こうした捕虜の殺害については、戦闘行為の延長であって問題ないという見解がある。たとえば、同盟通信の特派員として南京戦に従軍した前田雄二は戦後、「『捕虜の処刑、虐殺』はあったが、それは戦闘行為の枠内で論ぜらるべきもの」だと主張している（「歴史は正確に」「世界と日本」84年4月5日号）。

しかし、戦争中の「戦闘行為」であれば何でも許されるわけではない。そこには人道上、一つの限界があるべきだ、という方向に長い時間をかけて歩んできたのが国際法の、さらに言えば広く人類の歩みだった。

## 国際法の捕虜規定

捕虜の処遇については、一八九九（明治三二）年、オランダのハーグで開かれた平和会議で「陸戦法規に関する条約」（以下、ハーグ条約）が採択され、日本も批准した。

一九〇七年にはハーグで第二回平和会議が開かれ、「陸戦の法規慣例に関する条約」を採択、日本はこれを一九一一年に批准し、翌年、公布した。

同条約は付属書である「陸戦の法規慣例に関する規則」で、次のように規定していた。

「第四条　俘虜〔捕虜と同じ〕は人道を以て取扱はるべし」

「第七条　政府は其の権内に在る俘虜を給養すべき義務を有す」

さらに「戦闘」において「特に禁止するもの」の一つとして「兵器を捨て又は自衛の手段尽きて降を乞へる敵を殺傷すること」（第二三条）をあげていた。

ハーグ条約はその後さらに発展する。

日中戦争が始まる八年前の一九二九年、スイスのジュネーブで「俘虜の待遇に関する一九二九年七月二七日の条約」（以下、ジュネーブ条約）が締結された。これはハーグ条約の付属書第二章の「俘虜」条項を全般的に拡充整理したもので、「能ふ限り其の〔戦争の〕避くべからざる惨害を軽減し且《かつ》俘虜の状態を緩和することは一切の国の義務」（前文）であるとして、次のように定めていた。

「第二条　俘虜は敵国の権内に属し之を捕へたる個人又は部隊の権内に属することなし。俘虜は常に博愛の心を以て取扱はるべく且暴行、侮辱及公衆の好奇心に対して特に保護せらるべし。俘虜に対する報復手段は禁止す」

「第三条　俘虜は其の人格及名誉を尊重せらるべき権利を有す。婦人は女性に対する一切の斟酌を以て待遇せらるべし。俘虜は其の私権の完全なる享有能力を保持す」

「第四条　俘虜捕獲国は俘虜を給与するの義務を負ふ」

日本はジュネーブ条約に調印した。しかし、陸海軍の反対で、批准には至らなかった。「帝国軍人」が捕虜となるのは「予期せざる」こと、予想されないことだが、外国軍人はそうではない、日本のみ義務を負う片務的なものとなる――などとして反対したのだ。

日中戦争が始まると、日本は中国に宣戦布告せず、当初は「北支事変」、その後「支那事変」と呼んで国際法上の「戦争」とは呼ばなかった。そして「事変」で捕らえられた兵士は捕虜ではなく、国際条約に拘束されないという立場をとった。一方、中国は条約に調印し、批准もしていた（内海愛子『日本軍の捕虜政策』2005年刊）。

盧溝橋事件の発生から一カ月後の三七年八月五日、陸軍次官が通牒を発した。日本は対中国全面戦争をしているわけではないので、ジュネーブ条約をことごとく適用して行動するのは適当ではない、「俘虜」などの名称の使用も努めて避けるよう指示する内容だった（『南京戦史資料集』）。

つまり「日中戦争における日本軍には、捕虜に人道的待遇をあたえるという観念がはじめから欠如していた」（藤原彰「南京攻略戦の展開」、洞富雄ほか編『南京大虐殺の研究』92年刊）のである。[1]

## 仁愛の心

戦場での兵士の行動を律する規範は国際法だけではなかった。

日本には日本の、独自の規範があった。

少し時間をさかのぼろう。日清戦争開戦から二カ月後の一八九四年九月、陸軍大臣の大山巖は、出征中の軍人、軍夫に対し次の訓諭を発した。

「敵はいかに残忍にして悪《にく》むべき所行あるにもせよ此方にては文明の公法により傷病者をば救護し降者俘虜をば愛撫し仁愛の心を以て之に対すべし。啻《ただ》に負傷者のみならず我に敵せざるものは皆之に対するに仁愛の心を以てせざるべからず。〔略〕軍人は　天皇陛下の御仁恵を心として勇剛にして仁愛なることを汎く海外に表彰するは此時なり。一層此に注意すべし」（1894年9月28日付東京朝日新聞）

ハーグ条約採択の五年も前に、大山は、日本軍人の従うべき倫理規範を示していた。

しかし、現実がこの通りだったわけではない。

一八九四年一一月下旬、中国・旅順で、民間人を含む多数の中国人を虐殺したのは、大山が司令官を務める第二軍だった。兵士の一人がそのときの模様を日記に書いている。

「余等は旅順町に進入するや日本兵士の首一つ道傍木台に乗せさらしものにしてあり　余等も之れを見て怒に堪え兼気は張り支那兵と見たら粉にせんと欲し旅順市中の人と見ても皆討殺したり　故に道路等は死人のみにて行進にも不便の倍なり　人家に居るも皆殺し大抵の人家二三人より五六人死者のなき家はなし」（岡部牧夫「一兵士の見た日清戦争　窪田仲蔵の従軍日記」、「創文」73年11月、74年1、3、4月号）

日清戦争は、朝鮮の支配権をめぐる日本と清国との戦争であり、朝鮮半島もまた戦場となった。朝鮮の農民は、東学農民軍を組織して日本軍の侵攻に抵抗した。「できるだけ敵を殺さない」ことを行動規範とし、近代的な兵器を持たなかった農民軍は日本軍に武力で圧倒された。農民軍の戦死者は三万から五万人と推定されており（趙景達『異端の民衆反乱　東学と甲午農民戦争』98年刊）、捕虜の虐殺が行われたことも従軍兵士の日誌などから明らかになっている（井上勝生『明治日本の植民地支配』2013年刊、拙稿「東学農民戦争をたどって」2019年1月15―21日付朝日新聞夕刊）。

日清戦争は、一八九五年四月に講和条約（下関条約）が結ばれた。これによって中国は、日本に遼東半島、台湾などを割譲することになった。

その後、日本は、割譲に反対する台湾住民を鎮圧するため、台湾に軍隊を送った。そこで「土匪《どひ》」（土着の武装集団）を虐殺したという「退役上等兵」の証言が南京戦当時の新聞に掲載されている。

「〔一八九六年一月〕十三日には〔台湾の〕高雄に着きました。〔略〕上陸と同時に戦闘命令が下り土匪討伐です。大町豊五郎中尉といふのが私の小隊長でこれが剣道の大家です。日本刀を五、六本も持つていつたので従卒をしてゐた私も一本腰にぶら下げて斬つたわ斬つたわ、多い日は土人の首を二十八斬つた記憶があります。凱旋した朝、一等兵に進級してその日の午後に上等兵に進級しました」（1938年1月5日付大朝奈良版「陣中越年懐古　紙上座談会」）

一九〇四年二月一〇日、日本がロシアに宣戦布告し、日露戦争が始まった。四日後の一四日、陸軍は「俘虜取扱規則」を定めた。その第二条はこう定めていた。

「俘虜は、博愛の心を以て之を取扱ひ決して侮辱虐待を加ふべからず」

日露戦争で日本は、国際法の順守を意識し、ロシア軍捕虜約七万九四〇〇人のうち、約七万二四〇〇人を日本国内二九カ所に設けた捕虜収容所に収容。日本で解放、死亡した者などを除く約七万一九〇〇人をのちにロシアに引き渡した、と陸軍大臣官房の報告書「明治三十七八年戦役　俘虜取扱顚末」(1907年刊) は記録している。

この報告書で陸軍大臣の寺内正毅は、捕虜に対し「人情の原理と公共の良心」とに基づき、国際条約の規定以上の「優待」を与えたことが多かったと自賛している。

その後、一九一二年にハーグ条約が公布されたことはすでにみた通りだ。

この年の一二月に出た軍人向けの修養書『名誉心の修養』(波多野春房著) は次のように説いている。

「『陸戦の法規慣例』第二十三条に於て、『特に禁示〔禁止〕するもの』の一に云ふ『兵器を捨て、又は自衛の手段尽きて、降を乞へる敵兵を殺傷すること』

されど、名誉心有るものは、たとひ斯る禁止無しと雖も、素より兵器を捨てたるもの、其の他自衛の手段尽きたる弱者を、殺傷するが如きことあり得べくは無し。窮鳥懐《ふところ》に入れば、猟師も之を憐むと云ふ、是れ即ち人類自然の情なり」

このような条約がなくとも、名誉心ある者、武器を捨てて投降した者を殺傷することなどあり得ない、それが人類普遍の情だというのだ。

日本独自の「皇軍の倫理」は、普遍的な人道・人倫とつながっていた。「捕虜の処刑、虐殺は戦闘行為の枠内であり許される」というような恣意的な解釈が入り込む余地はそこにはなかった。

この本を印刷・発行したのは、陸軍省の構内に印刷所をもつ「川流堂　小林又七」。陸軍省や陸軍軍人が著した図書や地図を専門に扱う言わば「陸軍省御用達」の出版社だった。この点からみて『名誉心の修養』の内容は事実上、陸軍省公認のものとみてよさそうだ。

## 「軍神」の諫言

盧溝橋事件から二カ月後の三七年九月一四日、華北・山西省で三七歳の陸軍中佐、杉本五郎が戦死した。「汝我を見んと要せば　尊皇に生きよ　尊皇精神ある処　常に我在り」と従軍手帳に書き残した生粋の尊皇家だった。

戦死したその日、東京の出版社に杉本が戦地で書いた原稿が届いた。杉本の遺著となった『大義』の最後の四章分（第一七章から二〇章）だった。

翌三八年五月、『大義』が平凡社から出版された。第一七章「戦争」には多くの伏せ字があった。伏せ字にされたのは日本軍を批判した次の箇所などだった。

「一度敵地を占領すれば、敵国民族なる所以を以て殺傷して飽くなし、略奪して止る所を知らず。悲しむべし」

「かくして今次の戦争は帝国主義戦闘にして、亡国の緒戦と人謂《い》はんに、誰人が何んと抗弁し得るものぞ」[2]

杉本にとって「皇軍」は「神将・神兵」の軍隊であり、「皇国の戦争」は「聖戦」「神戦」「大慈悲心行」でなければならなかった。杉本は「敵国民族なる所以を以て殺傷して飽く」ことのない軍の現状を「尊皇の聖精神」に反していると厳しく諫《いさ》めた。抵抗の意思のない投降兵や捕虜を殺害することが、「皇軍の倫理」に反することは明らかだった。『大義』はその後、ベストセラーとなり、杉本は「軍神」と呼ばれるようになる。

ところで、南京虐殺少数論に立つ板倉由明は、こう述べている。

「捕虜の殺害ということは、戦後になって問題になったもので、当時の軍人にも、あるいは日本人ジャーナリストにも、そのことを重大な『問題』だと認識している人はほとんどいないのです」（「松井石根日記の改竄について」「文藝春秋」86年1月号）

この記述は事実にかなうのかどうか。これまでみてきたように、捕虜の殺害場面を描いた記事はほとんどない。それは、当時から人道上、あるいは「皇軍の倫理」に照らして重大な「問題」だと認識されていたからこそ紙面に登場しなかったのだろう。

四〇年九月一九日、軍紀の引き締めを図る陸軍省は「支那事変の経験より観たる軍紀振作対策」[3]を関係陸軍部隊に通牒した。

「事変勃発以来の実情に徴するに赫々たる武勲の反面に掠奪、強姦、放火、俘虜惨殺等皇軍たるの本質に反する幾多の犯行を生じ為に聖戦に対する内外の嫌悪反感を招来し聖戦目的の達成を困難ならしめあるは遺憾とする所なり」

陸軍省は「掠奪、強姦、放火、俘虜惨殺」の多発を重大な問題ととらえ、憂慮していた。これでも「聖戦」か、と中国民衆の反感を招きかねないと。

このように書くと、「理想論だ」「戦争はそんなに甘いものではない」といった反論が出るかもしれない。しかし、それは誤解というものだ。「掠奪、強姦、放火、俘虜惨殺等」は皇軍にあるまじきことだと述べていたのは、筆者（上丸）ではなく、当時の陸軍中枢である。

注

1　南京事件と国際法については、吉田裕「一五年戦争史研究と戦争責任問題」（「一橋論叢」97巻第2号）、吉田「南京事件と国際法」（洞富雄ほか編『南京大虐殺の研究』所収）、吉田『現代歴史学と軍事史研究』、渡辺久志「南京事件の虐殺者数を再考する（第3回）国際法をめぐる議論と論点1」「同2」（雑誌「中帰連」51、52号）、佐藤和男「南京事件と戦時国際法」などを参照した。

2　伏せ字部分の復元は、洞富雄『決定版　南京大虐殺』（82年刊）による。洞は、歴史学者の家永三郎から、家永所蔵の謄写版本（43年印刷）の利用を許され『決定版　南京大虐殺』に引用した。

国立国会図書館は、戦後、刊行された『大義』のうち、次の各版を所蔵している。

①「大義」『現代日本思想大系4』（1964年、筑摩書房）所収

②『杉本中佐遺著「大義」』（66年、大義会発行）

③『杉本五郎中佐遺著「大義」』（89年、元百六十三連隊第一大隊本部戦友会発行）

④『軍神杉本五郎中佐遺著大義』（2001年、大義研究会発行、改訂第二版）

⑤『大義　杉本五郎中佐遺著』（2007年、皇国史観研究会発行、復刊第二版）

⑥『大義　杉本五郎中佐遺著』（2019年、大義研究会、改訂第三版）

これらのうち、①は伏せ字のある第一七章以降を掲載していない。②は伏せ字のあとを「三十一字略」などとし、③⑤は伏せ字を補っている。ところが、④⑥は右に引いた「一度敵地を占領すれば、敵国民族なる所以を以て……」を含む部分を抹消したうえ、抹消した事実そのものを伏せている。つまり、伏せ字部分を「〇〇〇」などと表記した三八年発行の原本よりさらに後退している。歴史の隠蔽と言わざるを得ない。④のあとがきによると、同書刊行にあたって、南京虐殺否定論者の田中正明が推薦文を寄せている。

3　アジア歴史資料センター Ref.C15120129000

# 第四章　残敵掃討

## 記者入城

一九三七年一二月一三日未明から早朝にかけて、京都第一六師団、金沢第九師団、熊本第六師団などの部隊が南京城内に入った。

各部隊は「敗残兵」[1]の掃討を開始した。

記者たちも、砲弾で破壊された城壁を登るなどして部隊に続いた。なかには戦車に同乗して城門突破を図った記者もいた。読売新聞の浮島特派員は同僚カメラマンといっしょに、藤田戦車隊〔独立軽装甲車第二中隊・藤田実彦隊長〕の戦車に同乗、中華門一番乗りを敢行した。

「記者は思はず『あの敵をみな殺しにしてくれ』と戦車の中で怒鳴つた。『よしツ、やつてやる』と土屋伍長が答へる」（37年12月18日付読売新聞宮城版「本社記者・血の同乗記」）

新聞各紙はその後の報道で、城門それぞれの一番乗り、部隊のなかの一番乗りなど、さまざまな「一番乗り」をつくりだして、その「奮闘」をたたえた。

## 日本製の孫文像

東奥日報（青森）の特派員、当時三七歳の竹内俊吉は一三日午前七時四〇分、京都・福知山歩兵連隊の主力とともに南京城の東側、中山門の上に駆け上がった。同盟通信のカメラマンら六人の報道関係者といっしょに、記者として「中山門一番乗り」を果たした。

部隊が東に向かって整列し、「天皇陛下万歳」を三唱するなか、竹内は「〔報道陣〕只一人の青森県人として、百万県民の総意を代表し、咽喉も裂けよと万歳を唱和した」（37年12月21日付東奥日報「百万県民を代表して唱和」）。

その後、竹内は城内に入り、「中山門より約五町〔約五〇〇メートル〕位、南京政治地区の真ん中、支那憲兵訓練所の一室を占領、ここに『東奥日報南京宿舎』の貼紙を出し、日の丸と東奥〔日報〕旗を掲げ」た（同右）。

大阪朝日の特派員、守山義雄は、福井・鯖江歩兵第三六連隊について光華門から城内に入った。

軍官学校横の砲兵陣地に四門の一五センチ砲があった。この大砲に「昭和二年大阪工廠」の文字が刻印されていることに守山は気づいた。中国軍の大砲は日本製だったのだ。

軍官学校の校庭には三民主義を唱えた中国革命の指導者、孫文の銅像が立っていた。裏の銘を読むと「民国十八年日本梅屋庄吉製造」とあった。梅屋庄吉は、孫文をとくに経済面で支援した日本人として知られ、三年前に死去。映画会社「日本活動写真」（日活）の創業者の一人でもあった。

守山は同僚記者との座談会でこう語る。

「日本から送られた銅像を敬慕の目で見上げながら、その前で〔中国兵が〕抗日の教練をやつてゐたのかと思ふと感慨無量だつたね」(37年12月17日付朝日新聞「本社報道陣座談会」)

守山は、梅屋が求めた「日中提携」が成らず、日本軍が中国に侵攻するに至ったことへの嘆きを「感慨無量」の四文字に込めたのかもしれない。ちなみに、大阪朝日の紙面では、「梅屋庄吉」の名前は「〇〇〇〇」と伏せ字になっている。孫文を支援した日本人の名を書くことをはばかったのだろうか。

朝日新聞の取材陣は、中山門を入ってすぐのところにある近代的な病院「中央医院」の屋上に臨時支局を開設した(12月15日付東朝「あゝ晴の南京入城」)。

## 国民政府庁舎に日の丸

一二月一三日午後三時、東京日日、大阪毎日の記者たちが中山門から真っすぐに中山路を入り、国民政府の庁舎に到着した。金沢第九師団山砲兵第九連隊の第一大隊長、比土平隆男らが、記者たちとともに国民政府の門の上に掲げられた青天白日旗を下ろし、真新しい日章旗を上げた。

カメラマンの佐藤振寿は、持参した東京日日の社旗を同行の南京支局長にわたし、兵隊たちには小さな日の丸をわたして門の上にのぼってもらった。そして、メーンポールに日の丸があがり、支局長が社旗を振る光景を「国民政府の文字がはっきり見えるようなカメラアングルで」撮影した(佐藤「従軍とは歩くこと」『南京戦史資料集II』)。

記者たちは、城内に響けとばかりに万歳を叫んだ[2](12月14日付東日「国民政府屋上感激の万歳」)。

午後五時半、城内鼓楼地区にある日本大使館が熊本連隊によって確保された。ここでも日章旗が屋上高く掲げられた。同連隊に従軍した毎日新聞の安養寺、村上両特派員は熊本連隊の兵士にまもられて、城内同仁街にある南京支局に向かった。支局にたどりつくと、入り口は煉瓦を積んで閉ざされていた。裏に回ると、そこも閉ざしてある。

「そのとき横手で正規兵の敗残兵がうろついてゐるのを発見した兵士は『やつつけろ』とばかり追ひすがつて一発で射殺した。屋内はわからぬが付近の状態から見て散々荒されてゐるらしい。早速門標のない門に『大毎・東日南京支局到着、安養寺、村上』と記した」（12月14日付大毎「大使館の国旗」）

一三日の戦闘について奈良歩兵第三八連隊の軍曹がのちに大阪朝日に一文を寄せた。

「〔十二月〕十三日には早くも和平門城頭高く大日章旗を□□と掲げるを得ました。時正に午後二時、この感激はただただ涙が先走るばかりでした。我らの□□掃蕩地域だけでも数万の累々たる屍体が足の踏み場もなく屍の山、血の川をさらけ出し戦意を失つて逃げ惑ふ敵には却つて憐みを催しました」（38年1月14日付大朝奈良版「惨烈を極めた白兵戦　助川部隊山本軍曹の陣中録」）

奈良連隊が掃討を担当した地区には、中国兵の死体が多数、転がっており、戦意を失って逃げまどう中国兵がいたことを報じていた。奈良連隊が所属する京都第一六師団の師団長、中島今朝吾は、この日の日記につづった。

「大体捕虜はせぬ方針なれば片端より之を片付くることとなしたる〔れ〕共、千、五千、一万の群集となれば之が武装を解除することすら出来ず、唯彼等が全く戦意を失ひぞろぞろついて来るから安全なるものの之が一旦擾〔騒〕擾せば始末に困るので部隊をトラックにて増派して監視と誘導に任じ十三日夕はトラックの大活動を要したり」（『南京戦史資料集』）

## 米紙記者が報道

一方、南京に残って取材に当たっていたニューヨーク・タイムズ特派員、フランク・ティルマン・ダーディンは、一二月一三日の城内の模様を次のように報じた。

「月曜日〔一二月一三日〕いっぱい、市内の東部および北西地区で戦闘を続ける中国軍部隊があった。しかし、袋のねずみとなった中国兵の大多数は、戦う気力を失っていた。何千という兵隊が、外国の安全区委員会に出頭し、武器を手渡した。〔略〕無力の中国軍部隊は、ほとんどが武装を解除し、投降するばかりになっていたにもかかわらず、〔日本軍によって〕計画的に逮捕され、処刑された。安全区委員会にその身を委ね、難民センターに身を寄せていた何千人かの兵隊は、組織的に運び出され、後ろ手に縛られて、城門の外側の処刑場に連行された。

塹壕で難を逃れていた小さな集団が引きずり出され、縁で射殺されるか、刺殺された。それから死体は塹壕に押し込まれて、埋められてしまった」（38年1月9日付ニューヨーク・タイムズ、南京事件調査研究会編訳『南京事件資料集1　アメリカ関係資料編』92年刊）

右に引いた奈良連隊の軍曹の文章と、中島今朝吾の日記の記述、ダーディンの記事は、中国兵が全く戦意を失っていた点で一致している。その中国兵を日本軍は有無を言わさず「片端より」殺害した。それだけではなかった。

「年齢、性別にかかわりなく、日本軍は民間人をも射殺した。消防士や警察官はしばしば日本軍の犠牲者となった。日本兵が近づいてくるのを見て、興奮したり恐怖にかられて走り出す者は誰でも、射殺される危険があった」（同右）

記事を書いたダーディンはこのとき三〇歳。上海で記者活動中、日中戦争が始まり、ニューヨーク・

タイムズに採用された。南京戦の取材がニューヨーク・タイムズでの初仕事だった（『南京事件資料集1』所収の笠原十九司「解説」）。南京に残った理由についてダーディンは「特種になると思ったから」とのちに語っている（笠原十九司による八六年のインタビュー、『南京事件資料集1』）。

## 勝って来るぞと

同盟通信の記者団は一三日夕、乗用車二台とトラック一台に分乗して中山門から入城した。南京支局長の中村農夫だけは一人、南京への途上で捕らえたロバにまたがって城門をくぐった。一行は、軍官学校の先にあった憲兵隊の建物の一部をとりあえずの野戦支局とした（前田雄二『戦争の流れの中に』82年刊）。

東京日日のカメラマン、佐藤振寿らの一行は、中山門から約二キロの地点にあった「励志社」（中国軍将校の親睦団体）の集会所を臨時支局とし[3]、南京城内での第一夜を迎えた。連絡員、自動車運転手らを合わせて総勢五四人が集まった（37年12月15日付東京日日「明朗南京第一信」）。

毎日新聞の福島特派員は、その晩の様子をこうつづった。

「月が出て屋外は昼のやうに明るい。あちこちに入城第一夜の兵士が屯《たむ》ろして焚く火がきれいだ。そしてあちこちから聞える歌を聞けばなんと〝露営の歌[4]〟だ。ああ八月以来艱難して今日を最後の望みとして奮戦し続けた勇士の勝利の宴だ。喜びの歌だ。夜露を浴びて芝生に軍馬の群がまどろんでゐる」（37年12月14日付東京日日「月下〝露営の歌〟南京入城第一夜の勇士」）

〽勝って来るぞと勇ましく
ちかって故郷《くに》を出たからは
手柄たてずに死なれよか

南京の冬の夜空に、兵隊たちの歌声が吸い込まれていった。

注

1　日中戦争の報道で日本の新聞は、中国兵を「敗残兵」「残兵」などと書くのがほとんどだった。

2　38年1月23日付福井新聞に掲載された郷土出身少尉からの手紙に、次の記述がある。佐藤振寿の回想と一致する。

「十二月十三日南京陥落し砲兵として一番乗をいたし、引続き歩兵隊に先んじ国民政府参謀本部の一番乗をいたし候。少数の残敵を追ひ払ひつつ途中野砲高射砲を捕獲し国民政府前に到着。〔略〕逸早く屋上高く掲げし青天白日旗を下して日章旗を比土平部隊長の手により竿頭高く挙げ、思はず挙る万歳の声は涙と共に振ってをつた次第に御座候」

3　読売新聞は三七年一二月一七日の時点で「中山飯店」という「大きな料理店の隣」に「従軍陣所」を置いていた、と当時、同紙の臨時特派員として南京に滞在していた作詞家の西条八十が書いている（西条「燦たり南京入城式」「話」38年7月臨時増刊号）。

4　東日・大毎が懸賞募集した歌詞に古関裕而が曲をつけ37年9月にレコード発売され、大ヒットした。京都・嵐山に「露営の歌碑」があり、松井石根が揮毫している。以上『古関裕而自伝　鐘よ鳴り響け』（80年刊）による。

なお、都新聞は当時、こう報じている。

「『露営の歌』は断然他の群小レコードを睥睨《へいげい》して日本内地ばかりでなく、北支に南支に東洋平和の基礎建設の労働歌の如くに広く歌はれ、現在の所レコード売上げ枚数は七八十万を越えようと称せられてゐる。『露営の歌』の作曲者古関裕而はこの一曲によつて忽《たちま》ち世間の話題の中心となり、事変の波に躍り上つた時代の人物の一人となつた」（37年12月27日付「年来の精進が実を結んだコロンビヤの古関裕而」）

## 虐殺を書いた従軍画家

陥落から一夜明けた一二月一四日、金沢歩兵第七連隊の上等兵、井家《いのいえ》又一は、朝七時に起きて難民区に入った。そこで井家は、新聞各社の記者たちが行き交うのを目撃する。

「南京の避難民は此の地区に外人の建物の大建築にあふれて居る。朝日新聞記者の報にて現場にかけつける。約六〇〇名の敗残兵が外人の建物にあふれているのである。南京落城の為逃場を失ったのである。此の処置を日本大使館に委任す。午後四時迄残敵掃蕩終りて帰る。市街にある自動車を徴発しては日本兵が市内を乗廻している。南京の町は日本軍の完全な者《ママ》になってしまった。新聞記者があちこちとうろついているのを見る。朝日・毎日・読売と社旗をひるがえして走っている。中山路に朝日南京支局と看板もかかげられている」（「井家又一日記」『南京戦史資料集』）

同盟通信の特派員は一四日午前、上空から南京市街を見下ろした。そこにも「掃蕩」の光景があった。

「雨花台より城門にかけて点々として動かない黒点がごろごろころがつてゐる。敵の排日抗日の犠牲に供せられた中央軍の死体なのだ。〔略〕市街を北に抜けて獅子台砲台を過ぎると城内北方で頻りに銃声が聞へて来る、助川部隊が残敵を掃蕩してゐるのだ」（12月16日付北国新聞「占領第一日の南京を空より見る」）

## ふがいない光景

記者たちは、南京城内で何を見たのか。

毎日新聞のカメラマン、佐藤振寿は一四日朝、連絡員の一人に「この先の方で何かやっている」と教えられ、宿舎の外に出た。

中山東路の先、大きな門構えの兵営のような建物の前庭で、一〇〇人ぐらいの中国兵が後ろ手に縛られ、座らされているのを見た。彼らの前には五メートル四方、深さ三メートルくらいの穴が二つ掘られていた。

「右の穴の日本兵は中国軍の小銃を使っていた。中国兵を穴の縁にひざまずかせて、後頭部に銃口を当てて引き金を引く。発射と同時にまるで軽業でもやっているように、一回転して穴の底へ死体となって落ちていった。

左の穴は上半身を裸にし、着剣した銃を構えた日本兵が『ツギッ!』と声をかけて、座っている敗残兵を引き立てて歩かせ、穴に近づくと『エイッ!』という気合いのかかった大声を発し、やにわに背中を突き刺した。中国兵はその勢いで穴の中へ落下する」(佐藤「従軍とは歩くこと」『南京戦史資料集Ⅱ』)

佐藤によると、建物入り口の哨舎の両側に、「伊佐部隊・棚橋部隊」「棚○○、捕虜収容所、鹵獲《ろかく》品集積所」の文字があったという。これは金沢歩兵第七連隊(伊佐一男連隊長)第三大隊を示している。右の佐藤の手記は、従軍当時のメモをもとに、偕行社の『南京戦史』『南京戦史資料集』を参考にして書かれた。戦争中に右のような文章が新聞に書けたわけではない。

しかし、当時の新聞にも虐殺の光景の一端を伝える記事は載っていた。

毎日新聞の取材班に同行して南京に入った当時四五歳の従軍画家、中川紀元《きげん》は、三七年一二月一三日の午後から一五日の夕方まで南京城内を見て歩いた。そこで何を見たか。帰国後、中川は、こうつづっている。

「支那民族は戦争は不得手だと云ふ。武器を持つ戦争には敗けても先祖譲りの大地面があつて、四川でも陝西《せんせい》でも何処へでも逃げ込んで長期抗戦で行くぞ、と尭舜〔ともに中国神話中の帝〕以来の漫々的《マンマンデー》〔のんびり〕を決めこむのだが、其場で個人として何故もつと死身の抵抗が出来ないのか。南京戦のあとでここかしこに何百人かの一団となつて引据ゑられてゐる捕虜を見て、これだけ揃つてゐながら刀折れ矢竭《つ》きる迄頑張れないのは何《ど》うしたことかと疑はれた。国家観念や戦争に対する意気込が違ふからもあらうが、何としても腑甲斐ない光景だ。[1] 眼の前で敵ない最期を遂げる敵兵。これも親あり兄弟或は妻子もあらうが、これまで何ういふ生活を経たのか、不運なやつだ――と思ふ」
(38年4月2日付都新聞「戦場雑談」)

南京城内のあちこちで、数百人規模の捕虜が抵抗らしい抵抗もせず、「腑甲斐」なくも「敵ない最期を遂げ」ていく光景を中川は見ていた。断片的な記述で、場所などの具体的な状況はわからない。うっすらと影のような描写ではあるが、集団虐殺の光景とみてまちがいないだろう。

1938年4月2日付都新聞「戦場雑談」の記事（部分）。従軍画家・中川紀元が集団虐殺の光景を書いている

捕虜の集団虐殺は書かれていた。

中川は続ける。

「しかし四億人もゐる中の一人の命、その四億も大部分が文明人でないのだから、その割算で行くと、たとへその人間が偶々《たまたま》多少教育があつたり物が分つてゐるとしても、日本人の命のやうに惜しいものではない、のかも知れない。とても強ひて考へなければ眼の前の脆い落命の場面は見てゐられない」

中国人の命は、日本人の命とちがって価値が低い、彼らの命は惜しくない――。

強いてそう思いなすことで、中川は、自己の良心と眼前の光景（「脆い落命の場面」）との間に折り合いをつけようとした。従軍で強い衝撃をうけた中川は、帰国後にこう振り返っている。

「『戦争』の現実はとても絵などに描けるものではないと思つた。『戦争』の強大な迫力に叩きつけられて、意久地なく絵筆も何も投げ捨てて恐れ入つた、と云ふところが正直なところだ」（「従軍から帰つて」「美術時代」38年3月号）

中川は一八九二年、長野県辰野町生まれの洋画家。東京美術学校中退。一九一九年から二一年までフランスに留学しマチスに学んだ。戦後、二紀会の創立に参加。六四年に芸術院恩賜賞を受賞した。七二年、七九歳で死去。著書に、戦中の随筆を集めた『世路のシミ』（41年刊）などがある。

それにしても、中川が見たのと同じような光景を見た新聞記者はいなかったのだろうか。いたとみる方が自然だ。

## 「やらせ」で殺害？

南京城内で何があったのか。

それは兵士たちの手紙からもうかがうことができる。兵士たちは、作戦行動の合間をぬって戦闘体験などを手紙にしたため郷里に送った。その一節を新聞社は紙面に掲載した。それらの多くは短文であり、叙述も断片的だ。また兵士が自分の奮闘ぶりを強調するあまり、表現はたぶんに誇張されやすい。それでも、兵士自身による戦場の描写や心情の吐露は、記者が書く記事以上に戦争の実相を語ることがあった。

当時の新聞から、陥落直後の城内の模様を語る手紙の一節を、いくつか拾ってみよう。

**福島県出身の工兵上等兵**「南京に入城致しました。入城して特に目につくものは数万の敵兵の死体がそのままになつて居る事で実に可哀さうです。〔略〕敵の首都南京も今は廃都同然で処々に外国の建造物に各国の国旗が立つて居るのが目立ちます」（38年1月14日付東朝福島版「敵の死体を憐れむ」）

**山梨県出身の一等兵**「十四日、敗残兵の掃蕩を行ひしところ、良民に混じてかくれゐる正規兵等を探し出し、その他、山の中等より発見、捕□せし兵数は四五千名を超える多数にて、一時は監視及び保護に手を焼き申候」（1月22日付東日山梨版「壮烈南京攻撃の詳報」）

**津歩兵第三三連隊の特務兵**「私らは十二月十三日、首都南京に入城しました。街は相当に荒されてをり、支那兵の死体の無数なのには驚き入りました。入城後も敗残兵多数出没して我大行李[2]でも毎日十五、六名の敗残兵を討取り、私も五名射殺しました[3]」（38年1月26日付大朝三重版「敗残兵狩りで五人討ち取った」）

こうした「敗残兵狩り」の現場に新聞記者がいたことを示す証言がある。第二野戦高射砲兵司令部副官だった石松政敏は戦後、こう語っている。

「注意を要することは、郷土新聞社からの従軍記者や写真班が望むがままに、無思慮な言葉を吐き、大勢の〔兵士の〕なかには刺殺、斬首などの真似をした馬鹿者もおりました。これらの報道が誤解を招いたのだと思います」（『南京戦史』）

記者やカメラマンが兵士をたきつけて、刺殺、斬首をやらせたというのだ。そんな記者までいたのか、と驚かされる。

ただし、石松の言葉をそのまま受けとっていいものかどうか。刺殺や斬首をやらせても記事にならないことは前線の記者やカメラマンは知っていたはずだ。それをわざわざやらせたとは考えにくい。事実、刺殺や斬首の現場を描写した記事や写真はほとんど確認できない。従って、そうした「報道が誤解を招いた」という石松の見方は事実に反する。もし、兵士をたきつけた記者がいたとしたら、報道とは無関係に、ただ面白がってやらせたということだろう。そのモラルの頽廃に言葉を失う。

注

1　中国兵の「ふがいなさ」（見方を変えれば、潔さ）に驚いたのは中川だけではなかった。下野新聞の稲葉勝政記者は次のように書いている。
「我が帝国軍人だつたら捕虜になつた場合、こんな簡単にむざむざと捕まるだらうか。叶はぬと思つても、最後まで闘ひ抜くが日本人だ、こう思つた瞬間、無事息災で捕つて来た支那兵を、嘲罵する前に、哀れが感じられて仕方がない。銃剣を、刀を眼の前に差出されて、メイフアーヅ（仕方ない）と一言云ふきりで悠然と首を前に差し延ばす有様だ」（37年12月21日発行下野新聞夕刊「諦めの早い支那兵」）

ただし、中国兵は「頑強に抵抗した」などとする記事も多く、中国兵に一般的な傾向だったとまでは言えない。また、序章でも引いたように、映画カメラマンの白井茂は戦後、こう語っている。

「虐殺の現場は二度見た。一度はサクがあったように思う。はるか離れているところで、銃殺していた。数は憶えていない。揚子江でない川のところで、機関銃で撃っているところも見た。私なら抵抗すると思ったが、彼等は従順に死を待っていたようだ」（鈴木明『「南京大虐殺」のまぼろし』）
2　大行李は、後方から前線に食糧や衣料品などを運ぶ部隊を指す軍隊用語。
3　津歩兵第三三連隊の「戦闘詳報」は、三七年一二月一〇日から一四日の間に三〇九六人の捕虜を得て「処断」したとしている。また一二月一三日の「敵の遺棄死体」は五五〇〇で、「処決せし敗残兵を含む」と記録している（『南京戦史資料集』）。

## 朝日新聞南京通信局

朝日新聞南京通信局は、難民区のなかにあった。[1]

三七年八月に上海に移っていた南京通信局長の橋本登美三郎と通信局員の山本治は、南京陥落からほどなく、四カ月ぶりに通信局に戻った。

そのときの模様を橋本と山本は、三七年一二月一五日発行の夕刊に掲載された署名記事（二人連名）「四月振りに揚ぐ社旗」で、次のように書いている。

「懐しい本社通信局のある大方巷に足を入れる、この方面一帯は上海南市の避難区と同じく安全地帯となつて十万の市民が残つて居るといはれて居る、取敢ず通信局に行くと、そこには数十名の避難民がうようよとして居るが、俄《にわか》に飛出して来たのは、それは思ひがけぬ数年に亘つて使用して居た阿媽《あま》〔女性のお手伝いさん〕とボーイであつた。彼等は懐かしさの余り吾々に飛付く有様であつた。社旗は吾々が引揚げた去る八月十五日来、満四ケ月振りに再び敵都南京に掲げられたのだ。酷熱の中に南京を引揚げた当時が彷彿と思ひ出されて感慨なき能はざるものがあつた」

記事には「十五日発」というクレジットがついているが、橋本、山本両特派員が通信局に着いた日付は明確には書かれていない。一五日発行の夕刊に記事が載っていることから、一四日か一五日午前に着いたとみられるが特定できない。

記事は東京朝日と大阪朝日、両方の夕刊に掲載された。

気になるのは、東京朝日の紙面では、右に引いたように「数十名の避難民」と書かれているのに対し、大阪朝日の紙面では「数千名の避難民」となっていることだ。「数十名」と「数千名」では広がる景色が全く異なる。なぜ、この違いが生まれたか。単なる誤植か、何か別の事情があったのか、どちらが正しいのか、それらは不明だ。

記事では、通信局で雇用していたお手伝いさんと助手の少年（ボーイ）が、「懐かしさの余り」記者に飛びついてきたという。それはただ「懐かしさの余り」だったのか、日本軍への恐怖からではなかったか。というのも、当時の特派員たちが戦後になって、通信局の近くで集団虐殺があったと証言しているからだ。

## 今井正剛の証言

南京戦を取材した朝日新聞記者の一人、今井正剛は回想記「南京城内の大量殺人」を「特集文藝春秋」五六年一二月号に寄稿した。元従軍記者が戦後、南京戦を振り返った手記として、戦後最も早い時期に発表されたものの一つだ。今井は、こうつづっている。

「中山門を入つたばかりの所へ臨時支局を開設していたわれわれは、十五日になつて市内もどうやら危険はなくなつたというので、朝から三々五々見物に出て行つた。〔略〕戦前の朝日通信局のあつた大方巷のあたりへ足をふみ入れたとたん、われわれは眼をみはつておどろいた。メインストリートでは人ッ子一人見かけなかつたのに、何とこのあたりは中国人で一ぱいなのだ。老人や女子供ばかりではあるが、どの家の窓からも、不安そうにおびえた瞳が鈴なりになつている。この地区一帯が、難民の集中区になつているのだろう。幾日かぶりで見る民衆の顔である」

「以前の支局へ入つてゆくと、ここも二三十人の難民がぎつしりつまつている。中から歓声をあげて飛び出して来たものがあつた。支局で雇つていたアマとボーイだつた。

『おう無事だつたか』

二階へ上つてソファにひつくり返つた。ウトウトと快い眠気がさして、われわれは久しぶりに我が家へ帰つた気持の昼寝だつた。

『先生、大変です、来て下さい』」

今井はお手伝いの女性に起こされた。近くの空き地で日本兵が中国人を集めて殺している、近所の洋服屋の楊とその息子もそのなかにいる、助けてやってくれ――というのだ。今井は同僚記者の中村正吾とあわてて外へ飛び出した。楊の妻もいっしょだった。

「支局の近くの夕陽の丘だつた。空地を埋めてくろぐろと、四五百人もの中国人の男たちがしやがんでいる。空地の一方はくずれ残つた黒煉瓦の塀だ。その塀に向つて六人ずつの中国人が立つ。二三十歩離れた後ろから、日本兵が小銃の一斉射撃、バッタリと倒れるのを飛びかかつては、背中から銃剣でグサリと止めの一射しである。ウーンと断末魔のうめきが夕陽の丘一ぱいにひびき渡る。次、また六人である。〔略〕いつたいこれは何か。そのまわりを一ぱいにとりかこんで、女や子供たちが茫然とながめているのだ」

今井は、傍らに立つ軍曹に頼んで洋服屋とその息子を救い出す。

「たちまち広場は総立ちとなつた。この先生に頼めば命が助かる、という考えが、虚無と放心から群衆を解き放したのだろう。私たちの外套のすそにすがつて、群衆が殺到した。

『まだやりますか。向うを見たまえ。女たちが一ぱい泣いているじやないか。殺すのは仕方がないにしても、女子供の見ていないところでやつたらどうだ』

私たちは一気にまくし立てた。〔略〕私と中村君とは空地を離れた。何度目かの銃声を背中にききながら」

今井は「大量殺人の現場に立ち、二人の男の命を救つたにもかかわらず、私の頭の中には何の感慨も湧いて来なかつた」と述懐している。

## 森恭三の証言

今井の回想記に登場する中村正吾は三九年一二月、第二次世界大戦の取材で東京からロンドン支局に応援に駆けつけた。その際、同じく出張してきた朝日新聞ニューヨーク支局員の森恭三と会った。森は中村から南京での体験を聞いた。

そのときの模様を森はのちに、中村の追悼文集『回想中村正吾』(77年刊)のなかで紹介している。

「その夜、ホテルの暖炉の前で、中村君は『南京事件』の話をしてくれた。この恐るべき大虐殺事件は、日本の新聞には報道されなかったが、世界中に知れわたっていた。中村君の話によると、朝日新聞南京支局のボーイが一人捕われて行ったので、救出に駆けつけたという。救出は成功した。日本軍の軍人たちは、自分自身を失っていた。処刑されるものの方がむしろ落ち着いていた。『日本人を廃業したい』と中村君はいった。『戦争は負けだよ』ともいった」

南京通信局のボーイを救ったと中村は語った。森はそう記憶していた。近所の洋服屋とその息子を救ったという今井証言とは食い違っているが、殺されそうになった中国人を救ったということでは一致している。

## 足立和雄の証言

南京戦を取材した朝日新聞記者の一人、足立和雄は戦後、「南京の大虐殺」と題する短文を書いている。やはり南京戦に従軍した守山義雄が六四年に亡くなったあとに刊行された『守山義雄文集』（65年刊、非売品）に寄稿したものだ。

足立は次のように書いている。

「昭和十二年十二月、日本軍の大部隊が、南京をめざして四方八方から殺到した。それといっしょに、多数の従軍記者が南京に集ってきた。そのなかに、守山君と私もふくまれていた。朝日新聞支局のそばに、焼跡でできた広場があった。そこに、日本兵に看視されて、中国人が長い列を作っていた。南京にとどまっていたほとんどすべての中国人男子が、便衣隊と称して捕えられたのである。私たちの仲間がその中の一人を、事変前に朝日の支局で使っていた男だと証言して、助けてやった。そのことがあってから、朝日の支局には助命を願う女こどもが押しかけてきたが、私たちの力では、それ以上なんともできなかった。〝便衣隊〟は、その妻や子が泣き叫ぶ眼の前で、つぎつぎに銃殺された。

『悲しいねえ』

私は、守山君にいった。守山君も、泣かんばかりの顔をしていた。そして、つぶやいた。

『日本は、これで戦争に勝つ資格を失ったよ』と。

内地では、おそらく南京攻略の祝賀行事に沸いていたときに、私たちの心は、怒りと悲しみにふるえていた」

この文章を書いてから一九年後の八四年秋、足立は、南京虐殺否定論者の一人である阿羅健一の聞き取りに、次のように語る。

「南京に入った翌日だったから、〔一二月〕十四日だと思うが、日本の軍隊が数十人の中国人を射っているのを見た。塹壕を掘ってその前に並ばせて機関銃で射った。場所ははっきりしないが、難民区ではなかった」（阿羅『「南京事件」日本人48人の証言』）

この虐殺が『守山義雄文集』に書いた集団虐殺と同じものを指すのかどうか。足立は、虐殺を見たのは「その一カ所だけ」だったと語っており、そうだとすると同じ現場ということになる。

この聞き取りのなかで足立は「〔日本軍が南京城内外で〕捕虜を虐殺したというイメージがあるかもしれないが、それは、戦闘行為と混同しています。明らかに捕虜だとわかっている者を虐殺はしていないと思います」と述べて虐殺を正当化している。

しかし、武器をもたない無抵抗の「中国人男子」〔そこには民間人も含まれていた〕が「便衣隊」とみなされて次々に銃殺されるのを目の前に見て「怒りと悲しみにふるえ」た、とだれに強制されることもなくつづったのは、足立自身ではなかったか。

## 渡辺正男の証言

もう一人、別の元朝日新聞記者の証言がある。

大阪朝日の記者、渡辺正男は三八年三月に新設の蕪湖[2]支局に勤務することになり、最初一〇日間ほどを南京ですごした。そのころ、特派員の守山義雄はまだ南京にとどまっていた。渡辺は毎夜、通信局の守山の部屋を訪ねて話をした。別棟に、通信局で永く雇用してきた中国人、趙明徳の一家が住んでいた。妻と一五歳の息子の三人家族だった。

渡辺は「上海・南京・漢口　五十五年目の真実」と題する手記（「別冊文藝春秋」93年1月号）で当時を回想している。

渡辺の記憶では、守山は次のように語ったという（以下、要旨）。

――三七年一二月二一日正午すぎ、通信局に趙明徳の妻が駆け込んできて言った。「息子が南京市街で日本軍に捕らえられ、トラックで下関の方に連れていかれた。殺される。助けてください」と。車で急行すると、約三〇〇人の中国人男性が長江に向かって立たされ、五台の機関銃が「撃て」の命令を待っていた。守山は、偶然そこにいた顔見知りの将校に頼んで息子を助けた。守山が車で発つと、機関銃の連射音が響いてきた。[3]

以上の証言をみると、朝日新聞南京通信局と関わりがあった中国人を朝日新聞記者が集団虐殺の現場から救い出したという根幹部分は一致している。ただし、その場所については、今井と足立が通信局の近くの「丘」「広場」だったとしているのに対し、渡辺は下関が現場だったとしている。

守山は、どちらの証言にも登場しており、通信局近くと下関の両方で虐殺を見たのかもしれない。ただし、守山は南京戦での体験を書き残していない。二〇〇七年の朝日新聞連載「新聞と戦争」で筆者（上丸）は「南京」シリーズ全一五回を担当した。その際、守山の妹に取材したが、守山は、南京で何があったか、家族に語ることはなかったと話していた。

## 中国側の証言

朝日新聞南京通信局付近での集団虐殺をめぐっては中国側の証言もある。

南京戦に従軍した元日本軍将兵や中国人被害者への聞き取りを長年、続けてきた松岡環の編著書『南

京戦　切りさかれた受難者の魂』（2003年刊）に次の証言が収録されている。証言者は一九一四年一一月生まれ。南京陥落当時、二三歳だった劉永興である（以下、要旨）。

——日本軍の南京入城前日の一二月一二日、それまで住んでいたところから難民区内の大方巷に引っ越した。日本の朝日新聞社の隣だった。二、三日して、日本軍が南京市内に入ってきた。

——一五日午後、家に日本兵が入ってきて私と弟が外に引き出された。私たちは朝日新聞社の向かいにある空き地に連行された。日本人通訳が「日本軍の軍艦が下関のあたりに荷物をおろすから、手伝いに来なさい」と言った。集められた四〇〇〇から五〇〇〇人が移動することになった。八人の列を作り、一番前は国民党の警察官、後ろは一般の男たちで、私と近所の顔見知りの三〇人ほどは列の後ろの方について行った。

——私と弟は、下関の近くに連れていかれた。ここで殺されるくらいなら長江に身を投げて自殺しようと決心した。まもなく、日本軍が列の後ろから二〇人ずつ引き出し、少し離れた場所で機関銃で殺し始めた。弟に弾が当たった。周りの人もバタバタ倒れた。日はすっかり暮れていた。日本軍が死体の山の上に乗って、うめき声を出す人を見つけると銃剣でとどめを刺した。私は小舟の陰に隠れ、死体といっしょに水につかってじっと死んだふりをしていた。

——真夜中、日本軍が引き揚げた。生き残ったのは私とあと七、八人だけだった。私は死体の浮く河から這いだして弟を捜したが、暗くて分からなかった。日本兵がガソリンのようなものを死体にかけて、火を付けていた。おそらく、弟も焼き尽くされたのではないか。声を殺して泣いた。

南京事件に関する中国側の資料を集めた『侵華日軍南京大屠殺檔案』（87年刊）に、大方巷の広場での集団虐殺に関する資料が収録されている。その一つは、息子を日本軍に虐殺された徐嘉禄という人物が、戦後まもない四五年一〇月、南京市政府に提出した上申書だ。徐は、こう述べている。

「私は代々、南京に暮らし商いをしておりましたが、民国二六年〔一九三七年〕、首都に危険が差し迫った際、家族を引き連れて難民区へ向かい、鼓楼五条巷四号に居住いたしました。

ほどなくして首都は陥落し、私たちは家の中に逃げ隠れておりましたが、思わぬことに、その年の一二月一六日午前、腕に「中島」の文字の腕章をつけ、たいそう凶暴な勢いの敵兵四人が突如、現れました。

家の中に入ってくると、もっぱら若者を探し捕らえ、たちまちのうちに、同居する十数人の若者が一人ひとり、部屋の外へと引っ立てられ（そのときわが子徐静森は室内に立っていて、運よく免れる――ことはできませんでした）、敵兵の個々の検査がすむと、すぐに連れ去られていきました。

私は、子どもがゆえなく捕らえられたのを見て、戸口に駆け寄り、一部始終をつぶさに見ておりましたが、ただ敵兵が要路を守備しているのが見えるだけで、通行人は途絶え、群れをなす若者がみな敵に押し合いへし合いされて、大方巷の広場に集められました。

夕暮れ時になり、その広場一カ所だけで若者は数万にも上りました（事件後、金陵女子大のヴォートリン女史が調べた正確な統計があります）。敵はここで若者の中から身なりのよくない四、五百人を選び、池の近くにおいて機関銃で惨殺すると、残りをことごとく連れ去っていきました。しばらくの間、母親や妻たちは子どもや夫を思い、泣き叫び、身の危険を顧みずあとを追って敵兵に射殺される者もいて、その惨状は空前絶後でした」[4]

証言に異同があるが、朝日新聞の通信局の近くに民間人を含む多数の中国人男性が集められ、その場で、もしくは下関に連行されて殺されたようだ。しかし、当時の新聞に関連する記事は一切、掲載されていない。

注

1 正式な名称は「通信局」だが、当時の記者も「支局」と書いているケースがある。引用文では「支局」のままとした。
2 蕪湖は南京から長江上流へ約六〇キロの地点にある都市。
3 当時、南京で守山といっしょに取材活動にあたった元朝日新聞記者、平松儀勝も「虐殺事件に関しては、守山君が船着場で中国兵を射殺するところを見たといって憤慨していたので、よく憶えている」と戦後、語っている（鈴木明『「南京大虐殺」のまぼろし』）。「船着場」は下関のこととみられる。
4 中国語資料の翻訳は山田晃三氏による。また藤原秀人氏の協力を得た。記して感謝申し上げます。

## 外国特派員との遭遇

九州新聞（熊本）の特派員、北田正三は、南京が陥落した三七年一二月一三日、南京城内でAP通信の記者に会った。

「南門街を更に進み中正路に入る。両側の民家から火を吐いてゐる。住民の影はない。突然、疾駆して来る自動車一台、飛び降りた二人の米人、聞けばAPの記者との事、すばしこい外人記者の行動に一寸面食《ちよつと》つた。敗残兵の屍はころころころがつてゐる」（38年1月23日付九州新聞「南京入城迄」）

北田が「一寸面食つた」のは、外国人特派員が、南京陥落後ただちに駆けつけたと誤解したからだろう。実際には、AP通信の記者C・Y・マクダニエルは、陥落以前から南京に駐在していた。

一夜明けた一四日、東奥日報の特派員、竹内俊吉は朝から南京城内を見て回った。午前一〇時、中華門を外に出たところで「東奥日報ですか」と走り寄ってきた兵隊がいた。青森県三戸郡田部村出身で、ちょうどそこに着いたばかりだった。

「〔部隊に〕たつた三人しか県人がゐないので心細かつたが、ここまで東奥日報が来てくれてゐるのを見て元気百倍しました、ほんとに嬉しい」

竹内は、子どものように喜ぶ兵士と固い握手を交わして別れた。中華門を入って振り返ると、兵士はまだ竹内の後ろ姿を見ていた。竹内は記事にこう書いている。

「その辺は一ぱい敵死体の散らばつてゐるところで、A・PやU・P[1]の外人記者も数名来て居り、日本の各社の記者が活躍していた」（37年12月21日付東奥日報「本県出身兵と邂逅」）

南京には、この時点で、AP通信のマクダニエルのほか、次の記者が残っていた。

ニューヨーク・タイムズのF・T・ダーディン
シカゴ・デイリーニューズのA・T・スティール
ロイター通信のL・C・スミス
パラマウント映画ニュースのカメラマン、A・メンケン

全部で五人の外国人ジャーナリストが取材を続けていた（『南京事件資料集1』）。

外国人記者に城内で遭遇した日本人特派員は、ほかにもいた。

### 「日本軍の正義」

毎日新聞の特派員、浅海一男がAPのマクダニエル、ロイターのスミス、シカゴ・デイリーニューズのスティールの三記者に会ったのは一四日正午すぎだった。

浅海は「早くも米国の新聞記者三名が外人記者としての南京一番乗りをした」と記事に書いた。浅海もまた、外国人特派員が当日、南京に「一番乗り」したと思いこんでいたらしい。浅海が尋ねた。

「日本軍の南京入城をどう思ふか」

「勿論僕等は大歓迎だ、これで秩序が保持されるからね」

「これからどうするんだ」

「早速ニュースを送るだけだ、うんと日本軍の正義を宣伝するつもりだ、期待してくれたまへ」

（12月16日付東日「外人記者連、口々に日本軍隊を礼讃」）

そんなやりとりがあったと浅海は書いているが、米国記者が「うんと日本軍の正義を宣伝するつもりだ」などと話したかどうか。

同じ一四日、東京朝日の特派員、今井正剛は「崩れ落ちた中華門の前」でスティールに会った。

「南京はもう空つぽなんだらうか？」

「大体において空つぽだね、残つてゐるのは戦争なんかどうでもいい連中ばかりだ」

「どれ位？」

「三十万」

〔安全区内の〕鼓楼の裏通りを歩きながら、スティールは「光輝ある日本軍のために！」と言って、にこにこと「挙手の礼をして見せた」（38年1月27日付東朝「戦線から帰って」）

つまり、スティールは一四日、東日の浅海に対して「うんと日本軍の正義を宣伝するつもりだ」と語り、東朝の今井に対しては「光輝ある日本軍のために！」と声をかけたことになる。

報道統制下、このようにしか書けないと考えた日本の記者が、事実を曲げて書いた可能性がある。戦場での外国人との接触、それも記者同士が接触することに軍が神経をとがらせたであろうことは想像に難くない。浅海、今井両記者は、外国の特派員が日本軍の南京侵攻に理解を示したことにするしかなかったのではないか。

しかし、もし浅海、今井の書いたことが事実通りだとしたら、スティールは、遭遇した日本人記者二人に対し、辛辣極まる皮肉を繰り返しなげつけた、とでもみるほかない。

翌一五日、スティールは、南京城内の模様を次のように書き送った。

「中国人との友好を主張しているにもかかわらず、日本軍は中国民衆の同情を獲得できるまたとないチャンスを、自らの蛮行により失おうとしている。〔略〕まるで羊の屠殺《ママ》であった。どれだけの部隊が捕まり殺害されたか、数を推計するのは難しいが、おそらく五千から二万の間であろう。〔略〕中国軍は下関門を通って長江に殺到した。門はたちまち詰まってしまった。今日この門を通ったとき、五フィート（約一・五メートル——訳者）の厚さの死体の上をやむなく車を走らせた。この死体の上を日本軍のトラックや大砲が、すでに何百となく通り過ぎていた。市内の通りはいたるところに市民の死体や中国軍の装備・兵服が散乱していた」（12月15日付シカゴ・デイリーニューズ、『南京事件資料集1』）

この原稿を書き送ったスティールが日本人記者に対し「日本軍の正義を宣伝するつもりだ」などと、言葉通りの意味で語ったとは考えにくい。

**鋭い質問**

東京朝日の特派員、中村正吾は一四日午前、南京城内を東西に走る中山路と、南北に通る中正路の交差点「新街口」で、ニューヨーク・タイムズのダーディンとパラマウント映画ニュースのメンケンの二人組に出会う。[2] 二人は言った。

「一番怖いのは何といつても大砲だわ、支那軍は日本の大砲に随分悩まされてゐたやうですよ、〔一二月〕十二日は市中の警備に当る少数部隊の支那兵を残すのみで街はそれこそ本当に死の街となつて無気味な静寂さだつた、僕等もその時には南京ももう駄目だと思つた、世界の悲劇を見るやうな気持で何ともいへない悲愴な感じだつた」

そこへ自動車が来て止まり、ＡＰ通信のマクダニエル記者や「シカゴ・トリビューン[3]の特派員」が現れた。

「マグダニエル君が四辻を見廻し『やあ之は歴史的な新聞記者室だ』と朗かに語つた」（12月16日付東京朝日「この目で見た南京最後の日」）

関門日日新聞の内田特派員もやはり一四日、「彼方から車を飛ばして来る外国新聞記者団」と新街口で遭遇した。出会った相手は「シカゴタイムス《ママ》、ルーター〔ロイター〕、ユーピー、デイリーニユース等」の記者たちで、「仲々鋭い質問を浴びせて」きたと内田は指摘している。ただし、それ以上の説明がないので、どんな質問だったかはわからない。

内田が尋ねた。

「現在の南京にはどの位の市民が残つてゐますか」

「十万人ゐませう」

「ほうそんなに残つてゐるんですか、一体どこにゐるんです」

「避難区です。訳ありません。御案内しませう」

見ると、西側道路に横布が張られて「南京避難民区、国際委員会」と書かれ、赤く十字が刻まれていた。内田は、外国記者団の厚意に感謝し、再会を約して別れた。

その後、内田は日本領事館へ向かった。その途中、日本軍の衛兵に止められた。「前方に約五百の残敵がゐて之を掃蕩してゐますから午後にしてくれ」と指示された内田は、いま来た道を引き返した（38年1月3日付関門日日新聞「片岡部隊従軍記」）。

日本人記者と外国人記者との間で実際にどのような会話が交わされたか、当時の記事は多くを語っていない。確かに言えるのは、どの国の記者の前にも、同じ光景が広がっていたということだ。そこで何に注目し、何を書くか。それが両者の報道を分けた。

注

1　ただし、南京に当時、UP通信の記者がいた事実は確認できない。

2　ダーディンは八六年、笠原十九司のインタビューに「朝日の特派員と語り合った事実は覚えていません。特派員は自由に市内を歩けましたから、たまたま会ったということはありえますが。ただ、そういう場所に日本の特派員がいたという記憶はありませんね」と語っている（『南京事件資料集1』）。

3　シカゴ・デイリーニューズの誤りとみられる。

## 世界に発信された南京事件

ニューヨーク・タイムズのダーディン、シカゴ・デイリーニューズのスティールら南京に残っていた外国人記者五人は三七年一二月一五日、米砲艦オアフ号で上海に向かうことになった。南京にいたのでは、原稿を送る手段がなかったからだ。

この日もダーディンは南京の市街を歩いた（以下、外国人記者の記事の引用はいずれも『南京事件資料集1』から）。

「民間人の殺害が拡大された。水曜日〔一五日〕、市内を広範囲に見て回った外国人は、いずれの通りにも民間人の死体を目にした。犠牲者には、老人、婦人、子供なども入っていた。とくに警察官や消防士が攻撃の対象であった。犠牲者の多くが銃剣で刺殺されていたが、なかには、野蛮このうえないむごい傷をうけた者もいた」（12月18日付ニューヨーク・タイムズ）

## 埠頭で銃殺

オアフ号に乗り込む直前にも記者たちは、下関の埠頭で日本兵が中国人を虐殺する場面を見た。スティールは、オアフ号に乗り込むとすぐに原稿を書き始めた。

「南京を離れるとき、われわれ一行が最後に目撃したものは、河岸近くの城壁を背にして三〇〇人の中国人の一群を整然と処刑している光景であった。そこにはすでに膝がうずまるほど死体が積まれていた」

「中国人との友好を主張しているにもかかわらず、日本軍は中国民衆の同情を獲得できるまたとないチャンスを、自らの蛮行により失おうとしている」

この原稿をスティールはオアフ号から打電した。記事は時差の関係で一五日付シカゴ・デイリーニューズに掲載された。

南京での集団虐殺を伝える世界最初の報道だった。

一方、ダーディンはこう書いた。

「記者はバンド〔埠頭〕で二〇〇人の男性が処刑されるのを目撃した。殺害時間は一〇分であった。処刑者は壁を背にして並ばされ、射殺された。それからピストルを手にした大勢の日本兵は、ぐでぐでになった死体の上を無頓着に踏みつけて、ひくひくと動くものがあれば弾を打ち込んだ」（12月18日付ニューヨーク・タイムズ）

ダーディンによると、オアフ号の無線士に記事を送ってもらえないかと頼んだら「海軍の規則に反するから」と断られた。ダーディンはあきらめて上海から送ることにした。ところがスティールはそのあとひそかに無線士に打電させたのだという（古森義久「南京事件を世界に知らせた男」「文藝春秋」89年10月号）。

その後、ダーディンは、三八年一月九日付ニューヨーク・タイムズの特集紙面で、陥落前後の中国軍の動向や虐殺、略奪などの日本軍の行動、安全区国際委員会の活動などを詳報した。

朝日新聞のニューヨーク特派員だった森恭三は「南京虐殺事件（一九三七年十二月）はアメリカの新聞に大々的に報道され、ニューヨーク特派員として、私は当然、これを詳細に打電し」たが、「東京から郵送されてきた新聞を見ると、一行もそれがでてい」なかった、と著書『私の朝日新聞社史』（81年刊）で振り返っている。

森はまた同書で「新聞の責任は『非常時』になってから行動しえなくなった責任というよりも、それ以前、報道の自由のためのたたかいが十分でなかったことについての責任が大きいのです」とも述べていた。

### 帽子に日の丸

最後まで南京に残った米国記者の一人、AP通信の記者マクダニエルが一二月一五日、オアフ号から発信したリポートは、ニューヨークの同盟通信が日本語に翻訳して配信、意外なことに日本の新聞にも掲載された。

掲載紙の一つ、東京の「中央新聞」夕刊は一七日、「軍服を棄てて支那兵盛んに逃亡　米紙南京特派員報ず」の見出しで次のように報じている。

「AP南京特派員マクダニエル氏が十五日米国砲艦オアフ号の無電によつて発信した電報は十六日、ニューヨークに到着したが、日本軍の猛攻撃に遂に潰え去つた南京の陥落状況を左の如く伝へて居る。

『南京の街路には到る所支那兵の死体が散乱して居る。一方、逃足のついた支那兵は、逃亡者は銃殺に処すとの厳命に拘らず軍服を脱ぎ捨てて続々逃出した』

同じくパラマウントのカメラマン、アーサー・メンケン氏の報道に曰く

『支那兵は死を免れるため軍服を脱ぎ棄てて逃げた。一方、支那人警官も同様な理由から上着を脱ぎ棄てシヤツ一枚になつて便衣を探し求めて歩くといふ珍景を現出した。尚日本軍の砲撃は猛烈を極めたけれども約十万余の支那市民が避難して居る国際安全地帯に砲弾が落下することは巧みにこれを差控えた。南京大学および米国大使館も何等損害はなかつた』」

ほかに、一八日付上毛新聞、下野新聞、四国民報（香川）、豊州新報（大分）、鹿児島新聞がこの記事を掲載した。

この同盟電は、街路に死体が散乱している状況は描いているが、日本軍が中国人を殺害したとは述べ

ていない。

一方、同じマクダニエルが書いた一七日付ニューヨーク発同盟の記事を内閣情報部が「発表差し止め」にした事実がある。記事は、南京陥落直後の状況を次のように、日誌形式で記述していた。

「△十二月十四日　入城した日本軍が全市に亘つて掠奪を行ふのを見た。一日本兵は安全地帯に避難してゐた住民に銃剣を擬して〔突きつけて〕三千弗《ドル》をせしめたのを目撃した。

△十二月十五日　米国大使館の傭女と共に彼女の母親を探しに出かけた処、母親は溝の中で無惨な死体となつて発見された。午後、余自身も武装解除を手伝つた支那兵数名が屋外に引摺り出され銃殺に処せられた上、溝の中に蹴こまれた。夜、一般民及び武装解除された支那兵五百名以上は日本兵により安全地帯から何処ともなく連れ去られた。勿論、一人も帰つて来たものはなかつた。支那住民は軒に日章旗を掲げ、帽子に日の丸をつけていても続々逮捕され、引張られて行く」(「AP南京日本兵の行動を誣《しい》ゆ」)

## 大量的虐殺

外国人記者の報道は、同盟通信を経由して日本に伝えられただけではなかった。

一二月二七日にニューヨーク・タイムズ上海支局長ハレット・アベンドが発信した電文の抄訳が米シアトルにある「ニュース社」発行の「極東戦争ニュース第四号　フアッシヨ脅威の日本」に掲載され、シカゴから日本に送られてきた。なかに次の一節がある。

「今事変南京占領の際、過去の日本軍には見られなかつた掠奪強姦虐殺が大量的に行はれたので外人目撃者は非常に驚いて『南京攻略戦は日本戦史に輝かしい記録として残るよりも、その大量的虐殺の故にかへつて国民の面をふせる事件として記憶に残るであらう』との見解を漏らしてゐるが、斯くの如き惨虐行為が大々的に行はれた原因については橋本〔欣五郎〕[2]大佐以下のフアッショ将校の下克上の勝手気侭な行動が処罰されないやうな状態にあるから、これが一般士卒にまで悪い影響を与へ、軍規が全くみだれて斯んなことになつたのであるといふ結論に達してゐる。一説には今回の戦争に大義名分がないから緊張味を欠くのだとも云はれてゐる。いづれにせよ憂慮すべきニュースである」

この「極東戦争ニュース第四号」を特高警察は大阪府、兵庫県、広島県でそれぞれ一部ずつ発見し押収した（「海外寄りの左翼宣伝印刷物の状況」、内務省警保局「特高外事月報」38年2月分所収）。

外国の記者たちがオアフ号で南京を去った一二月一五日、日本軍は前日に続き、城内の「残敵掃討」に当たった。

その日、東京朝日の平松儀勝、藤本亀両特派員は次のような原稿を書き送った。

「敗残兵にして便衣に着替へて市中に潜伏するもの二万五千名と推定されてゐるので我軍は清掃に努力し、一方敗残兵の嫌疑あるものは取調べ老幼婦女は保護を加へてゐる」（37年12月16日付東京朝日「敗残兵狩り続く」）

当時の新聞は、東京朝日に限らず、「残敵掃討」のことをしばしば「清掃」と呼んだ。

## 秩序ある日本軍の入城

一二月一五日、東京日日新聞の若梅、村上両特派員は、難民区にある金陵大学を訪れ、米国人教授マイナー・S・ベイツ教授（歴史学）に会った。ベイツは南京安全区国際委員会の中心メンバーの一人で、財政実務や南京日本大使館への抗議交渉を担当。知日派で、この年（三七年）の夏は日本に滞在。妻子を日本に残したまま南京に戻っていた（石田勇治編訳『資料　ドイツ外交官の見た南京事件』２００１年刊）。記事によると、ベイツは記者にこう語った。

「東日さんですか、私の子供東京にゐます、河井道子さん[3]、その他代議士などにも友人が沢山あります。秩序ある日本軍の入城で南京に平和が早くも訪れたのは何よりです」（12月16日付東京日日「空襲下の南京生活　金陵大学・米人教授に聴く」）

日本軍が来て南京に平和が訪れた、とベイツが話したというのだが、東日の記者はおそらく、もっと別の話をベイツから聞いたのではなかったか、と推測する[4]。

同じ日、すなわち一二月一五日の日付でベイツとみられる人物が南京から上海の友人へ次の手紙を出しているからだ。

「たび重なる殺人、大規模で半ば計画的な略奪、婦女暴行をも含む家庭生活の勝手きわまる妨害などによって、事態の見通しはすっかり暗くなってしまいました」

「もの柔らかな〔日本の〕将校たちが口にする〝戦争をする唯一の目的は、中国人民を救うために圧制者である中国政府と戦うことである〟という言葉をきくと、まったく吐き気をもよおすほどです」（洞富雄編『日中戦争南京大残虐事件資料集2英文資料編』）

一五日夜、同盟通信の特派員、前田雄二は京都第一六師団の師団長、中島今朝吾から呼びだしを受けた。

「行政院に近い中央飯店だった。各社の記者二十名が集まる。私たちが食卓を囲んだのは、家具調度とも豪華な部屋だった。料理は、さすが材料が揃わず一級とはいえなかったが、酒は豊富だった。

『今夜は入城祝いだ。大いにやろう』と、中島師団長は老酒の杯を高くあげた」(前田『戦争の流れの中に』)

注

1 アジア歴史資料センター Ref.A03023964300

2 陸軍軍人、橋本欣五郎は三〇年代初頭、同志と謀って幾度かクーデターを画策して失敗。戦後、東京裁判でA級戦犯として起訴され、終身刑の判決を受けた。五五年仮釈放。

3 正しくは河井道。新渡戸稲造、津田梅子に学び、米国に留学。女子英学塾(現津田塾大学)教授などを経て恵泉女学園を創立した。日中戦争が始まる直前の一九三七年五月、日本キリスト教連盟代表者の一人として上海、南京を訪れ、キリスト者の立場から日中親善について協議していた。

4 四七年七月、極東国際軍事裁判(東京裁判)に証人として出廷したベイツは、次のように証言している。「日本軍入城後、何日もの間、私の家の近所の路で、射殺された民間人の屍体がごろごろして居りました。此の虐殺行為の及ぶ全範囲と云ふものは非常に広いのでありまして、全体のことを申上げることの出来る人は一人も居りませぬ」(洞富雄編『日中戦争南京大残虐事件資料集1極東国際軍事裁判関係資料編』)

## 難民区と道徳

三七年一二月一五日、金沢第九師団歩兵第七連隊の上等兵、井家《いのいえ》又一は難民区で「敗残兵」の掃討にあたった。

「午前八時整列して宿営地を変更の為中山路を行く。日本領事館の横を通って外国人の居住地たる国際避難地区〔難民区〕の一帯の残敵掃蕩である。先日の風邪で腹工合が悪くて歩くのに困る。道路では早くも店を張っている。食料品がおもであり、散髪を大道でやっているのやら、立って喰っているの、家屋やら大道には人の鈴成りであり、四拾余名の敗残兵を突殺してしまふ」（『南京戦史資料集』）

街頭のにぎわいの近くで「残敵掃討」が行われていた。

翌一六日、井家は新聞記者たちの姿を見かけた。

「若い奴を三百三十五名を捕えて来る。避難民の中から敗残兵らしき奴を皆連れ来るのである。全く此の中には家族も居るであろうに。全く此を連れ出すのに只々泣くので困る。手にすがる、体にすがる全く困った。新聞記者が此を記事にせんとして自動車から下りて来るのに日本の大人《たいじん》〔地位の高い人〕と想ってから十重《とえ》二〔十〕重《はたえ》にまき来る支那人の為、流石の新聞記者もつひに逃げ去る。はしる自動車にすがり引づられて行く」（「井家又一日記」『南京戦史資料集』）

日本軍に連れ去られた男たちを取り返そうと、その家族が通りかかった日本人記者の車を取り囲んだ。しかし、記者たちは逃げてしまったというのだ。

井家が見た記者たちのなかに、東京日日新聞のカメラマン、佐藤振寿がいたようだ。佐藤自身が一六日の出来事として、こう回想している。

「難民区近くを通りかかると、何やら人だかりがして騒々しい。そして大勢の中国の女が、私の乗った車に駆け寄って来た。車を止めると助手台の窓から身を車の中に乗り入れ、口々に何か懇願するような言葉を発しているが、中国語が判らないからその意味は理解できない。しかし、それらの言葉のトーンで何か助けを求めていることだけはわかった」（佐藤「従軍とは歩くこと」『南京戦史資料集Ⅱ』）

記者たちは「敗残兵狩り」の光景を間近に見ていた。しかし、その模様を具体的に描いた記事は見当たらない。逃げ去ったのでは記事は書けない。

連行された「三百三十五名」はどうなったのか。先の井家日記に戻ろう。

「揚子江付近に此の敗残兵三百三十五名を連れて他の兵が射殺に行った。此の寒月拾四日皎々と光る中に永久の旅に出ずる者ぞ何かの縁なのであろう。皇道宣布の犠牲となりて行くのだ。日本軍司令部で二度と腰の立て得ない様にする為に若人は皆殺すのである」

## 目も当てられぬ街

難民区での掃討作戦は一二月一六日にピークを迎えた。翌日には日本軍の戦勝式典である入城式が控えていた。このころの南京市街の状況を信濃毎日新聞の堀江三五郎記者が伝えている。

「記者は十六日午前、路に迷ひながら南京市街の一部を見物に出かけた。主都と云《ママ》はれてゐる南京も支那街の限り、新戦場の為もあらうか『穢《きたな》い町』である。屍骸がゴロゴロしてゐるだけでなく、何処となく小穢く悪嗅が立つてゐる。大きい建物は銀行かデパートか役所で、市政府の入口は支那式な楼門が空を突いてゐる。友軍が一杯で大変な混雑振りだ」

「司法院の大建物の中には支那避難民が一杯だ。この中には敗残兵が多いらしく着剣の兵士と共に○○が取調べを行つてゐる。そのお隣の陸軍大学校は我空襲のお見舞で相当破壊されてゐた。避難区域の可愛い子供達が記者を見つけ揃つて挙手の敬礼をしてゐるなど痛々しい」（37年12月29日付信濃毎日新聞「南京を行く　痛々しい町よ」）

大分県出身の少尉が新聞に手記を寄せ、南京の惨状をつづっている。

「南京及付近の市街住民は早くより逃げて居ますが、逃げ遅れた者は或は○され或は苦役に使役されて居ます。殊に惨めなのは生後二、三ケ月位の子供を抱いて母子共に死んだ様には思はず目をそらしました。又家の前で家財を背負つたまま死んで居る者もあるし便衣隊の殺された者、正規兵の戦死者で目も当てられません。首都南京もまるで魔都と化して居ます」（38年1月28日付豊州新報「飢と寒さに泣く戦敗国民の悲惨さ」）

文中、「○」の伏せ字部分は「殺」以外の文字を思い浮かべることができない。南京で何が起きたか。極めて断片的な記述ながら、記事は掲載されていた。

**日本は道徳において敗れた**

難民区で「敗残兵狩り」にあたった金沢歩兵第七連隊の一等兵、水谷荘は一二月一六日、中国兵が狩り出される光景を日記につづった。

「午後、中隊は難民区の掃蕩に出た。難民区の街路交差点に、着剣した歩哨を配置して交通遮断の上、各中隊分担の地域内を掃蕩する。目につく殆どの若者は狩り出される。子供の電車遊びの要領で、縄の輪の中に収容し、四周を着剣した兵隊が取り巻いて連行して来る。各中隊とも何百名も狩り出して来るが、第一中隊は目立って少ない方だった。それでも百数十名を引立てて来る。その直ぐ後に続いて、家族であろう母や妻らしい者が大勢泣いて放免を頼みに来る。市民と認められる者は直ぐ帰して、三六名を銃殺する。皆必死に泣いて助命を乞うが致し方もない」（水谷荘日記「戦塵」『南京戦史資料集』）

難民区にある金陵女子文理学院の教授で、キャンパス内の女性専用難民キャンプを運営していたミニー・ヴォートリンは一六日、「日本は道徳において敗れた」と日記につづった。

「軍事的観点からすれば、南京攻略は日本軍にとっては勝利とみなせるかもしれないが、道徳律に照らして評価すれば、それは日本の敗北であり、国家の不名誉である。このことは、将来中国との協力および友好関係を長く阻害するだけでなく、現在南京に住んでいる人びとの尊敬を永久に失うことになるであろう」

「神さま、今夜は南京での日本兵による野獣のような残忍行為を制止してくださいますよう。きょう、何の罪もない息子を銃殺されて悲しみにうちひしがれている母親や父親の心を癒してくださいますよう。そして、苦しい長い一夜が明けるまで年若い女性たちを守護してくださいますよう。もはや戦争のない日の到来を早めてくださいますよう」

ヴォートリンは、精神的な疲弊から四〇年五月に米国に帰国した。しばらく療養生活を送ったのち、翌年五月にガス自殺した。五五歳だった。

「わたしの中国での伝道は不成功に終わった」

あとには、そんな走り書きが残されていた（『ヴォートリン日記』）。

# 第五章　下関にて

## 江上の虐殺

画家の小林喜代吉が上海に着いたのは、一九三七年一二月九日だった。秋田魁新報の嘱託記者として南京戦に従軍し、戦場スケッチとそれに添える記事を日本に送るのが小林の仕事だった。

一〇日、日本海軍第三艦隊の艦艇に同乗を許され、長江を南京に向け出航した。ほかに新聞記者六人が同乗していた。陸軍部隊が南京城内に入った一三日、長江を遡航する海軍部隊もまた、南京を目前にしていた。

南京城へと殺到してくる日本軍に対し、中国軍将兵は南京北西の長江へ飛び込み、対岸へと脱出を図った。船の上から小林は長江上の戦闘を目撃した。

「上流から敵の敗残兵がジャンク、或は筏《いかだ》、或は木材、何んでも浮び得る性質のものにつかまり、或は乗つて、流れて、来るわ、来るわ、あの広い揚子江も黒くなる程であつて、数千或は万を越すことであらう」(38年1月7日付秋田魁新報「南京まで」)

中国兵は、水に浮いて対岸にたどりつくのがやっとであり、砲弾や銃弾を浴びせられればひとたまりもなかった。同盟通信の村上特派員もその模様を目撃した。

「甲板の機銃、小銃は一斉に火蓋を切つた。見れば二間〔三・六メートル〕位の筏に数十名の敵兵が押しあひながら乗つてゐる。バツと揚がつた水煙とともに片端から消えて行く。後から後から木片やジヤンクに乗つた敵兵が流れて来るのをめがけて各艦とも猛烈な狙撃を続ければ、やがて艦砲は一斉に砲門を開いて北岸を潰走する敵を殲滅する。かくて午後四時過ぎ、遥か南京の後方に濛々たる火焰が見えた」

「暮れゆく江上には流れ行く敵兵の憐れな悲鳴と炎々たる火焰が益々激しく天を焦してゐる。〔略〕救ひを求めて濁流に呑まれながら流れ行く数万の正規兵のうめきこそは南京陥落の悲しい挽歌だ」(37年12月15日付読売新聞、中外商業新報、新愛知、名古屋新聞、16日付静岡民友新聞、上毛新聞、高知新聞)

冬の長江。遡航して来た日本の艦隊は、江上を漂う無抵抗の中国兵に容赦なく銃砲弾を浴びせた。

やはり日本海軍の艦船で長江を遡航した東京日日新聞の特派員、福島武四郎は一三日、南京付近の江上で、英国の砲艦が中国兵を救助している場面を目撃した。

「さらに前進すれば、〔英国の〕ある一砲艦はこちらの射撃によつて江に墜ちる支那兵を公然と救助してゐた。一体が蔣介石さへ振り向きもしない支那敗残兵を救けたつて、どうなるものでもなからうし、また英本国からも殊さら日本の敵愾心を挑発するような行動を避けよと、訓令が出てゐるに拘らず、公然日本軍の前でその一方の交戦国である支那敗残兵を救けることは、日本に喧嘩を売るようなものだ」(「サンデー毎日」38年1月16日号「江上遡航南京入り」)

長江上を逃げ惑う中国兵を英艦が救助したというのだ。この記述が事実なら、英国の公文書館などに記録が残っているかもしれない。それを調べれば、南京戦の実態がよりはっきりしそうだ。

下関《シャーカン》の対岸、浦口には一三日午後、福山歩兵第四一連隊などの部隊が攻め入った。長江上流の蕪湖には橋本欣五郎率いる野戦重砲兵第一三連隊が待ち構えていて、南京から逃げようとする中国兵に攻撃を加えた(橋本「陣中日記」「改造」39年6月号)。日本軍に包囲された中国兵は江上を逃げ惑うほかなかった。

江上の掃討戦に参加した海軍一等兵曹は故郷への手紙にこうつづった。

「全員一人当り敵兵四五十名を射殺す、中には偽死を装ふて危険線を脱した者もあり進行する艦の事皆殺し出来得なかつた事を残念に思ふ」(37年12月29日付福島民報「江上艦艇南京一番乗りの記」)

## 一一歳の少年兵

江上には、子どもの姿もあった。同盟通信の村上、鵜沢両特派員が書いた記事に次の一節がある。

「十三日我が海の精鋭が揚子江を遡江する時、筏や木舟にすがつて敗残兵が無数に流れて来る。それを艦上から猛射を浴びせかける時、杌に乗つて流れて来た一人の少年がゐた。旗艦○○が射撃をやめて艦上に救ひ上げて見ると、湖南生れの李安生といふ僅十一歳の少年。これまで理髪屋に勤めて母一人弟一人を養つてゐたが、無理に兵隊に徴発されたものだといふ」(12月17日付九州新聞〈熊本〉「杌に乗つて江上を流れる十一歳の少年兵」)

一一歳といえば、日本で言えば、まだ小学生の年頃だ。記事はこの少年の名「李安生」を書いているが、中国兵の氏名を書いた記事は当時、極めて珍しい。記者がその名を書いたのは、何かしら思うところがあってのことだろう。

当時の新聞は、次のような「秘話」も載せている。

江上を流れる無数の中国兵の中に、四人の日本兵がまぎれこんでしまった。独立山砲兵第三連隊に所属する徳丸准尉、阿辺伍長、中村上等兵、江藤一等兵の四人だ。

同盟通信の特派員、前田雄二が、救出後の徳丸に取材した。

記事によると、四人は一二月一二日午後四時、南京上流約七〇キロの地点で民間船を徴発して乗船。先に出た部隊を追った。ところが、夜になって先行部隊が河岸で宿営したことを知らずに追い越してしまい、南京を脱出した中国兵の中に入ってしまった。

一三日午前三時ごろ、右岸に大きな火の手があがっているのがみえた。南京に違いないと思った。そのうち、闇の中をたくさんの船が、右岸の下関側から対岸へ漕ぎ渡っていることがわかった。よく見ると、江上全部が中国兵だった。前後左右、民船、筏、発動船、戸板などに乗った中国兵でいっぱいで、ほとんど水面が見えないほどだった。

徳丸准尉は、記者に語った。

「南京、浦口の中間で船の覆ひの孔から〔外を〕窺いて見ると敗残兵はいづれも寒さにふるへながら一生懸命に漕いでゐる。大部分は鉄砲を捨てたらしく持つてゐない。中には盥《たらい》に乗つて手でザブザブ漕いでゐる滑稽なもの、船が沈んで中洲に這ひあがる者、傍らを通る舟に乗らうと漕いでゐるものもある。われわれは、どんどん下りさへすればどうにかなるだらうと、相変らず慕ひ寄る敵の奴らを叩き落しつつ流れに乗つて下江を続けました。飯も食はず水も飲まず、眠りもせず一同へとへとです」

一四日午前二時半、下流から軍艦が遡ってきた。日本の軍艦だった。軍艦は機関銃や小銃で猛然と敗残兵を撃ちながら来るので、危ないことこのうえない。

「幸ひ我々は一発も受けず、有り合せの布で日ノ丸をつくり〔着ていた〕支那服を脱いで軍艦にこぎつけることが出来ました」（38年1月24日付九州日日新聞〈熊本〉、福岡日日新聞。1月25日付大朝長崎版、九州新聞〈熊本〉、26日付大朝福岡版、北九州版）

逃げる「敵」を撃つのは虐殺ではない、戦闘の延長だ、という主張が一部にある。しかし、当時の報道を読めば、中国兵は、木材や机などにつかまって、河に浮かんでいるのがやっとの状態にあり、抵抗する意思も能力も失っていたことがわかる。白旗を掲げる者もいた。その人の群れに手あたりしだいに銃砲弾を撃ち込むのだから虐殺というほかない。虐殺の光景はやはり書かれていた。

## 武士道はどこに

太平洋戦争下の四二年三月一日、現在のインドネシア・ジャワ島北方海域で日英艦隊が交戦、英重巡洋艦と駆逐艦が沈没し、合わせて四四〇人以上の将兵が日本軍の降伏勧告を拒否して漂流した。翌二日、通りかかった日本の駆逐艦「雷《いかずち》」が英軍将兵を救助。英軍将兵はスラウェシ島（セレベス島）にある日本の捕虜収容所に移され、そこで終戦まですごした。

以上は元海上自衛官、恵隆之介の著書『海の武士道』（2008年刊）と、論文「洋上の敵兵救助」（「人道研究ジャーナル」第10巻〈2021年刊〉所収）による。

同じ日本海軍がなぜ、長江上では武士道精神を発揮しなかったのだろうか。河の上を逃げのびようとするのが仮に日本軍将兵や日本の民間人だったとしよう。他国の軍隊がこれに一方的に銃撃を加えたとして、それを「これは虐殺ではない、戦闘行為だ」と認めるだろうか。日本人を殺すのは虐殺だが、日本人が殺すのは虐殺ではない――ということにはなるまい。

銃弾飛びかうなかで、江上を漂っていた中国軍の元将校、陳頤鼎《ちんしんてい》は八七年、歴史学者の笠原十九司らの聴き取りに次のように証言した。

「〔三七年一二月一三日夕〕日本の軍艦が長江にやってきて、巡視しながら、長江上の敗残兵を掃射しはじめた。さまざまな器材に乗り、あるいはつかまって長江の流れにただよう中国軍将兵が日本軍の機関銃の餌食となった。また、日本軍艦にぶつけられて漂流道具もろともひっくり返され、溺死させられた人たちも多かった」

「長江の水は血で染まり、凄惨な光景は見るにたえなかった。軍艦上の日本兵たちが、長江を漂流する無力の戦友たちを殺戮しては拍手し、喜ぶ姿も見えた。このときの怒りは、生涯忘れることができない」（洞富雄ほか編『南京大虐殺の現場へ』88年刊）

## 七〇〇〇名一人残らず

長江上を逃げ惑う中国兵に攻撃を加えたのは海軍だけではない。陸軍部隊も江岸から激しく攻撃した。東奥日報の特派員、竹内俊吉が、軽装甲車（二人乗りの小型戦車）部隊の三七年一二月一三日の戦いぶりをこう報じている。

「南京を後に揚子江岸伝いに逃走せんとする数万の敵を、福田部隊〔独立軽装甲車第八中隊、福田林治隊長〕は早くもその退路に陣取つて、機銃の雨を降らしたので、彼等は道を失ひ、揚子江に或は舟、或は筏、或はガソリンのドラム缶（空缶）にまですがりついて、それこそ無数に上流へ敗走する敵を、福田部隊は下関の江岸から遂に中山碼頭《まとう》〔船着き場〕まで前進して壊滅的の攻撃を浴びせた。福田部隊の弾丸を浴びて揚子江の底に沈んだ敵兵の数は少くも五千はあらう」（12月21日付東奥日報「福田快速部隊　南京総攻撃に抜群の功」）

この記事のなかで弘前出身の伍長が戦闘の様子を語っている。

「終ひには彼等〔中国兵〕は白旗を振り出した。けれどもウッカリ信用すると彼等のことだからペテンを食ふから、白旗を出してもしばらくは撃つたよ、だがどうも降参がほんたうらしいのでタンクの蓋をとり、おいでおいでをすると彼等は武装をすつかり放棄してゾロゾロと来た。一時間位の間に千五百人ばかり捕虜にした」

## 女も子どもも

津歩兵第三三連隊は一二月一三日午後二時半に下関に着き、江上の中国兵を「猛射」した。

同連隊の「南京付近戦闘詳報」はこう記録している。

「揚子江には無数の敗残兵、舟、筏其他有ゆる浮物を利用し、江を覆て流下しつつあるを発見す。即ち連隊は前衛及速射砲を江岸に展開し、江上の敵を猛射する事二時間、殲滅せし敵二千を下らざるものと判断す」（『南京戦史資料集』）

このとき、同連隊機関銃中隊の一員として中国兵を撃った元兵士は、戦後の聞き取り調査に、こう証言する。

「エンジンのないような、櫓でこぐような舟が揚子江をドンドン流れていくんや。いっぱい人が乗っててね、それを撃つんですわ。中には普通の服着てる良民〔民間人〕もいる、それを全部ダダーと撃った。下関にいる歩兵のさまざまな部隊もここかしこで撃っている。

同時に揚子江の河岸にも大勢の押し合いへし合いの人がなだれ込んできてな、人はドンドン増えてきた。向こう岸へ逃げ切れなくて人間の固まりとなって岸壁に集まってきていますんや。もう何千という人の数や、そこに向けて今度は、誰彼なしに九二式重機関銃を撃ち込んだんです。機関銃中隊一個小隊で二銃、一個中隊で八銃の重機関銃です。押しまくりました（押すと弾丸が出る）。港にぎっしりと集まった大勢の人は、女も子どもも年寄りもいましたわ」（松岡環『南京　引き裂かれた記憶』２０１６年刊）

南京戦当時の新聞記事、部隊の「戦闘詳報」、元日本兵の戦後の証言に示された下関での虐殺の光景は大筋で一致する。江上に浮かぶ中国人や、下関の岸壁に追い込まれた中国人に対し、日本軍は、手当たり次第、猛烈な勢いで銃砲弾を浴びせた。

下関には死体が山のように積まれた。

大分歩兵第四七連隊の少尉は、一三日の下関の光景を郷里に書き送った。

「〔一三日に〕南京に入つて下関に行つたとき支那軍の戦死者を山の様に積んで焼いてゐるのを見ましたが、それを片付けるのがこれまた支那の敗残兵を使つてゐるのだから哀れなものです」（38年1月17日付大分新聞「行き違った敵にマッチを借りる」）

中国人が、虐殺された中国人の死体を片づける。

この情景は、当時の少年向け読み物『南京城総攻撃　支那事変少年軍談』（高木義賢著、38年刊）も描いている。

「揚子江に沿つた下関の岸は、嘘でも法螺《ほら》でもなく、何千、何万といふ屍の山、血は流れて水の色さへ変へてゐました。すると、武装をとかれた敵の捕虜が、味方の死骸の始末をするつもりか、それとも我が軍の機嫌をとらうとするのか、命令も待たないで頭と足とを持つて引きずつていつて、ボンボン揚子江目がけて投げこんでしまふ。〔略〕無表情な青ざめた顔をして、まだうんうん唸つてゐる負傷者まで投げこんでゐる」

**見たことも聞いたことも**

下関での奈良歩兵第三八連隊[1]の「奮戦」ぶりを、一二月二三日付大阪朝日新聞奈良版が「敗走兵七千名を　一人残らず射殺　死体で埋めた南京下関駅　輝やく助川部隊の奮戦」の見出しで大きく報じている。

「十三日払暁から同日夕方までにわたつて行はれた下関の大殲滅戦において、払暁紅山を出発した助川部隊〔奈良連隊、助川静二連隊長〕は午前十時半、早くも南京城の北門である和平門を奥藤部隊によつて占領。息つく暇もなく南京の港町である下関に向つて追撃戦を続行した結果、終に同地において城内から逃げて来る七千名の大兵を完全に袋の中の鼠として、戦車の応援を得て射つて射つて射ちまくつた。この戦闘で七千名一人残らずやつつけてしまひ、有名な下関駅も死体で埋まつたといふ」

筆者は山本治記者。もともと南京通信局に勤務していたが、日本軍が南京への空爆を開始した八月、

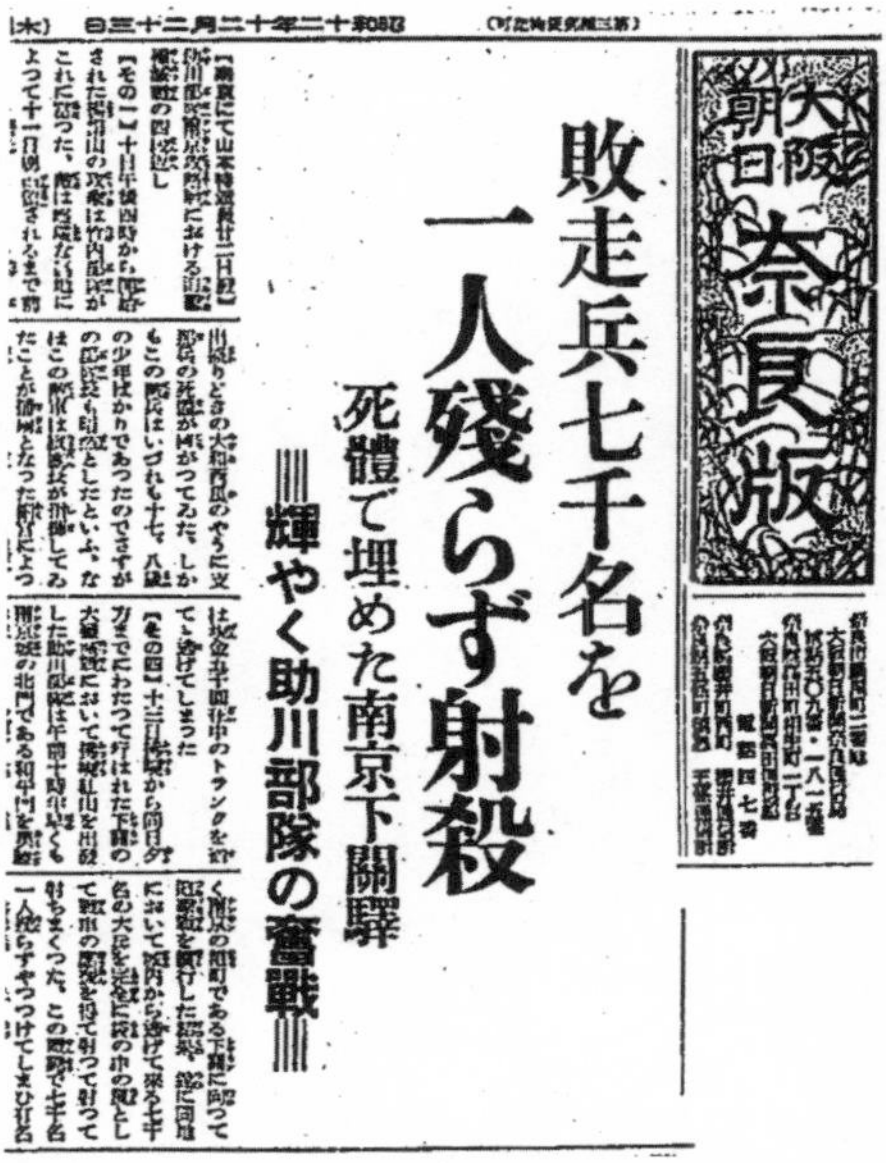
昭和十二年十二月二十三日（木）

大阪朝日 奈良版

敗走兵七千名を一人殘らず射殺

死體で埋めた南京下關驛

輝やく助川部隊の奮戰

1937年12月23日付大阪朝日新聞奈良版の記事(部分)。「敗走兵七千名を一人残らず射殺」と報じた

通信局長の橋本登美三郎とともに上海に移動した。その後、日本軍を追って南京に向かい、一二月一四日もしくは一五日に南京通信局に戻った（第四章参照）。

右の山本の記事は「射つて射つて射ちまくつた」というだけで具体性に乏しい。「下関駅も死体で埋まつたといふ」と結んでいることから、現場を見ずに、部隊幹部らからの取材をもとに書いたと考えられる。

その山本が戦後、「虐殺があったと言われてますが」と問われて、こう答えている。

「全然見たことも聞いたこともありません。夜は〔記者が〕皆〔通信局に〕集りますが、そんな話は一度も聞いたことはありません。誰もそういうことを言ったことがありません。朝日新聞では話題になったこともありません」（阿羅健一『「南京事件」日本人48人の証言』）

この証言をどうみればいいのか。

「いつ南京に戻ったのか」という阿羅の質問に対して、山本は「入城式の日〔三七年一二月一七日〕は、上海を最初から従軍取材しているというので、陸軍の飛行機が〔上海から南京に〕連れていってくれました。着いたのは午後で、入城式の終わった後でした」と述べている。

しかし、第四章でふれたように、山本が三七年一二月一五日発行の朝日新聞夕刊に橋本登美三郎との連名で「懐かしい本社通信局のある大方巷に足を入れ」たと書いた事実は動かない。この記事の日付と署名から、山本が遅くとも一五日午前までに南京通信局に着いていたことははっきりしている。一二月一七日午後に陸軍の飛行機で南京に戻ったという山本の戦後の回想は明らかに事実と異なる。
しかも、実際には陸路で南京に入ったのに、それを空路で入ったと語るのは（記憶ちがいはだれにもあるにせよ）いかにも不自然だ。

山本は虐殺を本当に「見たことも聞いたことも」なかったのだろうか。

ちなみに、奈良連隊の「戦闘詳報」は「［一二月一三日］午前一時四十分頃渡江中の敵五六千に徹底的大損害を与へて之を江岸及江中に殲滅せしめ次《つい》で主力を以て午後三時頃より下関に進入し同日夕までに少くも五百名を掃蕩し竭《つく》せり」（『南京戦史資料集』）と記録している。[2] 殲滅、掃討した人数は合わせて最大六五〇〇人となり、山本の記事の「七千名」と概ね一致する。

### 捕捉殲滅せる敵兵

同盟通信は一五日午前、上海発で次のように報じた。

「我が軍が南京攻略後、城内外において捕捉殲滅せる敵兵は大野、野田、助川、片桐等の右北方より進撃した各部隊のみにても一万を下らず、総数は未だ詳かではないが少くも六、七万人に達するものと推算されその他無数の戦利品を鹵獲《ろかく》した」

各紙夕刊がこの記事を掲載した。しかし「捕捉殲滅せる敵兵」という表現は、意味があいまいだった。上海派遣軍から情報を得て書かれた記事とみられるが、捕捉した（つまり捕虜にした）兵と殺害した兵を合わせて六、七万なのか、それとも捕捉したあと殺した兵が六、七万なのか、はっきりしなかった。

東京朝日は一五日発行の夕刊で「捕虜とし或は撃滅せる敵兵」の「総数」は「少くとも六、七万」と書いた。

一方、東京日日は、「死体だけで六、七万」と次のように説明した。

「十四日までの城内掃蕩戦により敵の敗残兵は完全に掃蕩されたが、わが軍は総攻撃に先立ち南京を完全に包囲してゐたので敵は退路を全く絶たれ総攻撃前に逃亡したものを除いては全部城内において殲滅され、現に城内に遺棄されてゐる敵死体だけで六、七万の夥しい数に上り城外周囲戦及び江上においてわが海軍及び空爆によつて殲滅された敵兵の死傷を通算すれば恐らく十数万に上るだらう」（12月16日付「敵の屍六、七万」）

注

1　奈良歩兵第三八連隊が南京戦でどう行動したかについては、奈良県地方自治研究センター編集、発行の雑誌「自治研なら」五三号（94年12月）が「奈良38連隊と南京事件」と題して特集している。

2　八〇年に刊行された『奈良連隊写真帖』（奈良連隊写真帖編集委員会編）は、入城式の写真に添えて、こう述べている。
「昭和十二年十二月十七日入城式は無血占領と虐殺否定の証拠である。南京城の激戦は新聞記者のつくり事であり、南京大虐殺は為にする諸外国の宣伝である」

南京戦について語る著作は数多いが、「無血占領」だったとする著作を筆者（上丸）はほかに知らない。

## 野戦郵便長の証言

秋田魁新報の嘱託記者で画家の小林喜代吉は三七年一二月一五日、海軍艦から下関の埠頭に降り立った。

「南京は完全に海陸軍共占領して、上陸は自由であり、わが○○は下関埠頭に横付にされる。埠頭にはなほ敵敗残兵が無数にうようよして陸軍のため討伐され、何等の抵抗能力なく実に惨憺たるものだ。十七日までの光輝ある国民政府での入城式までに殲滅されたる敵兵実に十万近くの事であらう」（38年1月8日付秋田魁新報「南京まで」）

当時の新聞も、下関で日本軍が「無数」の「何等の抵抗能力」もない中国兵を「討伐」し、「惨憺たる」光景を呈していることを報じていた。定型的な表現であるために、具体的な「像」を結びにくいが、南京で何があったかを知るためには、こうした数行を読み飛ばすことはできない。

同じ一五日の夜、朝日新聞特派員、今井正剛は、難民区内の大方巷にある朝日新聞南京通信局前の通りを数千人の中国人が列をつくって引かれていくのを見た。今井はその日の夕方、通信局の近くの丘で数百人の中国人が集団虐殺される現場に居合わせたばかりだった（第四章参照）。

今井は、同僚記者の中村正吾とともに行列のあとを追った。以下は、今井の戦後の回想だ（要旨）。

——今井と中村は、下関に出た。河岸に近づこうとして歩哨に止められた。機関銃の連射音が聞こえてきた。市内の方々から集められた少年から老年にいたる男たちを始末するのに小銃で射殺するだけでは始末がつかず、東西両方向から機銃掃射の雨を浴びせているのだろう、と今井は思った。

今井「書きたいなあ」

中村「いつの日にかね。まあ当分は書けないさ。でもオレたちは見たんだからな」

今井「いや、もう一度見ようや。この目で」

機銃音はいつのまにか絶えていた。二人は立ち上がって江岸に出た。水面に朝霧が漂っていた。

「碼頭一面はまっ黒く折り重なつた屍体の山だ。その間をうろうろとうごめく人影が、五十人、百人ばかり、ずるずるとその屍体をひきずっては河の中へ投げこんでいる。うめき声、流れる血、けいれんする手足。しかも、パントマイムのような静寂。対岸がかすかに見えてきた。月夜の泥濘のように碼頭一面がにぶく光つている。血だ」

「やがて、作業を終えた〝苦力たち〟が河岸へ一列にならばされた。だだだっと機関銃の音。のけぞり、ひっくり返り、踊るようにしてその集団は河の中へ落ちていった」

その場にいた将校は殺害した人数を「二万名ぐらい」と言った（今井「南京城内の大量殺人」「特集文藝春秋」56年12月号）。

**今宵一夜の俘虜**

下関の模様を記録した一人に、上海派遣軍司令部の野戦郵便長、佐々木元勝がいる。佐々木は、一二月一六日に南京に入った。野戦郵便とは、戦場での郵便業務のことだ。戦場の兵士たちに郷里からの手紙を届け、兵士たちが書いた手紙を預かって郷里へと送り届ける。そのため前線に郵便局が設けられた。佐々木はその現地責任者（軍属）だった。
佐々木は「〔従軍中〕毎日こまごまと日記を書いた。従軍を記録しようという意志ははじめからあった」

（『続・野戦郵便旗』〈73年刊〉の「あとがき『著者の告白』」）。その日記をもとに、戦時下に手記『野戦郵便旗』を著した。

なかで佐々木は下関の模様を次のようにつづっている。

「〔下関に近い挹江《ゆうこう》〕門を出て揚子江岸、停車場近くの支那郵便局に向ふ。江岸に支那兵の戦死した無数の跡があり、江には駆逐艦が浮いてゐる。城外の下関一帯は、上海閘北《ざほく》の如く焼け荒されてゐる。壮大な銀行と似た支那郵便局舎の前には支那兵の屍体が、火が燃えてゐる焼跡の中に【脚から腹の方を焼かれ】仰向けに倒れてゐる。夫《それ》は将校らしく、骨相ががつちりし、両眼がかツと見開いてゐた」

文中、【　】内は、検閲で削除されたり、佐々木が自己規制して書かなかったりした部分。戦後、復刊された際に復元された（以下、同じ）。

この『野戦郵便旗』が出たのは、南京陥落から三年余りのちの四一年二月だった。東京市赤坂区にあった「日本講演通信社」から出版された。

佐々木によると、三九年六月から七月にかけて、日記をもとに郵便職員を相手に口述し、筆記してもらって原稿をつくった。それに推敲を加え、ガリ版で一四部だけ印刷したのが最初だった。三九年九月に帰国したあと、「大本営の通信参謀が検閲し一部削除して」四一年に公刊された。

戦後、削除部分を補った『野戦郵便旗　第一～五部』が七三年四月に、戦時下には未公刊だった部分が『続・野戦郵便旗　第六～十部』として七三年七月に、それぞれ刊行された。

## 誇張も美化もしない

手記の記述に戻ろう。佐々木は三七年一二月一六日夕、南京城北西の下関から南京城の東にある中山門へトラックで移動する途中、捕虜の行列と遭遇する。

「暗くなりかけた街路を続々と数千の苦力の大群が、銃剣つけた兵隊に連れられ行列をなして行く。これは俘虜である。連れて行く兵隊に、私がトラックから聞くと、これは便衣に変装してゐたものを一網打尽にしたのだとかのことである。日の丸の腕章をつけた者が多い。〔略〕月が蒼白く昇る。今宵一夜の俘虜の歴史的此の大群よ！　中山門の近くの局に帰るともう真暗である。〔略〕【夜だいぶ遅くなってから、このトラックの運転兵がどかどかもどってきた。下関では大変なことがあったと話す。】其の夜、下関の局近くの碼頭に敗残兵掃蕩の銃声が盛んに起る。江上の駆逐艦は凄壮な灯を点じ、濁流を逃げんとする敗残兵を機関銃で掃射した」

佐々木は一九〇四年、群馬県生まれ。二七年に東京帝大法学部を卒業し、逓信省に入った。徴兵検査は丙種不合格で軍隊生活を送ることはなかった。四四年、陸軍司政官として南方に派遣された。戦後は、逓信省教養課長、逓信博物館長などを務め五〇年に退職。その後、切手の雑誌「ゆうびん」の編集長・発行人を務めた。

『野戦郵便旗』について佐々木は、三九年にガリ版刷りした私家版の「はしがき」で「これはありの儘《まま》の真実の記録である。私は私自身直接体験し見聞した事のみを記述した」「よくありがちな歯の浮くやうな誇張とか事態の美化とか自己欺瞞等の文字を、其の中に発見する事は困難であるに違ひない。私は許される限りに於て真実を記述したのである」と述べている。

「美化」と「自己欺瞞」の文章を自身に禁じた佐々木は、長江岸の光景を『野戦郵便旗』（41年刊）にこうつづっている。

「江岸には掃蕩せられた敗残兵の死骸が累々としてゐて、如何なる悽惨もこれには及ばない。長江の濁流に呑まれ押し流された者が此の外に幾何《いくばく》あるか分らぬ。私は関東の大震災の時、本所の河岸で沢山の人が折重なり死んでゐるのを見たが、それに勝るとも劣りはせぬ、生命を奪つた銃弾と銃剣とが一層死相を物凄くしてゐる。半裸になつてるのがある、焦げたのがある」

下関の惨状は、戦時下にすでに書かれていた。

## すべて事実だ

佐々木の『野戦郵便旗』の存在を広く世に知らせたのは、七二年一一月六日付朝日新聞夕刊に掲載された戦争文学研究者、高崎隆治の論稿だった。[1]見出しは「戦時下に出版されていた『南京大虐殺』」。それは、南京戦における「百人斬り競争」などに疑問を投げかける鈴木明の論稿が雑誌「諸君!」に掲載されてまもないころだった。

高崎は『野戦郵便旗』から一部を引用したうえで、こう主張した。

「私がここで言いたいのは、虐殺という明白すぎる事実問題ではなく、こういう手記が戦争下に出版されているにもかかわらず、今日にいたるもだれ一人としてそのことを指摘し得ないでいる驚くべき無為無能についてである。〔略〕戦時下の公刊物を無価値とする視野の異常な狭さという致命傷を抱え込んだわれわれの側の弱体をこそ、限りない反省をこめて認めなければならない」

戦時下に出た本を無価値と決めつける傾向に高崎は警鐘をならした。南京での集団虐殺は「虐殺」という言葉こそ使っていないものの、戦時下に確かに記録されていた。

高崎はまた別の著作の中で、『野戦郵便旗』について、こう指摘している。

「この従軍手記は、たしかに他の類書と本質的に違う何かがある。それは一つには、前記のように、細かな点までていねいに書き込まれているということがあるわけだが、観察もまたきわめて鋭く、将校でも兵士でもない、一種の第三者的な位置から、それも報道の任を帯びた従軍記者たちともちがった角度から眺めた戦場の記録であるところに生じたものと思われる。もちろん、だからといってこれが厭戦とか反戦とかいった立場から書かれたものであるということではない。著者は郵便任務にまったく忠実である。が、同時に、眼に映じたものに対してもカメラのように敏感で誠実な機能を働かせる」（高崎『戦争文学通信』75年刊）

確かに佐々木はこの本で反戦を主張したのではなかった。佐々木は自身の任務を忠実に果たした。では、佐々木に書けたことが、なぜ職業ジャーナリストである新聞記者は書けなかったのか。「事実の記録者」であるはずの新聞記者が、なぜ佐々木元勝のようなリアルな観察を紙面に刻むことがなかったのか。報道統制でそれが困難だったのなら、せめて佐々木のように日記にでも書き残しておかなかったのか。

これまでみてきたように、捕虜の斬首や長江上の虐殺にふれた記事は数多く書かれていた。しかし、それらのほとんどは、日本兵の「奮闘」をたたえる文脈で描かれていた。佐々木が「一種の第三者的な位置」から戦場の光景を観察し、記録したのに対し、記者たちは、軍のいわば「応援団」の位置から、「報道」というより「宣伝」に近い記事を書いた。それは「誇張」や「美化」があふれていた。

高崎は、右の朝日新聞夕刊への寄稿で「著者佐々木氏のその後については今までのところ何もわからない」と書きそえた。

佐々木の所在は、読者からの一報でただちにわかった。右の記事が載った翌日、七二年一一月七日付夕刊に続報が載った。『野戦郵便旗』は発行部数二〇〇〇から三〇〇〇、新聞に広告も載って、「わりによく売れたようです」と佐々木は振り返った。

ガリ版刷りの私家版で「私は自分自身の認識と記憶と感情とを少しも偽っていない」と書いた佐々木は、三三年後にも同じことを記者に語った。

「とにかく、ここに書かれていることはすべて事実だ」と。

注

1　高崎は戦争中に書店で『野戦郵便旗』を手にとり、その思いがけない内容に「思わず息をつまらせた」。しかし、二、三日後にもう一度、書店に赴いた時にはすでに売れてなくなっていた、それでも殺戮の場面は脳裏に焼きついていたという（高崎『戦争文学通信』75年刊）。

## 西条八十と入城式

三七年一二月一二日午前一一時、詩人、作詞家の西条八十《やそ》を乗せた連絡船「長崎丸」が長崎港から上海に向け出発した。

西条は当時四五歳。盆踊りの曲として今も親しまれる「東京音頭」などのヒットですでに名声を得ていた。一七日の日本軍南京入城式を見て詩を書くことを事前に読売新聞と雑誌「主婦の友」に約束していた。旅費は「主婦之友社や、〔レコードの〕コロムビア会社が、たっぷり」出してくれた（西条「上海の数日」『戦火にうたふ』38年刊）。

出発前に西条は語った。

「「詩人として上海戦地へ行くのは私が初めてですから世界戦史に誇る南京入城を題に偉大な事実に恥ぢない日本代表の詩をつくつて故国へのお土産としたい」（37年12月13日付福岡日日新聞「詩嚢《しのう》と絵筆を抱いて南京一番乗り」）

## 死体の山

西条は一七日朝九時、下関に上陸した。

「艦《ふね》から板橋を伝はって上陸した。〔略〕出かける途端に見ると波止場の筋向ふに、高い板塀があつた。その中は、支那兵の死体の山。『そろそろ始まつたな』と思ふ」（西条「燦たり南京入城式」「話」38年7月臨時増刊号）

何が始まったのか、西条は書いていない。戦争文学研究者の高崎隆治は「『死体の山』を見て『そろそろ始まったな』と言うからには、まぎれもなくそれは捕虜の殺戮を意味し、西条八十は自身の判断でそれを予期していたか、あるいはそういう事態がやがて起ることを誰れからか聞かされていたとしか考えられない」と指摘する（高崎「1937年12月13日＝南京大虐殺」「未来」76年12月号）。

西条は、埠頭に迎えにきた読売新聞の東亜部長といっしょに、海軍が手配した消防車に乗って城内に向かう。左腕には「海軍従軍記者章」（腕章）を着けていた（西条「ああ感激の南京入城式」「少女倶楽部」38年3月号）。

「自動車は、まつしぐらに中山北路を走る。松井〔石根〕最高指揮官を迎へるために、大通りは、大体浄められてゐるが、横町には支那兵や軍馬の屍体がいつぱいだ」（「われ見たり!! 南京涙の入城」

（「主婦之友」38年2月号）

**行進の最後尾に**

西条は、入城式が開かれる国民政府庁舎の門の前で行列を待った。手には鉛筆と便箋。午後三時半に市内の飛行場を発つ福岡行の飛行機に詩稿を手渡さねばならなかった。

午後一時半、入城式が始まった。戦勝を国内外に誇示するためのセレモニーだ。南京侵攻の最高指揮官、中支那方面軍司令官の松井石根が馬に乗って行進の先頭を行き、上海派遣軍司令官の皇族、朝香宮鳩彦《やすひこ》がすぐあとに続いた。

行列は国民政府の門をくぐり内庭に入った。センターポールに日の丸があがり、万歳の声がとどろいた。

西条は、たちまち一編の詩を書き上げた。原稿は飛行機で福岡に運ばれ、東京へ電送された。

松井司令官、いま馬背に悠々中山門を進む！
髭長く延びて馬上にやゝ反れたる姿
意外、万歳の声なし、たゞあるは崇厳なる感動！
わが見しは若き陸戦隊の一兵士の感激の涙
無言の行進の間に
滴瀝、銃身より、逞しき拳に滴れるを見しのみ〔最終第三連〕

「われ見たり入城式」と題するその詩は、翌一八日の読売新聞朝刊に掲載された。[1]

西条は、行進の最後尾を行く一団に目を向けた。

「列の末尾に、カーキー色の軍服めいた服装をした、新聞記者の一団。言ひ合せたやうに白い布で包んだ箱を背負《しよ》つて進んでくる。事変髭がボウボウとのびて、みんな栄養不良の蒼い顔だ。

『その背負つてるものは何ですか？』

路傍《みちばた》に立つて、行進を送迎してゐたわたしが、一人に訊いてみた。

『同僚の遺骨です。可哀さうに第一線で戦死した友だちの骨に、せめて今日の南京入城の盛観を見せてやるんです。ごらんなさい。『朝日』の浜野の骨も、みんな仲間が背負つてゐます』」（西条「われ見たり!!　南京涙の入城」）

「『朝日』の浜野」は、カメラマンの浜野嘉夫。南京を目前にした一二月八日、中国軍の銃弾に倒れた。享年二六。朝日新聞は、「カメラの戦士」の死を大々的に報じていた。

記者たちは軍人たちのあとについて行進した。それは、新聞記者が軍と一体であることを象徴する光景だった。同盟通信はこう報じた。

「わが陸海軍将兵のほかに今日の入城式に参列したものは約百五十名であつた。〔略〕大部分は新聞通信社、カメラマン等約百名、上海戦開始以来かくも多数の新聞通信員が一堂に会したことはこれが最初である。この中には雑誌記者として南京入りした西条氏の茶のジヤケツ・ジヤンパーにゴルフ・パンツといふ伊達姿も見られた」（12月18日付福岡日日新聞、国民新聞、18日発行上毛新聞夕刊、19日付九州新聞〈熊本〉）

## 見るべからざるもの

入城式は午後三時半に終わった。

午後四時、西条は、海軍の水雷艇に便乗して南京を発った。ほどなく、水雷艇の機関銃が、長江の中洲にうごめく中国兵に向け火を噴いた。

「『南京から筏で遁げて来た残兵が約○○あそこにゐるんです。御覧なさい』

そばの少尉殿が眼鏡を貸してくれた。

なるほど、居る、居る。枯芒《かれすすき》の丘の前後に、真黒く蠢々《うようよ》とかたまつてゐる。

『奴等、向岸へ一刻も早く渡りたがつてゐるんです。ほら、ジャンクに乗つてるでせう』

なるほど、正規兵の軍服を着たのが、ジャンクに乗つてまごまごしてゐる。〔略〕そのうち、また吼えた機銃の煙が、ちやうどジャンクのうへで炸裂した。うへの黒い人群《ひとむれ》は一瞬にへたばつてしまつた」（西条「われ見たり!!　南京涙の入城」）

その後、西条は、蘇州、無錫などの激戦の地を回って上海に戻った。

旅の終わりに西条は「さらば上海」と題する詩をつくった。

夢魔の都をさまよひて、
見るべからざるものを見る、
十日の旅の血地獄に
身も魂も疲れたり。
〔略〕

幾万千の屍を
底に沈めし長江ぞ、
夜のジャンクの舷《ふなべり》に、
青き燐火は燃ゆるなり。

報道の文章と詩を同列に語ることはできない。しかし、報道の文章では伝えることのできない「気配」のようなものを西条の詩は伝えている。

西条が見た「見るべからざるもの」とは何だったのか。

一二月二三日、西条は長崎に戻った（12月24日付福岡日日新聞「涙の詩情〝南京入城〟」）。

戦後まもない四八年、西条は『あの夢この歌　歌の自叙伝より』を著し、半生を振り返った（五六年に『唄の自叙伝』と改題、再刊）。しかし、陥落直後の南京を訪れたことについては何もふれなかった。

**木村伊兵衛も足跡**

入城式を取材した一人に、写真家の木村伊兵衛がいた。[2]

木村は帰国後、写真雑誌のインタビューに応じている（新木寿蔵、高桑勝雄「木村伊兵衛　渡辺義雄両氏に支那民情撮影旅行談を聴く」「カメラ」38年3月号）。

――写したものは今後どういふ形式で発表されるのですか？

木村　私達が撮つた写真は、殆ど最初からの目的が支那の平和の姿、それから軍の色々な救恤とか宣撫とかさういつたやうなものばかりで、それを外務省の方では大量のプリントを作つて在外公館へ送るとか、向うの色々な新聞雑誌へ送るとかさういふ形式を取るものと、それから写真帖を作ること、それから内地で出来たら普通写真の方は展覧会をしようと思ひます。

――支那人が悪宣伝の為に撮つた写真はお集めになつてゐますか？

木村　私は集めてゐませんけれども、外務省にはうんと集めてあります。

当時は木村も国策宣伝に一役買っていた。「支那の平和の姿」にもっぱらカメラを向けた点で新聞社のカメラマンと大きな違いはなかった。外務省が写真を集めていたという点も注目される。

## 絶叫する大宅壮一

毎日新聞の記者団といっしょに南京戦を取材したジャーナリストの大宅壮一は、入城式二日後の一二月一九日、長崎に戻り、「南京入城従軍大講演会」に臨んだ。

「私は十三日の未明、中山門の近く、砲煙弾雨のなかで月明をすかしてこの歴史的攻撃戦を観戦したのである。あの時の鬨《とき》の声、翻つた日章旗、日本人が、日本軍がかかる偉業をなしとげたかと思つたら無上の感激を禁ずることが出来なかつた。これこそ人類初《ママ》まつて以来の世界戦史上に輝く大偉業である。しかもこれはナポレオンやジンギスカンの如き一人の英雄が成し遂げた偉業ではなく、日本民族全体が挙つて成しとげた大偉業である。だからこの大偉業は永久に滅びないであらう」

（12月21日付大阪毎日長崎版「盛況の南京入城従軍大講演会」）

大宅はそう「絶叫」し、「満堂破れるような拍手喝采をわき起さして降壇」した。

注

1　西条八十は「電文〔で送稿した〕だけに少なからぬ誤謬があつた」として、「主婦之友」三八年二月号に寄稿した「われ見たり!!　南京涙の入城」で詩を訂正再掲している。

2　木村伊兵衛の南京取材については、原田健一「占領とプロパガンダ　木村伊兵衛の上海・南京・東京」（新潟大学人文学部「人文科学研究」第14輯〈2018年〉所収）が詳しい。

## 悲惨なる入城

入城式が終わってまもない一二月一七日午後五時ごろ、東奥日報の特派員、竹内俊吉は「もう一つの悲惨なる入城」を目撃した。

「それは南京攻略に、わが軍の手に捕虜となつた敵正規兵七千五百名が僅か〇〇〇名の皇軍将兵に左右前後を護られ乍ら、六列縦隊となつて蜿蜒《えんえん》十数町〔千数百メートル〕に亘る行列をつくつて中山門から入城、〇〇の捕虜収容所に曳かれて行つたが、彼等は若きは十四歳の少年から老いたるは五十四、五歳の者まで年齢は雑多、その所属師旅〔所属部隊〕も雑多で、きのふ、一昨日までは南京城内にあつて、われに攻撃を加へた者であるが、今は只黙々と埃だらけの顔に疲労と絶望の色を見せつつ『彼等の首都』の都大路を曳かれて行く」

七五〇〇人もの捕虜が、メーンストリートの中山東路を黙々と「曳かれて」行く。

「中には涕泣して止まぬ者もあり、護衛の兵隊さんに手を合せてひたすら命乞ひをするものもある。この行列が記者の宿舎前にしばし休憩したので、記者は持合せの煙草を一ケ彼等に投げ与へると、これを争つて奪ひ合ふさまは、実にあさましく、あくまで『支那兵』たる彼等のさまをまざまざと見た」

「この行列が、暮色がよどみそめた南京の街を、逸仙橋を渡り、中山路に一種言ふべからざる『足音』を残して行く姿を、記者は感慨深く見送らざるを得なかつた。あのビッグパレード（大行進）こそ、抗日蔣政権の落ち行く姿そのものではないか」（37年12月26日付東奥日報「南京城にて」）

夕闇のなか、捕虜の足音が響いた。

**福岡日日も報道**

同じ場面を描いたとみられる別の記事がある。筆者は福岡日日新聞の阿部特派員である。

「皇軍が首都南京に堂々入城式を行つた十七日の黄昏どき、皮肉にも武装を解除された支那正規兵の俘虜凡そ八千名が、蜿蜒長蛇の行列で中山門から城内日本の南京憲兵隊本部へ収容された。これをみた兵隊さん、口々に『素晴らしい支那俘虜の入城式（？）だ』と大笑ひだ」

「蓬髪垢面、真ツ黒く汚れて眼ばかりギヨロギヨロさせてゐる。裸足のものが大半である。軍帽を冠つたのは将校とみえる。無帽か若くは印度人みたいに白布をぐるぐる頭に巻きつけてゐる。防寒用のどてらに似た外套をみな着用して如何にも重さうだ。中に手足を負傷してゐる者、顔の半分を繃帯した者がゐる。八千名に上るこの俘虜を仔細に見物してみて、支那正規兵の片鱗に触れることが出来る。〔略〕大体非常に年少者が多い。廿五歳以下が八割か九割を占め、更に二十歳以下が全体の五割近くに上つてゐる。また十五、六歳の少年兵も随分とゐた」（12月25日付福岡日日新聞「支那正規兵を暴く　上」）

一二月一七日の夕方、中山門から入城した七五〇〇―八〇〇〇人規模の捕虜。

竹内と阿部はおそらく、同じ捕虜の行列を見たのだろう。
この捕虜はどうなったのか。

## 佐々木元勝の証言

もう一つ証言がある。野戦郵便長の佐々木元勝は、入城式に列席したあと、南京城の東にある孫文の墓所「中山陵」にトラックで出かけた。その帰りのことだ。「中山門の前のところから、また武装解除の支那兵の大群に会う。【七千二百名とか】おびただしい乞食の大行列である。だれ一人可憐なのがいない」と書いている（『野戦郵便旗』73年刊）。

このうち【七千二百名とか】の部分は、戦時下の四一年版にはなかったが、七三年版で佐々木が復元した箇所だ。

『野戦郵便旗』のもとになった佐々木の「日記」には次のように書かれているという。

「夕靄に烟る頃、中山門を入る前、また武装解除された支那兵の大群に遇う。乞食の大行列である。誰一人可憐なのは居ない。七千二百名とかで、一挙に殺す名案を考究中だと、引率の将校がトラックの端に立乗りした時に話した。船に乗せ片付けようと思うのだが、船がない。暫らく警察署に留置し、餓死さすのだとか」（畝本正巳「証言による『南京戦史』9」「偕行」84年12月号）

公刊された『野戦郵便旗』には、四一年版、七三年版とも、右の「一挙に殺す名案――」以下の部分は書かれていない。

東奥日報の竹内、福岡日日の阿部両特派員と佐々木が見た捕虜の行列は、遭遇した日時（一二月一七日夕刻）と場所（中山門から中山東路にかけて）、規模（七〇〇〇―八〇〇〇人）が共通することから、同一の捕虜の集団を指すと推測される。

佐々木元勝が目撃した捕虜について、『南京戦史』は、奈良歩兵第三八連隊の「戦闘詳報」などから、同連隊が一二月一四日午後、南京城北東の堯化門付近で白旗を掲げた七二〇〇人の投降集団を捕虜として収容、一七、一八日ごろ南京の中央刑務所（第一監獄所）へ護送した集団とみられると述べている。

問題は、捕虜のその後の行方だ。

『南京戦史』は、元上海派遣軍参謀、榊原主計の証言をもとに、捕虜は南京の「中央刑務所」に護送、収容し、その半数は上海に送って労役につかせた、としている。

一方、歴史学者の秦郁彦は著書『南京事件』（86年刊）で「その後の彼らの運命については、処刑説、上海移送説、釈放説と色々だが、今のところ確認できない」と述べたうえで、こう指摘している。

「翌年〔三八年〕一月上旬南京に出張した参謀本部の稲田〔正純〕中佐が、榊原派遣軍参謀から、『収容所の捕虜を上海で労役に使うつもりでいて、数日出張した留守に殺されてしまった』（稲田正純談）と聞いている」

「捕虜は殺されてしまった」と榊原が話すのを稲田は三八年一月に南京で聞いた――戦後になって秦は稲田からそう聞いた、という意味だろう。

## しかばねの臭い

入城式のあった一二月一七日午後、上海派遣軍司令部近衛工兵連隊の岩崎昌治は、東京の実家にあてて手紙を書いた。

「本日（十七日午後二時三十分）は午前中付近を巡察して午後は休養して居ります。支那兵を陸上で殺したのを一ケ所にあつめて石油をかけて燃やして居ります。丁度相川小学校位の広場は支那人の死体で二重三重になって居ります。今日は南京の入城式です。自分は参加出来ない（中隊で将校一・兵十二名だけです）のです。其の為に昨夜城内に居った支那人を約二千名ばかり集めて本日の未明全部殺してしまったのです。揚子江の河べりだけでも約五千名位の死体がごろごろして居ります。海にいる魚で『イルカ』と言ふのが死体を食ひにどんどん上って来ます。〔略〕時々ドーンドーンと音のするのはまだ殺し切れぬ敗残兵を殺して居る音です。死体を焼いて居る一種別な悪い臭ひが時々風の吹き回しでやって来ます」（『或る戦いの軌跡　岩崎昌治陣中書簡より』95年刊）

この手紙によれば、入城式の日も、死体の処理や捕虜の殺害は続いていた。

名古屋新聞の編集局長で歌人でもあった柴田儀雄は、三七年から翌年にかけて、上海、南京などを従軍取材した。帰国後、柴田は「三田澪人」の名で、次の作品を「短歌研究」三八年六月号に発表した。

二万余のいのちたちまち滅びしとわが驚く前のしかばねの山（下関）

まざまざと屍の山見てぞ過ぐ黒土の下のしかばねの臭ひ

## 「南京」を語らず

南京から精力的に原稿を送った東奥日報の竹内俊吉は、南京戦取材から三年後の四〇年、青森県議に当選して東奥日報を退社。四二年の衆院選に立候補して初当選した。戦後は五五年から八年間、衆院議員を務めたあと、青森県知事に就任。むつ小川原開発を推進して七九年まで四期一六年間務めた。

知事退任後、竹内は七九年、八一年、八二年、八三年と立て続けに訪中した。しかし、南京を再訪したかどうかは確認できなかった。
八六年一一月、竹内は、八六歳で没した。
従軍記者として南京で何を見たか、竹内もまた書き残すことはなかった。

注

1　秦郁彦は著書『実証史学への道』（2018年刊）でも榊原主計が三八年一月に語った言葉を紹介している。榊原が次のように語った——と戦後、秦は稲田から聞いた。
「上海戦場の後始末の労働力として捕虜を予定していたら、みんな死体にされてしまった。〔略〕四万から四万五千の捕虜を皆殺しして、残ったのは三千ぐらい」

# 第六章　幕府山の捕虜

## 捕虜一万四七七七人

日本軍が南京城内に侵攻して四日目の一九三七年一二月一六日、東京朝日新聞は「江岸で一万五千捕虜」の五段見出しを立てて次のように報じた。

「鎮江から揚子江岸を長駆進撃して来た両角部隊は十三日烏龍山、十四日朝幕府山の両砲台を占領したが、その際南京城内から雪崩を打つて敗走して来た第十八師、第三十四師、第八十八師及び軍官学校教導総隊など総計一万四千七百七十七名の敵軍と遭遇、敵は白旗を掲げ〔て降服、両角部隊は〕[1]前記兵数全部を寡兵をもつて捕虜とした」

記事を書いたのは横田省己《せいき》[2]記者。「両角部隊」は、両角業作が連隊長を務める福島・会津若松歩兵第六五連隊のことだ。大阪朝日も同日付でこの記事を載せた。

両角部隊が属する歩兵第一〇三旅団の旅団長、山田栴二《せんじ》も日記（『南京戦史資料集Ⅱ』）に「〔捕虜〕一四、七七七名を得たり」と書きつけており、端数まで記事と一致している。

この多数の捕虜はその後、どうなったのか。

当時の新聞は、この捕虜についてどう報じたのか、記者はどう動いたのか、戦後、捕虜の行方はどう語られてきたのか。それらを改めて振り返ってみたい。

## 福島で号外

約一万五〇〇〇人もの投降兵を一挙に捕虜にするのは、まれなことだった。

朝日新聞は一六日、福島県内で号外を発行して郷土部隊の活躍を伝えた（小野賢二、藤原彰、本多勝一編『南京大虐殺を記録した皇軍兵士たち』96年刊）。東京で印刷して福島に届ける新聞は、遠距離のため締切時間が早い。この締切時間に原稿が間に合わなかったために、電話で福島に原稿を吹き込み、「号外」として現地発行したものとみられる。印刷人の住所は福島県平市（現在のいわき市）になっている。

捕虜を確保した烏龍山は南京城の北東、幕府山は南京城のすぐ北、ともに長江を見下ろす位置にある山だ。砲台がすえつけられ、中国軍の南京防衛の要衝となっていた。

ちなみに、烏龍山と幕府山の砲台占領については、一二月一五日正午に上海の日本軍司令部が、また、午後四時には東京の大本営陸軍部が発表し、前者は一六日付香川新報、後者は一六日付東京日日などが記事を掲載している。しかし、多数の捕虜を得たことは発表されなかったようで、それらの記事はこの点にふれていない。

朝日新聞のスクープを地元の福島民報が一六日発行の夕刊で追いかけた。

「江陰要塞占領後揚子江流域敵陣地を撃破、南京に向ひ西進しつつあつた両角部隊は十三日午後四時三十分紫金山東北方烏龍山を占領。十四日午前十一時には更に前進、南京北側幕府山砲台を占領、凱歌を挙げたが、その際、南京城内から雪崩を打つて敗走して来た敵軍第十八師、第三十七師、第三十四師、第八十八師、及び軍官学校教導隊員、総数一万四千七百七十七名を捕虜となし、一大武勲を樹て愈々《いよいよ》近く晴れの南京入城をなす事になつた」

同じ一六日、神戸又新日報夕刊も「鎮江から揚子江を進撃して来た両角部隊は烏龍山幕府山砲台を占領したところ南京城内から崩れて来た敗兵一万五千名が白旗を掲げたのでこれを捕虜とした」と短く報じた。さらに鳥取新報も一七日、「南京城内から敗走の一万五千名捕虜」と報じた。

**東朝の横田、東日の田中**

東京朝日の横田が従軍した部隊は、歩兵第六五連隊と仙台歩兵第一〇四連隊から成る歩兵第一〇三旅団（通称・山田支隊）だ。旅団長の山田栴二の日記には、次のように、横田と東京日日の従軍記者、田中光武の名がしばしば登場する。

「三七年一一月三日　午後一・〇〇『大毎〔正しくは東京日日〕』記者田中光武を加へてするめの祝杯を挙ぐ、『朝日』横田省巳〔省己〕氏に頼みて又兄上、民子に書信を出す

一一月一一日『朝日』の横田氏より虎屋の『夜の梅』〔羊かん〕を貰ふ、又久振りに大福を口にす

一一月二二日　服を着換へ（『東日』田中君の好意なり）今までの服は『朝日』の横田（省巳〔省己〕）君にやりし所、服の上からすっぽり、外套となれり」（『南京戦史資料集Ⅱ』）

横田も山田から服をもらったことが印象に残っていたらしく、のちに「部隊長は私が寒さに慄へてる

のを見て自分の着てゐる軍服を脱いで肩章だけ外して私に着せてくれた」と記事で振り返っている（38年1月16日付大阪朝日）。

東日の田中光武は、新潟・高田通信部から派遣された記者だ。南京への途上、横田と田中は、山田と懇意にしていたことがうかがえる。

一二月一三日未明、南京が陥落。横田は、幕府山のふもとから南京中心部まで七、八キロの距離を移動し、中山門で取材した。「万歳の声紫金山にこだまする十三日朝、唯黙々として崩れ落ちた中山門を遺骨を先頭に登つて行く一部隊があつた」という横田の署名記事が一七日付大朝富山版に載っている。

一四日、両角部隊は、白旗を掲げて投降した中国兵一万四七七七人を捕虜にする。横田は幕府山のふもと、両角部隊のもとに戻り、本章冒頭に引いた記事を書いた。

その後の横田の動きをみてみよう。

## 捕虜の食糧

一二月一七日、東朝は続報を載せた。記事には横田の署名がついている。「持余す捕虜大漁　廿二棟鮨詰め　食糧難が苦労の種」の見出しで、次のように報じた。

「両角部隊のため烏龍山、幕府山砲台付近の山地で捕虜にされた一万四千七百七十七名の南京潰走敵兵は、何しろ前代未聞の大捕虜軍とて、捕へた部隊の方が聊《いささ》か呆れ気味で、こちらは比較にならぬ程少数のため手が廻りきれぬ始末。先づ銃剣を棄てさせ、付近の兵営に押込んだ。一個師以上の兵隊とて、鮨詰めに押込んでも二十二棟の大兵舎に溢れるばかりの大盛況だ。○○部隊長が『皇軍はお前達を殺さぬ』と優しい仁愛の言葉を投げると手を上げて拝む、終ひには拍手喝采して驚喜する始末で、余りに激変する支那国民性のだらし無さに今度は皇軍の方で顔負けの体《てい》だ」

「それが皆蔣介石の親衛隊で軍服なども整然と統一された教導総隊の連中なのだ。一番弱つたのは食事で、部隊でさへ現地で求めてゐるところへこれだけの人間に食はせるだけでも大変だ。第一、茶碗を一万五千も集めることは到底不可能なので、第一夜だけは到頭食はせることが出来なかつた」

第一夜（一二月一四日夜）、捕虜たちは食事を与えられず、翌一五日夜になって、ようやく食べ物にありつけたというのだから、この間の空腹、さぞ苦しかったことだろう。捕虜になる前から食糧が底をついていたとしたらなおさらだ。

もっとも、食糧が乏しいのは日本の兵隊も同じで、「山田栴二日記」の一五日の項に「各隊食糧なく困却す」とある。日本兵の食糧も乏しいのだから、捕虜に回す食糧はほとんどなかったのだろう。[3]

右の記事の内容からみて、横田は、捕虜収容の現場を見てこれを書いたようだ。そのことを裏付ける資料がある。歩兵第六五連隊第八中隊の少尉「遠藤高明」（仮名）が一六日の日記にこう書いている。

「午前九時三十分より一時間砲台見学に赴く、午後零時三十分捕虜収容所火災の為出動を命ぜられ同三時帰還す、同所に於て朝日記者横田氏に逢ひ一般情勢を聴く」（『南京大虐殺を記録した皇軍兵士たち』、仮名は同書による）

火事の現場で横田に会ったというのだ。この火事のあと、長江岸で捕虜が殺害されるが、その場に横田がいたかどうかは不明だ。しかし、一万数千人もの捕虜がその後どうなったか、記者であれば当然、気になるところだろう。虐殺の現場を目撃したかどうかはともかく、何かしら情報を得ていたことはまちがいないとみられる。

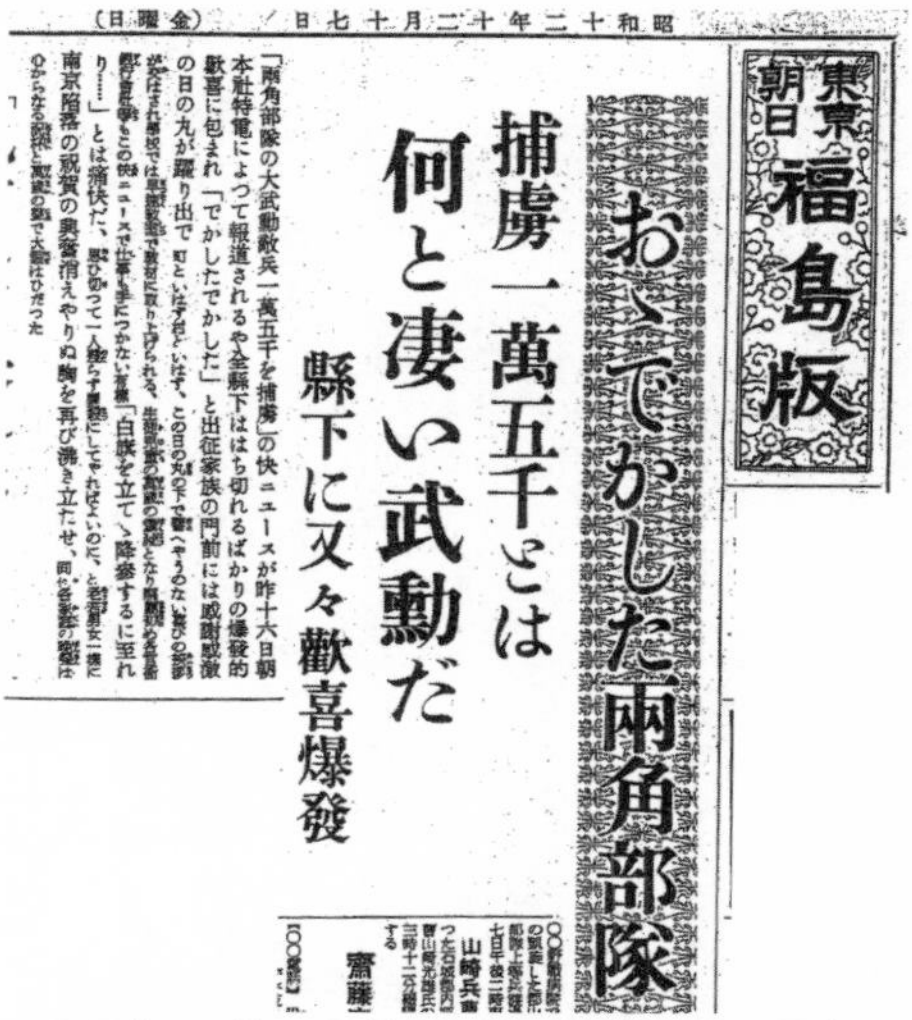
昭和十二年十二月十七日（金曜日）

東京朝日　福島版

おゝでかした兩角部隊

捕虜一萬五千とは

何と凄い武勳だ

縣下に又々歡喜爆發

1937年12月17日付東京朝日新聞福島版の記事

## 一人残さず鏖殺に

一二月一七日には、東京朝日福島版も続報を載せた。

「おおでかした両角部隊　捕虜一万五千とは何と凄い武勲だ　県下に又々歓喜爆発」という見出しが紙面を飾った。

「『両角部隊の大武勲、敵兵一万五千を捕虜』の快ニュースが昨十六日朝本社特電によつて報道されるや全県下は、はち切れるばかりの爆発的歓喜に包まれ『でかした、でかした』と出征家族の門前には感謝感激の日の丸が躍り出で、町といはず村といはず、この日の丸の下で譬《たと》へやうのない喜びの挨拶が交はされ、学校では早速教室で教材に取り上げられる。生徒児童の万歳の爆発となり、県庁初め各官衙、銀行、会社等もこの快ニュースで仕事も手につかない有様。『白旗を立てて降参するに至れり……』とは痛快だ、思ひ切つて一人残らず鏖《おう》殺《さつ》にしてやればよいのに、と老若男女一様に南京陥落の祝賀の興奮消えやらぬ胸を再び沸き立たせ、同じ各家庭の晩餐は心からなる祝杯と万歳の声で大賑はひだつた」

福島県内の反響をまとめた。

「鏖殺」は皆殺しの意味だ。

一方、横田は一七日、入城式を取材した。

一九日付東朝福島版に横田の署名がついた次の記事が載っている。

「捕虜一万五千といふ戦史にも稀なる大数を得て輝やく南京入城式に参加したわが両角部隊は十七日朝、軍装も凛々しく、午前九時中央門より入城、中山路の大道路を経て敵の抗日作戦の本拠たる中央軍官学校付近に堵列《とれつ》〔整列〕、武勲に輝く部隊旗を先頭にめでたく入城式を終了した」

入城式のあと、横田は一二月下旬に両角部隊といっしょに南京から長江北岸に移動。日本に帰還することになる。「山田栴二日記」に、次のように、横田の名前をみることができる。

「一二月二五日夜　『朝日』記者横田省巳〔省己〕氏の凱旋を送る別宴を開く

一二月二七日　『朝日』横田記者、『東日』田中記者何れも凱旋すとのことにて、家郷に信書を託す」

（『南京戦史資料集Ⅱ』）

二八日には横田の書いた「兵隊さん餅搗き　両角部隊の迎春準備」という記事が東朝福島版、宮城版に載っている。一万五〇〇〇人の捕虜がどうなったか。結局、横田が記事を書くことはなかった。

それでも長江岸での集団虐殺は風聞のかたちで日本国内に伝えられたらしい。

「日本兵は糧食の輸送が間に合はず数日引続き食事を取らず突撃し又は生芋を齧《かじ》りて戦闘を続け其為ある時の如きは揚子江岸にて捕虜一万二千名に対し食糧を供給すること能はずして鏖殺したる由なり」

そう話した岐阜県内の洋装店経営者が、陸軍刑法第九九条（造言飛語の禁止）違反の疑いで検挙され、禁錮三カ月に処せられた（西ケ谷徹「支那事変に関する造言飛語に就て」、司法省刑事局「思想研究資料」特集第55号、38年刊）。

これだけでは幕府山の捕虜と断定できないが、状況は符合する。

## 流血の野

横田は南京陥落の一カ月後、従軍体験を振り返って、こう述べている。

「総じて戦場は映画や雑誌の口絵のワン・カットに見るやうな花々しいものではなく、進軍ラッパも鳴らねば晴れやかな大行軍もない『地冷やかにして骨未だ朽ちず』と杜甫の詩にあるやうな小鳥も鳴かぬ流血の野だ」（38年1月16日付大阪朝日「日蔭の行軍」）

書くことを禁じられた光景を、杜甫の詩を借りて描いた苦心の一節ではなかったか。

戦後、横田は朝日新聞東京本社の校閲部長などを務めた。「朝日評論」四九年三月号に「言論はどう弾圧されたか　戦時中の記事掲載禁止事項を中心に」と題する論稿を寄せているが、内容は太平洋戦争中の言論統制について語るもので、南京戦にはふれていない。また「週刊朝日」五八年五月一四日号にも「がんじがらめの言論」と題して寄稿しているが、やはり南京戦には言及していない。

なお、次の事実にもふれておきたい。

『〝南京虐殺〟の虚構』（84年刊）の著者、田中正明は同書のなかで幕府山の捕虜について「横田記者も両角部隊長も一万四、〇〇〇は多過る、八、〇〇〇位であろうといっている」と述べている。しかし、横田がそうした発言をした事実は、筆者（上丸）の調べた限りどこにもない。このことは歴史学者の洞富雄も著書『南京大虐殺の証明』（86年刊）で指摘している。

注

1　〔　〕部分の文言は原文にはないが、そのままでは文意が通じないため、後出の福島で発行された号外の文言を参考に上丸が補った。
2　記事は「省巳」としているが、「省己」が正しい。
3　保守派の論客の一人、文芸評論家の福田和也はこう指摘している。
「捕虜の処刑が行われた背景には、補給や治安維持をはじめとする日本軍の、力量の絶対的不足があった。〔略〕日本軍が、国際法が要求するような待遇を大量の捕虜に与える余裕もなく、それどころか自国軍に十分な物資を供給する能力もなく、大規模な戦争を始め、結局多くの無辜の捕虜を処断してしまったという責任はやはり否めない」（福田「ジョン・ラーベの日記『南京大虐殺』をどう読むか」「諸君！」97年12月号）

## 福島民友「郷土部隊戦記」

「六〇年安保」翌年の六一年一二月、福島民友新聞社は「郷土部隊戦記」の連載を始めた。連載は二年間続き、六五年七月に同名の単行本（全三巻）になった。その第一巻『郷土部隊戦記1　燃えさかる大陸戦線』に、会津若松歩兵第六五連隊（別名・白虎部隊）の連隊長だった両角業作が序文を寄せている。

「本戦記は限られた一部隊の作戦行動を描写したに過ぎませんが、わが陸軍の最盛期において、全軍の華としてその精強を謳われた白虎部隊の、勇猛果敢、堅忍不抜の戦闘記録であり、後世への良き遺産になり得るものと信じます」

また、同書「後記」は、新聞連載のねらいについて「大東亜戦争で純粋な祖国愛に燃え、勇敢に戦って散った人々の霊を慰めるとともに、郷土部隊の真実の姿を永遠に記録しよう」としたものだと説明していた。

福島県出身の兵士たちが中国戦線でどれほど苦労し奮闘したか。「英霊」たちはいかに勇敢に戦ったか。

それらを振り返るのがねらいであり、その筆致は戦時下に多数、出版された「奮戦記」に近かった。

こうした傾向はこの『郷土部隊戦記1』だけでなく、当時、地方紙が連載した戦争回顧ものに共通していた（第九章参照）。

『郷土部隊戦記1』は、本文中で「日華事変の真相は、日本の中国侵略だったことを歴史は明白にしている」と指摘し、さらに「侵略阻止に立ちあがった中国民族の祖国愛が、わが将兵に対する反撃となってあらわれた」とも述べていた。

しかし、こうした叙述はわずかしかなく、右の一節の数行あとでは「劣悪な装備で上海戦をたたかい抜いたのは、この敵を上まわる旺盛な士気、とくにどんな困難にも耐え抜く、東北人特有のねばり強さだったといえよう」と述べて郷土出身兵士をたたえた。

――戦争は侵略戦争だったが、兵士たちの奮闘は称賛にあたいする。

福島民友新聞社の『郷土部隊戦記』は、そうした戦争観に立っていた。

**郷土部隊三部作**

『郷土部隊戦記1』の南京戦部分を取材、執筆したのは、当時まだ二〇代だった阿部輝郎記者だ。一九三三年、福島市生まれ。福島民友新聞社では、のちに論説委員長を務めた。阿部は、南京戦にかかわって、次の三作を著した。

六四年『郷土部隊戦記1　燃えさかる大陸戦線』（福島民友新聞社編、刊）
八二年『ふくしま戦争と人間1　白虎編』（同右）
八九年『南京の氷雨　虐殺の構造を追って』（阿部輝郎著、教育書籍刊）

幕府山で投降した多数の捕虜の行方を、阿部は、どうみたのか。

阿部は『郷土部隊戦記1』のなかに「南京虐殺事件の真相」という「節」を立てて、要旨、次のようにつづっている。

——三七年一二月一五日（正しくは一四日）に得た捕虜の実数は一万四七七七人、このうち非戦闘員を解放し、残った約八〇〇〇人を幕府山砲台に付属する建物に収容した。

——一五日、山田旅団長は、部下の少尉を南京の軍司令部に派遣して指示を仰いだ。軍司令部は「みな殺せ」と指示してきた。山田は驚いて両角連隊長とも相談した。夜九時すぎ、夕食の炊事中、捕虜が火事[1]を起こし、混乱に乗じて約半数の四〇〇〇人が逃亡した。

——一六日、山田旅団長は、副官の中佐を軍司令部に派遣して「捕虜を殺すことはできない、軍自ら収容すべきだ」と申し入れたが、司令部は応じず、「捕虜は全員すみやかに処置すべし」との命令が出された。

——一七日、入城式。両角連隊長は、捕虜の殺害を避けたいという上官、山田旅団長の胸中を察し、司令部の命令に反して、残った捕虜全員を夜、長江対岸に解放することを決意。入城式に出かける前に独断で部下の大隊長にこれを命じた。入城式に列席した両角と山田は夕方、部隊に戻った。

——一七日深夜一二時ごろ、捕虜二〇〇〇—三〇〇〇人を乗せた十数隻の小舟が長江の対岸に渡ろうとして河の中ほどまで来たところ、対岸の中国軍が、日本軍の渡河と見て発砲してきた。岸で待機していた四〇〇〇人ほどの捕虜が長江上で銃殺されると誤解し、警戒する日本兵に襲いかかった。日本兵が、警戒のためにあらかじめ用意していた機関銃を撃った。この混乱のなかで日本の将校一人、兵六人が死亡した。

——一八日朝、江岸に一〇〇〇人ほどの捕虜の死体があった。あとのほとんどは逃亡した。国際法によれば、逃亡する捕虜は射撃して差しつかえないことになっている。両角部隊の場合は当然、これに該当すると思われる。

日本軍は捕虜多数を解放しようとした。しかし、捕虜が突然、襲いかかってきたため、自衛目的でやむなく発砲、結果として約一〇〇〇人の死体が残された。計画的に殺害したのではなく、偶発的な出来事だった——。『郷土部隊戦記1』はそう結論づけた。阿部の言う「自衛発砲説[2]」、筆者（上丸）の見方から言えば「偶発発砲説」である。

### 自衛発砲説

右の「南京虐殺事件の真相」の記述から捕虜の数の推移を整理してみよう。

——一二月一五日（正しくは一四日）、約一万五〇〇〇人を捕虜に。このうち非戦闘員を解放。一五日（正しくは一六日）に出火。これに乗じて残る捕虜約八〇〇〇人のうち半数が逃亡した。一七日、残る捕虜四〇〇〇人を解放しようと長江岸に連行した。ところが、捕虜が突然、暴動を起こし、大部分が逃亡。江岸に約一〇〇〇人の死体が残った。

虐殺があったのは一七日深夜から一八日未明にかけての一回だけだったとしている。実際には一六日にも虐殺があったのだが、阿部はこのことにはふれていない。

ところで阿部は「南京虐殺事件の真相」を書くにあたって、典拠をほとんど示していない。捕虜の人数「一万四千七百七十七人」だけは、すぐあとに「(山田旅団長の陣中メモによる)」との説明をつけているが、それ以外は説明がない。その内容からみて、両角業作の手記(後述)に全面的に拠りながら、山田栴二の日記の記述も加味して、そのまま引き写したというように近い。

ところが、阿部は、巻末の「後記」でこの二つの資料を収集したと述べるだけで、それらをもとに「南京虐殺事件の真相」の節をつづったことを明らかにしていない。

そのうえで阿部は、あたかも自分がその現場にいたかのように、こうつづっている。

「抵抗する捕虜に興奮の余りに銃撃した兵があったとしても、あるていどは許されるのではなかろうか。両角部隊の兵には、捕虜を後手にしばりあげて一列に並ばせ、笑いを浮かべながら殺すことがなかっただけでもせめてもの救いだった」

この書き方は客観報道からほど遠い。主観が勝ちすぎている。

そして阿部は、次のように結論づける。

「郷土部隊が数千の捕虜集団に対し発砲したことは事実だが、実際には軍命令の〝みな殺せ〟に背反し、捕虜の集団逃亡を画策中、偶発事件のため発砲のやむなきに至ったことが明かるみに出た。郷土部隊は戦場における異常な心理のなかでも、ヒューマニズムを忘れることはなかった」(『郷土部隊戦記1』の「後記」)

捕虜を逃がそうとしたところ、暴発したので、やむなく発砲した。そこには「ヒューマニズム」があったのだと。

かつて従軍記者が郷土部隊をほめたたえたように、阿部もまた郷土部隊をほめたたえた。

## 「山田日記」と「両角手記」

「郷土部隊戦記」のあと、福島民友は七八年二月から八二年六月まで、戦争を後世に語り継ごうとのねらいで、シリーズ「ふくしま戦争と人間」を連載した。ここでも阿部は南京戦を担当。連載は『ふくしま戦争と人間』全八巻の第一巻「白虎編」として、八二年一〇月に単行本化された。

この本で阿部は、山田栴二の「日記」(『郷土部隊戦記1』では「陣中メモ」とされている)と、両角業作が戦後になってまとめた「回想ノート」から、出典を明示して何カ所か引用している。山田栴二の日記について阿部は、八九年に出版した『南京の氷雨』のなかで、こう説明する。

「山田少将は戦後は仙台市に住み、既に故人となった。昭和三十七年一月、取材したいという意向を快く受け入れ、当時の日記を見せてくれた。しかも筆写を快諾された」(『南京の氷雨』)

南京戦当時に山田が書いた日記を、連載「郷土部隊戦記」の取材に際して阿部が書き写したという。六二年のことだった。

山田の「日記」と両角の「回想ノート」は、九三年に刊行された偕行社の『南京戦史資料集Ⅱ』にそれぞれ、「山田栴二日記」「両角業作手記」として収録された。

ここからは前者を「山田日記」、後者を「両角手記」と呼ぶことにする。

### 捕虜の仕末

まず、「山田日記」から幕府山の占領と捕虜に関連する記述を引用しておこう。といってもメモ程度の簡単な記述だ。

「一二月一四日　他師団に砲台をとらるるを恐れ午前四時半出発、幕府山砲台に向ふ、明けて砲台

の附近に到れば投降兵莫大にして仕末に困る
幕府山は先遣隊に依り午前八時占領するを得たり、近郊の文化住宅、村落等皆敵の為に焼かれたり
捕虜の仕末に困り、恰も発見せし上元門外の学校に収容せし所、一四、七七七名を得たり、斯く多くては殺すも生かすも困つたものなり、上元門外の三軒屋に泊す
**一二月一五日** 捕虜の仕末其他にて本間騎兵少尉を南京に派遣し連絡す
皆殺せとのことなり
各隊食糧なく困却す
**一二月一六日** 相田中佐を軍に派遣し、捕虜の仕末其他にて打合はせをなさしむ、捕虜の監視、誠に田山大隊大役なり、砲台の兵器は別とし小銃五千重機軽機其他多数を得たり
**一二月一七日** 車にて南京市街、中山陵等を見物、軍官学校は日本の陸士より堂々たり、午後一・三〇より入城式祝賀会、三・〇〇過ぎ帰る
仙台教導学校の渡辺少佐師団副官となり着任の途旅団に来る
**一二月一八日** 捕虜の仕末にて隊は精一杯なり、江岸に之を視察す
**一二月一九日** 捕虜仕末の為出発延期、午前総出にて努力せしむ
軍、師団より補給つき日本米を食す
**一二月二〇日** 午前九・〇〇の予定の所一〇・〇〇に開始、浦口に移り、国崎支隊長と会見、次いで江浦鎮に泊す」
一二月一四日に約一万五〇〇〇人の捕虜を得た山田支隊は、二〇日に長江対岸に渡る。この間に捕虜

を解放したり、捕虜が逃走したりしたという記述は一切ない。あるのは、司令部から「皆殺せ」との指示を受け、江岸で「仕末」したという記述だ。[3]

## 山田は舟を見たのか

戦後、山田栴二に取材した人物がもう一人いる。『「南京大虐殺」のまぼろし』(以下『まぼろし』)の著者、鈴木明だ。

鈴木は七二年、山田を仙台の自宅に訪ねた(その後、山田は七七年に九〇歳で没した)。約一万五〇〇〇人の捕虜の行方を探るうえで重要なポイントの一つは、捕虜を逃がすための舟だ。本当に解放しようとして江岸に連行したのなら、かなりの数の舟を用意する必要がある。

右にみたように「山田日記」には、舟で逃がしたという記述も、舟自体についての記述もない。鈴木は「舟はどの位の大きさで、何隻あったんですか」と山田に尋ねる。これに山田が答える。

「数隻だったろうなァ。一隻は見たよ。数十人は乗れるからかなり大きな舟だったなァ。揚子江には、小さな舟はないいんだ」

山田は江岸に足を運んで「数十人は乗れる」舟を見たというのだ。これは、阿部が書いた「南京虐殺事件の真相」(『郷土部隊戦記1』)の記述と相反する証言だ。「南京虐殺事件の真相」は、捕虜の解放を決意した両角連隊長が独断で、つまり上官の山田旅団長には知らせずに、部下に解放を命じたとしていた。だとすれば、その現場に山田が足を運ぶことはありえない。

しかも、「両角手記」は、捕虜集団を江岸に連行した三七年一二月一七日夜のことを、こう述べている。

「日は沈んで暗くなった。俘虜は今ごろ長江の北岸に送られ、解放の喜びにひたり得ているだろう、と宿舎の机に向かって考えておった」

すなわち、両角は「宿舎」にいて江岸の現場には行っていなかった。自分が独断で決めた捕虜解放の現場に立ち会わないのは不自然ではないか、という疑問とともに、旅団長である山田が現場にいて、その部下である両角が宿舎で待機しているなどということがありうるのかという疑問も浮かぶ。山田の「一隻は見たよ」の一言によって、「両角手記」が描くストーリーは破綻したかにみえる。

舟はあったのか。

江岸の現場にいた元少佐、平林貞治は、鈴木の取材にこう語る。

「とにかく、舟がなかなか来ない。考えてみれば、わずかな舟でこれだけの人数を運ぶというのは、はじめから不可能だったかもしれません。捕虜の方でも不安な感じがしたのでしょう。突然、どこからか、ワッとトキの声が上った」

その証言は、舟がないために、解放はウソだと捕虜が気づき、騒乱状態になったことを示唆している。第五章「下関にて」でみたように、長江の対岸に逃れようとした中国兵や民衆は、机や木材など、水に浮くものなら何にでもつかまって南京からの脱出を図った。そこへ日本軍は容赦なく銃砲弾を浴びせた。対岸にわたった舟は、南京側には戻ってこない。

一二月一七日夜の段階で、少なくとも数千人規模の捕虜を対岸に運ぶのに十分な舟を日本軍が用意できたかどうか。

これも第五章でふれたように、野戦郵便長の佐々木元勝も一七日、七二〇〇人の捕虜を引率する将校が「船がない」と語るのを日記に書きつけている。

捕虜を解放しようと長江岸に連行したという『郷土部隊戦記1』の記述の信憑性について、『まぼろし』

は結果的に重大な疑義を投げかけたかたちとなった。
そのうえで鈴木は、江岸の捕虜虐殺について、こう結論づけるのだ。
「真実は、もはや今日では知りようがない」
鈴木はそうして不可知論、すなわち「まぼろし」のなかへと駆け込んだ。

注

1 実際には火事は一二月一六日午後に起きた。

2 防衛庁防衛研修所戦史室『戦史叢書 支那事変陸軍作戦1』（75年刊）は、出典を明記せずに、また特段の検討もなしに、この「自衛発砲説」を採っている。

3 「山田日記」が九三年に『南京戦史資料集Ⅱ』に収録され公表されたことで、一つの事実が明らかになった。それは八二年刊行の『ふくしま戦争と人間1』で阿部が「山田日記」から引用したという記述と、『南京戦史資料集Ⅱ』収録の「山田日記」の記述が一致しないことだ。

阿部は、例えば三七年一二月一五日と、一八―二〇日の項を次のように「引用」している。

一五日　捕虜の始末のことで本間少尉を師団に派遣せしところ「始末せよ」との命を受く（後略）

一八日　捕虜の件で精一杯、江岸に視察す。

一九日　捕虜の件で出発を延期、午前、総出で始末せしむ。

二〇日　下関より浦口《ほこう》へ向かう。途中死体累々たり、十時浦口に至り国東（国崎）支隊長と会見。

一五日の項では「皆殺せとのことなり」が「始末せよ」になっている。また一八、一九日の項では「捕虜の始末」が「捕虜の件」になっている。さらに二〇日の項では原文にない「途中死体累々たり」という字句が加えられている。

「山田日記」の一節は鈴木明の『「南京大虐殺」のまぼろし』にも引用されている。

鈴木の引用は阿部の引用と記述がほぼ一致する。

阿部は「私はこのとき〔鈴木が七二年に福島に取材にきたとき〕山田旅団長の日記などについて教えた」（『南京の氷雨』）と明かしている。鈴木も「福島の新聞社に勤めるAさん」が「取材に協力してくれた」と『まぼろし』に書いている。つまり、阿部が鈴木に「山田日記」の写しを見せるか、コピーをわたすかしたのだろう。

## 両角手記

阿部輝郎の「自衛発砲説」は、主に「両角手記」を論拠としている。

「両角手記」はどういう資料なのか。阿部は、その来歴について『南京の氷雨』のなかで、こう述べている。

「両角業作大佐は、戦後は東京の杉並に住み、既に故人となっているが、昭和三十六年から三十七年にかけ、取材のため何回か訪問した私に、詳細に当時の事情を説明し、また分厚いノートを貸してくれた。『日記は簡単な記述なので、これを基礎にしながら戦後になって激戦の思い出を書きとめたものですよ。人に見せるつもりで書いたものではないが……』とのことだったが、戦術の反省なども含め、詳細に書きとめてある。日記の重要部分、回想ノートの重要部分を筆写することを快諾された。筆写したものは今も私は持っている」

両角が、南京戦当時の簡単な日記の記述をもとに、戦後になってノートにまとめた回想記を阿部が筆写したという（それからほどなく、両角は六三年に七五歳で死去した）。

一方、「両角手記」とともに、そのもとになった「日記」もあわせて収録する『南京戦史資料集Ⅱ』は、この二つの資料について、次のように説明している。

「『手記』は明らかに戦後書かれたもので（原本は阿部〔輝郎〕氏所蔵）、幕府山事件を意識しており、他の一次資料に裏付けされないと、参考資料としての価値しかない」

「残念なことに『両角日記（メモ）』は、研究者・阿部輝郎氏が筆写した南京戦前後の部分しか現存せず、その原本との照合は不能の状況である」

もともとが戦後になって書かれた回想記であるうえ、両角直筆の原本は存在せず、阿部の筆写しか残っていない。従って阿部の筆写が正確かどうか検証のしようがない。「自衛発砲説」は、こうした脆弱な土台の上に積み上げられていた。

## ハラを合わせて

江岸の現場に足を運んだはずのない山田栴二旅団長が、捕虜を逃がすための舟は何隻あったのかという鈴木明の質問に「数隻だったろうなァ。一隻は見たよ」と語っていることの矛盾は、先にみた通りだ。「両角手記」の記述に関して、もう一つ疑問がある。「両角手記」は三七年一二月一七日の捕虜解放について「『私の胸三寸で決まることだ。よしと期して』――田山大隊長を招き、ひそかに次の指示を与えた」と書いている。また「処置後、ありのままを山田少将に報告をしたところ、少将もようやく安堵の胸をなでおろされ、さも『我が意を得たり』の顔をしていた」と述べて、捕虜を解放しようとしたことは、両角の独断であったことを強調している。

この点は『郷土部隊戦記1』も解放は「連隊長の独断専行」だったと述べている。

司令部の「捕虜を殺せ」という指示を受け入れたくない山田の胸中を察して、山田に責任が及ばぬよう両角が独断で捕虜を解放した――これが「両角手記」の根幹的なストーリーだった。

ところが、『ふくしま戦争と人間1』には、これとは相反する記述がある。同書のなかで阿部は、山田が「『両角連隊長とハラを合わせたうえ、夜間、ひそかに解放することに決断した』とも語っていた」ことを明らかにしている。

阿部は、新聞連載のため、山田、両角に直接、取材していた。[1] それにしては、事実関係にあいまいさが残る。捕虜の解放は、両角の独断だったのか、それとも山田と両角が「ハラを合わせたうえ」でやろうとしたことなのか。

## 国際法と逃亡捕虜

「両角手記」は、その末尾に「逃亡する者は射殺してもいいとは国際法で認めてある」と書いていた。阿部もその記述をそのまま踏襲して「国際法によれば、逃亡する捕虜は射撃して差しつかえないことになっているが、両角部隊の場合は、当然これに該当するものと思われる」と『郷土部隊戦記1』で自身の見解を述べている。これは事実だろうか。

捕虜の取り扱いを決めた一九二九年のジュネーブ条約はこう規定していた。日本はジュネーブ条約を批准していなかったが、[2] 当時の国際標準として参照しておこう。

「第五〇条（逃走に対する懲罰）

逃走したる俘虜にして其の軍に達する前又は之を捕へたる軍の占領したる地域を離るるに先ち再び捕へられたる者は懲罰のみに付せらるべし

俘虜にして其の軍に達し又は之を捕へたる軍占領したる地域を離れたる後再び俘虜と為りたる者は前の逃走に対しては何等の罰を受くることなかるべし」

逃げた捕虜が再び捕らえられた場合、懲罰が科せられる。

では「懲罰」とは何か。

「第五四条（最重き懲罰）

拘留は俘虜に課せらるべき最重き懲罰とす
同一罰の期間は三十日を超過することを得ず」
逃走した捕虜に対する最も重い懲罰は、三〇日以内の拘留と定められていた。逃走した捕虜を再び捕らえて懲罰を科すことを国際法は認めていたが、「射殺してもいい」とは定めていなかった。再び捕らえて管理下に戻せば戦争相手の戦力はそがれたままだ。それで十分であり、それ以上の罰を科してはならない。それが国際法の考え方だった。

**「佐藤一郎日記」**

八九年一月、阿部は南京を訪れ、幕府山麓の長江岸周辺を歩いた。日本で「昭和」が終わりを迎えるころだった。そして、この年の一二月、阿部はルポ『南京の氷雨』を出版した。

このなかで、阿部は、幕府山の捕虜の行方を知る両角連隊所属の一等兵、佐藤一郎の日記を引用した。「佐藤一郎」は阿部がつけた仮名である。

それまでの『郷土部隊戦記1』『ふくしま戦争と人間1』の幕府山の捕虜に関する記述は、戦後書かれた「両角手記」がもとになっていたが、「佐藤一郎日記」は、南京戦当時に書かれた一次資料だという。日記は、こう書いていた。

「12月16日　〔略〕昼飯を食し、戦友四人と仲よく故郷を語って想ひにふけって居ると、残兵が入って居る兵舎が火事。直ちに残兵に備えて監視。〔略〕あんなに二万名も居るので、警備も骨が折れる。警備の番が来るかと心配する。夕飯を食してから、寝やうとして居ると、急に整列と言ふので、また行軍かと思って居ると、残兵の居る兵舎まで行く。残兵を警戒しつつ揚子江岸、幕府山下にある海軍省前まで行くと、重軽機〔重機関銃・軽機関銃〕の乱射となる。〔略〕午後十一時半、月夜の道を宿舎に帰り、故郷の家族を思ひながら、近頃は手紙も出せずにと思ひつつ、四人と夢路に入る」

「12月17日　〔略〕夕食の準備をして居ると、また残兵の連行だと言ふ。入城式で疲れた足を引きずりながら行く。〔略〕四人で入城式の事を語り、戦争が無事終わった事を喜ぶ。故郷の人達も『ラヂオ』でこの事を聞き、無事で居るかと心配して居る事を思ふ。朝二時に寝る」

ここからわかるのは、両角部隊の兵士は一六日と一七日の二度、長江岸へ捕虜を連行していたことであり、機関銃は一六日にはすでに用意されていたことだ。阿部はこう述べる。

「二万余の捕虜がいて、実は十二月十六日と十七日の日記のあと、その全員が消えてしまうのだ。捕虜といえば、無抵抗の状態に置かれている人たちだ。どうやら殺害されてしまったにちがいないと思う。もし『殺せ』と命令した人がいたとしたら、それは人間の心を持たない鬼そのものだといっていい」（『南京の氷雨』）

阿部は、ここで初めて江岸での集団虐殺が一六日にもあったことを明らかにする。それは、阿部が依拠する「両角手記」も「山田日記」もこの点にふれていなかったからだとみられる。

## 阿部の結論

『郷土部隊戦記1』で阿部は、捕虜の大部分は日本軍が解放するか、逃走するかしたという「両角手記」の記述をそのまま事実として叙述した。両角部隊は捕虜を逃がそうとした、彼らは「ヒューマニズムを忘れることはなかった」とまで書いた。

しかし、「佐藤一郎日記」が語る事実は、「両角手記」のそれと大きく異なっていた。両角部隊は捕虜を解放するために江岸に連行したのか、それとも、連行する時点で殺害が意図されていたのか。阿部が引用する「佐藤一郎日記」には、決め手となる記述がない。

実際のところ、どうだったのか。これを探るため、阿部は八九年に南京に赴いた。

南京で阿部は、中国側の資料を参考にしながら捕虜が集団虐殺された現場を探し、目撃者を探した。しかし見つからなかった。

帰国後に執筆した『南京の氷雨』で、阿部は、両角部隊の元幹部の証言を書き込んだ。両角から捕虜を解放するようひそかに指示された大隊長として「両角手記」に登場する田山芳雄は、阿部にこう語ったという。

「〔捕虜を江岸に連行したのは〕解放が目的でした。だが、私は万一の騒動発生を考え、機関銃八挺を準備させました。舟は四隻――いや七隻か八隻は集めましたが、とても足りる数ではないと、私は気分が重かった。でも、なんとか対岸の中洲に逃がしてやろうと思いました」

「銃声は最初の舟が出た途端に起こったんですよ。たちまち捕虜の集団が騒然となり、手がつけられなくなった。味方が何人か殺され、ついに発砲が始まってしまったんですね」

阿部が、両角部隊の元幹部から得た証言は、細部（たとえば、両角部隊が用意した舟の数など）に無視できないちがいがある。ただ、いずれも捕虜が騒いだためにやむなく発砲したという「自衛発砲説」「偶発発砲説」の枠内に収まるものだった。

これらの証言がいずれも事実だとすると、両角部隊は、江岸に連行した多数の捕虜を、二日連続で「偶発的」に機関銃でなぎ倒したことになる。

捕虜たちはなぜ暴発したのか。何がきっかけだったのか。

両角部隊の元幹部たちは、肝心の点をほとんど語らないまま「自衛発砲説」を口々に唱えた。

その一方、幕府山で数千人規模の非戦闘員を解放したとか、一二月一六日の火事で四〇〇〇人が逃走したなど、「両角手記」の記述を裏付ける証言をした元幹部はいなかったようだ。結局、捕虜の人数が段階的に大きく減っていく両角説は、立ち消えのような形となった。

阿部が入手した「佐藤一郎日記」自体、一二月一六日の項に「あんなに二万名も〔捕虜が〕居るので、警備も骨が折れる」と書いており、両角説はすでに維持できなくなっていた。

阿部は『南京の氷雨』の巻頭ちかくで、こう述べた。

「ある時点から、この〔二万人とも一万五千人ともいう〕多数の捕虜が幻のように消えてしまった。なんの痕跡も残さずに、である。どうやら全員（ほとんどといったほうがいいかもしれない）が殺害されてしまったらしいことは、断片的な史料から推測されるのだが、どこで、どのように――という具体的なことになると謎のままである」

両角部隊が殺害した人数について、阿部は『郷土部隊戦記1』で「千人を上回った程度」としていた。その点については考えを変えた阿部だったが、「自衛発砲説」「偶発発砲説」を手放すことはなかった。

そして、こう結論づけた。

「解放の意図が一転しての銃撃だったのか。最初から虐殺の意図があっての連行だったのか。南京虐殺を研究する人たちは、それぞれの立場からの推論を試みている。いったい、どちらだったのか、私にはよくわからない。しかし、これまで見てきた証言や日記が示しているものは、どうやら解放意図が一転しての失敗だったようである」[3]（『南京の氷雨』）

両角部隊の将兵は捕虜を解放しようとしたが、捕虜が暴れて果たせなかった――。

阿部は、郷土・福島出身の将兵の「善意」を信じた。郷土の先人をわるくは書けない。そんな自己規制もしくは「配慮」も、そこに含まれていたかもしれない。

注

1　阿部輝郎は『郷土部隊戦記』『ふくしま戦争と人間』の取材で、六一年からの三年間と、七五年からの五年間にわたって多数の関係者に話を聞いたとしている（『南京の氷雨』）。

2　歴史研究者の渡辺久志によると、日中戦争開始後の三七年九月から一〇月にかけて上海で日本赤十字の活動を視察した赤十字国際委員会に対し、日本政府は、信夫淳平ら日本陸海軍の法学者が参加して作成した「調書」を交付した。調書は捕虜の取り扱いについて一九〇七年のハーグ条約並びに一九二九年のジュネーブ条約の精神に鑑み、自発的に従っている、と述べていたという（渡辺「南京事件の虐殺者数を再考する　第4回　国際法をめぐる議論と論点一」、雑誌「中帰連」51号、２０１２年12月刊）。

3　『南京戦史』（89年11月刊）は、幕府山の捕虜への対応について「福島民友新聞社論説主幹・阿部輝郎氏が、歩六五参戦者約百人の証言をまとめ」て八九年に「新説」を発表した、と述べている。その骨子は、次の通り。

——三七年一二月一六日、両角部隊第二大隊が長江岸の中国海軍碼頭付近に捕虜五〇〇〇—二〇〇〇人を連行。騒乱状態となり、同日夕から夜にかけて機関銃四挺で暴動集団の主力を射殺した。

翌一七日、両角部隊は残りの捕虜を解放目的で、江岸（前日の地点より下流へ七キロ）に連行したところ暴動となり、同日夕から深夜にかけて暴動集団の主力を機関銃で射殺した。ただし、捕虜の数は証言者によって大きな差があり、確認されていない。

ところが、この「新説」をどこから引いたのか、『南京戦史』は示していない。また『南京戦史』の一カ月後に出た『南京の氷雨』（89年12月刊）はこの「新説」にふれていない。

## 兵士たちの日記

「死者数は『14，777人』か　いわきの会社員が4年がかり調査　南京大虐殺・揚子江岸の最大規模事件」

九〇年九月一九日、朝日新聞夕刊はそう報じた。筆者は編集委員の本多勝一。幕府山で多数の中国兵を捕虜にした会津若松歩兵第六五連隊（両角部隊）の元将兵を対象に、福島県在住の会社員、小野賢二が聞き取りをしたり、当時の日記を見せてもらったりして調査した結果、虐殺された捕虜の数は「一万四千七百七十七人に限りなく近い」との結論を得た――という内容だった。

前年の八九年に偕行社が発行した『南京戦史』は、福島民友記者、阿部輝郎の『ふくしま戦争と人間1』や防衛庁防衛研修所戦史室の『支那事変陸軍作戦1』が殺害した捕虜を約一〇〇〇人としていることを紹介していた。

小野が調査を始めたのは八八年。「自衛発砲説」はどうもおかしいと感じたのが調査の一つの動機だった。戦友会名簿を入手し、手紙で証言を依頼した。小野は振り返る。

「直接手を下した当事者と向き合うのはしんどい作業だった。しかも、一人作業。常に孤独であった。成果の上がらぬ無駄歩きの連続は焦燥と、絶望観《ママ》につきまとわされることになる。〔略〕電話で怒鳴られ、玄関払いをくらうのだから事件の大きさを物語ってもいよう」（「兵士の陣中日記にみる南京大虐殺」「戦争責任研究」95年秋季号）

小野は、化学会社の労働者として三交代勤務につきながら、約二〇〇人の証言と陣中日記二十数冊、録音テープ一〇〇本以上を集めた。

すでにみたように、阿部輝郎の新聞連載やルポは、ほとんどが元部隊幹部の戦後の回想に基づいて書かれていた。これに対し、小野は、文字通りの一次資料を発掘し、「捕虜のその後」を追究した。

小野は、集めた証言の中から一九人分の陣中日記などを選び、九六年、『南京大虐殺を記録した皇軍兵士たち』（藤原彰、本多勝一との共編、以下『皇軍兵士たち』と略す）にまとめた。

## 解放の記述なし

『皇軍兵士たち』に収録された兵士の日記から何が読み取れるか。個々の記述については『皇軍兵士たち』にあたっていただくとして、ここでは日記の記述の骨子をまとめておきたい。

一二月一四日、約一万五〇〇〇人の投降兵を捕虜とした。「両角日記」は非戦闘員を解放したとしているが、それについての記述はどの日記にもない。翌一五日、捕虜はさらに増えた。

一六日、捕虜を収容した建物から出火。夕方から長江岸に捕虜の一部を引き出し、銃殺した。一七日、入城式。夕刻から江岸で多数の捕虜を殺害した。一八日、死体の後片付けをしたがこの日だけでは終わらず、一九日も作業が続いた。この間、捕虜を解放しようとしたことを示す記述は見当たらない。

一方で、改めて兵士たちの日記を読み返して、気づいたことがある。

次に引用するのは、いずれも、捕虜を収容していた建物から出火、捕虜を江岸に連行して集団虐殺した三七年一二月一六日の日記の記述である（「　」つきの氏名は仮名。『皇軍兵士たち』による）。

「遂に二万の内三分の一、七千人を今日揚子江畔にて銃殺と決し護衛に行く、そして全部処分を終

る、生き残りを銃剣にて刺殺する」（「近藤栄四郎」出征日誌）

このうち「揚子江畔にて銃殺と決し」という字句は、銃殺が捕虜の暴発に起因して偶発的に行われたのではなく、事前に計画されていたことを示唆している。

次に引くのは、大規模な捕虜虐殺があった一二月一七日付の日記の記述だ。

「午後五時敵兵約一万三千名を銃殺の使役に行く」（「目黒福治」陣中日記）

「銃殺の使役に行く」という記述も、やはり捕虜の殺害が偶発的ではなかったことを示唆している。

『皇軍兵士たち』の編者の一人、歴史学者の藤原彰は「解説」で、こう述べる。

「ここに集められている日記は、こうした釈放説、自衛発砲説を粉砕する資料である。どの日記にも、釈放や捕虜の反乱の記述はまったくない。一万数千ないしはそれ以上の捕虜を、組織的に殺害したという事実を、淡々とそのままに記述しているのである」

「山田支隊は一二月一四日に幕府山付近で一万四千余、一五日にもつづいて数千の捕虜を捕えたこと、軍命令で一六日にその三分の一を江岸で射殺し、一七、一八日と処刑をつづけ、一八、一九の両日には死体片づけのための兵力を出していたことが明らかである。〔略〕一万四千ないしそれ以上の捕虜の組織的な処刑がおこなわれたことが記録されているのである。これは国際法上も人道上も許されない不法行為であることはいうまでもない」

## 捕虜たちの自衛行動

武装解除された一万数千から二万の捕虜たちが、長江岸に連行された。そこに機関銃が置かれていることに捕虜たちはすぐに気づいたことだろう。これはどうしたことか。そもそも捕虜は、保護されるべき存在ではないか。

このままでは殺される。

そう直感した捕虜たちが逃走を試みたり、反抗にうって出たりしたとしても、それは死を免れるための、やむにやまれぬ「自衛行動」ではなかったか。解放されることが確実なら、捕虜たちは、あえて立ちあがる必要はなかった。「自衛」という言葉を使うなら、捕虜たちの行動こそが「自衛行動」だった。機関銃で武装する両角部隊と、徒手空拳の捕虜たちは、そもそも対等な関係になかった。

とうに抵抗の意思を捨て、武器を捨てていた捕虜たちに向けて日本軍は機関銃を撃ちまくった。

二〇一五年一〇月、日本テレビは「NNNドキュメント」の枠で「南京事件　兵士たちの遺言」を放送した。二年半後の一八年五月には、その続編にあたる「南京事件II　歴史修正を検証せよ」を放送している。番組では、小野が収集した将兵の従軍日記や証言映像、証言音声を柱に、幕府山で捕虜となった中国兵のその後を追い、両角業作が戦後になって語った「自衛発砲説」について検証した。

番組が映し出す従軍日記の記述や元兵士らの証言からは、両角部隊が捕虜を解放しようとした形跡を見いだすことはできなかった。

「自衛発砲説」とは「戦後になって軍の幹部が責任回避のためにつくりあげた話」であり、「戦犯になることを恐れた幹部たちの弁明」であると番組は結論づけた。

「自衛発砲説」は、虐殺の責任者とそれにつながる人たちが戦後になって語ったものであり、虐殺の最前線にいた将兵の日記には、捕虜を「解放」しようとしたことを示す言葉は書かれていない。[1]

「自衛発砲説」を最初に世に紹介した記者として、阿部が「南京事件Ⅱ」の終盤に登場した。

「最近、南京虐殺はなかったという話があるが」と問われて、阿部はこう答える。

「あったと思いますよ。虐殺があったことだけは認めて、謙虚に反省しながら進んだ方がいいのではないかなあと思っています」

そう語った阿部は二〇二一年一二月八日、八八歳で死去した。

注

1　幕府山の捕虜について、戦後書かれた回想記の一つに、独立山砲第一連隊の一兵士として二六歳で従軍した増子音重の『実録　日中戦争の断面　従軍兵士の自分史』（88年刊、非売品）がある。増子は三七年一二月一六日の捕虜殺害に立ち会ったとみられる。増子は著著でこう述べている。
「その山〔爆風《ママ》山〕の下に支那の兵舎があり、藁葺き屋根であったがその数は二十棟位あったと思うが、その兵舎に捕虜達を収容していたのである。食事も与える事なく、兵舎の周囲は我が歩兵隊の機関銃が二十丁も並べられて逃げ出せぬよう厳重に警戒されていた。腹が減っても食糧を与えることが出来なく、収容はして見たものの実際は処置に困っていたのである。兵舎に火をつけて騒ぎ出し、看守の者も手に余り上司の命を待っていたところ、『戦争はまだまだ終わらない、全員虐殺せよ！』との指令が出たようである。〔略〕命令どおり中から出て来る捕虜たちを後ろ手に縛り、二人一組につないで表の広場に立たせた」

「約一時間位かかって揚子江岸の、とある建物のあるところに着いた。〔略〕その広い庭に捕虜たちは次から次へと座らせられたのである。入口があるだけで庭の向こうは高い山であり、逃げることが出来ないところであった。全部捕虜たちを庭に座らせたので、今度は支那兵を連れて来て首を切ったり、銃剣で刺し殺したりする者もあった」

「そうこうしているうちに『ワァー』という歓声が上がったと思う間もなく、機関銃の音が闇をつんざくように一斉に何十丁も発射されたのであった。捕虜たちは一たまりもなくペタペタと庭にうづくまって死んだのである」

## そこに記者はいたか

時間を一九三七年一二月に戻そう。先に引用した一二月一七日付東京朝日の記事の一節をもう一度見ておこう。

「両角部隊のため烏龍山、幕府山砲台付近の山地で捕虜にされた一万四千七百七十七名の南京潰走敵兵は、何しろ前代未聞の大捕虜軍とて、捕へた部隊の方が聊《いささ》か呆れ気味で、こちらは比較にならぬ程少数のため手が廻りきれぬ始末。先づ銃剣を棄てさせ、付近の兵営に押込んだ。一個師以上の兵隊とて、鮨詰めに押込んでも二十二棟の大兵舎に溢れるばかりの大盛況だ」

これを書いた横田省己記者が、捕虜を収容する現場にいたとみられることも、すでに述べた通りだ。このほか東京朝日写真部の河村英一と上野悟郎が、「大兵舎」前に「溢れるばかりの」捕虜が集まっている写真を撮影しており[1]、現場にいたことは確かだ。しかし、二人のカメラマンは、その後の捕虜の行方について何も書き残していないようだ。

### 酷似する記事

では、ほかの新聞社の特派員は幕府山の捕虜を見なかったのだろうか。

右の記事が東京朝日に載った翌一八日、福島民友に「大量捕虜に両角部隊の嬉しい困惑　お客さま一万五千人　食糧調達に転手古舞《てんてこまい》」という見出しで、次の記事が掲載された。

「両角部隊のため烏龍山、幕府山砲台付近の山地で捕虜にされた一万四千七百七十七名の南京潰走兵は何しろ前代未聞の大捕虜軍とて捕へた部隊の方が聊か呆れ気味でこちらは比較にならぬ程の少数のため手が廻りきれぬ始末、先づ銃剣を棄てさせ付近の兵営に押込んだ。一個師以上の兵隊とし鮨詰めに押込んでも二十二棟の大兵舎に溢れるばかりの大盛況だ」

一読してわかるように、一七日付東京朝日の記事と酷似している。「南京にて十六日発」とあるが、署名はない。同じ日の福島民報は「両角部隊嬉しい悲鳴　二十二棟の大兵舎にギッシリ鮨詰め　われに数倍する捕虜」の見出しで、次のように報じた。

「一万四千七百七十七名といふ稀有の大量捕虜を抱へ嬉しい悲鳴を挙げてゐるわが両角部隊の話——昨報の如く南京に入城すべく幕府山要塞に迫り同地を占領した両角部隊は南京潰走の敵大部隊と遭遇、一挙にこれを捕虜としたが、我兵力に○〔一字伏せ字〕倍加する一箇師以上の兵力とてこの武装解除に一悲鳴、漸く銃剣を捨てさせ、付近の兵営に押し込んだが、二十二棟の大兵舎にギッシリ鮨詰めにしてなほあふれ出る盛況」

こちらも署名がない。福島民友の記事ほどではないが、朝日の記事とよく似た箇所がある。「嬉しい悲鳴」という表現はこのころからあったのかとちょっと驚かされもする。

記事がこれほど似ているのは、どういうことなのか。ひょっとすると、福島民友、福島民報は朝日の記事を下敷きに原稿を書いたのかもしれない。そうとでも考えないと、これほど記事が似ることは、普通はありえない。あるいは、当時は新聞社間でなんらかの了解があったのかもしれない。

烏龍山、幕府山で多数の投降兵が捕虜にされ、兵営に収容された一二月一三日、一四日の段階では、福島民友、福島民報の記者も、福島新聞の記者も現地にいなかった。そのことは紙面から確認できる。同盟通信の記者もいた形跡がない。

## 特派員、幕府山麓へ

福島民友は、三七年九月下旬から両角部隊に従軍していた市野直治記者が一二月初めに福島に帰還。長江沿いに南京へと迫る両角部隊のあとを長谷川平八郎記者が追っていた。

長谷川は一一月三〇日、「両角部隊南京へ突進」の見出しで、次の記事を書き送っている。

「〔後続の〕内儀部隊〇〇班に到着した情報によれば両角部隊はすでに江陰県城の残敵を掃蕩して西北方に潰走する敵を急追中で既に一部は南京を距《へだ》る二十里の地点に到達した」（37年12月1日付福島民友）

ところが、長谷川の署名記事をたどると、長谷川はその後、南京には向かわず、金山、湖州に回る。福島民友の記者は、幕府山にも陥落直後の南京城内にも入っていない。

一〇月初旬に上海に上陸して以来、両角部隊に従軍してきた福島新聞の特派員、三田英一は、一一月下旬に突然、帰国を表明した。「将兵の労苦は想像以上で、限りある紙面では伝えきれない。帰任して講演行脚することにした」（要旨、37年11月27日付「報道報国から、講演奉仕へ！」）と同紙は理由を述べたが、同じ紙面に載った三田の署名記事に次の一節があった。

「是からはどんなことにしても一日、十里近い行軍は覚悟せねばなりません。兎も角、足を持たない地方新聞としては手も足も出ぬことになつた訳です」

部隊はどんどん先に行ってしまう、自動車の用意がなくてはどうにもならない……。どうやら三田は、部隊を追いかける気力を失ってしまったらしい。一二月三日夜、三田は福島駅に帰りついた。

一方、一〇月初め以来、両角部隊に従軍して取材にあたってきた福島民報の特派員、箭内《やない》正五郎は一二月四日に占領直後の江陰を取材したあと、一一日ごろにいったん上海に戻った。このことは、一二月二一日付福島民報に掲載された「箭内特派員の私信」という記事に書かれている。妻に書き送った近況報告の一部を紙面で紹介した記事だ。

日本軍がいよいよ南京の目前へと迫ったこの時期に、なぜ箭内は上海に引き返したのか。その点はよくわからない。そして、再び南京に向かったのは一二月一七日、入城式当日の早朝だった。

陥落一カ月後に始まった連載「箭内特派員従軍日記より」の第一回（38年1月14日付福島民報）のなかで、箭内はこうつづっている。

「十二月十七日　けふ、我が軍の晴れの入城式が南京で行はれる。〔略〕記者はこの朝、数日来の風邪を侵して、一路南京に向つた。体温三十八度三分、少し熱があり過ぎる、そして、また、今からでは、最早この晴れの入城式には間に合ひそうも無い、恐らく、南京入りは明日の夕刻であらう」

上海―南京間の距離は約二八〇キロ。日本の東海道新幹線でいうと、東京―豊橋間の距離とほぼ同じだ。とはいえ、南京への道は悪路であり、南京が陥落したとはいえ、中国側の攻撃が全く絶えたわけでもなかった。車を使って移動しても通常はどこかで一泊する必要があった。

箭内が南京に着いたのは翌一八日午後五時。中山門から城内に入り、街の中央部の軍報道部に立ち寄って両角部隊の所在を尋ねた。

教えられた通り中山門を出て、来た道を戻ったが結局、部隊にたどりつけず、夜中の一二時近くになって南京に引き返し、城内にある飛行場の格納庫の一角に落ち着いた（38年1月15日付福島民報「箭内特派員従軍日記より二」）。

翌一九日、箭内は幕府山麓に向かった。この日の模様を、箭内は次のようにつづっている。このなかで箭内は幕府山の捕虜のその後に言及している。

「朝食が済むと、直ちに出発だ。我が両角部隊の駐屯する幕布山〔幕府山〕まで約一里半位だ。大平門〔太平門〕をすぎると累々たる敵の死体を見る。城内見物に出掛けて来たといふ、我が部隊の兵隊数名に出会ふ、幕布山〔幕府山〕砲台には流石に堅固な防御線が張られてゐた。トーチカは無数に作られ巾十米位の鉄条網が幾重にも重なり合つてゐる。部隊は一山越えて揚子江岸の部落にあつた。途中は皆我が各部隊の屯所である。南京から雪崩を打つて、この砲台に逃げ込んだ二万に近い残兵を巧に揚子江沿岸におびき寄せ一挙にこれを掃蕩し両角部隊の勇名を馳せた地点もこの近くである。

累々たる死骸を踏み越えて凄壮なる場面を想像して見る。自暴自棄に陥つた彼等の中には銃を焚いて暖を取つてゐたといふ図太いものもあつた。それよりも、我が部隊を心から、喜ばせたことは調査の結果、老陸宅付近で我が軍を二十日間に亘つて悩まし続けた敵が約二千名、この中に加はつてゐたことである。一挙にして、千載の恨を晴らしたのである。本部に挨拶して原隊たる山口（憲）部隊に帰るといふ近藤栄昌中尉と共に約一里離れた幕布山〔幕府山〕の南山麓に赴いた[2]」（38年1月15日付福島民報「箭内特派員従軍日記より㈢」）

「二万に近い残兵を巧に揚子江沿岸におびき寄せ一挙にこれを掃蕩し……」

箭内はそう報じていた。これは幕府山の捕虜のその後を語る重要な一節だ。

両角部隊は、捕虜を江岸に「おびき寄せ」て「掃蕩」した、と記事は書いている。「捕虜」と書くのをはばかってか、「残兵」と言い換えているが、「二万に近い残兵」としていることから、それが幕府山の捕虜を指すことは明らかだ。

箭内は一二月一九日、捕虜を集団虐殺した長江岸の現場近くに着いた。一九日といえば、集団虐殺からわずか二日後だ。現場では捕虜の死体を片づける作業が続いていた。両角部隊の幹部は、捕虜をうまく江岸に「おびき寄せ」て「一挙に」掃蕩したと箭内に説明した。その説明をもとに箭内は記事を書いたのだろう。

翌二〇日、箭内は幕府山麓を発って下関の中山碼頭に到着。午前一一時に部隊といっしょに長江北岸に渡った（38年1月16日付福島民報「箭内特派員従軍日記より四」）。

山田支隊の元将兵から証言を集めてきた小野賢二氏に右の記事を読んでもらった。注目されるのは「累々たる死骸を踏み越えて凄壮なる場面を想像して見る」という一節だ。

小野氏は言う。

「箭内氏が揚子江岸に行った一二月一九日には、虐殺された捕虜の死体を長江に流す作業が行われていました。『累々たる死骸を踏み越えて』という書き方からみて、箭内氏が、実際にたくさんの死体をその目で見たのはまちがいないと思います。そして箭内氏は『凄壮たる場面』つまり殺害の場面を想像して、『一挙にこれを〔捕虜を〕掃蕩』したとまで書きました。このように書いたのは箭内氏だけだと思います。俺は九〇年ごろに一度、箭内氏宅を訪ね、話を聞いたことがあります。ただ、病み上がりに加え、晩年の箭内氏はもう記憶があいまいになっていて、はっきりした話は聞けませんでした」

## 「敗残兵」を殲滅

時間を戻そう。

箭内は三八年一月一九日、福島に帰った。これに先立つ一月七日、「晴れの南京入城式に　全軍部隊最上の面目　箭内特派員」という見出しの記事が福島民報の一面トップを飾った。

すでに述べたように、箭内が南京に入ったのは入城式翌日の三七年一二月一八日だ。従って、箭内は実際には入城式を見ていない。掲載された記事は「我が部隊の将士は感極まつて手を取り合つて男泣きに泣いた」というように常套句を連ねて書かれている。どうして三週間遅れで、しかも実際には見てもいない入城式の記事をあえて書いたのか。この点は不明だ。

この入城式の記事のすぐ下に「天馬空を往く　両角部隊の戦史」という見出しで関連記事が載っている。箭内の署名記事だ。この記事で箭内は江岸の集団虐殺にふれている。

「烏龍山砲台の占領、南京郊外の幕布山〔幕府山〕砲台の奪取——我部隊の武勲は赫々として全軍に響いた。かくて南京入城式参加の感激となつたのである。幕布山〔幕府山〕付近では二万に近い南京より脱出し揚子江を超えて北岸に逃げのびんとした敗残兵を殲滅するなどといふ偉勲もあつた。この敗残兵のなかには約二千ほど老陸宅付近に於て我部隊を悩ました残兵を数へてゐた。それと分つた将士は『仇は打つた』とばかりに期せずして快哉を叫んだのであつた。十月十一日老陸宅の敵に第一弾を放つて、南京入城の日まで六十八日は過ぎた、あらゆる感慨は一つになつて空である、有となればただ涙である、その涙は感激の涙か、はた感傷の涙か」

この記事でも箭内は二万近くの「敗残兵」を「殲滅」した、と書いているが、これも捕虜を指すことは明らかだ。

老陸宅は上海郊外の村落で、両角部隊が一〇月の戦闘で多数の戦死傷者を出した地だ。江岸で殺害した捕虜のなかに、老陸宅で戦った中国兵が大勢含まれていて、両角部隊の兵士の敵愾心をかき立てたというのだ。
箭内は、この記事を「南京郊外幕布山〔幕府山〕砲台の宿舎の一農家にて」と結んだ。箭内は一二月一九日に幕府山に着き、二〇日には長江北岸へ移動している。従って記事を書いたのは一二月一九日に特定される。

年が明けて三八年一月八日、福島民報は「両角部隊、全椒で輝く新春を迎ふ」と報じた。書いたのは箭内記者とみられる。

「我が両角部隊は更に幕布山〔幕府山〕砲台下に於いて、南京を脱出、揚子江を渡つて北支方面に逃れんとした敗残兵二万近くと相会し、これを殲滅するといふが如き戦果を納めつつ二十日新らしき使命の下に南京中山碼頭より遂に北岸に渡河した」

ここでも箭内は「敗残兵二万近く」を「殲滅」したとつづっている。

烏龍山、幕府山で投降した約一万五〇〇〇―二万人の捕虜をめぐっては、東京朝日の横田記者らが、多数を確保したという趣旨の記事を書いた。しかし、「殲滅」した、と当時書いた記者は箭内のほかに見当たらない。

**後方の部隊にいた**

戦後、箭内は、南京戦の従軍経験について、阿羅健一の聞き取りに、次のように答えている。なお、箭内は一九〇四年生まれ。二八年に福島民報に入社。四〇年に編集局長に就き、四八年に公職追放にあって退社するまで局長を務めたという。聞き取りをしたのは八五年一二月で箭内は八一歳、場所は箭内の自宅だった（阿羅『「南京事件」日本人48人の証言』）。

――十二月十四日頃、第六十五連隊は一万五千人とも二万人ともいわれる捕虜を捕まえますね。

「いま申したように私は後方の輜重《しちょう》部隊にいましたので、捕虜を捕まえた時はいませんでした。捕虜を捕まえたことは連隊本部についた時、聞きました」

――捕虜はどうしたのですか。

「かかえていても面倒なので逃がしたのではないでしょうか。その頃捕虜は追い払うしかなかったのですが、逃がしたと言うと、叱られましたから、退却させたとか、殲滅したと言っていたようです」

――捕虜の話は書かなかったのですか。

「書きませんでした。捕虜や戦闘の話よりも兵隊の消息の記事が好評だったので、そういった記事を書いてました。捕虜のことは戦前の『支那事変郷土部隊写真史』が正確だと思います。『支那事変郷土部隊写真史』は事実どおり書いてますから」

――検閲のため捕虜のことを書かなかったということはありませんか。

「検閲のためということはありません。書かなかったのは捕虜の話をあまり聞かなかったからです。それほど捕虜の話は話題になってませんでした。〔略〕」

――戦後、福島民友新聞が連載した「郷土部隊戦記」によりますと、この時の捕虜は大多数が逃げ、残った三千人ほどを放そうとした時、暴動が起きて射殺した、と言われてますが……。

「捕虜が暴れたという話を聞いたのは戦後です。南京では捕虜と言ってもあまり話題になりませんでした。戦後になり、虐殺だといわれたので改めて捕虜のことを聞いた次第です」

これをどう読むか。

最小限の指摘をしておきたい。

箭内は捕虜の話を「書きませんでした」と語っているが、これは事実とは異なる。当時の記事は「敗残兵」「残兵」と言い換えているが、これは捕虜を指している。

箭内が、「事実どおり」書いているとした『支那事変郷土部隊写真史』(38年、福島民報社発行) 所収の「両角部隊奮戦記」は、幕府山の捕虜について、こう述べている。

「同〔一二月〕十三日〔正しくは一四日〕には既に南京に迫り、南京の郊外、北約二粁《キロメートル》の地点、揚子江の沿岸にある幕府山砲台を占領し、残敵約二万の捕虜を得た。その二万の捕虜の中には老陸宅、馬家宅の敗残兵約二千も加つてゐるといふ偶然に遭遇し、我が両角部隊の将士を喜悦せしめた」

ここではっきり「二万の捕虜」(傍点上丸) と書いている。右の箇所の執筆者は箭内だ。そのことは本の中に明記されている。『支那事変郷土部隊写真史』が捕虜について「事実どおり」書いていると箭内は言うが、同書が捕虜について記述しているのは右の一節だけである。

箭内は捕虜について、逃がしたのではないかと述べているが、意図的に逃がした、もしくは逃がそうとしたことを示す記述は、『皇軍兵士たち』に収録された日記には存在しない。

注
1　河村英一撮影の写真は、三七年一二月一八日発行の東京朝日夕刊に、また、上野悟郎撮影の写真は「アサヒグラフ」三八年一月五日号に掲載されている。
2　一二月一九日には、ほかに東京日日新聞の記者 (氏名不明) が両角部隊のもとにいた形跡がある。両角部隊の輜重特務兵「遠藤重太郎」(仮名) の陣中日記の一二月二四日の項に次の記述がある。
「〔手紙を出すのは〕十二月十九日に南京北方一里の地点馬隆山〔幕府山〕砲台のふもとに帯在〔滞在〕して居る時捕

慮〔捕虜〕を制理〔整理〕する時日日新聞記者に頼んで一通私が書いたのを日日新聞記者に頼んで南京野戦郵便局に出し〔て〕戴いたきりだ」(『皇軍兵士たち』)

## 記事は書かれていた

幕府山の捕虜について報じた新聞は、朝日、福島民友、福島民報だけではなかった。

東京日日は三七年一二月一八日付福島版で、「首都を逃げ出した　敵兵二万を捕虜　大佐、中佐、参謀も交る　またも両角部隊の殊勲」との見出しで次のように報じた。田中(光武)記者の署名がついている。

「江陰城占拠で一躍勇名を天下に轟かした両角部隊が敵首都南京攻略に捕虜二万を掌中にをさめ大殊勲をたてた。さる七日江陰を出発、〔略〕十三日正午には南京東方烏龍山砲台にいたり、同砲台による敵に猛攻を開始、約二時間にしてこれを占拠。〔略〕十四日午前八時には南京郊外幕府山砲台に迫つた」

「同九時、同砲台を占拠、〔略〕いよいよ南京城北方に肉薄した。このときわが軍の首都包囲攻撃に退路をもとめて揚子江に沿うて雪崩をうつて退却して来た敵大部隊に遭遇、両角部隊の勇士達は『それツ』とばかりこれを邀撃《ようげき》〔迎撃〕、猛烈に撃ちまくつたので戦意を失つた敵兵は大した抵抗もせず白旗を掲げて降参したが、この敵部隊は実に二万に達する大部隊であつた」

東京日日福島版はしかし、その後の捕虜の行方についてはふれなかった。

もうひとつ、一二月一七日発行の徳島毎日新聞夕刊も「殊勲の両角部隊　烏龍山、幕府山砲台占領後南京北方攻撃敵二万を捕虜　大部分白旗を掲げて降伏」の見出しで、南京一六日発の次の記事を載せた。

「江陰、要塞占拠戦で一躍勇名を天下に轟かした両角部隊は敵の首都南京攻略に捕虜二万を獲得する物凄い大勝利を得た」

字句に若干のちがいがあるものの、東日福島版の記事とよく似ている。

さらに徳島毎日は「敵兵二万の降伏」と題する社説（37年12月20日付）まで掲載している。

「南京攻略戦の末期、十六日の午後八時、両角部隊が、幕府砲台を占領して、城内に向ひ進撃中、二万といふ多数の敵軍が、白旗を樹てて降伏した事は、前号特電の通りであるが、〔略〕其れが蔣介石が自慢の中央軍正規兵であつたとは驚かされると共に、笑はせられる訳である。正規兵と云つても、年齢なぞは不統一で、十五六歳位の少年も交つてゐるが、其等兵卒の服装は、相当に立派なもので、将校の如きは、ラッコの毛皮を着けた頗る贅沢な服装をしてゐるとの事である」

二万の捕虜を得たというだけで、とくに内容はない（なお文中の「前号特電」は未確認）。

## 参謀の講演会

幕府山の捕虜について、当時の新聞は続報を書かなかった、としばしば指摘されてきた。たしかに、長江岸で何があったか、詳しく報じた新聞はない。しかし、新聞が何も書かなかったわけではない。

三八年一月五日、仙台第二師団の参謀、古宮正次郎の報告講演会が仙台で開かれた。古宮は前年一二月、三週間にわたって上海—南京の戦場を視察してきた。仙台で取材にあたる新聞記者も招かれ、講演は実に四時間に及んだ。

このときの模様を一月七日の東京朝日福島版が「古宮少佐の帰来談」の見出しで報じた。

「鎮江から分れて上元門では一万四千七百七十七名の捕虜を得て勇躍南京攻略に参加した山田部隊も二十一日夜、滁県に入城、二十二日には〇〇部隊全部集合し上海上陸以来百五十里の難戦死闘を語り合つたのである」

翌八日には、河北新報が「古宮参謀の帰仙報告」の見出しで報じている。

古宮は「賞めなきやならない」ことの一つとして幕府山の捕虜にふれた。

「南京北方では両角部隊が有名な一万四千七百七十七名の投降兵を捕虜として来た」

一挙に「一万四七七七人」を捕虜にした話は当時、広く知れわたっていたらしい。

同じ一月八日の福島民報に「上海・中支・南京・北支へ　聖戦ここに七十三日　両角部隊戦闘史」という見出しの大型記事が載っている。福島出身の少尉が福島民報の箭内正五郎記者に託した陣中日記を紹介する内容だ。

「十二月十四日　午前四時宿営地出発、南京近し、夜は南京郊外の海軍兵学校へ宿営
十二月十五日　滞在
十二月十六日　約二千の敵の敗残兵、揚子江に依り逃走せんとする所を殲滅す南京を見物す
十二月十七日　この日南京に入城式、我が部隊も加はる
十二月十八日　野営
十二月十九日　いよいよ揚子江渡河、北岸に向はんとする命令あり人員登載係りとなる
十二月二十日　南京中山碼頭より揚子江を渡河し浦口鎮に一泊」

一二月一六日の項では、捕虜を収容していた建物から出火したことは書かれていないが、逃げようとする「敗残兵」約二〇〇〇人を「殲滅」したことは記事になっている。

## 河北新報も報道

南京陥落から一カ月後の三八年一月一四日、河北新報「宮城県下面」に、幕府山の捕虜について言及した記事が掲載された。見出しは「大山君が伝へる江南戦線の模様」。宮城県出身の「○○隊伍長」大山彦右衛門が郷里に送ってきた日記風の記録を紹介する記事だ。

前文は「大山彦右衛門君は出征以来上海南京と而も今次事変最大の戦線に活躍硝煙弾雨の中にありてよく連日の消息を細大洩らさず郷里の人達に報告して来り文中躍如として江南戦線の模様が映つてゐる」とつづられている。

大山は、幕府山で多数の捕虜に遭遇する。以下、長い引用が続くが、じっくりお読みいただきたい。

「十二月十三日（晴）〔略〕明日は四時半発烏龍山砲台攻撃の予定、同日敵軍約一千名程南京方面より揚子江岸に向ひ逃避せりと、宿営地において馬糧を徴発せんと倉庫に入つたところ敗残兵三名を発見厩の前にて○○に処す

十二月十四日（晴）午前四時半出発、前進途中目的の烏龍山砲台は一戦を交へ今陥落、南京には既に我軍入城せしとの報を聞く。この快報を耳にして兵皆喜ぶ。九時ごろ歩兵○○連隊にて敵の捕虜約二万を捕へたりとて付近の空地に武装を解除した。その見事なことは少佐以下十八名、次の攻撃目標たる幕府山砲台もまた戦はずして陥ち、茲《ここ》に南京防衛の陣地全く陥落せり。追撃前まで江陰城以来八日、途中鎮江市の敵防備陣地を突破して五十余里、難なく南京に入る。午後四時南京城東北五百米の城外三家屯に宿営す」

捕虜の数は「約二万」としている。

「**十二月十五日**（晴）　今日は休養なり。支那馬を取りに行つた兵二名が、敗残兵八名が穴の中に寝てゐるを発見、五名を○○、一名逃亡、二名を連行して来も俺に処分して呉れと云ふ。どうも○○する気になれず二人共ここで使ふ事にした。明日は○隊長引率にて城内に入り、支那馬○○の予定。南京城攻撃で他師団では相当の犠牲者あつた由、攻撃激戦七日間に及んださうだ。その攻撃に当つた部隊だけ城内に宿営、○○○隊は城外だ。尤も我が部隊の主力は鎮江から揚子江を渉つて、此処に来てるのは歩○○○隊と山砲第○○隊だけだ。

**十二月十六日**（晴）　今日は○隊長引率にて南京城内に入る。和平門（東北の門）城郭の厚さ測歩四十一歩あつた。○隊毎に別れて馬探しをなす。城内には畑あり池あり竹藪もあつて市街地迄は一里もある。十一時、集合位置に集る。葡萄酒やら甘い物沢山○○して来たので午睡しながら喰ふ。付近兵営に収容してあつた捕虜が放火逃走を企てたためその警戒に蝶名林少尉指揮で兵約三十名行く。日暮れて帰りその話を聞くに約二万名の内五千名ばかり揚子江岸に連れて行き整列せしめ○○○○した」

「捕虜が放火逃走を企てたため」に、約二万人のうち五○○○人を江岸に連れて行き、整列させて「○○○○」した――とするす兵士の日記を当時、河北新報が紙面で紹介していた。「その話を聞くに」とあるように伝聞情報ではあるが、「約二万名」の捕虜の行方について、兵士間でどのように語られていたかを記事は示している。「〇〇〇〇」の伏せ字部分には、殺害したという意味の言葉が書かれていたのだろう。皮肉なことに伏せ字部分こそが虐殺を表徴していた。福島民報、箭内記者が「殲滅」したと書いていたことからも、それは明らかだ。

「**十二月十七日**（晴）　同地において休養後午前九時集合、徒歩編成を以て南京入城式を挙行する。各部隊粛々と行進、南京市内は皇軍を以て埋まる壮観であった。我等は和平門より入城、中央路を南進し南京中央医院前に至り時間を待つ。一時三十分、軍司令官松井大将、乗馬にて多数幕僚を随へて威風堂々と入城する。吾小隊第三〇隊は前〇〇〇隊長、両角部隊長の号令を以て『頭右』の敬礼をなし、各隊の喇叭は『海行かば』三回吹奏、〇隊長以上は軍司令官に随行して国民政府に入り、国旗掲揚、乾杯、聖寿万歳を三唱す。帰途国民大会堂四階の屋上に昇り市内を見る。支那一六〇師の陣中日誌（自七月八日至十一月七日）四冊発見持来、〇隊長に差出す。今日も午後から捕虜の処分に〇隊から出動、午後十時帰営」

この日、入城式に参列した筆者（大山彦右衛門）は、集団虐殺の現場には行かなかったのだろう。「捕虜の処分に」部隊が出動した、という記述は、捕虜の集団虐殺が偶発的に起きたのではなく、計画的に行われたことを示唆している。

「**十二月十八日**（風ありて曇る）　朝風強く粉雪少量あり。近頃の寒さなり。捕へた支那馬の調教をなす。小生、事務室にて〇隊の歌を書く。午後衛兵勤務に服す。八時命令あり、〇隊主力は鎮江より揚子江を渡河して対岸五、六里の地点□□にあり、その前□はなほ七、八里西方の大合に進出し滁県に向ひ行進中なり。敵四十八師は滁県に集結せるものの如し、我が山田支隊は明後二十日下関（南京の港）より乗船して揚子江を渡河して老営に集結し滁県において○隊と合する予定なり

**十二月十九日**　今日早朝また捕虜の処分に出動、ここへ来てから豚、鶏なく牛のみで毎食牛肉許《ばか》りなり。蔣介石の居城付近からつづく鎮江辺まで米が細長くなりいよいよ南京米のみとなりパサパサしてどうも咽喉の通りよろしからずと将兵共に□つ。北京に民国臨時新政府が出来たことを破れた新聞で見ました。こんどの政綱といふやうなものの中に共産主義絶対排撃の主張があるやうです。〔略〕山が見えたなどと戦場にはどうやら満期風が吹き出した様ですが、しかしまだまだ腕が骨が呻《うな》つて止みません。一同元気でゐます」

記事の要点をまとめてみよう。

一二月一四日、二万人の投降兵を捕虜にした。

一六日、捕虜が火事を起こして逃走を図ったので五○○○○人を長江岸に連行し、「整列」させて「○○○○」したと聞いた。

一七日、入城式。午後から夜まで捕虜が処分された。

一九日、この日も捕虜の処分が行われた。[1]

この河北新報の記事についても小野賢二氏に感想を尋ねた。小野氏は、こう語った。

「おそらく陣中日記の写しを軍事郵便で家族か友人に送ったものが、新聞社に持ち込まれたのだと思います。当時の河北新報は閲覧していましたが、見逃していた記事です。両角部隊の兵士の日記とこの記

事を照らし合わせてみると、一八日の死体の片付けについて記事が言及していないことを除けば、大筋で一致しています。ここにも捕虜を解放したという趣旨のことは何も書かれていません。捕虜の行方が、伏せ字を含むとはいえ、新聞紙上で公表されていたという事実は重要です」

こうしてみてくると、捕虜を解放しようとしたところ、捕虜が暴動を起こしたのでやむなく発砲したという「自衛発砲説」「偶発発砲説」は、戦後になって部隊幹部が述べたもので、これを裏づける一次資料は存在しない。兵士の日記の記述から、約二万人とみられる捕虜を江岸で意図して殺害したことは明らかだ。当時の福島民報、河北新報の報道を見ても、兵士の日記と矛盾するところはない。

## 大地に伏しぬ俘虜二万

このほか、兵士たちの座談会記事にも「幕府山」が登場する。

東京日日の田中光武記者が、長江の北側、滁県から書き送った「江北陣中移動座談会」（38年1月9日付東日福島版）がそれだ。幕府山で多数の投降兵を捕虜にしたときの模様について、現場にいた将兵が次のように語っている。

**渡辺正蔵一等兵**「南京の裏街での捕虜は多きかつたネ、一万八千、約二万だつたからナア」

**伊関淳少尉**「武装解除をしたら道路一杯が小銃弾になり、歩く時は弾丸の上をザクザクと歩かなければならなかつた位だから」

**笠間伊一一等兵**「小銃弾はまだいいが手榴弾、迫撃砲弾の山には閉口したよ。いま爆発するか、いまドンと来るかと薄氷を踏む思ひとはあれだね」

同じ東京日日の三八年一月二〇日付福島版には「勇猛隊座談会　上」が載った。多数の投降兵を捕虜にした状況が語られている。

**菅野浅吉軍曹**　〔略〕今度の戦闘中何といつても幕府山を占領したときほど痛快なことはありませんでした。追撃、また追撃、南京郊外幕府山に迫つた十二月十四日の午前零時半、われわれは命により行動を起し、幕府山の要塞に向つた。行程約四里余、途中邑斗山鎮付近で敵敗走するを散々蹴散らし、山下の不□地で苦難の甲斐あつて遂に午前八時、幕府山を完全に占拠し、頂上に日章旗を掲げ、遥か東天からのぼる旭日を浴び、北に雄大な揚子江の流れを見下し、西南の眼下に敵の首都南京城内を臨み、のども張りさけよと万歳を叫んだときの気持は生涯、いや死んでも忘れられぬ」

**角田栄一少尉**　〔略〕敵が殆ど無抵抗状態で、日章旗を立てて来たからわれらの命はあつたが、二万の敵のなかに突入したのだから今から考へると全く冷汗をかくな」

角田は戦後、福島民友の阿部輝郎記者に「自衛発砲説」を語った一人だ。

三八年一月一四日、東京日日福島版は、両角部隊が、駐屯中の全椒で慰霊祭を執行したと報道した。そこで読み上げられた「弔詞」には、次の一節があった。

「西進して敵国首都南京の北□烏龍山、幕府山砲台を奪取し無慮二万の捕虜を獲、今また江を渡り津浦線を完全に遮断せり」

「捕虜二万」はいつしか両角部隊の代名詞のようになっていったようだ。

一月二五日、東京朝日福島版に「両角部隊歌成る」の記事が載った。歌の題は「両角部隊聖戦歌」。八番の歌詞にやはり「俘虜二万」の字句がある。

見よ〇〇の威武の前

大地に伏しぬ俘虜二万
ああ江南の英霊よ
来り悦べこの勲
夕日を浴びて低く告ぐ
隊長の目に涙あり

作詞は平林貞治少尉（38年2月25日発行会津新聞夕刊）。

戦後、平林は「自衛発砲説」を主張、「乱射乱撃となって、その間に多数の捕虜が逃亡しています。結局はその場で死んだのは三千——いくら多くても四千人を超えることはない」と語る（阿部輝郎『南京の氷雨』）。

## 「笑声」は何を語るか

福島民報の箭内記者は三八年一月一九日午後、福島に帰った。

二二日夜、箭内は、福島市公会堂で「両角部隊戦陣秘話」と題して講演会を開いた。福島民報は、二〇日発行の夕刊に掲載した社告で「一万七千の支那兵を捕虜にした南京城幕布山〔幕府山〕の激戦と占領、南京入城」などについて箭内が報告するとして読者に参加をよびかけていた。

箭内は講演会で幕府山にふれたが、講演の中身は記事に書かれていない（1月24日付福島民報「箭内従軍記者報告第一声」）。

一月二六日、福島民報で「上海より南京まで　箭内特派員従軍報告座談会」の連載が始まった。箭内をはじめ、福島市長、日銀福島支店長、福島民報社長ら地方の名士、総勢一五人による大座談会だ。連載第五回（1月30日付）に、こんなやりとりがある。

**箭内**「〔両角部隊は三七年一二月〕十四日には遂に南京郊外の幕府山砲台を占領し、その守備に入りました。そして十七日にはあの歴史的な抗日の首都南京入城の式に参加したのです」

**渡辺編集局長**「両角部隊が大部隊を捕虜にしたと云ふことがありましたね」

**箭内**「あれは兵隊さん達が来々（ライライ）をやつて見た。するとドンドン来る。百、二百と集まつて来る。其中には正規兵が一ぱい居た。通訳が調べて見るとあの老陸宅や馬家宅で我両角部隊を悩ました敗残兵が約二千も混つて居た。是等の支那兵が、驚いたことには、自分の鉄砲を焚いてあたつて居る（笑）拳銃のサック、木ですが是だの鉄□だのを燃やしてあたつて居たのであるから呆れる外はない。そつちでもこつちでも来々（ライライ）をやつて集めたのが一万七千と言はれましたが二万を突破したかも知れませぬ」

**佐藤沢・福島市長**「捕虜は何処へやつたものです」

**箭内**「どうしたか判りません。揚子江に入つて自殺したのかも知れませんネ（笑声）或は捕虜としてそのまま置くかも知れません——」

箭内の最後の発言中に「笑声」とある。

この「笑声」には、どんな意味が含まれていたのだろうか。

注

1 『南京大虐殺を記録した皇軍兵士たち』所収の「大寺隆陣中日記」一二月一九日の項に次の記述がある。

「午前七時半整列にて清掃作業に行く、揚子江岸の現場に行き、折重なる幾百の死骸に警〔驚〕く、石油をかけて焼いた為悪臭はなはだし、今日の使役兵は師団全部、午后二時までかかり作業を終る」

# 第七章　占領下の南京

## 難民区の新聞記者

一九三七年一二月一七日に入城式が行われ、日本軍による占領統治が始まった。記者たちはそこで何を見たのか。

南京城内の難民区では、十数万から二〇万人規模の避難民が寒さに震え、乏しい食糧を分け合っていた。二三日、同盟通信は、翌二四日から日本軍が難民区内で「敗残兵」をさらに徹底的に割り出すと、次のように報じた。

「わが軍ではかねて便衣正規兵の狩出しに努めてゐるがさらに二十四日を期して徹底的粛正工作を施すこととなつた」(24日付読売新聞、24日発行徳島毎日夕刊、上毛新聞夕刊、25日付鹿児島朝日新聞)

難民区内には、多くの中国兵が軍服を脱ぎ捨てて逃げこんでいた。彼らは一見、民間人と区別がつかない。そこで、住民一人ひとりを査問して兵士のあぶり出しを図った。担当したのは京都第一六師団（師団長・中島今朝吾）だった。

福岡日日新聞の豊福記者は、査問の現場を見た。

「敗残兵の中には今まで理屈も分らず支那軍閥に駆使された不都合を詫び、荷物運びの軍夫にでも使役して呉れと哀願するものもあり、中には良民を装つてあくまで白を切つたはよいが炯眼《けいがん》な皇軍将士に、頭に残る軍帽の跡や右手の鉄砲瘤《こぶ》を発見されて重々恐れ入るといふ悲惨にも滑稽な場面すらある」（12月28日付福岡日日「戦あとの南京風景」）

記者には「滑稽」にも見えた光景も、当の中国人にとっては、それが生死の分かれめだった。南京の米国大使館副領事ジェームス・エスピーは、三八年一月につくった報告書「南京に於ける状況」で、次のような「だまし討ち」まで行われたと述べている（要旨）。

――一二月二五日ごろ、南京大学に避難している三万余の中国人を登録する準備のため、数名の日本軍将校が大学を訪れ、約二〇〇〇人の男子学生を外に集合させた。「中国軍で働いていた者があれば申し出よ、申し出れば保護される。申し出ずにあとで中国軍人だったことが分かれば銃殺する」と彼らは言った。約二〇〇人が申し出た。彼らは直ちに連行された。のちに、そのうちの四、五人が重傷を負って逃げ戻った。残りの学生は数カ所の離れた場所に連行されて銃剣で刺殺されたり、銃殺されたりした、と彼らは語った（洞富雄編『日中戦争南京大残虐事件資料集１』）。

**多発する強姦事件**

南京で避難民の救済にあたったのが南京安全区国際委員会だ。ドイツ人、米国人二二人の委員が、吹き荒れる侵略の嵐のなかで苦闘の日々を送った。

彼らのもとを訪ねた日本人記者がいた。

一二月一四日朝、キリスト教宣教師で、南京国際赤十字委員会委員長のジョン・G・マギーは、救護所にあてられた中国外交部（外務省）の建物に中国人負傷兵を連れて行った。途中、日本軍兵士に出会った。マギーは、安全区国際委員会の委員も務めていた。

日本兵は、負傷兵の痛がっている手や足を曲げたり縛ったりして傷めつけた。

そこへ日本軍の軍医が通りかかった。負傷兵を病院に連れて行くところだとマギーがドイツ語で話すと、軍医は兵隊に命じて負傷兵を解放してくれた。

しばらくすると、英語をかなり話す日本の新聞記者がやって来て言った。

「なかにはたちの悪い日本兵もいるよ」（滝谷二郎『目撃者の南京事件　発見されたマギー牧師の日記』92年刊、以下『マギー日記』と略す）

四日後の一二月一八日午後、マギーは、日本兵の犯罪現場に遭遇した。

当時、難民区では日本兵による強姦事件が多発しており、その対応にマギーは日夜、追われていた。

「[一二月一八日]午後、私はドイツ人のスパーリング（Eduard Sperling／上海保険公司）氏と何軒かの家を見て回りましたが、どの家も女が犯されていない家はなく、ある一軒では一人の婦人が床に臥して泣いていました。話をきくと、たったいま男に犯されたところだというのです。私たちは男を探し出そうと三階の部屋の前まで来ると、なかで人の気配がするので私は英語とドイツ語で〝ドアを開けて下さい〟と叫びました。スパーリング氏も大声で叫びました。なかにいた日本兵はドアを開けると階段を駈け降り逃げて行きました。私はその男の背中に、〝野獣！〟と叫んでやったのです。私はこのことを日本総領事に話しました。領事は、〝仕方のないことです〟とたった一言だけ言いました。また、朝日新聞社の人にも話しましたが、彼もまた〝仕方のないことです〟とだけしか言いませんでした」(『マギー日記』)

二日後の二〇日、朝の礼拝を終えたころにマギーは、だれかがドアをたたいているのに気づいた。ドアを開けると、二人の日本人記者が立っていた。

「英語の巧みな朝日新聞の記者、たしか名前はカリヤマさんとかいいました。その人と暫く話していたのです。いま、南京で起こっている恐ろしいことを彼に話しましたが。彼は日本人すべてが兵隊のようではないことを理解して欲しいと言いました。私も何度か日本に旅行したことを話し、私はそれをよくわかっていると話したのです。彼も私の話を熱心に聞いてくれました。昼食の時間になってやっと、また来ますと言って二人は帰っていきました」(『マギー日記』)

マギーは、日本兵に襲われて病院に担ぎ込まれた中国人女性や虐殺後の現場の模様を一六ミリフィルムのムービーカメラでひそかに撮影した。フィルムはのちに上海で現像され、米国などに運ばれて上映されることになる。

このフィルムの解説でもマギーは日本人記者に言及している。

「公正のために一言いえば、多くの日本人は一部の日本兵のひどいふるまいを認めていた。二人の新聞記者もそれを私に認めた。その一人は、このようなことが起こったのは『避けがたかった』と言った。軍紀の弛緩を認めたある総領事も同じ言葉を述べた。日本軍にたいする何という論評だろうか」(石田勇治編訳『資料　ドイツ外交官の見た南京事件』)

日本軍の暴虐非道なふるまいを止めてくれ。

日本人記者は、しかし、答える言葉をもっていなかった。

## あなたのペンの力で

マギーの日記から一人の記者の名前が浮かぶ。英語が得意な「カリヤマ」という名の朝日新聞記者。それは、大阪朝日の社会部員で、大阪外国語学校出身の守山義雄（当時二七歳）とみられる。はっきりと「モリヤマ」の名を日記に書きつけた在留外国人もいる。南京安全区国際委員会委員長のジョン・ラーベだ。三七年一二月二〇日午後六時、ラーベは守山と会った。それはマギーが「カリヤマ」に会ったのと同じ日だった。

南京安全区国際委員会の委員長として、避難民の救済に尽力したジョン・ラーベの旧宅＝2010年3月、上丸撮影

「午後六時、〔キリスト教宣教師の〕ミルズの紹介で、大阪朝日新聞の守山特派員が訪ねてきた。守山記者はドイツ語も英語も上手で、あれこれ質問を浴びせてきた。さすがに手慣れている。私は思っているままをぶちまけ、どうかあなたのペンの力で、一刻も早く日本軍の秩序が戻るよう力を貸してほしいと訴えた。守山氏はいった。『それはぜひとも必要ですね。さもないと日本軍の評判が傷ついてしまいますから』」（ラーベ『南京の真実』97年刊、引用は講談社文庫版〈2000年刊〉から。以下『ラーベ日記』と略す）

このころ、南京では火事が相次いでいた。

「日本軍が街を焼きはらっているのはもはや疑う余地はない。たぶん略奪や強奪の跡を消すためだろう。昨夜は、市中の六カ

所で火が出た」（『ラーベ日記』12月21日の項）

守山は思い切った行動に出る。年の暮れに近いある日、南京警備の責任者である京都第一六師団長、中島今朝吾に訴えて出た。

**守山**「戦争がおわったのに、ときどき、城内のあちらこちらで建物が焼かれ、大きな火事になっています。なにかの目的で軍が命令して焼かせているのでしょうか。多くの市民が住む家がなくて困っています。火事を起さないことが、治安維持のためにもよいと思います」

**中島**「ここは敵首都の南京である。南京の建物一つひとつに、一木一草にもいまわしい抗日心が宿っている。その抗日心を打ち砕くのだ。どこかの建物にまだ敗残兵が潜伏している。それを焼き払うのだ。難民区の市民のなかにまだ敗残兵が潜伏している。それを狩り出して捕えなければならないのだ」

中島との間でこうしたやり取りがあった、と朝日新聞記者だった渡辺正男は三八年三月に南京で守山から聞いたという（渡辺「上海・南京・漢口　五十五年目の真実」『別冊文藝春秋』93年1月号）。

## 国防婦人会が来訪

三八年一月二日午前、難民区のなかにある金陵女子文理学院の教授、ミニー・ヴォートリンは、日本の国防婦人会の女性三人の訪問を受けた。ヴォートリンは、学院に設けられた女性専用の避難所の責任者を務めていた。日本兵が侵入して女性を強姦したり、あるいは連れ去ったり、気の休まる時のない日々を送っていた。ヴォートリンはこの日の日記に書いた。

「〔国防婦人会の〕彼女たちは何も言わなかったが、興味深そうに眺めていた。日本語を話せたら、ここの避難民たちがこうむっている苦難の一端を説明できるのに、と残念でならない」（『ヴォートリン日記』）

この日本人女性は、愛媛県国防婦人会の三人とみられる。そのうちの一人が書いた訪問記が愛媛新報に、載っている。

「〔一月〕二日、軍司令本部で余戸の二郭少佐にお目にかかり支那人が避難してゐる金陵女子大学〔金陵女子文理学院の旧名〕へ案内して頂きました。支那の婦女子が一万人、他に老人が少々、その光景はとても筆舌に尽くせないものでした。米国の赤十字社で世話してゐるのでやさしげな米国婦人がゐました。あまりお気の毒なので慰問金を置いて帰りました」（38年1月28日付「木下女史慰問報告」）

何がどう「お気の毒」なのか、記事は伝えていない。

これより早く、大みそかにヴォートリンに会った日本人がいた。野戦郵便長の佐々木元勝だ。そのときの模様を佐々木は日記に、こう書いている。

「〔三七年十二月三一日〕朝、曇り空を数十万の鳥が群れて飛んでいる。自動車に憲兵がつき金陵女子大学〔金陵女子文理学院〕に行く。街の途中は避難民から敗残兵を調べ出す検査で長い列ができている。子供を抱いたり、鬘《かつら》を被ったりして、胡魔化そうとした敗残兵もいるとかである。〔略〕金陵女子大学はアメリカ教会の婦人が二名管理している。背広服の高等郵便長は流暢に、この外国婦人と会話する。会話の内容は兵隊の彼女らへの暴行についてである」[1]（『野戦郵便旗』）。

記者も、野戦郵便長も、難民区で日本兵による強姦事件が多発していることをリアルタイムで把握していた。

**守山義雄の述懐**

三八年一月五日、大阪朝日新聞に「伝説の莫愁湖に拾ふ」の見出しで守山の署名記事が載った。

「地図でみると南京の城壁を西に外れたところに『莫愁湖』といふ小さな湖がある。〔略〕赤茶色の水の面には人間の身体からにじみでた油がただよひ、湖面に虹をうかべてゐる。そして支那人もおどろいてゐるほど戦争後の南京は烏《からす》がふえた。その烏が湖畔の枯枝の間に群れ鳴いて一種の腥気《せいき》〔生臭い空気〕がいまなほあたりにたちこめてゐる」

南京で、おびただしい死者が出たことを守山は暗示的に表現した。

注

1　引用文中「会話の内容は――」の部分は、戦時下四一年刊行の『野戦郵便旗』にはない。戦後の七三年版で復元された。

## 南京は微笑む

入城式の二日後、一九三七年一二月一九日、東京朝日新聞夕刊に写真特集が掲載された。見出しは「平和甦る南京　皇軍を迎へて歓喜沸く」。掲載された四枚の写真には、それぞれ次の説明がついている。

①兵隊さんの買ひ物

②皇軍入城に安堵して城外の畑を耕す農民たち

③皇軍に保護される避難民の群
④和やかな床屋さん風景

撮影者は河村英一、撮影日は「十七日」とある。つまり入城式の日だ。

このうち、③の写真説明について、歴史学者の洞富雄は次のように指摘している。

「これはむしろ『便衣兵』連行の写真のように見うけられる。一人として荷物を持つ者がいないのである。城外の避難先から戻ってきた市民たちなら、そんなはずはない」（洞『南京大虐殺の証明』）

大勢の中国人男性の一団が、うつむきがちにぞろぞろ歩いている写真を見ると、洞の指摘は的を射ていると思われる。撮影日が一七日となっていることから、これはあるいは、東奥日報の特派員、竹内俊吉が一七日に目撃した「七千五百名」の捕虜集団（37年12月26日付東奥日報。第五章参照）の一部かもしれない。

**次々に写真特集**

その後も東京朝日は、一二月二一日発行夕刊、二四日発行夕刊、二九日発行夕刊で写真特集を組んだ。順に見出しと写真説明をみてみよう。

二一日発行夕刊「きのふの敵に温情　南京城内の親善風景」
①治療を受けてゐる支那負傷兵
②皇軍将兵の情に食欲を満たす投降兵
③砲声止んだ南京城内に描かれた親善風景
④田山部隊長と語る敵の教導総隊参謀沈博施少佐[1]

⑤南京城内の親善風景

二四日発行夕刊「南京は微笑む　城内点描」

①玩具の戦車で子供達と遊ぶ兵隊さん（南京中山路にて）

②戦火収まれば壊れた馬車も子供達の楽しい遊び場だ（南京住宅街にて）

③皇軍衛生班の活躍に結ばれて行く日支親善（南京避難民区にて）

④平和の光を湛へて支那人教会の庭から洩れる讃美歌（南京寧海路にて）

二九日発行夕刊「手を握り合つて越年　日に深む南京の日支親善」

①兵隊さんお正月用に靴の修繕致しませう

②サアおつぱいが足らなきやミルクをお上り＝ヒゲの隊長温情

③坊や、トラホームを癒さなきやお正月は来ないよ＝軍衛生班大童の活動

④新しいガーゼにとりかへていいお正月を迎へませう＝軍医部の活動

中国民衆に温情あふれる態度で接する日本軍将兵。「強く正しい日本軍」が中国軍を追いはらって南京を占領、この地にたちまち平和をもたらした――。

そのように映る光景を集めて、新聞はプロパガンダのための紙面を作った。[2] こうしたプロパガンダを展開することは軍の意向とも一致していた。中支那方面軍報道部長の馬淵逸雄はこう述べている。

「戦争は破壊的部門と建設的部門がある。〔略〕従軍記者も亦、単に戦場の血腥《ちなまぐさ》い報道のみに終始するものではない。将兵が如何に聖戦の意義に徹し民衆の宣撫を為しつつあるか〔略〕を報道すると共に、日支両国の新関係を国民に理解させる必要がある」（馬淵『報道戦線』）

## 日華融和の風景

日本軍がやってきて南京に平和が甦った、という趣旨の記事は、ほかにも多くの新聞が載せている。

その一つ、香川新報は「南京の平和」をこう描いた。

「教会からオルガンの音に乗つたのどかな讃美歌の声がもれて来る。アメリカ人のジョン・マギー牧師が戦火が去つてほつとした支那市民信者を集めて礼拝の最中で、ああけふは日曜だつたかとこちらが教へられるほどの落つき振りだ。軍の宣撫工作も着々と進み、この日は日本大使館裏の広場で兵隊さんたちが菓子や煙草を避難民にも配給してゐるのを見た。〔略〕かうして抗日排日のお題目を忘れた支那人たちと日本の兵隊さんたちとの交際は日とともに親密さを加へて行く」（12月21日付「慕ひ寄る支那民衆　平和に帰つた南京市」）

このころマギー牧師が、日本兵による強姦事件の多発で対応に追われていたことは、すでにみた通りだ。

京都日出新聞も「日華融和」の南京を強調した。筆者は国富特派員。

「住宅地域を漫《そぞ》ろ歩けば、算盤を頭の中へ叩き込んだような商売敏い支那人が早くも日の丸の腕章を売り歩き、街頭に店まで出して、お祭のように有卦《うけ》に入つた母子もある、飯店あり、食料品店あり、弁事公処を開設してこれら商人の復興を目指すよろづ相談にも応ずれば、街頭に散髪屋さんの市が立つてわが将士らが我も俺もと晴れの入城に頭のお化粧へ殺到の形、押すな押すなの日華融和の風景が先づ微笑を誘ふ、その傍らでは支那の子供が無心に玉ころがしを弄び童謡なども口ずさむ朗かさ」（12月25日付京都日出新聞「開く避難民の眉　脈うつ大南京の心臓」）

こうした報道を批判したために、罰せられた記者もいた。

五四歳のベテラン記者（所属新聞社不明）、西尾清三郎は「日本の新聞紙上では支那の良民を日本軍が可愛がつて居る様に発表して居るがそれは陸軍報道部御手のものの宣伝である」などと講演のなかで指摘した。そのため西尾は三七年一二月、陸軍刑法第九九条（造言飛語の禁止）違反に問われ、翌年、禁固四カ月執行猶予二年の有罪判決を受けた（西ケ谷徹『支那事変に関する造言飛語に就て』）。

南京国際赤十字委員会の委員の一人で、キリスト教宣教師のジェームズ・H・マッカラムは三八年一月、日本のニュース映画の取材班が「平和よみがえる新年の南京難民区」といった趣向の「やらせ」の場面を撮影している現場に遭遇した。

「難民キャンプの入口に新聞記者が数名やって来て、ケーキ、りんごを配り、わずかな硬貨を難民に手渡して、この場面を映画撮影していた。こうしている間にも、かなりの数の兵士が裏の塀をよじ登り、構内に侵入して一〇名ほどの婦人を強姦したが、こちらの写真は一枚も撮らなかった」（南京事件調査研究会編訳『南京事件資料集1』）

## 「残敵」がうようよ

南京占領直後の日本の新聞が「日支親善」の「明るいニュース」ばかり載せていたわけではない。現実がそれほど甘くないことは、隠れもない事実だった。

大阪朝日の平松儀勝記者は「城内にはまだ残敵がうようよいる」と報じた。

「〔金沢第九師団の各部隊は〕連日城内の残敵掃蕩に馳せまわつてゐる。何分南京城内外の防衛に参加した敵十万のうち半分までは便服に着かへて市中にもぐり込んだといふだけあつて残敵はうようよしてゐる」（12月23日付大朝滋賀版、福井版、24日付富山版。このほか24日発行の富山日報夕刊がこの

記事をそのまま掲載している）

捕虜の虐殺も続いていた。

金沢歩兵第七連隊の井家《いのいえ》又一は一二月二二日、その模様を日記につづった。

「夕闇迫る午後五時大隊本部に集合して敗残兵を殺に行くのだと。見れば本部の庭に百六十一名の支那人が神明〔神妙〕にひかえている。後に死が近くのも知らず我々の行動を眺めていた。百六十余名を連れて南京外人街を叱りつつ、古林寺付近の要地帯に掩蓋《えんがい》銃座が至る所に見る。日はすでに西山に没してすでに人の変動が分るのみである。家屋も点々とあるのみ、池のふちにつれ来、一軒家にぶちこめた。家屋から五人連をつれてきては突くのである。うーと叫ぶ奴、ぶつぶつと言って歩く奴、泣く奴、全く最後を知るに及んでやはり落付を失っているを見る。戦にやぶれた兵の行先は日本人軍に殺されたのだ」（『南京戦史資料集』）

日本の兵士たちは、中国民衆の困窮を目の当たりにした。三八年の正月を南京で迎えた三重県出身の二一歳の兵士は、南京は「死の街」だと故郷への手紙につづった。

「南京の街は全く不気味な死の街です。繁華街は焼野原と化しわが家を求めてボツボツ帰る住民も呆然と佇んでゐます。パンに餓ゑた難民が米（ターミン）を求めて老も幼きも恐怖に襲はれながら日の丸旗を持ち、安居証を携へて彷徨《さまよ》つてゐます。正月と言ふに飢餓の苦しみは思ふだに惨めです」

（38年1月25日付伊勢新聞「ランプの下、掃蕩戦」）

**「山なす屍体」下関**

一二月下旬になっても下関には中国人の死体が多数、認められた。

そのことは当時の新聞も書いている。

大分歩兵第四七連隊の従軍僧、小出唯信は一二月二三日、下関の岸壁に立った。

「船の発着場では支那の捕虜が使役されて居り、糧秣の運搬などに従事してゐた。また激戦の行はれた付近の江内には敵の屍体が沢山浮んでゐた」(38年1月29日付豊州新報)

三日後の二六日、日本から視察に訪れた警視庁建築課長の石井桂《けい》[3]が下関に足を踏み入れた。そのときの模様を帰国後の翌年二月に開かれた東京消防研究会で報告した。

「中山北路を経ますと下関と云ふ碼頭に出るのであります。ここには敵の死体が沢山あつたのであります、戦争にはどうしても負けてはならんと云ふ気がしみじみ味つたのであります」

「之〔防空対策〕を忽《ゆるがせ》にすれば彼の下関碼頭の二、三千の死体を見せつけられたる如き、或は住民には若い婦人が一人も居らないと云ふ様な事に逢はねばならんのであります」(石井「建築上より見たる中部支那戦禍視察談」、帝都消防協会「帝都消防」38年3月号)

下関に多数の死体があったことは、南京を視察した警察官僚によって、報道を介さずに直接、国内に伝えられていた。

注

1 幕府山で多数の投降兵を捕虜とした会津若松歩兵第六五連隊の田山芳雄大隊長と中国軍の沈博施とみられる。三七年一二月一七日付東京朝日に、特派員の横田省己が「捕虜のうち判明した将校は今まで十名あるが筆頭が教導総隊参謀沈博施だ。記者は同兵営保護の田山部隊長の紹介で囚はれの沈参謀と対面した」と書いている。

2 当時の宣伝記事を取りあげて、そんな「平和な南京」で虐殺があったはずがないと主張する向きが一部にある。「私は見なかった」といった元兵士らの証言をもとに、虐殺がなかったかのように言う論者もいる。

金沢第九師団鯖江歩兵第三六連隊に所属した鷹尾正は戦後、南京大学に留学中の日本人青年に、本当に大虐殺はあったのかと問われ、次のように手紙で回答した。

「私自身それに手を染めなかったばかりでなく、現場を目撃したこともない。当時の戦友達と語り合っても同様の答が返って来る。ある戦友は難民区を訪れて焼餅《シャオビン》を軍票で買った思い出や、ささやかな加給品の菓子を子供に与えて喜ばれたことを懐かしげに語るのである」

「要するに〔虐殺を〕『見なかった』『やらなかった』ということと『無かった』ということは別なのである」（歩三六記念誌刊行会『歩兵第三十六連隊戦友会誌』83年刊）

自分が「見なかった」からといって、それだけで虐殺が「なかった」ことにはならない。

3　石井桂は戦後、政界入りし、自民党の参院議員、衆院議員を務めた。

## 杉山平助と石川達三

文芸評論家で朝日新聞学芸部嘱託の杉山平助が、大阪朝日の記者二人と無電技師一人とともに車で朝日新聞南京通信局に着いたのは、三七年一二月二七日夕方五時だった（杉山「南京」「改造」38年3月号）。杉山は、当時四三歳。東京朝日学芸欄の匿名コラム「豆戦艦」で文学、政治、社会を筆鋒鋭く批評して評判をとり、「ジャーナリズムの花形」の一人となっていた（都築久義「杉山平助論」「愛知淑徳大学論集第6号」）。

難民区内にある南京通信局には記者ら十数人がいた。水道も電気もまだ復旧していなかった。杉山は翌二八日から丸三日間を南京ですごした。

## 道徳律は無力

ある晩、南京通信局に集まった若い従軍記者が、ランプのまわりで議論に熱中していた。そのときの模様を杉山はこうつづっている。

「外は暗闇だ。そして、避難民がまはりにいつぱい住んでゐるのである。死骸はまだ、いたるところに転がつてゐる。

戦争と、人道について議論がはづんだ。[1]

戦争がはじまつた以上、勝利のためには、そしてその戦果を確保するためには、何をやつたつて構はん、この場合一切の道徳律は無力であり無能であると、私は論じた。戦闘員と非戦闘員の区別などは、厳密な意味ではあり得ないのである」（杉山「南京」）

南京での日本軍の行動をめぐって、激しい議論が交わされたのだろう。杉山は、議論の中身については直接ふれずに、「戦闘員と非戦闘員の区別など、厳密にはあり得ない」と反論だけを述べる。そのことによって「非戦闘員まで無差別に殺すのは問題ではないか」といった批判があったことを言外に語っている。さらに杉山は、こう論じた。

「私は、息子の死骸をだいて、雨の中を三日間泣きつづけたといふ支那の老婆の話を聞いたばかりである。莫愁湖のほとりにその死骸はころがつてゐたさうだ。〔略〕これだけの人の子と悩みと嘆きがつみ重なつて、天が動かないといふことがあり得るだらうか。しかし天は動かないのだ。地も動かないのだ。人の嘆きなんかは何でもないのである」

「私は眼に涙をたたえながら、この支那人の苦悩を冷笑する。奴等の生命なんか、たいしたものぢやない、と考へるのである。さしあたり、我々がさうならないやうに、努力するだけのことである。

生命を賭して、日本を護るだけのことである」（同右）
なぜ中国人が、この戦争で死なねばならないのか。何のための戦争なのか。どこに正義があるのか。中国の民衆の無言の問いに、杉山もまた答える言葉をもっていなかった。中国人の命に、たいした意味はない、と傲然と言い放つ以外に。
日本に帰ったあと、杉山は東京朝日に南京訪問記「戦線から帰つて」上下を寄稿する。
「小雨のそぼ降る日に、支那人の死骸がツクダニのやうに折り重なつた南京の城壁のほとりを、ひとり静かに歩いて行つた時、『夢かや、うつつかや』といふ古い物語にあるやうな文句が、そのまま私の胸によみがへつて来たことも思ひ出された」
「帰つてみれば、郊外の静かな家の庭の枯れた芝生には、うららかに陽が照つてゐる。フリージヤは静かに匂つてゐる。ピアノの音も、どこからか聞えて来る。何といふ平和さであらう！　しかし、私は、もうこの平和さを信ずることは出来ない。南京の印象は、あまりに強烈だ。私の心はレストレスである。不安である」（38年1月18日付東京朝日）
杉山は、帰国後も心の動揺を抑えられなかった。[2]

## 「生きてゐる兵隊」

三八年一月、杉山と入れかわるように、南京を訪れた作家がいた。三五年に第一回芥川賞を受賞した石川達三、当時三二歳。中央公論社から派遣される形で南京行きを決めた石川は、一月五日に上海に上陸、八日に南京に到着した。京都第一六師団の将兵に話を聞き、一週間後の一五日に南京を発った。一月下旬に東京に戻り、ただちに執筆したのが「生きてゐる兵隊」だった。

なかに次の一節がある。

「こういう追撃戦ではどの部隊でも捕虜の始末に困るのであった。自分たちがこれから必死な戦闘にかかるというのに警備をしながら捕虜を連れて歩くわけには行かない。最も簡単に処置をつける方法は殺すことである。しかし一旦つれて来ると殺すのにも気骨が折れてならない。『捕虜は捕えたらその場で殺せ』それは特に命令というわけではなかったが、大体そういう方針が上部から示された。笠原伍長はこういう場合にあって、やはり勇敢にそれを実行した。彼は数珠つなぎにした十三人を片ぱしから順々に斬って行った」（中公文庫『生きている兵隊（伏字復元版）』99年刊。傍線部は発表時、伏せ字だった箇所）

石川は「自由な創作」とことわりつつ、捕虜の虐殺や強姦、掠奪、放火など戦場の現実を生々しく描いた。部隊名、人名などに創作の部分はあっても、当事者への取材にもとづく作品だった。

「生きてゐる兵隊」は「中央公論」三八年三月号（二月一九日発売）に最初、掲載された。しかし、いったんは書店に並んだものの、すぐに発禁となった。そして、石川は新聞紙法違反（安寧秩序紊乱）で起訴された。

八月に開かれた公判で、石川は、南京行きの動機をこう述べた。

「日々報道する新聞等でさへも都合の良い事件は書き真実を報道して居ないので、国民が暢気な気分で居る事が自分は不満でした。

国民は出征兵士を神様の様に思ひ、我軍が占領した土地には忽ちにして楽土が建設され、支那民衆も之に協力して居るが如く考へて居るが、戦争とは左様な長閑《のどか》なもので無く、戦争と謂ふものの真実を国民に知らせる事が、真に国民をして非常時を認識せしめ此の時局に対し確乎たる態度を採らしむる為めに本当に必要だと信じて居りました。

殊に、南京陥落の際は提灯行列をやり御祭り騒をして居たので、憤慨に堪へませんでした。私は戦争の如何なるものであるかを本当に国民に知らさねばならぬと考へ、其為に是非一度戦線を視察したい希望を抱いて居たのです」（河原理子『戦争と検閲　石川達三を読み直す』2015年刊）

## 新聞報道への不満

新聞は戦争の真実を報道していない、真実を取材して国民に知らせるために戦線に赴いた――。石川は執筆の動機を法廷でそう説明した。

新聞が書かないのなら自分が書く。

そう考えて南京に駆けつけた。そして、現地を訪れた感想を問われて、「戦争と言ふものが如何にスケールの大きな凄まじいものであるか」「予想をはるかに超へたものでした」と答えている。

さらに石川は、当時書いたとみられる未発表原稿に、次のようにつづっているという。

「新聞雑誌の戦争記事やニュース映画に見られる場面はただ戦争の一場面だけしか見せてはくれない。その結果として国民の認識は戦争をひどく甘いものに考えている。『支那住民は行く先々で皇軍を歓迎するばかり、我が兵士は徹頭徹尾なさけ深く彼等と親和し、占領地区はみな春風駘蕩たるものだ。……』そんな戦争があってたまるものではない」

「兵隊は神様ではない。〔略〕新聞の報導《ママ》のように常に勇敢常に慈悲ぶかくあり得るわけがない」（同右）

戦時下の新聞は、日本軍の「現にある姿」を書かずに、日本軍の「あるべき姿」を書いた。「常に勇敢常に慈悲ぶか」い日本軍の姿ばかりを書いた。石川には、それが不満だった。

石川の新聞批判は核心をついていた。

強姦や虐殺などの凄惨な光景も、戦争につきもののやむを得ない行為として、そのまま伝えるべきだと石川は考えた。しかし、検閲当局がそれを許さなかった。

石川は三八年九月、禁固四カ月執行猶予三年の有罪判決を受けた。検事側が控訴したが、翌年三月、東京地裁が一審と同じ量刑の判決を出して裁判は終わった。

石川は戦後まもない時期、南京取材について読売新聞のインタビューに答えている。これについては第九章で取り上げる。

注
1　当時、朝日新聞南京通信局長だった橋本登美三郎は「南京での事件ねえ。私は全然聞いてない。もしあれば、記者の間で話に出てるはずだ。記者は少しでも話題になりそうなことは話をするし、それが仕事だからね。噂として聞いたこともない」と戦後になって語っている（阿羅健一『「南京事件」日本人48の証言』）。しかし、筆者（上丸）は、自身の記者経験から、記者の間で「議論がはづんだ」という杉山の叙述の方にリアリティーを感じる。
2　杉山平助はその後、外相として日独伊三国同盟を締結した松岡洋右に心酔して松岡賛美の筆をふるったが、戦争が激しくなって執筆の場を失った。戦後の四六年に五二歳で死去。大宅壮一は杉山について「彼くらいエゴイズムに徹し、エゴイズムを生きぬいたものは、日本人の中では珍らしい」と評している（「匿名批評の先駆者」「文学界」55年9月号）。

## 「復興」の光景

陥落から一カ月がたった三八年一月中旬、南京の街が活気を取り戻してきた、という趣旨の報道が各紙をにぎわした。

東京日日は一月一八日、「支那娘も大道を闊歩　僅か一ケ月にこの活気」の見出しで、金子義男記者執筆の街頭ルポを掲載した。

「陥落当時は老人のほか絶えて姿を見せなかつたのに、いまは支那の婦人、殊に娘が大道狭しと闊歩してゐる。〔略〕中には若いかれ氏と打ち興じながら歩くかの女もあつた。治安が維持されてゐる大きなひとつの証左でなくて何であらう。中山路の広場をはじめ挹江門《ゆうこうもん》付近一帯も今は屍臭なく秩序が回復されてゐる。下関付近でも中山東路の付近でも兵隊さんが集まる通りには日本人の店が開かれてカーキー色の山をなしてゐる。しかも『近日開店』のはり札の多いこと、この分で行けば一ケ月前の敵国の首都南京の大通りは『南京の銀座』となつてしまうだらう」

三重県出身のある一等兵は、一月の南京の様子を郷里に手紙で伝えてきた。

「中山路には日本人が沢山きまして軍人相手の商売を始めてゐます、また各所に軍慰安所（料理屋）が出来まして毎日押すな押すなの大賑ひです」[1]（38年2月4日付大朝三重版「笑はせるデマ放送」。「（料理屋）」は原文のまま）。

## 日本人街が出現

一月下旬には、南京の中心部に「日本人街」が設定され、日本の風物が見られるようになった。

「『勝鬨《かちどき》ぜんざい』や『森永の菓子店』やら多数の商人が店開きして、輝かしい日本街の誕生ぶりをみせてゐる。南京は既に上海からの連絡も一日で列車が直通し、朝七時半に乗れば夕方にはつくので、上海、南京間の邦商の往来も繁く、南京再建の第一線にどんどん進出してゐる」（1月25日

付大阪時事新報「南京復興色　目覚し邦人進出」）

ただし、それらの商店は「爆撃、砲撃に崩された家屋を臨時修理しての開店で、ほんの内地向きのものを買食ひ出来得る程度」のものだったという（2月22日付東朝長野版「南京に春は来ぬ」）。

南京にいながらラジオで大相撲の実況放送も聞くことができた。横綱双葉山が連勝街道を突っ走っていたのはこのころだ。

「大通りには名古屋の松坂屋はじめ日本の商人が軒をならべて兵隊さんを迎へ酒、タバコ、日用品を商ひ、うどん、ぜんざい、おでん屋までが進出して大入満員の盛況である。写真機店も上海から出張してゐて現像、焼付に大繁昌だ」

「花柳街は各所にでき俄か覚えの日本語で支那娘がよびかけるのも可憐だ。〔略〕街を歩けば日本着物の女が三々伍々、駒下駄の音を石畳にひびかせてカラコロと歩いてゐる」

「ラヂオもとりつけられて春場所放送も聞けるなんて夢のやうな気持ちだ。電灯も二十二日からともり、水道も出るやうになつて一切合切が生れ変つたやう。全くどちらをむいても陥落後の敵首都とは思へぬ和やかさが充満してゐる」（1月27日付名古屋新聞「ちよいと御覧・新生南京」）

日本の新聞も大量に届くようになった。長崎県佐世保市職員の応召兵が「〔一月〕十五日には内地の新聞が大毎をはじめドッと〔南京に〕着いた」と郷里に手紙で知らせてきた（1月26日付大毎長崎版「古賀八郎君陣中手記」）。

「敵首都南京」の中心部に日本の文物が持ち込まれた。

## 四月になっても

一方、南京城外には、陥落から三カ月近くたっても、まだ人馬の死体がみられた。三月四日付の「南京自治委員会救済組」あての一民間人の書簡に次の記述があった。

「私はこのたび郊外から城内にやって来ましたが、三月になるというのに途中の馬家店・大定坊・鉄心橋は左右両側、人の死体と馬骨が野に遍《あまね》しという有様でした。ある者は小高い所で仰向けになって目を見開き口を開け、ある者は田のあぜに伏せて肉と骨をさらしており、屍《しかばね》は鷹や犬の餌食になっています。完全なものは少なく、足や腕がなかったり、頭がとれていたりで、たとえ五体満足なものでも、黒褐色を呈し腐乱し始めています」（井上久士「遺体埋葬からみた南京事件犠牲者数」、洞富雄ほか編『南京大虐殺の現場へ』）

四月、大阪から経済視察団が南京にやってきた。そのメンバーによる「現地座談会」で、大阪市助役が発言した。

「もう少し復興して商業なんかも家の中でやつてゐると思つてゐたが、この点予想外だつた。みんな道路の上で露店なのだから驚いた」（4月7日付大朝中支版「大阪　経済視察団に聴く」）

四月、文芸評論家の小林秀雄が南京に入った。文藝春秋の特派員として三月に日本から杭州にわたり、火野葦平に芥川賞を届けた（第一章参照）。

「〔南京の〕街は思つたより、ひどい戦禍を蒙つてゐる。目抜きの大通りも、方々が焼けて屋並みが揃はず、こつちで言ふ下町と言つた市民雑沓の巷も、類焼を免れてゐない。夫子廟の市場に行つてみた。浅草の仲見世風の所だつたらしくそんなあんばいに焼跡にバラックが立ちほんの申訳ばかりの品物を並べてゐる。半分は未だ空屋だ」

これが「復興」の実態だった。

そして小林は、自分に向けられる中国の人々の視線にただならぬものを感じる。

「市街の破壊された跡には上海の廃墟を見た後では別段驚かなかつたが、人々の眼差しの相違は心に滲みた。車夫に裏街の狭い道ばかり歩かせてみたり、腕章をとつて車夫と一緒に汚い茶店で茶を飲んだりしてみたが、何処でも眼付きは同じであつた」（小林「杭州より南京」「文藝春秋臨時増刊現地報告」38年5月号）

## 遺体の整理

名古屋新聞の竹崎特派員は、南京における避難民の死者数について記事を書き送った。

「最近支那紙の報道するところによれば、官許の某葬儀店が扱った事変勃発以来の埋葬者は四万一千四十五人で、毎月一万余人、一日約四百名の多きに達し、中でも悲惨なのはそのうち過半数が子供であることで、このうち最近二週間内の死亡者は毎日子供三百七十一名、大人七十二名といふ驚くべき数となつてをり、その上最近は死体の処置にこまつた避難民がこの死体を街頭に遺棄してゐるなど敗戦国のみじめさを如実に物語つてゐる」（37年12月27日付名古屋新聞「屍・遂に街へ棄つ」）

大阪朝日の特派員、林田重五郎は、南京城内外での死体整理について記事を書いた。

「戦ひのあとの南京でまづ整理しなければならないものは敵の遺棄死体であつた。濠を埋め、小川に山と重なつてゐる幾万とも知れない死骸、これを捨てておくことは衛生的にいつても人心安定の上からいつても害悪が多い。そこで紅卍会[2]と自治委員会と日本山妙法寺に属するわが僧侶らが手を握つて片づけはじめた」

「腐敗したのをお題目とともにトラックに乗せ一定の場所に埋葬するのであるが、相当の費用と人力がかかる。人の忌む悪臭をついて日一日の作業はつづき、最近までに城内で一千七百九十三体、城外で三万三百十一体を片づけた。[3] 約一万一千円の入費となつてゐる。苦力も延五、六万人は動いてゐる。しかしなほ城外の山のかげなどに相当数残つてゐるので、さらに八千円ほど金を出して真夏に入るまでにはなんとか処置を終はる予定である」

記事は三八年四月一五日付大朝中支版、一六日付北支版、一七日付朝鮮西北版、南鮮《ママ》版に、連載「南京便り」の第五章「衛生の巻」として掲載された。しかし、台湾版、満州版と国内の紙面には掲載されなかった。

日本軍の「奮戦」をたたえる記事や「日支親善」の宣伝記事を書く記者はたくさんいた。しかし、遺体のあと片付けについて着目した記者はまれだった。

注

1　軍慰安所をめぐっては、国内の公娼制度を戦地にもっていったもので、問題ないという主張がある。しかし、南京戦当時の新聞には、公娼制度に批判的な記事が散見される。

例えば、三七年一二月一六日付読売新聞宮城版は、県会で「公娼廃止要望案」が一票差で可決された、と次のように報じている。

「意見書の内容は左の如くである。公娼制度を速かに廃止せられん事を要望す。

〈理由〉現時世界に正義人道を高唱する我国としては斯る悪制度を速かに撤廃すべきものなりと信ず。況んや非常時下、挙国尽忠の念に燃え聖戦に起たんとする時、壮丁兵士の保健、国力の消長を思ふ秋《とき》、速かなる断行を切望するものなり」

また三八年二月二五日付報知新聞の投書欄には、次の意見が掲載されている。

「一方にダンスを禁止し、他方公娼を許すの矛盾は今更改めていふまでもない。〔略〕文明国がこれを公認して、恥ぢるところなく放置するは、その体面上よりするも面白くない。〔略〕政府は速かに公娼制度の廃止を決意し、花柳病の蔓延を防止し、国民保健の根本問題を一大英断をあへてするの男気を躊躇してはならぬと思ふ」

2　現在は「紅卍字会」という表記が一般的。「道院」という宗教団体に付設された社会事業団体で、当時の南京分会は、難民の救済や遺体の収容、埋葬にあたった（井上久士「遺体埋葬からみた南京事件犠牲者数」）。

報知新聞の上野特派員は三七年一二月二三日、紅卍字会南京分会の事務所を訪れ、次の記事を書いている。

「今南京市内に流れ込んでゐる避難民十七万人の中には、姿こそ土民を装ふが湖南、湖北、広東、広西等の各師、各軍の正規兵がまじつてゐるので、矛を収めて南京を再建する皇軍の治安工作は並大抵ではない。二十三日記者は冷い小雨に叩かれる避難民をかき分けながら南京寧海路の紅卍会本部を訪れ、得体の知れぬ避難民の破れた胸に芽生えんとするものを打診した。紅卍会は固く鉄扉を閉して外部との接触を拒否し、避難民の収容に当つてゐる。見れば扉に『日本軍立入禁止』と木札が掲げられてあるではないか」（37年12月25日付報知新聞「紅卍会本部の鉄扉を叩く」）

3　金陵女子文理学院教授のミニー・ヴォートリンは三八年四月一五日に紅卍字会の本部を訪ね、次のデータをもらったという。

「一月の中旬ごろから四月一四日まで、紅卍字会は城内において一七九三体の死体を埋葬した。そのうち約八〇パーセントは民間人であった。城外ではこの時期に三万九五八九体の男性、女性、子どもの死体を埋葬した。そのうち約二五パーセントは民間人であった。これらの死体埋葬数には私たちがきわめてむごい殺害があったことを知っている下関、三汊河の地域は含まれていない」（『ヴォートリン日記』）

城内での死体埋葬数が一致することから林田記者は、紅卍字会から得たデータをもとに記事を書いたとみられる。

## 軍紀粛正

三八年二月七日[1]、同盟通信上海支社長の松本重治は南京で、日本軍戦死者の慰霊祭を取材した。松本は後年、慰霊祭の模様を次のように振り返っている。

「慰霊祭はいともおごそかに終った。私はそれで終ったかと思っていると、松井最高指揮官が、つと立ち上り、朝香宮をはじめ参列者一同に対し、説教のような演説を始めた。〔略〕老将軍は泣きながらも、凛として将兵らを叱っている。『何たることを、おまえたちは、してくれたのか。皇軍として、あるまじきことではないか。おまえたちは、今日より以後は、あくまで軍規を厳正に、絶対に無辜の民を虐げてはならぬ。それが、また戦病没者への供養となるであろう』云々と、切々たる訓戒のことばであった」（松本『上海時代　下』75年刊）

中支那方面軍司令官、松井石根《いわね》はその場で軍紀の引き締めを厳しく命じた。

慰霊祭に列席した参謀長、飯沼守が松井の言葉の要旨を日記に書きとめている。

「南京入城の時は誇らしき気持にて其翌日の慰霊祭亦其気分なりしも本日は悲しみの気持のみなり。其れは此五十日間に幾多の忌はしき事件を起し、戦没将士の樹てたる功を半減するに至りたればなり、何を以て此英霊に見へんやと言ふに在り」（『南京戦史資料集』）

入城式から慰霊祭までの間に、松井の心境は「誇らしき気持」から「悲しみの気持」へと変化した。

軍紀の乱れは、皇族にも伝わっていた。

昭和天皇の弟である秩父宮雍仁《やすひと》は三七年一二月三〇日、皇族の閑院宮春仁《はるひと》（閑院宮載仁《ことひと》・参謀総長の次男）に手紙を送り、「内地に於て耳にすることの中には日支親善、東洋平和確立の礎と云ふ見地から見まして疑問に思はれることも少くない様に考へられます」「軍紀風紀上の問題にしても此位は戦場の常なりと簡単にかたづけるべきでありませうか」などと述べていたことが近年、明らかになっている（2020年11月15日付読売新聞）。

年明けの一月四日、陸軍中央は、閑院宮載仁の名で、中支那方面軍に対し「軍紀風紀に於て忌々しき事態」が近頃、頻繁に発生しており、「軍紀を厳正にし〔略〕全隊放縦を戒むべし」との異例の通牒を出した。このことは当時の新聞には載らなかった。

## 意味知らぬ君が代

慰霊祭翌日の二月八日、上海で発行されている英字紙「ザ・ノースチャイナ・デイリーニュース」（英国系）と「チャイナ・プレス」（米国系）に松本重治の書いた記事が掲載された（『南京戦史』）。

一方、日本の新聞で、この記事を掲載した新聞は確認できない。

松本は九日、金陵女子文理学院で避難民の支援にあたるミニー・ヴォートリンに取材しようとした形跡がある。『ヴォートリン日記』に次の記述がある。

「同盟通信社支局長〔支社長〕の松本〔重治〕が数分間〔の面会〕を求めてきた。彼は飛行機で上海に行くつもりでいるので、長居はできなかったのだ。わたしとしては、彼と知り合いになりたかったのだが」（「〔重治〕〔の面会〕」は引用文のまま）

結局、取材は実現しなかった。松本がなぜヴォートリンに会おうとしたのか。想像するに、松本は、日本兵の行動について話を聞こうとしたのではなかったか。

同じころ、松本は、戦禍にあえぐ中国民衆に同情を寄せて、こうつづっていた。

「彼等〔占領地域の住民〕に対して、一日も早く善政の布《し》かれむが為めに、吾人はあらむ限りの協力を惜んではならぬ。一本の日章旗を手にして茫然路頭に佇立する老爺を思へ、意味知らぬ君が代を歌ひつつ、喜々として戯むれる難民収容処の児童を想像せよ。飢えたる乳児をかかへてこの寒空に食を乞ふ若き母を偲べ、彼等に果して何の罪ありや」（松本「事変第二期に入る」「改造」38年2月号）

## 道徳の堕落

松井石根は二月に帰国したあと、月刊誌「現代」（大日本雄弁会講談社刊）のインタビューに応じた。

ここで松井は、日露戦争に中隊長として出征した自身の経験から、日露戦当時との違いについてこう指摘した。

「個性の修養といふか、社会の道徳といふか、また武士の嗜《たしな》みといふか、さういふ点に於ては、遥かに相違があるやうに思ふ。つまり今日の方が劣つてゐると思ふのだ。〔略〕要するに、国民精神、社会道徳といふものが、この四十年間自然に堕落して居つた結果だと私は見て居る」

国民精神、社会道徳の堕落。

南京侵攻の最高指揮官は、軍の現状を強い言葉で批判した。

では「皇軍」は本来、どうあるべきなのか。

「一般人民は勿論、一般軍隊と雖も、抵抗の意志を放棄した者に対しては、十分寛容な態度をもつて、これに臨まなければならない。

明治天皇の御製に、

国のためあだなす仇はくだくともいつくしむべき事な忘れそ

と仰せられてゐる。私は将士に対し、自ら筆をとつて、『軍は軍規、風紀を厳粛にし、支那の人民に対しては勿論、軍隊と雖も抵抗の意志を失つたものに対しては、十分寛容な態度をもつて之に臨み、皇軍一過、支那の軍民をして仰いで聖徳を渇仰せしむるの慨あるを要す。』と云ふ意味を書いて示達したのであるが、全くさうであると思ふ」(「現代」38年5月号)

松井は、日本軍将兵が「一般人民」や「抵抗の意志を失つた」兵士までも容赦なく処断してしまうことをおそらく知っていた。そして、そうしたことは本来、「皇軍」にあるまじきことだと考えていた。「皇軍」が通り過ぎれば、中国の軍民が仰ぎみて天皇の徳をたたえるくらいでなければならない。それこそが「皇軍」であり「皇軍の倫理」である。松井はそうした思いを語っていた。

しかし、現実はそうした「皇軍」のあり方から、かけ離れていた。右の談話にも松井の嘆きが込められていた。そして最高指揮官だった松井は、指揮官としての責任を免れ得なかった。

## 従軍兵士の心得

三八年夏、大本営陸軍部は「従軍兵士の心得」と題する冊子を百数十万部作成して全軍に配布した。作成にあたったのは陸軍部第一課長（教育課長）の遠藤三郎[2]だった。

「心得」は「敵意なき支那民衆を愛憐せよ」と説いていた。

「今次の聖戦は支那民衆を敵として居るのではない。抗日容共の国民政府を撃滅して無辜の支那民衆を救恤するのが目的である。彼等をして皇恩に浴し得る様にしてやらねばならぬ。万一にも理由なく彼等を苦め虐げる様なことがあつてはいけない。武器を捨てて投降した捕虜に対しても同様である。特に婦女を姦し私財を掠《かす》め或は民家を謂《いわれ》もなしに焚《や》くが如きことは絶対に避けねばならぬ。斯くの如き行為は啻《ただ》に野蕃民族として列強の嗤を買ふばかりではなく彼等支那民衆よりは未来永劫迄も恨を受け、仮令《たとい》戦闘には勝つても聖戦の目的は達し得ぬこととなる」

「『掠奪強姦勝手次第』などと云ふ言葉は『兵は兇器なり』と称する外国の軍ではいざ知らず、神国であり神武である皇国の軍《いくさ》では絶対にあり得ぬことである。万一にも斯くの如き行為をなすものがあつたならば之れ不忠の臣である。国賊として排撃せねばならぬ」

無辜《むこ》の民衆、投降した兵を虐げてはならない。強姦、掠奪、放火をしてはならない。「掠奪強姦」などをする者は不忠の臣、国賊である。

戦場で何が起きているか、はしなくも、この冊子自体が語っていた。
松井石根の月刊誌での発言しかり、「従軍兵士の心得」もまたしかり、「皇軍」のあるべき姿からの逸脱を批判し、叱正し得るのは、厳しい言論・報道統制下の当時において、軍自身をおいてほかになかった。

注

1　松本重治は、回顧録『上海時代』で、慰霊祭のあった日を三七年一二月一八日としている。これは松本の記憶違いで、実際には三八年二月七日であったことが偕行社『南京戦史』などで確認されている。

2　遠藤三郎は戦後、憲法擁護、平和運動に取り組み、再軍備反対を主張した。この間、幾度も中国を訪れて毛沢東、周恩来らと会談、日本の侵略を謝罪した。また「日中友好元軍人の会」をつくり、長く会長を務めた。八四年、九一歳で死去。著書に『日中十五年戦争と私』などがある。

# 第八章　銃後という戦場

## 東洋平和のため

戦勝気分で迎えた一九三八年元日、九州日日新聞（熊本）の「新年短歌」欄に、二等として、次の作品が掲載された。

たゝかひの因《もと》は何ぞと国挙《こぞ》り戦ふ故をやまず説くべし

「諸外国」は日本に「領土的野心」があるかのように誤解している、戦争が起こった理由を外に向かって説き続けよ――。

選者は右の一首の歌意をそう説明していた。

では、この戦争は何のための戦争なのか。説くべき相手は「諸外国」よりむしろ、日本国民だった。三八年正月、消化・整腸剤「わかもと」の全面広告が香川新報（七日付）、鳥取新報（同）など全国の地方紙に広く掲載された。広告文が、戦争の「意義」を高らかにうたい上げていた。

南京に春たち帰り候は
東洋に平和たち帰る萌しと覚え候
我等は支那四億の民衆と戦ふに非ずして
民衆の背後の敵と戦へるにて候
支那民衆こそ永遠に我等が友——
友よ、友よ、乞ふ我等が手をとり候へ
いざ、共に、東洋平和の建設に参ぜん！
昭和十三年新春

中国の母と子が、日の丸の小旗を手に、日本軍兵士を迎えるところを描いた、垢ぬけした雰囲気のイラストがこの紙面を飾った。

この広告が語るように、中国の民衆を助けるために中国政府および中国軍を倒して中国に、アジアに平和をもたらす。それが日本の掲げる「大義」だった。

しかし、戦う中国軍（そこには少年兵や女性兵士も多数、含まれていた）と民衆とを分けて考えることにそもそも無理があった。兵士たちは、日の丸を手にもつ農民たちの息子や娘であり、兄や父だった。「東洋平和」のための戦争という「大義」に、疑念をもつ日本兵もいた。

内務省警保局治安課作成の月次報告「特高外事月報」三八年二月分は、秋田県出身の一等兵が前年一一月に郷里に送った手紙に問題があるとみて、その一節を記録している。

「気がスサンで少しでも癪《しゃく》に障ると突き殺すといふ現況です。東洋平和がどうとか支那〔中華〕民国を緩和せんとかそんな理論的な行動を主眼としては自分等の命が危い、戦争で死ぬのが名誉ではないのだ。勝つて生きて帰るのが本領なのだ。（中略）新聞はどんなに報道したか知れんがこれまでの新聞報道は全部嘘です」[1]

戦争の「大義」のために戦っているのではない、ただ今日を生き延びるために戦っていると言いたかったのだろう。「東洋平和がどうとか」いう新聞報道は、一等兵の日常から、はるか遠いところにあった。

**帝国日本の本音**

三八年元日、北海道の小樽新聞は「本社主催座談会『戦後日本を語る』第一回」を掲載した（一月九日付まで、全七回）。「戦後日本」という表題は、南京陥落で中国との戦争は終わったという状況判断を示すものだろう。

出席者は「陸軍中将・建川美次、前衆議院議長・富田幸次郎、興中公司社長・十河《そごう》信二、前内閣書記官長・吉田茂、法学博士・下村宏[2]、小樽新聞東京支局・多田太吉」の六人だ。

建川は、満州事変の引き金となった三一年の柳条湖事件（南満州鉄道線爆破事件）直前、参謀本部第一部長として、関東軍の独走を止めるため奉天（現・瀋陽）に派遣されながら、結局、黙認した人物。のちには駐ソ大使も務めた。

富田は高知の土陽新聞で主筆を務めたあと、一九〇四年に高知新聞を創刊し社長、主筆を務めた元ジャーナリスト。〇八年から衆議院議員当選一〇回。この座談会が掲載された三八年の三月に没した。

十河は鉄道官僚で、戦後、国鉄総裁。興中公司は華北開発を目的とする満鉄の子会社だ。

吉田茂は岡田啓介内閣（三四年七月―三六年三月）の内閣書記官長で、座談会当時は貴族院議員。戦後、首相を務めた吉田茂とは別人だ。[3]

この座談会でも、戦争目的が話題になっている。一月五日付の連載第三回で、戦争目的をめぐって、前衆議院議長の富田幸次郎と陸軍中将の建川美次の間で、白熱した議論が交わされる。

**富田**「日本が東洋平和だの、どうのこうの言ふのは理屈で、本当は日本が世界的に経済的に発展しようと思つても英国其他の妨害で進出を阻まれる。支那へ行かうとしても排日、抗日、侮日だからやつつけろといふ考へだと思ふんだ。その日本の理想を軍部が代表して……」

**建川**「さうは思はぬ」

**富田**「この点は腹の中では感謝してゐるんだ。表面は東洋平和とか何とかいふけれども、実際を言ふと日本が退嬰《たいえい》してをつて行けるかといふんだ。この年々に百万人も殖える人口をこの狭い国内に置いてはどうせ共倒れに終らなければならん運命を有つてゐるから進んで海外に進出するか、退いて餓死するかとなれば、抵抗力の少い方に水の流れる如く出るのは当り前である」

**建川**「ぶつきら棒に言へば、あなたの言ふ通りだが、東洋の安定のためとか平和のためと言つておけば宜《よ》いぢやないか」

**富田**「是を消極的に言へば東洋の安定のためとか、世界の平和のためだとかいふことになるが、積極的に言へば、日本国民が生きるか死ぬるかの問題である。今度の戦争に名義が足らんといふことは間違つてゐる。生きるか死ぬかの是れ程の名義が何処にあるか。ただ問題となるのはこれをどの程度に日本の国力に応じて止めるかといふにあるのだ」

富田は帝国日本の本音を唐突に暴露したかっこうだった。

あわてたのが建川だ。

「東洋の安定のためとか平和のためと言っておけば宜いぢやないか」

どうせ大衆にはわかりゃしない、格好のいいことを言っときゃいいんだ、というわけだ。報道統制下に、どうしてこの記事が掲載を許されたのか、なんとも不思議な感じがする。

そのうえ、この連載自体が謎をはらんでいる。

このような政財官軍の著名人による座談会を、北海道のローカル紙である小樽新聞が独自に企画して、独自に掲載したのだろうか。出席者のなかに「小樽新聞東京支局・多田太吉」の名前があるので、座談会は東京で行われたのだろうが、それにしてもだ。

各紙の記事を点検するなかで、この座談会をもう一つ、別の新聞が掲載していたことがわかった。神戸新聞だ。ただしタイトルは「戦後日本の諸問題」となっており、小樽新聞が全七回で完結させた連載を、神戸新聞は内容をかえないで全一二回に分けて載せている。

出席者の一人として「本社　水谷信雄」の名がある。小樽新聞にあった「多田太吉」の名はない。

小樽新聞、神戸新聞以外に、この連載座談会を掲載した新聞は確認できなかった。

これはどういうことなのか。

小樽新聞の記事にも、神戸新聞の記事にも同盟通信が配信したという記述はない。しかし、東京で開かれたとみられる座談会の記事が小樽新聞と神戸新聞に同時に掲載された事実を整合的に説明しようとすると、同盟が正月用の企画として加盟各社に配信したとしか考えられない。今ではあり得ないことだが、新聞社からの出席者は、掲載社がそれぞれ独自に名前を入れてよろしいという了解があったのかもしれない。そうとでも考えないと説明がつかない。

## 中国から温泉客を

戦争目的は経済的な利益を得ることにある、という富田のような見方が新聞や雑誌に載るのは異例だった。しかし、そういう見方が当時、なかったのではない。

陸軍大臣経験者の宇垣一成は、日記の三七年一一月二八日の項に、こう書いている。

「結局日本は強くなる為に必要なる資源や市場を主として、近き支那に求めたのである。現下の大勢では他に求むべき大なる道はなく不得止《やむをえず》近くて弱い支那に求めたのである。支那から見れば親邦でもなければ弱い者いぢめの感も起りしことと思はれ気（の）毒千万也！　併し究極の求むる所は主権でも領土でもない、実に東亜全体の繁栄と康寧の為にする絶対的の経済的要求である」

一方、南京戦当時、外務省東亜局長だった石射猪太郎の回顧録『外交官の一生』（50年刊）には次の記述がある。

「『中国に対してすこしも領土的野心を有せず』などといった政府の声明を、国民大衆は本気にしなかった。〔略〕地方へ出張したある外務省員は、その土地の有力者達から『この聖戦で占領した土地を手離すような講和をしたら、我々は蓆旗《むしろばた》で外務省に押しかける』と詰め寄られた。ある自称中国通が私を来訪して、山東か河北位をもらわにゃならぬと意気込んだ。また、ある宗教家が来訪して、上海あたりを取ってしまえ、それが平和確保の道だと説いた」

岐阜市に本店がある十六銀行の副頭取は、南京陥落の直前に、早くもこう語っていた。

「剣をとつての戦のあとには外交戦、経済戦の時代が来る。〔略〕日本が東洋平和の安定力であり、東洋資源の開発者であることを世界に闡示《せんじ》し得てこそ皇軍将士の尊き犠牲に酬ゆる銃後国民の義務であると思ふ」（37年12月12日付大朝岐阜版）

温泉郷の別府市は南京が陥落するとさっそく、中国での宣伝活動を計画した。

「別府市では将来、支那大陸からの泉都観光浴客を招くべく支那各地の新生自治団体に泉都の大宣伝を行ふべく計画中で、文書宣伝のほか皇軍慰問使を兼ね市議の現地宣伝班を中北支に派遣も考慮されてゐる」（38年1月14日付大朝大分版）

## 日本民族の任務

日本が表向き掲げる戦争目的と、戦争の実態との間の絶対的な乖離は、その後も埋まることはなかった。

南京の支那派遣軍総司令部は、皇紀二六〇〇年の天皇誕生日にあたる一九四〇年四月二九日、中国戦線の将兵にパンフレット「派遣軍将兵に告ぐ」[4]を配布し、改めてこの戦争の目的を説明した。

「聖戦遂行の第一線に立てる派遣軍将兵が其の行状に於て天地に愧《は》づる様な事があつては大御心《おおみごころ》を冒瀆し奉り、支那人に反《かえ》つて永久の恨みを残す事となる。人心を逸して聖戦の意義はない。掠奪暴行したり、支那人から理由なき餞別饗宴を受けたり、洋車に乗つて金を払はなかつたり、或は討伐に藉口《しゃこう》して敵性なき民家を焚き、または良民を殺傷し、財物を掠めるやうなことがあつては、如何に宣伝宣撫するとも、支那人の信頼を受けるどころか、その恨を買ふのみである」

このパンフレットは、内閣情報部発行の政府広報誌「週報」四〇年五月一五日号にも収録された。そのため「東洋平和のため」というスローガンと現実がいかにかけ離れているか、新聞がふだん書けない事実を皮肉にも、政府が広く国民に知らせる結果となった。

それもこれも、もとをただせば、侵略によって平和を創造するというスローガンそのものに矛盾があったからだ。

では、「東洋平和のため」というスローガンを中国側はどう受け止めていたのか。一例をあげよう。日本の対中国政策を担う興亜院が四一年ごろ、中国で収集した抗日派の文献は、次のように述べていた。

「日本が中国より退出せざる限り、中日間は親善の言ふべきものなく、東亜又和平の言ふべきものは無いのである。中国の進むべき道は只抵抗戦到底、以て日本を中国より駆逐する以外にあり得ないのである」(酒井順一郎『日本語を学ぶ中国八路軍』2020年刊)

大本営陸軍部研究班が四〇年九月に作成した「支那事変に於ける軍人軍属の思想に影響を及せる諸因の観察」と題する報告書に、警戒すべき事例として、ある兵士の手紙の一節が引かれている。この兵士もまたスローガンのうそを見抜いていた。

「東洋平和建設と戦争と何の関係があるか? 戦争もせず血も流さず出来上る平和が真の平和にあらずや」(吉田裕監修『日本軍思想・検閲関係資料』2003年刊)

注

1　この一等兵の言葉は、ベトナム戦争に従軍した米軍兵士の心理を主な対象とした研究書『戦争における「人殺し」の心理学』(グロスマン著、邦訳は2004年刊)に引用された一兵士の言葉を想起させる。
「もういやだ、戦争はもうたくさんだ。戦争の栄光なんてたわごとだ。血や復讐や破壊を声高に叫ぶのは、銃を撃ったこともなければ、けが人の悲鳴やうめき声を聞いたこともないやつらだけだ。戦争は地獄だ」
2　下村宏は号・海南。満州事変当時の朝日新聞副社長。終戦時、鈴木貫太郎内閣で国務相兼情報局総裁を務めた。
3　戦後、首相を務める吉田茂は、南京戦当時、駐英大使の任にあった。『ラーベ日記』の三八年二月一三日の項に次の記述がある。新聞記事をラーベが抄録したものだ。

「ロンドン、一九三八年一月二十九日。吉田茂駐英日本大使は、本日『デイリー・スケッチ』のインタビューで、中国で日本兵による言語を絶する残虐行為が行われたとの報道に遺憾の意を表明するとともに、つぎのように付け加えた。わが国の軍隊がかくも自制心を失い、伝統に反するとはきわめて考えにくいことである。そのような行為は我々日本人の伝統とまったく相いれないものであり、わが国の歴史始まって以来そのようなためしはなかった。日本軍は非常に規律正しいのだ」

4　アジア歴史資料センター Ref.C12120067900

## 小川愛次郎のこと

南京陥落の前後、新聞は戦勝報道で沸騰した。

南京を落とせば戦争が終わる。

熱狂の背後にあったのは、戦争終結への期待だった。しかし、その期待は外れた。

戦場に送り込まれた特派員たちは、郷土部隊の「奮闘」ぶりをその後も伝えてきたが、南京陥落時の熱狂は案外早く、紙面から消えていった。

南京陥落から一カ月が過ぎた三八年一月一六日正午、首相官邸応接間で、内閣書記官長の風見章が首相声明を発表した。

「帝国政府は爾後《じご》国民政府を対手《あいて》とせず、帝国と真に提携するに足る新興支那政権の成立発展を期待し、是と両国国交を調整して更生新支那の建設に協力せんとす」

発表の模様を国民新聞が報じた。

「息詰まる様な三分。歴史的声明は終つた。とたんに飛散る報道陣をしりめに翰長〔内閣書記官長〕

の顔面神経は緩んだ。（略）どうだ今日の声明は、言葉は至極簡単だが歴史的声明だよ、まさに感慨無量だ」（1月16日発行国民新聞夕刊）

国民政府を否認して、別の新しい政権（傀儡政権）と交渉するというこの声明（第一次近衛声明）によって、日本は、中国との交渉の糸口を失い、戦争は泥沼に陥っていった。

翌一七日、大阪朝日は社説で「挙国協力の大義に本《もと》づいて満腔の誠意と、全幅の努力とをもつてこの声明を支持」すると述べた。政府批判はすでにどの新聞からも消えていた。

外務省東亜局長の石射猪太郎は、そうした新聞の論調を嘆いた。

「今朝の新聞は『国民政府を相手とせ《ママ》ず』を皆礼讃して居る。憐れな言論機関だ」（『石射猪太郎日記』〈93年刊〉38年1月17日の項）

二日後の一月一九日、石射のもとを憲兵隊本部の一曹長が訪ねてきた。石射の知人を留置していると曹長は言った。石射は日記にこう書いている。

「彼の如き憂国の士をつかまへるなどとは、余りに見当外れだ。助け出さねばなるまい」

捕まったのは小川愛次郎[1]、当時六〇歳。日本の中国政策を批判する意見書を幾度も書いて政府要人らに送っていた。内閣書記官長の風見とも親交があった。

風見が戦後になって著した回想記『近衛内閣』（51年刊）に、小川が捕まった経緯が書かれている。

「上海にとぐろをまいていた老志士の小川愛次郎氏が、こんなことをやつていると、いまに、日本がぬきさしならぬ窮地におちいるばかりか、東亜数億の民人を、不幸のどんぞこにおいこむものだみていられるかというので、東京へとびだしてきて、国民政府と、一日もはやく和を講ずるがいいと、あちこち、ねつしんにときまわつたことがある。すると、このことのために、不穏の言動をやるやつだとにらまれて、ついに憲兵隊にとらえられてしまった。そこで、それはひどいというので参議であった松岡洋右氏とわたしとが口をきいて、やっと、同氏を釈放させたこともあった」

## 日中提携を主張

小川は一八七六（明治九）年、現在の東京都小平市に生まれ、一九〇四年、日露戦争のさなかに中国に渡った（小平市史編さん委員会編『小平市史　近現代編』2013年刊）。農商務省海外実業練習生として漢口に在留していたことが当時の公文書に記録されている。[2]

その後の歩みは、よくわかっていないが、一九一六年には中国で製糸関連の事業を展開していたようだ。

『戦間期日本繊維産業海外進出史の研究』（藤井光男著、87年刊）という研究書に小川の名がみえる。

「黄泰洋行を経営して湖北省の物産を取り扱った〔貿易商〕小川愛次郎が、一九一六年（大正五）に片倉組および石川組など日本製糸資本の委託を受けて漢口に今村式乾繭《かんけん》機二台をすえつけ、その他湖北省の十数カ所に乾繭所を設けて大々的に繭の買付け活動を展開した」

小川愛次郎

小川は二三年、漢口日本人会代表として上京し、漢口での排日運動の実情を訴えている（23年7月10日付読売新聞）。このとき小川は憲政会の機関誌「憲政」（23年8月号）に寄稿し、「目下の状況から云へば彼に最後の通牒を発し、応ぜざる時は大兵を動かし国家の全力を挙げて鎮圧すべきが現在の立場ではないかと思ふ」と、排日運動鎮圧のための武力発動を主張していた。

ただ、一時は従業員三四〇人を擁した製糸事業も、二四年には「頓

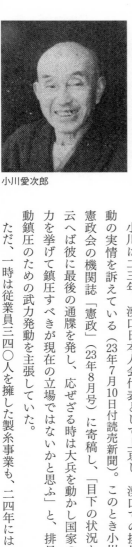

挫の已むなきに至つた」という（蚕糸業同業組合中央会編『支那蚕糸業大観』29年刊）。

小川が「論客」として姿を現すのは、三一年の満州事変、三二年の「満州国」建国を経たあとの三四年のことだ。この年、小川は「支那を救ふの途は唯《ただ》日支の提携」と題する冊子に自分の主張をまとめた。

「日本は不遠《とおからず》、国民政府から依頼されて、大規模なる支那援助に乗出さねばならぬ時機が来るであらう。満州を仕上げた丈では未だ未だ東洋の平和は確保されないからである」

「両国提携が出来れば、日本は支那の開発統一の為め行政、財政、経済上の援助は勿論、共匪討伐の実力援助も之を辞せない。と同時に進んで経済同盟を希望する」

日本の満州支配を前提に、国民政府との経済提携を訴えた。かつて漢口での排日運動に対し武力の発動を主張した小川だったが、三〇年代には考えを変えていたようだ。

小川が、外交官の石射猪太郎といつ知り合ったか、これもはっきりわからない。

公刊されている石射の日記（『石射猪太郎日記』）は、一九三六年一月一日から始まる。最初に小川の名が登場するのは、三六年二月六日だ。このとき石射は上海総領事を務めていた。

「満鉄小川愛次郎君来訪、興中公司の事業望み薄の話をする」

次いで二月二二日の項に「三幸で午餐、〔略〕橘〔樸《しらき》〕、土肥〔顯・満鉄上海事務所長〕、小川〔愛次郎・満鉄上海事務所員〕の諸君をも招ぐ」という記述がある（引用文中の〔 〕は『石射猪太郎日記』の編者による）。小川は当時すでに満鉄上海事務所に在籍していたことがわかる。石射は、一〇歳ほど年長の小川とかなり親しかったことが日記の記述からうかがえる。

三七年四月、石射は外務省東亜局長に就任した。対中国外交の実務責任者である。

二カ月余りたった七月七日、盧溝橋事件が起きる。

## 中国から兵を引け

盧溝橋事件が起きてまもなく、小川は、一つの意見書「北支事変の見透と其対策」を執筆した〈劉傑「石射猪太郎と日中戦争」、戸部良一ほか編『〈日中戦争〉とは何だったのか』〈2017年刊〉所収〉。それはこう述べていた。

「〔中国国民の抗日思想は〕四億民衆の腹の底から湧き起つて居るのである。然るに之を、国民党の指導に因るものだとか、〔略〕コミンテルンの使嗾《しそう》に因るとか〔略〕なぞとするが如きは飛んでもない見当違ひだ。仮令《たとい》露西亜が一朝にして地球上から姿を消しても、国民党政府が倒れても、英米の援助が絶へても、日本の誤つた対支態度が是正されない限り、支那の抗日は絶対に止むものでない。コミンテルンの煽動も、国民党の指導も、畢竟〔略〕民国輿論の大きな流れの上に躍る波頭に過ぎない」[3]

中国の抗日の動きは、上からの指導によるものではなく、民衆のなかから湧き上がっている、と小川は指摘し、ナショナリズムの勃興を正当に評価するよう主張した。

「一体、互恵平等の上に立つてこそ親善も提携も談ぜらるべきで、武力のみに依頼して親善を望むなぞは固々《もともと》無理な話である。〔略〕心からの親善は日本に支那征服の意図なき事を事実で示し、彼を安心せしむる外に方法はない。此際〔略〕『日本は北支から全然手を引くべきである』之れが、今回支那出兵の大目的を達成する唯一無二の策である」

「親善」「提携」を言うなら、日本はただちに華北から兵を引け、というのだ。

八月一五日の日付があるこの意見書を石射は九月三日に受けとり、「意見ピッタリ一致して居る」と日記に感想をしるした。小川は意見書を「近衛総理を始め官界政界の要人達に送呈した」（石射『外交官の一生』）。

日本軍が南京に迫るころ、小川は東京を訪れ、石射に会う。小川と石射の動きを石射の日記から抜き書きしてみよう。

「**一二月九日**　小川愛次郎君来訪、日本はbattleには勝ってもwarに敗れる。危機である、早く時局収拾せねばならぬと赤誠あふれる。上海戦線の我軍士気は嘆すべきものありと云ふ。

**一二月一四日**　南京カンラクで市中大提灯行列。

**一二月一六日**　小川愛次郎君重ねて来訪、対支策を談ず。

**三八年一月六日**　上海から来信、南京に於ける我軍の暴状を詳報し来る、掠奪、強姦目もあてられぬ惨状とある。嗚呼之れが皇軍か。日本国民民心の廃頽の発露であろう。大きな社会問題だ」（『石射猪太郎日記』）

石射は、南京での日本軍の「暴状」「目もあてられぬ惨状」について、上海から報告をうけていた。

「**一月一九日**　憲兵隊本部の某曹長来訪、小川愛次郎君が筆禍を買つて留置されて居る事を知る。彼の如き憂国の士をつかまへるなどとは、余りに見当外れだ。助け出さねばなるまい。

**一月二七日**　小川君昨日釈放さる」（同右）

二月六日、石射は松平恒雄宮内大臣主催のゴルフに参加する。参加者の一人として小川の名が石射の日記にしるされている。石射が連れて行ったのだろうが、それにしても、釈放まもない「要注意人物」が宮内大臣と同席するとは。なんとも奇妙な取り合わせというほかない。

## 南京虐殺を非難

その後も小川は、意見書を書き続けた。

三八年七月二七日付の意見書「時局の動向と収拾策（講和大綱）」[4]では、南京虐殺を非難した。

「国民政府と其の軍隊は討つが人民は之を敵とせずして愛撫するのであると謂《い》ふ事も屢《しばしば》声明された処であるが事実は丸で反対である。之も中支方面の実例であるが

一、日本兵の掠奪強姦が盛に行はれて居る。実に驚くべきことで、こんな事は日清日露役は勿論満州事変にも未だ曽て見ざる処で、日清戦争当時は『秋毫不侵』〔いささかも侵さず〕を標榜し、犯した兵士を死刑に処したる実例さへあつたのであるが、今度は余り数が多過ぎてそんな処置を取る事など思ひもよらず、全然手の下し様がなくなつて居る。皇軍に在る間敷き、武士道を汚す、実に可憂《うれうべき》重大事である。

二、虐殺放火が盛に行はれた。南京陥落直後丈でも市民中の男子の狩り出されて機関銃の掃射を蒙つたもの万を以て数ふべく。市街火災の多くは占領後日本兵の放火である」

「膺懲《ようちょう》するのだと謂いながら侵略征服する様な事をやり、親善提携が目的であると謂いながら却つて抗日心を煽る様な事をやつて居る、之が果して日本精神、皇道に叶つて居るや否や、之が果して、天皇の思召《おぼしめし》であるや否やと謂ふ点に対し国民は根本的に疑念を抱いて居る為である」

日本軍の南京での行動は、日本精神にかなうのか。在野の日本人によって、日本軍のふるまいは当時すでに厳しく批判されていた。しかも、それは風見章内閣書記官長ら権力の中枢に届いていた可能性が高い。

小川は、右のように指摘したうえで、日本は中国に傀儡政権を立てるのでなく、蔣介石政権を相手に

互恵平等の提携関係を築け、（すなわち「国民政府を対手とせよ」）と主張。「北支は五箇年以内に撤兵する」「中支は即時撤兵する」など、日本軍撤退の手順まで示していた。

しかし、事態は、小川が考える方向とは逆の方向に進んだ。日本は四〇年三月、国民党の指導者の一人だった汪兆銘を首班とする傀儡政権を南京に樹立。九月には日独伊三国同盟を結んだ。その後、日米交渉で中国からの撤退を求められた日本は、これを蹴って米英と開戦する。

## 小平で余生

小川をめぐって、こんなエピソードがある。

日本の敗色濃厚となった四四年一二月ごろ、満鉄上海事務所の熊谷康は、小川と一緒に南京の支那派遣軍総司令部を訪ねた。司令官の岡村寧次《やすじ》らを前に、小川が「この戦争はどう考えても勝ち目はないが、あなた達はどう思うか」と尋ねた。

全員同感だった。参謀たちは撤兵に賛成だったが、撤兵の際、中国兵に撃たれると主張した。小川は断固、違うと反論した。

「逃げて帰る者を撃つと考える方がどうかしている。そこが戦争を起こして得意になっている頭と少しも変わらない。そういう（中国人の）哲学がわからなければ、勝手に戦争しろ！　そのかわりボロ敗けに敗けるぞ」（熊谷「上海・満鉄調査部八月十五日」「海外事情」80年8月号）

戦後も小川はしばらくの間、中国滞在を続けたらしい。日本の敗戦から一年後、上海に在留した作家、堀田善衛の日記に小川の名前がみえる。

「昨日、土曜会で『戦後の対日輿論』なること少し話す。内山完造、塚本助太郎、小川愛次郎、そ

の他」（『堀田善衛上海日記』〈２００８年刊〉46年9月15日の項）

小川については、わからない点が多い。日中戦争に関する一部の研究書、研究論文にその名をみることができるが、その生涯や思想形成をたどる評伝は、管見の限り、まだ書かれていないようだ。しかし、日中戦争下、小川が独自の存在であったことはまちがいない。

新聞記者のなかにも、中国語が堪能で、中国政治に通じ、日本の外務省や陸軍、中国の要人とパイプをもつ専門記者は存在した。彼らのなかには汪兆銘の南京国民政府やその後の和平工作に関与した者もいる。しかし、小川のように国策の誤りを政府の中枢に直言したうえ、軍の撤退まで主張したものはほかにいなかったのではないか。

小川は戦後、東京・小平の生家に帰った。小平市文化財審議委員会委員長などを務め、七一年、九五歳で没した。

日中間の戦争状態は、翌七二年の日中国交正常化で、ようやく終結した。

注

1　小川に関する資料の一部は、近代日中関係史の研究者栗田尚弥氏から提供を受けた。記して感謝申し上げます。
2　アジア歴史資料センター Ref.B16080933600
3　アジア歴史資料センター Ref.B02030573400
4　アジア歴史資料センター Ref.B02030666500

## 批判者たちの視点

「新世界観への要求」

そんなタイトルの記事が河北新報に載ったのは、南京陥落から約一カ月後の三八年一月一〇、一一日だった（上下二回。ほかに一月四―七日付福岡日日新聞も掲載）。筆者は哲学者の三木清だ。三木は「世界的な世界観」をもて、と次のように論じた。

「真に世界を捉へるためには、単に民族的な立場に止まることなく、世界的な立場に立つことが必要であり、従つてまた科学的認識を含む立場に立たなければならぬ。

新しい世界観は真に世界的な世界観であることを要求されてゐる。世界観は世界の主体的な把握である限り、もちろん抽象的に世界的（人類的）な立場に立つことができないであろう。重要なのは、民族の上に立ちながら民族を越えるといふことである。それが可能であることは、例へば、ギリシア民族の作り出した文化が今日に至るまで世界的な意義を有し、世界的に影響を及ぼしてゐるといふことによつて実証されてゐる。また現在日本と支那とが新しい秩序において結ばれねばならぬ場合、もし我々の有する世界観が単に民族的（日本的）なものであるとしたならば、それはこの結合の基礎とはなり得ないであらう」

### 日本精神論の限界

哲学の言葉を使いながら、三木は、偏狭なナショナリズムの鎧《よろい》で身を固めた「日本的世界観」を批判した。

南京陥落前にも三木は、「中央公論」三七年一一月号掲載の論文「日本の現実」で、次のように指摘していた。

「日本の特殊性のみを力説することに努めてきた従来の日本精神論はここに重大な限界に出会はねばならなくなつて来たのである。そのやうな思想は日支親善、日支提携の基礎となり得るものでないからである。日本には日本精神があるやうに、支那には支那精神がある。両者を結び付け得るものは両者を超えたものでなければならない」

「暴支膺懲」（横暴なる中国を懲らしめよ）のスローガンが声高に叫ばれているさなかに、三木は、「支那精神」を「日本精神」で打ち倒そうとすることの不当性と不可能性を指摘し、「膺懲」の思想を理性の言葉で批判した。

言論の自由が抑圧されていた当時、書くべきことをひるまず書いた三木の姿勢に感銘をうける。

**蔣介石の声明**

三八年七月七日、盧溝橋事件から一年を期して蔣介石は「日本国民に告ぐ」と題する声明を発する。

「戦争勃発以来貴国の人力、財力、物力上における損失はすでに『日露戦争』の時の数倍に達してゐる。而してそのうち最も重大な損失は道徳上の損失である。諸君は貴国の出征軍隊がすでに世界で最も野蛮にして最も破壊力を有する軍隊であることを知つてゐるであらうか。諸君は貴国が常に誇つてゐた『大和魂』と『武士道』はすでに地を払つて存せぬことを知つてゐるであらうか」

「一切の国際公約と人類の正義は総て貴国の侵華軍隊によつて全く破壊せられてゐるのである。〔略〕

数千人を広場に縛してこれに機銃掃射を加へ、あるひは数十人を一室に集めて油を注ぎ火炙りに処し、甚しきに至つては殺人の多少を以て競争し、互ひに冗談の種としてゐる」（張競・村田雄二郎編『日中の120年　文芸・評論作品選3』2016年刊）

この声明を日本の新聞が報道することはなかった。

日本を対象化し、客体化する視点。当時の新聞に絶対的に欠落していたのはそれだった。

ただし、国際世論の動向は、細々とではあるものの、当時も国内に伝えられていた。

米国への留学経験がある蔣介石の妻、宋美齢の発言も米ボストン発同盟電で報じられた。掲載したのは河北新報と愛媛の海南新聞だ。

河北新報は「日本は何時か米国をも侵略　宋美齢、米知人に書翰」の見出しで、その発言を紹介した。

「蔣介石夫人宋美齢は憂国の女丈夫を気取り長期交戦の急先鋒となつて内に外に宣伝戦に大童《おおわらわ》の活躍をしてゐるが、最近ボストンの知人へ書翰を寄せ、日本は何時かはアメリカをも侵略するだらうとアヂつている。書翰の内容は次の通りである。

日本は何時かはハワイを侵略して其処に根拠地を設置し、次いでカルフオルニアへ迄侵略の手を延すだらう。日本の当面の野心は大陸帝国の建設にあるが、究極の目的は全アジアを征服して世界に君臨せんとするにある。然し支那は未だ曽て見ない団結振りを示してゐる。祖国防衛のため最後迄抵抗する覚悟である」（38年1月10日付）

宋美齢は、米国世論を中国側に引き寄せるため、このままでは日本はいずれハワイを侵略すると危機を強調した。その予見はやがて現実のものとなる。

国際連盟の動向もロンドン発の同盟電で日本に伝わっていた。

「国際連盟強化の国際平和運動委員会は〔三八年〕二月十二、十三の両日、ロンドンで大会をひらき、欧羅巴諸国協力のもとに日本に対し侵略阻止の運動を起すことになつた。二十七日、国際連盟強化委員会には孫文未亡人《ママ》、宋慶齢女史も出席し、支那の窮状を訴へるためロンドンに来ることになつた旨言明した」（38年1月28日発行鹿児島新聞夕刊）

メキシコで発行されていた日本語新聞「メヒコ新報」の浜口伊三郎記者は、日中戦争をメキシコの人々がどう受けとめているかをテーマに、伊勢新聞に寄稿した。

「当メキシコは勿論隣邦《りんぽう》米国も完全に我国今次事変の対外宣伝失敗に終つてゐる。〔略〕過去及び今次の事変における我国の行動が俯仰《ふぎょう》天地に愧《は》ぢざる真に公正の剣であるにかかはらず、現在当メキシコ及び隣邦米国の婦女子の井戸端会議にまで日本は好戦国だ、正義の美名に秘せる侵略国だ、日本を倒せと叫ばしむるに至つた現在が立証する」（38年1月9日付「異国で聞く支那事変」）

日本が侵略国とみられていることを浜口は不本意なこととしてつづっている。

南京虐殺をめぐる特集記事を掲載した三八年一月九日付ニューヨーク・タイムズは、日本に入ったあと、発売禁止となった。

内務省警保局発行の「出版警察報」一一一号が記事の一部を翻訳して引用している。

「日本軍の勝利は野蛮なる惨酷さと捕虜の一律的処刑、市内に於ける掠奪強姦殺戮其他一般的に日本軍隊と日本国民の声価に汚点を残したる蛮行によつて傷けられたのである。（中略）支那人の婦人は日本軍によつて思ふが儘に苦しまされ、米国宣教師が私《ひそ》かに知つたことに就ても多数の婦人が避難民収容所より連れ出され強姦せられた幾つかの事例がある」

## 桐生悠々の闘い

日本の中国侵略に対する真っ向からの批判は、報道統制によって封じ込められた。信濃毎日の主筆を辞めたあと、個人誌「他山の石」に拠って軍部批判を続けた桐生悠々は、南京陥落後の三八年三月二〇日号に掲載した論文「支那に対する我認識不足」で、日本人の中国観を根本から批判した。

「たとい今回の戦争において、我は成功をかち得ても、これに次ぐゼネレーションにおいて、彼〔中国〕は我に復讐すべく、再び起つだろうことは、私たちの寧ろ断言して憚らないところである。そしていうところの東洋永遠の平和は、これによって実現するどころか、或は永遠にこれを破壊し去る危険がある」

「抗日一色で塗り潰ぶされた支那中には、頓でもない義勇者、愛国者を発見すべきは想察するに余りある。戦争に勝って、政治に、外交に負けざらんことを、私たちはこの際、特に我政府当局に警告せずにはいられない」（太田雅夫編『桐生悠々反軍論集』69年刊）

この論文は、「和平気運の醸成」という理由で発禁になった。

桐生はまた、「日本」の殻に閉じこもって世界を見ない日本を批判した。

「己を高くするというよりも、己を低うし、己を狭くして、自殻内に閉じこもることを愛国といい、民族的精神とする近代的国家ほど、愚にして、憐れむべきものはない」（同右）

この論文「あさましい国家とこれに巣くう人間」も「反軍思想醸成」という理由で発禁となった。

## 軍縮論の挫折

新聞記者はどうしていたのか。

朝日新聞社の「皇軍慰問使」として華北・上海を訪れた取締役名誉主筆の高原操は三七年一一月、京都、岡山、小倉、福岡、熊本、山口の各地で「戦線報告大講演会」を開いた。

高原は「皇国建国の大精神と絶対に相容れぬ共産主義思想下にある南京政府〔国民政府〕を徹底的に膺懲、反省の実を挙げしめるまでは支那事変は絶対に終了しない、一に長期膺懲あるのみ」と述べて、長期戦への覚悟を聴衆に求めた（37年11月18日付大朝熊本版「満堂の大聴衆　感激、涙を催す」）。

大正から昭和初期にかけて大阪朝日の編集局長、主筆を務めた高原は、普通選挙と軍縮を唱えて朝日の論調を主導してきた。[1] 二九年秋には、社内の会議でこう述べていた。

「どこの国においても言論機関が軍務の当局者と一緒になりて軍備拡張に賛成した場合は必ず戦争を誘ひ、他国の軍備をまたさらにそれ以上に増大せしめるものである」（朝日新聞「新聞と戦争」取材班『新聞と戦争』２００８年刊）

しかし、二年後の三一年九月、自作自演の鉄道線爆破事件、柳条湖事件を口実に日本軍が満州に侵攻すると、高原は軍部支持に転じた。

その満州事変に際し、東京朝日の論説委員、前田多門は、軍部の独走を批判した。

「平生やれ普選〔普通選挙〕のデモクラシーのといふて、議会や政党政治をいくら云為《うんい》して見ても、愈々《いよいよ》国運を賭するかも知れぬ対外大事件勃発に際しては、議会も政党内閣も、全然ロボット同様に手を措いて居る外はなく、ただ軍隊の赴くままに国全体の運命が引きずられて行くといふ仕末では、国民としては脱線したまま走つて行〔く〕汽車に乗つたやうな気がせざるを得ない」

「二三高級軍人の判断次第に依て、国家の対外行為は如何やうとも定まり、若しその判断に誤があつても、何等是正の道は無く、責任だけは国民全部が背負ふといふやうな仕組みで、議会政治も何もあつたものでは無い」（前田「満州事変に対する感想」「経済往来」31年11月号）

前田の筆鋒は鋭かった。しかし、そんな前田もまた、日中戦争の全面化で総力戦体制に入ると、大きく発言を転換させた。

南京陥落後の三八年二月、前田は「支那事変と国民の覚悟」と題して石川県小松町で講演した。

「いざとなれば霊妙の力湧く神ながらの大和民族にしてこの非常時に勇猛報国の赤誠に燃えぬ者があろうか。〔略〕〝神仏に恥ぢざる心をもつて自分一個の赤誠を人知らずとも現はさん〟とする我が国民の前途に悲観すべき何ものもないことを強く意識し、この上とも諸君の発奮を祈つてやまぬものである」（2月15日付大朝石川版「国民の地位向上はみな戦争が契機」）

内務官僚出身の前田は三八年、それまで一〇年間勤めた朝日新聞社を退社。戦時下に新潟県知事などを歴任した。戦後は東久邇内閣、幣原内閣で文部大臣を務め、四六年元日に発せられた、いわゆる「天皇の人間宣言」の文案作成にかかわった。

## 荷風の耳にも

孤高の作家、永井荷風が、南京戦に従軍したという軍人と東京・銀座で遭遇したのは、日米開戦後の四二年春のことだった。荷風は戦争の時代の世相を嘆いた。

「この人は〔二・二六事件で〕高橋是清の機関銃に打たれて斃《たお》るるさまを目のあたりに見、また中華人の数知れず殺さるるを目撃しながら今日に及びては戦争の何たるかについては一向に考ふるところ無きが如し。戦争の話も競馬のはなしも更に差別をなさぬらしく見ゆ。今日の世には此くの如き無神経の帰還兵士甚多し。過去の時代にはトルストイなど云ふ理想家の在りしこと夢にも知らぬなるべし」(『断腸亭日乗』42年4月26日の項)

注

1 当時の朝日新聞は「内に立憲主義、外へ帝国主義」と言われたように、対外的な権益擁護は否定しておらず、「東洋経済新報」の石橋湛山が主張した満蒙放棄論ほどには徹底していなかった。それでも軍部や右翼勢力からは「自由主義朝日」とにらまれていた。

## 軍国美談と子どもの手紙

上海戦線勝利を祝う提灯行列の夜、愛児を亡くした一人の母親が仏間の窓をさっと開け、「さあさあ、ご覧よ、お前たちが血を流した甲斐があつてけふはこれ、こんな立派な提灯行列だ……」と言って一家こぞって万歳を唱えた。

その母、五五歳の「きくの」が語った。

「いかに子供が可愛いからとて、み国のためにはかへられません。世間様ではよく出征した子供の夢を見るといはれますが私は一度も見たことが御座いません。戦死したとはいふものの恐らく魂はいつまでも戦場に残つて働いてゐるので、まだ私のもとへ帰つて来ないためでせう」(37年11月16日付大朝徳島版)

銃後の母は、戦死した子が夢に現れるより、魂となってもなお戦い続けることを望んだ。

富山の新聞にも、やはり次のような話題が載っている。

「俺の留守中、苦労ではあらうが人様の厄介にならずお前の力限り働いてやつて行つてくれ」と言い残して三四歳の夫が出征した。その言葉を守って、牛乳配達をしながら四歳の男の子を養う三〇歳の妻タカ。

「近隣の人や町会役員が、当然タカさんが受けるはずの軍事扶助申請をすすめても断乎として拒絶して只《ただ》、夫の命《めい》や重しとつとめるタカさんの姿は正に銃後を守る婦人の気高くも雄々しい姿である」(38年1月18日付北陸日日新聞)

銃後の母や妻たるもの、軍事扶助の受給をも遠慮すべし。

記事は、銃後の女性の「あるべき姿」を示していた。こうした記事は実に枚挙にいとまがない。

## 徴兵忌避の記事も

しかし、戦時下の人々の暮らしは美談だけでは語れなかった。戦死者の遺族間で、思わぬトラブルが頻発した。

「最近戦死者の遺族、特にその父母が市社会課を訪問、戦死した息子の嫁を離別したいと思ふが、嫁を離縁すれば一時下賜金は私らに下るであらうか、などといつた相談を持ちかけて来る市民があり、これに対して当の妻女は離別される理由なしとしてこれを肯《がへん》ぜず、ここに義理と恩愛を忘れて醜き啀《いが》み合ひを演ずるといふわけで、甚だしきは臆面もなく息子の出征後、嫁が不仕鱈《ふしだら》を続けてゐるなど事実のないことをまことしやかに放言して、これを楯に離縁を迫らんとする父兄もあり、社会課ではその調停に頭を悩ましてゐる」(38年1月20日付大朝長崎版「一時賜金を繞《めぐ》つて唾棄すべき葛藤」)

徴兵を忌避して他人になりすましていた二四歳の男が捕まったケースもあった。

――男は三四年五月、茨城県石岡町であった徴兵検査を忌避して行方をくらまし、東京・日本橋のタクシー業者のもとで助手として働いてゐるうち同僚の戸籍抄本を盗み、その同僚になりすまして東京で勤め先を転々とした。三七年六月ごろから千葉県銚子市内の運送店に住み込んで働いていたが、荷物運賃を横領して逃走中、警察に逮捕された（要旨、37年12月28日付東朝千葉版「徴兵忌避と横領の男」）。

入営中の連隊から脱走した一等兵が二年後に捕まったという報道もある。

――茨城県生まれの男が三六年、静岡連隊に入営中、戦友の時計を盗んだ。男は未決監房から脱走、偽名を使って愛知県内の織物工場に雇われ、そこで働く女性と結婚した。三八年二月のある夜、名古屋市内で交通取り締まりの警察官に怪しまれ、調べをうけるなかで脱走兵であることを自白した（要旨、38年2月23日付東朝茨城版「捕はれた脱走兵」）。

**中国兵の生き埋めごっこ**

戦争の影は否応なく、銃後の子どもにも及んだ。

南京陥落から一カ月ほどたったころ、戦争と幼児の遊びに目を向けた記事が山梨県の新聞に載った。

「今度の事変で子供の遊びの生活が可なりの変化を見せ、遊びそのものが活発となり、動作も勇しくなつてお砂遊びや、シーソ〔シーソー〕遊び、そして遊動板などの遊びが一回転して、『斬りつこ』……タンク〔戦車〕の衝突……支那兵の生埋《いきうめ》からトーチカ攻撃など普段一寸想像すらしない殺伐なものが殖えて来た」（38年1月3日付山梨日日新聞「戦争と子供の遊び　心して見直さう」。……は原文）

復員した兵隊の話が耳に入ったのだろうか、幼い子どもが中国兵の「生き埋めごっこ」をして遊んでいるというのだ。

幼稚園の教員が談話を寄せている。

「日の丸の小旗を打ち振る幼い子供達から『万歳万歳』の可愛い声をきくとき、子供ながらも或る強い刺激に神経が高ぶつてゐはしまいかと思はれる。事変下の子供の遊びの生活は、心してその指導取扱ひに就て家庭も、学校も、幼稚園も協力して、あらゆる角度から研究したいものである。それは恐らく生涯を通じて現下の姿こそ、強い印象となるであらう。子供の一番好きな遊びは、戦争ごつこであるから」

こうした慎重論に対し、戦争の影響を積極的に肯定する意見もあった。

九州日日新聞（熊本）に掲載された「戦争と子供　童心に与ふる影響」と題する記事は、こう主張した。

「或る程度の敵愾心は之を排斥するのはよろしくない。現在の所では戦争が子供に及ぼす影響は害よりも利益の方が多いと言へる程で、戦争時代を通つて来た子供は生活に緊張味を持つてゐる事などこれが一証左と見られる」（38年2月21日付）

## おみやげに首を

子どもたちは学校や家庭で、戦地の兵士に手紙を書いた。それを新聞が取りあげた。
**小学六年女子**「今や兄さんの体は　天皇陛下にささげた御身です。働く時には一生けんめいに働いて下さい。〔略〕お母さんは近頃毎日大根やはくさいを売つてゐなさいますから、うちの事は考へずにあのにくいにくい支那兵をうちはらつて、おみやげには支那兵の首をたくさん取つて来て下さい。それを何よりのたのしみにしてゐます」（37年12月20日付九州日日「出征の兄さんへ」）

**小学校高等科二年男子**「校庭の奉安殿前の荘厳な歓送式に壇上に立たれた兵隊さん方が『元気でいつて参ります』『支那兵の二三百人叩き殺してきます』等といはれる言葉やきつと結んだその口元に堅い堅い決心の様が伺はれまして私達は拳を握りしめて心から武運長久を祈り男子と生れてこれ程名誉の事はないと思ひました」（38年1月6日付福島民報「益々立派な小学生に」）

**小学二年男子**「ぼくは毎朝早くおきて日枝神社におとうさんの武運長久をおいのりしますからご心配なさらないではたらいて下さい。『おとうさん、いぢわるいしなへいを何人ころしましたか早くたいぢしてがいせんして下さい』。ぼくは毎日まつてゐます」（1月27日付山形新聞「にくい支那兵を何人殺したか」）

**小学四年男子**「家はおぢいさん、おばあさんとお母さんと僕をはじめ、子供が五人のこつてをります。お国のためだといつてみんな元気よく仕事をしてをります。僕も大きくなつたら支那軍隊をげきめつさして日本の強さを世界へ知らせようと思ひます。僕は徴兵検査がまちどほしくてこまります」（1月30日付静岡民友新聞「兵隊さんへたより」）

憎い中国兵をたくさん殺してください。これが当時の子どもの模範的な手紙だった。子どもたちは、戦地の父や兄が「支那兵の首」をたくさんとってくることを願った。中国戦線で日常的に斬首が行われていることを子どももよく知っていた。ただ、それが実際にどういう行為であるか、想像もできなかったのだろう。首を「たくさんとる」ことがすなわち「手柄をあげる」ことだと子どもたちは理解していた。

兵士は兵士で、郷里の家族に約束した。

「私も敵二名を射殺し、七、八人は□鋼の錆にしました。生きて凱旋出来たらチャンコロの首を持って帰ります。そちらは稲刈も終んだでせう。兄弟仲よく兄の分まで働いて御両親に孝養をつくして下さい」（37年12月13日付大分新聞「おみやげは支那人の首」）

## 少年団が敗残兵狩り演習

三八年二月五日、千葉毎日新聞に少年団が軍事演習をするという予告記事が載った。

「大日本少年団約四十名は六日午前九時から結城〔豊太郎〕元蔵相等が先頭に霊場成田不動尊に参詣し、まづ武運長久を祈願し、終つて成田山において支那兵を仮設敵とする敗残兵狩りを実施し、かつ閲兵等を行ひ、もつてますます少年団銃後の長期護りに気勢をあげることになつた」

国内で、十代の少年が敗残兵狩りの演習をしていた。ただし、実際にどんな演習が行われたかは、続報がなく不明だ。

南京に住む中国人の子ども（小学四年生）の作文を紹介した記事もあった。奈良県出身の上等兵が、母校の小学校に「参考資料」として送ってきたものだ。

三人の作文からそれぞれ次の一節を引いている。

「我らの憎むべき敵は日本人なり。彼は常に我を侮辱せり。我ら九十一人は結束し、我を侵略せんとする彼を倒さん。また彼は上海を打つ、思ふに我らの地を奪はんとするものなり、ゆゑに彼は飛行機を轟かし、大砲を打ち来る。我らは今、小学生の時代なるも勉学の傍ら一銭たりとも寄付に応じ優秀なる武器を作らしめ敵との戦ひを援助せん」

「現今我らの最も憎むべきは日本人なり、時恰《ときあたか》も彼と戦争を決行し、多くの時日を要し日本を打ち敗つて起《た》たしめざらんことを期す。我らの最も恐るべきは日本人なり、ゆゑに我らは彼と行動をともにせず、また彼と戦ふについて我らの広大の土地を奪はれ、多くの我が同胞は死せり」

「有産の士よ一考されんことを、憎みても憎むべき日本人、我らは有産家の努力を要請す」（38年2月1日付大朝奈良版）

この記事は見出しで「まだ悟らぬか支那少年　こんな作文は日本で通用せず」とうたっており、中国の小学生は、こんなとんでもない作文を書いている、ということが強調されている。それにしても、日本の侵略を真っ向から批判する中国人の作文を紹介した例は、ほかに見当たらない。これがどうして掲載を許されたのか。中国では小学生でもこれほど日本に敵意を燃やしている、侮ってはならない、と日本の子どもに奮起を促すためだろうか。

**東洋人としての偉さ**

異色の意見が地方紙に載ったことがある。金沢に本社がある北国《ほっこく》新聞は、金沢市内の小学生を集めて「戦争を語る座談会」を開催、新聞一ページのほぼ全面を使ってその模様を紹介した。なかに、次のような意見がみられた。

**六年生女子**「蔣介石が支那国民に盛に抗日をあふつてゐることは悪いです。けれど支那がいつも負けてばかりゐるために、小さな子供の支那国民にまでも反日教育を教へ負けてもヘコまず抵抗するのは偉いと思ひます、私達が日本の勝つのが嬉しいのと同じやうに蔣介石もやはり支那を勝たしたいからです」

**小学校高等科二年生女子**「日本軍がどれほど強く攻撃しても閉口、降参しない。そして、どこまでも日本軍に抵抗して突き進む勇敢さは蔣介石も同じ東洋人としての偉さがあると頼母《たのも》しく思ひます」（37年12月6日付「支那事変に児童は答へる」）

中国と中国人を侮蔑する風潮が支配的で、「チャンコロ」という蔑称が新聞の見出しに使われることも珍しくなかった当時において、前者は、中国の抵抗を正当に評価し、中国人が愛国心をもつことを当然のことと捉えていた。後者もやはり、日本軍の「奮闘」を相対化してこれに抵抗する蔣介石の「勇敢さ」をたたえていた。「向こう側」にも自分たちと同じ人間がいることに、二人は気づいていた。

日本の「強さ」「正しさ」ばかりが一方的に喧伝され、桐生悠々の言葉を借りれば「自殻内に閉じこもること」が「愛国」とされる風潮のなかで、二人の少女はどうしてこのような視点を獲得できたのか。沸騰するナショナリズムの壁をいとも軽やかに乗り越えることができたのか。

二人の見方が、いかに際立っているか、同じころ新聞に載った要人の発言を横に並べてみると、その違いがはっきりするかもしれない。

「元来支那の兵隊は浮浪の徒で、四億五千万人からゐる国民のうちに二百や三百万の浮浪の徒がゐたつてなんでもないぢやないか。安い給料さへくれておけば納まるのだから、さうさう日本流にこせこせ心配しなくてもよろしい。万事大まかに考へなくちや支那のことは分らん。〔略〕支那と戦争するくらゐ安いもんだ、長期ぢやらうが何であらうがいい、どんどん支那を叩くことだ」（37年12月11日付大朝満洲版）

こう語ったのは、当時、満鉄総裁だった松岡洋右である。

# 第九章　戦後の空白

## いわれなき優越感

一九四五年八月一五日正午すぎ、昭和天皇の声がラジオから流れ、日本の敗戦を国民に告げた。鈴木貫太郎内閣が退陣し、皇族の東久邇宮稔彦《なるひこ》を首班とする戦後最初の内閣が発足した。

二〇日、毎日新聞の論説委員として、四二年春から敗戦直後までの間に約一五〇本の社説を書いてきた森正蔵は、敗戦の感懐を日記につづった。

「ああいう戦争のやり方では、勝利へ結末を持ってゆくことが甚だ困難であるとは、僕たちもよく承知していた。〔略〕しかも僕たちはその非を剔抉《てっけつ》し、正しく強い力を戦争遂行のために盛り立ててゆく能力を持たなかったのである。そのことは僕たちがなさねばならぬ責務であったのである。だから今日に至って僕たちの負うべき責めの極めて大きいことはいうまでもない」（森『挙国の体当たり』2014年刊）

戦争が終わった直後、新聞記者が意識したのは、日本が敗れたことに対する責任であり、「正しく強い力」を戦争遂行に動員して勝利に導けなかったことへの悔恨だった。

**「責任を痛感」**

朝日新聞は八月二三日、社説「自らを罪《つみ》するの弁」を掲載した。戦時下の言論、報道に対する責任について社説は「この組織を守り通す必要を余りに強く感じたが故に、十分に本心を吐露するに至らなかつた場合もないではない」として、「吾人の責任を痛感」すると述べた。実際には「ないではない」どころか、かたく口を閉ざしてきたのだったが。

九月四日、帝国議会の開院式で天皇が勅語を述べ、今後日本は「平和国家」として立っていくことを誓った。同じ日、読売報知は「日本人の適応能力」と題して予言的な社説を掲載した。

「多くの人々に触れて痛切に感ずるのは、感じて淋しくなるのは、この〔敗戦の〕大破局も案外国民の心に痕跡を残さずに、彼等が極めて器用にこれを通過して、簡単に適応を遂げてゐるといふ事実である」

「この大転回があまりに無反省に乗り切られ、右から左へ心の処理が行はれるのを悲しく思ふのだ。悲しいだけではない。それでは本当はいけないのである」

フランス文学者の渡辺一夫は、この社説を切り抜いて日記に貼り、右の箇所に傍線をひいた（『渡辺一夫敗戦日記』95年刊）。

九月一九日、毎日新聞はこう報じた。

「〔東久邇首相は〕十八日午後首相官邸にて中国中央通訊社特派員宋徳和氏を御引見あらせられ、調整の第一着手として先づ中国へ謝罪使を特派したき意向を有する旨を述べられ注目された」（田畑光永『勝った中国・負けた日本』2015年刊）

二〇日には続報が載った。

「東久邇首相宮殿下には中華民国との今後の関係につき御配慮になり特に積弊の打開と両国の新世界建設への第一歩として謝罪使を派遣される御意向であるが、これが特使として日華国交上最も関係の深い現国務大臣近衛文麿公が特に派遣される模様である」（同右）

しかし、「謝罪使」派遣のプランはその後、紙面から消えた。中国侵略の最大の責任者の一人である近衛は、三カ月後に服毒自殺した。

## マニラでの住民虐殺

九月一五日、戦時下マニラでの日本軍による住民虐殺[1]に関する米軍の報告書を毎日新聞が報道、翌日には朝日新聞、読売新聞も続いた。占領軍からの命令をうけて掲載したものだった。占領軍は、日本軍の戦争犯罪を日本人に知らせる必要があると考えた。戦時下の新聞は、日本にとって「不都合な事実」を全く報じてこなかったからだ。

マニラで日本軍は何をしたか。朝日新聞の記事から一部を引用する。

「フイリピン人看護婦（二十二歳）は本年〔四五年〕二月の或る日、日本兵がウオールド・シティーを軒並に歩いて男や少年達を狩り集め彼らを射殺したと語つた。前後二回にわたつて彼女は七十五名から百名の市民が殺されるのを目撃したといふ。女達が日本兵の銃の前に立ち塞がり日本兵に命乞ひをすると女達も射殺された」

「その後この看護婦は女子供と一緒に身を潜めてゐた。ちやうどその時一緒にゐた赤坊が泣いたのでこれを耳にした一人の日本兵がはいつて来た。この看護婦は少し日本語を解したので日本兵にこの中には女と子供しかゐないと説明した。兵隊は彼女に赤坊を泣かすなといつた。看護婦が屋内にはいると兵隊は彼女の足めがけて自動小銃を射つた。彼女が死んだ振りをして日本兵の動作を見てゐると、日本兵は銃剣で赤ん坊の頭を突き刺し、次に小銃で赤ん坊の母親を射殺した。看護婦は数日間夜は這《は》ひ、昼は死を装つてやつと米軍陣地へ辿りつくことが出来た」(45年9月16日付朝日新聞「比島日本兵の暴状　太平洋米軍総司令部発表」)

この記事が載った翌一七日、朝日新聞は「ほとんど全部の日本人が異口同音にいつてゐる事は、かかる暴虐は信じられないといふ言葉である」などとする続報を載せた。このことなどから朝日新聞東京本社は九月一八、一九日両日の業務停止を命じられ、一九日と二〇日の新聞は発行されなかった。

「マニラの虐殺」報道を当時の人々はどう受けとめたのか。鳥取県の特高警察が報告書を県の警察部長に提出した。そこに記録された「町の声」は、米国への反発が目立った。

**米子市役所軍事課**「日本軍の暴行は信じられぬ。マッカーサーが米軍の暴行を正当視せん為の策略だらう」

**米子市議**「意外な発表だ。恐らく我が新聞界初《ママ》まつて以来の事だらう。日本新聞に於て日本軍の暴行を発表するとは新聞社自身も苦しかつただらう」

**米子市警防副団長**「相当暴行はした事と思ふ。自分も支那事変に出て戦況は知つて居る。然し戦争だからこれ位は当然だ」

**米子市議**「新聞程ではなく三分の一位の事件と思ふ。満州より渡つた兵隊だから必ず少々の事はやつて居ると思ふ。腕をさすりさすり渡つた連中だから致し方ない」

**米子市陸軍少佐**「戦争中敵国人に暴行をすることは神でない限り阻止することは不可能だ」

**鳥取市弁護士**「日本軍隊の虐殺行為を並べて日本に対する報復手段の正当性を世界に宣伝すると共に日本国民の軍隊に対する信頼感の喪失、軍国主義の抹殺を意図してゐるのである。殺し合ひの戦場に虐殺等の言葉は余り響かない。それよりも原子爆弾を使用した米国の残虐は如何に」

**鳥取女子商業学校教諭**「吾々は日本の兵隊があの様な虐殺をするとはどうしても考へられない。〔略〕女子教育者として敗戦の悲哀を伝へて復讐の日を誓はせなければならない」

**鳥取市陸軍少尉**「吾々は絶対やつたことはないが、戦争中にはそれ位のことがあるかも知れない。奴等も平然とやつて居つたではないか。日本の負傷者を地上に並べ戦車を以て轢き殺したこともある。まさか新聞記事程のことは無いにしても事実無根とは言へまい」

**気高郡の村の婦人会長**「戦場では常識を逸脱した心理状態になることは想像されますから多少のことは有つたかも知れぬと思ひます。仮りに有つたとしても、それはほんの僅かな件数に違い無いと思ひます」（粟屋憲太郎編『資料日本現代史2』80年刊）

日本軍の暴状を批判的に受けとめた意見はほとんどなかった。

一般的に言って、それまで知らなかった身内の悪事を他者に指摘されて素直に受け入れるのはそう簡単なことではない、それが悪事とわかってはいても他者に指摘された途端に反発、否認したくなる。人の心理にはそうした傾向があるのかもしれない。

徳川夢声も「マニラの虐殺」の記事を読んだ。

「日本兵の残虐行為は、今まで私も現地その他で、散々聴かされていた。ひどいなと思ったが、それほど神経にこたえなかつた。それが、此度、フィリッピンの吾兵行状記を、活字で読むと、実に堪え難い厭《いとわし》さを感ずる」（『夢声戦争日記　第五巻』60年刊）

## 日本人への警告

敗戦から三カ月がすぎた一一月二六日、朝日新聞「声」欄（投書欄）に「中国人より」と題する長文の投書が載った。

「八月十五日の歴史的な放送を知人の日本人宅で聞いた私は、我等と諸君との前途にとつて実に暗澹たるものを示唆する片言を耳に挟んだ。諸君の中の無思慮な一女性は、チヤンコロまで来るのか、と言つて慟哭した。借問す、諸君の中の幾人が、この片言によつて窺はられる優越感を払拭し去つたであらうか」

「諸君は今こそ完全に心を空しうしなければならぬ。我等に対するいはれのない優越感こそ、嘗て諸君の軍閥をして便乗せしめた最大因子ではなかつたか。〔略〕すべての不幸の遠因は諸君の中に胚胎し、諸君のすべてが責任を負はなければならぬことを、この際徹底的に銘記すべきである」

筆者は「高玉樹」とある。紙面では「中国人技術評論家」という肩書になっている。戦中、早稲田大学で機械工学を学び、戦後しばらくたって台湾に戻って台北市長を務めた同姓同名の人物がいる。あるいは、その人物が日本にいる間に投稿したのかもしれない。

中国人に対する日本人の「いはれのない優越感」は戦争が終わっても変わっていないのではないか。高はそう問うた。その疑問は高ひとりのものではなかった。その後、読売報知に「中国少女より」と題する投書が載った。

「日本人は果して中国人を戦勝国民と見てゐるだらうか。私は戦争中に日本人より『チャンコロ』だの『支那ポコペン』だのと散々いぢめられて来た。けれども私は必ずわが中国が輝かしい最後の勝利を得る日の到来することを確信し、その暁にはこんな侮辱を受けることはないと思つて一切の辛苦を我慢して来た。そして昨年八月十五日遂に輝かしき黎明は到達した。しかし豈計《あにはか》らんや私は日本敗戦後に何度も『チャンコロ』との侮辱の声を聞いた。何と云ふことであらうか。〔略〕日本人の大部分は米国には負けてゐるが、中国に負けてゐないつもりなのであらうか。私は中国人として日本人の態度には全く呆れる」（46年2月15日付読売報知）

少女もまた、あれほどの戦争をしたのちにも、反省のそぶりもみせない日本人に、深く失望していた。

注

1　四五年二月から約一カ月間続いたマニラ市街戦で、約一〇万人の民間人が犠牲になった。このうち六割が日本軍によって殺害され、四割が米軍の無差別砲撃で死亡したと推定されている。「市内随所で繰り広げられた日本軍による殺戮と陵辱は、その規模と方法において単なる非戦闘員殺害の範囲を超えたジェノサイドであった」が、「少なくとも日本側ではフィリピン戦、マニラ戦の記憶は世代間に継承されることがまったく無く、完全な国民的記憶喪失（アムニージャ）の状態」に至っている——と中野聡・一橋大学教授（米比日関係史）は論文「マニラ戦と南京事件」（『南京事件70周年国際シンポジウムの記録』〈２００９年刊〉所収）で指摘している。

## 特集「太平洋戦争史」

四五年一二月八日、占領軍提供の特集「太平洋戦争史　真実なき軍国日本の崩潰」が全国紙に掲載された。戦争中、厳しい報道統制で何も知らされなかった日本人に、歴史の真相を教えようと書かれた一種のキャンペーン記事だ。

もとの原稿を執筆したのは、連合国軍総司令部（ＧＨＱ）で教育、メディア政策などを担当した民間情報教育局（ＣＩＥ）の企画課長、ブラッドフォード・スミス。戦前、東京帝大や立教大で英語を教えたことがあった。

英文の原稿を共同通信社（同盟通信社解散後の四五年一一月発足）が日本語に翻訳、配信した（竹山昭子『ラジオの時代』２００２年刊）。当時の新聞は通常、表・裏二ページだったが、一二月八日は、二ページの特集が加わって全体で四ページの紙面だった。[1]

この特集が南京事件を取り上げた。記事からは、当時、占領軍が事件をどのように認識していたかがみてとれる。以下、記録の意味を含めて、朝日新聞から、南京事件の部分を全文、引用する。

### 将校が掠奪を指揮

「南京における悪虐

十二月七日に南京の外郭陣地に対する日本軍の攻撃が開始され、一週間後には上海戦での中国側の頑強な抵抗に対する怒をここで爆発させて日本軍は恐る可き悪虐行為をやつてしまつた。近代史最大の虐殺事件として証人達の述べる所によればこのとき実に二万人からの男女、子供達が殺戮された事が確証されてゐる。四週間に亘つて南京は血の街と化し、切りきざまれた肉片が散乱してゐた。その中で日本兵はますます狂暴性を発揮し一般市民に対し殺人、暴行を初めあらゆる苦痛を味はしめたのである。

日本軍が南京に入城して数日間といふものは首都の情勢は全然解らなかつたと同時に一部残留してゐた外国人の安否に関しても様子が判明しなかつた。日本軍はかかる事実が外部に洩れることを恐れてあらゆるニユースソースに対して厳重なる検閲を行つた。併しこの種ニユースも遂に外部に伝へられ、日本軍の軍紀の混乱、無節操ぶりは遂に明るみへさらけ出された」

「**罪は将校達にも**

大掠奪ならびに暴虐行為は全市に亙つて行はれ、中国軍が南京から撤退したためにやつと混乱と掠奪から逃れ得たと思つた市民はより一層の恐怖に襲はれた。保定を初め華北で占領された都市や町々と同じ様に南京の凶悪事件中には明かに将校達によつて煽動された事件も多く、中には将校自身が街の商店の掠奪を指揮してゐたのさへ見受けられた。また中国軍の敗残兵狩をやつて縄でしばり上げ四、五十人づつ一束にして死刑を行つた事件も将校達が指揮してゐた。

婦人達も街頭であらうと屋内であらうと暴行を受けた。暴力に飽まで抵抗した婦人達は銃剣で刺殺された。この災難を蒙つた婦人の中には六十歳の老人や十一歳の子供達までが含まれてゐた。

中国赤十字の衛生班が街路上の死体取除きをやつたとき彼等の持つて来た棺桶は日本兵に奪はれ日本兵はそれで勝利の祝火を燃やした。その上数名の赤十字従業員は無残に斬殺され、その死体は彼等が取除かうとしてゐた死体の上に積重ねられた。街のあるところでは南京電力会社の従業員五十四名が斬殺されたがクリスマスになつて日本軍司令部は電灯を点けたいが電力会社の従業員達は何処に行つたのかと尋ねて来た。或る午後男達は病院の裏庭に引連られさんざん斬殺の練習台に使はれた。二人づつ背中合せに縛られその目の前で教官は刺殺するのに何処を突けば最も効果的であるかを教へ込んだ。そして彼等の大部分は縄を解かれる前に斬傷のため死んでしまつた」

**「善き隣人」**

記事はさらに続く。

**「日本の欺瞞宣伝**

大虐殺を行ふ一方、日本軍は空から次のやうなビラを撒いた。

『各自の家庭に帰つて来る良民には食糧と衣服を与へる。日本は蔣介石によつて踊らされてゐる以外の全中国人の善き隣人であることを希望する』

その結果としてビラが撒かれた翌日早くも数千の良民が避難先から爆撃で破壊されたかれ等の家に帰つて来た。ところが早くも次の朝には数々の悪虐事件が判明して、折角の空からの甘言も地上軍の凶行によつて滅茶々々になつてしまつた。母親は暴行され、子供はその側で泣き叫んでゐた。又或る家では三、四歳の子供が一間で突殺され家族の者は一室に閉込められて焼殺されてゐた。南京地区官憲は後になつて暴行を受けた婦人の数を少くとも二千名と推定した。大晦日に中国難民区の役員が日本大使館に呼出されて

〝明日はお祝を実施するから各自自発的に間に合せで良いから日本の旗を作つて旗行列をやつて貰ひたい、内地の日本人は日本軍がこんなにも歓迎されてゐるニユース映画を見てきつと喜ぶ事だら

う〟

と大使館員は説明した。斬殺は次第に減少した。三月に入つて官製の東京放送局は次の様なヨタニユースを全世界に放送した。

『中国人がこんなに沢山殺されたのは不良中国人達の仕業であり私有財産の破壊者達は既に逮捕され死刑を執行した、彼等の大部分は蔣介石陣営に不満を抱く中国敗残兵達であつた』

死人に口なし、併し日本兵は彼等自身が持つてる写真でその恐る可き犯行を十分証明する事が出来る筈である。この南京の残虐行為こそ結局中国を徹底抗戦に導く結果になつたのである」

記事は「連合軍司令部提供」であることが明示されていた。

## ラーベ日記と一致

右の記事中「南京電力会社の従業員五十四名」が殺されたという記述は、南京安全区国際委員会の委員長、ジョン・ラーベの日記の記述と一致する。

破壊された発電所の復旧のため人手を集めてほしいと日本側から依頼されたラーベは、日記（三七年一二月二二日の項）に、こうつづっている。

「私は日本軍に申し入れた。発電所の作業員を集めるのを手伝おう。下関には発電所の労働者が五十四人ほど収容されているはずだから、まず最初にそこへ行くように。ところが、なんとそのうちの四十三人が処刑されていたのだ！　それは三、四日前のことで、しばられて、河岸へ連れていかれ、機銃掃射されたという。政府の企業で働いていたからというのが処刑理由だ」

ただし、『ラーベ日記』は労働者の殺害方法を斬殺ではなく機銃掃射としている。

この特集は、どう読まれたのか。日本人に侵略の罪を自覚させるという占領軍の狙いは果たされたのか。これに直接答えるデータは見当たらない。ただ、参考になりそうなエピソードがある。

**ラジオ番組「真相はかうだ」**

特集「太平洋戦争史」が新聞に載った翌日の四五年一二月九日、NHKのラジオ番組「真相はかうだ」の放送が始まった。翌四六年二月一〇日までの日曜日夜八時から、全一〇回放送された。放送内容は特集「太平洋戦争史」がもとになっていた。

このうち、南京事件の放送回の録音が現存することが近年、NHKで確認された。これを報じた二〇〇五年一二月二〇日付産経新聞によると、番組は「文筆家」「太郎」らの登場人物による問答形式で進められ、その内容は次のようだったという(要旨)。

**太郎**　南京で日本軍はどんなことをやったんですか?

**文筆家**　約一カ月、日本軍は虐殺、略奪、拷問、むちゃくちゃをやった。将校はそれを止めるどころか、一緒になって二万人も虐殺をした。死傷者や拷問を受けたものは何万といる。約一カ月というもの、南京は瀕死の人間や腐りかかった死体の山だ。南京！　南京！

(男女の悲鳴。銃を撃つ音。女性の悲鳴が増えていく)

**文筆家**　大虐殺。南京では一度や二度ではない。何千回となく行われたんだ。

放送日は四五年一二月二三日と推測されるという。

では、「真相はかうだ」全一〇回は聴取者にどう受けとめられたのか。

当時、NHK演芸部の副部長として番組の制作を担当した春日由三は著書『体験的放送論』(67年刊)で、次のように述べている。

「十二月九日、いうまでもなく、真珠湾攻撃の日の翌日に、このいまわしい番組をスタートすると、はたせるかな、批判、非難、攻撃の手紙がみるみるうちに私のデスクに山積し、抗議の電話が鳴りやまない、という事態に追いつめられることになった。〔略〕こんな一方的な、いやな番組がいつまでもうまくいくわけがない」

放送史研究者、竹山昭子の聞き取り(八九年四月一〇日)に対し春日は、日本人の拒否反応について「①言っていることは事実なのだろうが、あまりにも日本人を卑劣で汚い人間に書いてあることが、聴取者の癇《かん》にさわった。②まさか、こんなことが事実ではあるまい。真相とは思えない。③NHKがこんなひどい内容の放送をするとはケシカラン。こうした思いが、放送局への非難の投書となって殺到したのだと思う」と語ったという(竹山『ラジオの時代』)。

番組制作スタッフの一人だった浜田健二によると、「大体、投書は非難攻撃にみちみちていた」。俳優あてに次のような脅迫状めいた投書も届いたという。

「貴様はそれでも日本人か。貴様は声が分らぬと思ってやっているかも知れぬが、貴様だということはよく分っとるぞ。月夜ばかりじゃないからそう思っとれ」

「私は今の今まであなたという方を見損っていました。あんな非国民みたいなことがよくもいえますね。日本人ならあんなことはいえないはずです。もしあなたに愛国心のかけらでもあるなら、あ

んな放送に出演しないで下さい」（浜田「〝真相はこうだ〟の真相」「文藝春秋」54年10月臨時増刊号）
占領軍に日本の「悪」を指摘されても、日本人のナショナルな感情が刺激されて、強い反感を招くだけに終わったということのようだ。戦争体験を対象化するには、一定の時間が必要でもあっただろう。
ただし、なかには「あの放送は面白い。軍部の罪悪をもっと徹底的にたたいてくれ」という激励の手紙もあったという（同右）。

## 桜井よしこの主張

こうした反響をみれば、ラジオ放送に先立って新聞掲載された特集「太平洋戦争史」がどう読まれたかについてもおおよその見当はつく。「真相はかうだ」が聴取者の強い反発を招いたように、特集「太平洋戦争史」も否定的に受けとめた読者が多かったとみてまちがいないだろう。

つまり新聞の特集「太平洋戦争史」やラジオ番組「真相はかうだ」、後継番組の「真相箱」は、先の戦争に対する反省の契機とはならなかったのである。それほど「日本軍は正しい」という戦時下の教育、宣伝が人々に広く、深く浸透しており、戦争が終わってもそうした見方にさほど変化はなかったということだろうか。日本人の中国人に対する差別意識、侮蔑感情が戦後もそのまま続いていたこともすでにみた通りだ。

敗戦後のほとんどの日本人をとらえていたのは「ひどいめにあった」「もう戦争はこりごりだ」という被害感情であって、「他国の人々をひどいめにあわせた」という認識や自覚は（とくに戦争中、国内にいた人々には）乏しかったのではないか。

ちなみに、ジャーナリストの桜井よしこも著書『GHQ作成の情報操作書「真相箱」の呪縛を解く』（2

002年刊）で、春日由三や浜田健二らの回想をもとに、ラジオ番組「真相はかうだ」が聴取者の強い反発を招いたことを指摘している。桜井は当時の日本人が占領軍の放送を受け入れなかったことを知っていた。にもかかわらず桜井は、同書「あとがき」で次のように主張する。

「米国の対日再教育、洗脳と言うべき検閲と情報操作によって、私たちの考え方や価値観は無意識のうちに日本断罪の影を引いているはずだ」

なぜ、そういう結論になるのか。論理があまりに飛躍している。日本人が受けいれなかった番組が、どうして日本人の意識に影響を与えるのか。「無意識のうちに日本断罪の影を引いているはずだ」と根拠も示さずに述べるだけでは論証にならない。

ところで、桜井は、九四年の著書『桜井よしこが取材する』では南京事件について、被害者数に諸説あることを指摘したうえで次のように述べていた。

「真実はどこにあるのか——虐殺の事実を認め、真摯に謝罪したうえで、中国側にも働きかけて共同で虐殺の実態を調査すべき時ではないだろうか」

しかし、桜井はその後、考えを変え、「南京大虐殺は存在しなかった」と主張するようになる。[2]

## 意識の安易さ

映画評論家の岩崎昶《あきら》が、「真相はかうだ」について鋭い分析をしている。

「それは戦争中ウソばかりを教えこまれてそれに気づかずにいた日本人にとって必要かつ有益な番組のはずである。が、実際にはたいへん嫌がられた。これはいかにも翻訳調で不消化な表現や切り口上で押しつけがましいナレーターの語り口、また性急な主題の選択にも大いに問題はあったが、それ以上に、日本人の多くが、そんな真相なんかいまさら親切ごかしに教わりたくなんかない、と、胸クソ悪がっていたのである。当時はテレビがなかったので、まだよかった、といえる。映像で見せつけられたら、反発はもっとひどかったろう」

「われわれ日本人自身の主体的な考え方、その意識構造が、究極においては問いただされなければならない。日本国民のかなりの部分はまだ戦前・戦中の夢からさめてはいなかった。さめることを極力拒もうとしていた」（岩崎『占領されたスクリーン　わが戦後史』75年刊）

占領軍によって日本人は「洗脳」されたという一部にみられる見解とは対極的な見方だ。

竹山昭子は、右の岩崎の文章を引いたうえで、こう指摘する。

「敗戦という現実を直視し、敗北をもたらしたものは何であったか、日本を侵略戦争に駆り立てたものは何であったかという、根源に立ち返って総括する姿勢が日本人には欠けている。そうした日本人の意識の安易さが『真相はこうだ』を拒否したのだということになろう」（『ラジオの時代』）

注

1　特集紙面掲載の翌日、一二月九日から「太平洋戦争史」全九回が掲載されたが、日中戦争にはふれなかった。

2　「［中国が主張する］三〇万人よりはずっと小規模ながら、一般市民の虐殺はあったのではないかとの見方をぬぐい去ることができないできた」という桜井よしこが考えを変えたのは、立命館大学教授（当時、中国近現代史）の北村稔の著書『「南京事件」の探究』（文春新書、2001年刊）を読んでからだという（桜井「南京事件に関する新事実　まさに歴史を見直すべき時」「週刊ダイヤモンド」2001年12月1日号）。ただし、北村の『「南京事件」の探究』に対しては、渡辺久志「求めているのは『実像』か『虚像』か?」（全4回、雑誌「中帰連」21—24号）、井上久士「南京大虐殺と中国国民党国際宣伝処」（笠原十九司、吉田裕編『現代歴史学と南京事件』〈2006年刊〉所収）が根本的な批判を提出している。なお、北村の著書自体は「南京大虐殺は存在しなかった」とまでは主張していない。

## 東京裁判

四五年一二月、石川達三の小説『生きてゐる兵隊』が河出書房から出版された。戦時下に南京戦の実相を描いて発禁とされ、石川自身も新聞紙法違反で禁錮四カ月、執行猶予三年の判決を受けた。その作品が、ようやく世に出た。初版五万部を、わずか二カ月で売りつくしたという。[1]

翌四六年五月三日、極東国際軍事裁判（東京裁判）が始まった。南京事件の責任を問われた松井石根が被告の一人として出廷した。

石川が読売新聞の取材を受けたのはこのころだった。

南京で何を見たのか。石川は記者に次のように語った。

「〔三八年〕正月私が南京へ着いたとき街上は死屍累々大変なものだつた。大きな建物へ一般の中国人数千をおしこめて床へ手榴弾をおき、油を流して火をつけ、焦熱地獄のなかで悶死させた。また武装解除した捕虜を練兵場へあつめて機銃の一斉射撃で葬つた。しまひには弾丸を使ふのはもつたいないとあつて、揚子江へ長い桟橋を作り、河中へ行くほど低くなるやうにしておいて、この上へ中国人を行列させ、先頭から順々に日本刀で首を切つて河中へつきおとしたり、逃げ口をふさがれた黒山のやうな捕虜が戸板や机へつかまつて川を流れて行くのを下流で待ちかまへた駆逐艦が機銃のいっせい掃射で片ッぱしから殺害した」

「南京の大量殺害といふのは実にむごたらしいものだつた。私たちの同胞によつてこのことが行はれたことをよく反省し、その根絶のためにこんどの裁判を意義あらしめたいと思ふ」[2]（46年5月9日

## ヒューマニティに目隠し

四六年七月二五日、南京事件をめぐる審理が始まった。この日は、検察側証人、金陵大学付属鼓楼病院医師ウィルソンが南京陥落直後、負傷者が次々に病院に運び込まれてきた状況などを証言した。

二七日、朝日新聞の一面コラム「天声人語」は、南京戦当時の報道について取りあげた。真実を報道した記事はなかったと述べて悔恨を文字に刻んだ。

「南京大虐殺事件は、当時世界中にかくれもないことであつた。ただ日本の民衆だけが、この事実から耳目をうばはれ、信ずる父や子や夫や同胞たちが、悪虐不倫をかさねつつあるのも知らず、勝つた勝つたと内地では旗行列が行はれてゐた▼これを目撃した報道陣仲間では『これでこの戦争は日本が敗ける。日本人であることがつくづくいやになつた。戦争をしない国に帰化したい』といふ絶望的な空気が支配した。しかし実際に紙面をうづめたのは勇ましい記事ばかりで、真実を報道した一行の記事もなかつたことは、恥づかしいことである▼南京入城の軍司令官や当の部隊長も、この非人道に対して何の処罰もうけず、かへつて論功行賞されたといふことは、いかに国家の良心がしびれてゐたかを物語るものだ▼日本人の生活の根柢に、人間としての信仰生活のとぼしいことが、民族的な欠陥ではないだらうか」

読売新聞も三一日、社説「中国人に謝意」で南京事件をとりあげ、「報道陣の罪」に言及した。

「南京暴行事件は、当時従軍したものならば多かれ少かれその事実を知つてゐるであらう。『聖戦』といひながら侵略戦争を強行し、一時的な『勝利』ののちに行はれたかずかずの蛮行を目撃しながら、しかもなほ『皇軍』といひ、そのやうな蛮行が戦争には不可避なものとして、高いヒューマニテイにみづから目隠しをし、敢て直言し得なかつたわれわれ報道人の罪はけつして軽いものではない。〔略〕われわれは、南京暴行事件のただ一つだけにも、つぐなひきれぬ罪悪感をもつ。同時に、終戦直後の蔣介石主席の声明に限りなく深い感謝の念をもたざるを得ない」

このうち「蔣介石の声明」は「以徳報怨（怨みに報いるに徳を以てす）」と述べた蔣介石の戦勝声明をさしている。

### 軍紀は厳粛だった

八月八日には朝日新聞「声」欄に「南京事件」と題する投書が載った。

「惨虐は戦争の常とするところだが、南京事件における日本人の惨虐は言語に絶するものがある。私たち日本人として本当にやりきれない気持にさせられる。日本人の体内にかやうな鬼畜精神があつたのだ。南京事件の全貌は東京裁判によつて白日の下に曝されたが、日本人の誰もがこの鬼畜行為に対する責任と自戒は他人事でないと思はなければ嘘だ。世界の人たちは日本人全部がか様な惨虐性を持つてゐると思つてゐる。平和を希ひ、自由を求める国民だと信頼されるのは何時になるか分つたものではない。

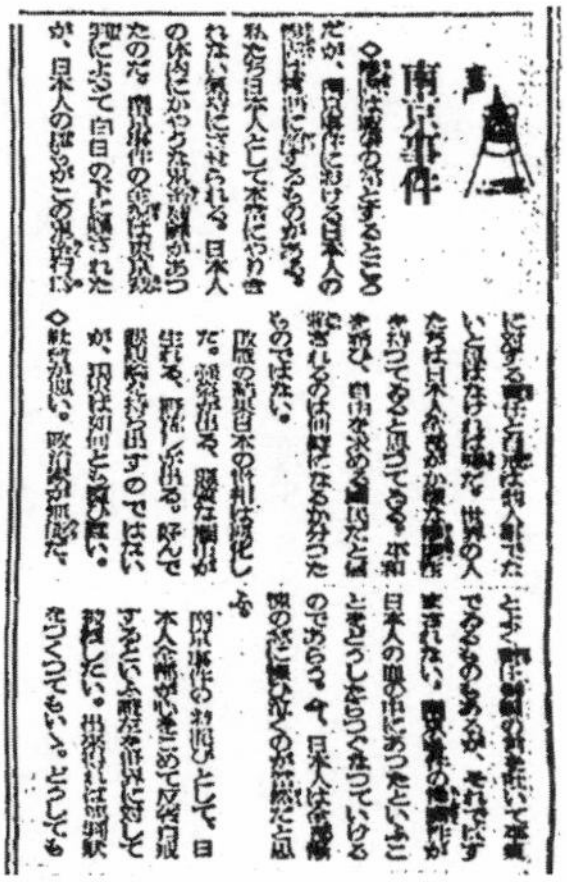

1946年8月8日付朝日新聞「声」欄の記事に「南京事件」の文字が読める

〔略〕南京事件のお詫びとして、日本人全部が心をこめて反省自戒するといふ証左を世界に対して披瀝したい。出来得れば連判状をつくつてもいい。どうしてもこれを国民運動にまで高めなければ実行出来ないと思ふ。南京事件の真相を日本人全部が知つたといふだけではすまされぬ問題だと思ふのだ」

投稿したのは、千葉県の農業従事者だった。

東京裁判での被害証言の陳述は八月末まで続いた。そして四七年五月から弁護側の反証が始まる。四七年秋、第一〇軍の法務部長だった小川関治郎の宣誓供述書が法廷に提出された。

「自分は〔三七年〕十二月十四日正午頃、南京に入り、午後、第十軍の警備地区（南京の南部）の一部を巡視した。其の時、中国兵の戦屍体を六、七人見た丈で、他に屍体は見なかつた。第十軍は十二月十九日、南京を撤退し、杭州作戦に転進した。其の南京駐留期間内に自分は日本兵の不法行為の噂を聞いた事なく、又、不法事件を起訴せられた事もなかつた。日本軍は作戦態勢の儘で軍紀は頗る厳粛であつた」（洞富雄編『日中戦争南京大残虐事件資料集1』）

一二月一四日に南京城内に入ったが、日本軍の軍紀は守られていたというのだ。ところが、小川は日記には全く別のことをつづっていた。

「**一二月一四日**　路傍には支那正規兵が重なり合ひそれに火が付き盛に燃え居るを見る　日本兵は全く足下に死骸の横たはり居るを見ながら殆ど何とも感ぜざるが如く　中には道一杯で歩行出来ざる為　燃えつつある死体を跨ぎ行く兵を見る　人間の死体など最早何とも感ぜざるが如し　漸くにして南門前に至る〔略〕門に入れば両側には支那兵の死体累々たるを見る

**一二月一五日**　午後市内の状況視察に出る　各十字街には鉄条網設けあり　又その傍には支那正規兵の幾人も斃れそれに衣類に点火して焚きつつあり　之等を見ても別に異る感生ぜず　日本兵も

殆ど間接的　何等の感なく全く之とて路傍の者として見るが如き光景之亦戦場ならざれば経験し得ざる所なるべし」（小川『ある軍法務官の日記』）

中国兵を虐殺したあと、火をつけている光景だ。「国家の体面」を重んじた結果だろうか、小川の供述書は、右の日記の記述とは大きく異なっていた。

このように、手紙や日記などの一次資料にくらべて後年の回想は一般的に、記憶違いや意図的な操作が入り込みやすいので注意が必要だ。

当時の新聞は東京裁判の審理を連日のように報道した。南京事件をめぐる法廷論争の報道ぶりについて、歴史学者の笠原十九司は次のように分析する。

「圧倒的であった検察側の証言内容については、〔朝日新聞は〕まったくといってよいほど報道せず、逆に弁護側の反証段階の証言が比較的丁寧に報道されている」

「『毎日新聞』は他の新聞にくらべて数回にわたり検察側証人の証言を報道しているが、弁護側証人の証言の報道が中心であることは『朝日新聞』と変わりない」（笠原『増補南京事件論争史』）

記者たちの立場は微妙だった。戦争中、新聞は政府や軍部を一言も批判しなかった。政府、軍部と一体となって兵士と銃後の人々の戦意を鼓舞した。戦争中、新聞記者たちは戦争指導者のすぐ隣に立って、言わばラッパを吹いていた。

その指導者たちが、法廷に引き出された。記者たちは、一転して戦争指導者を非難する側に回ることにためらいがあったのだろう、弁護側寄りに裁判を報道した。[3]

**裁きのあとで**

四八年一一月一二日、東条英機、松井石根ら七被告に絞首刑が言い渡された。

判決の言い渡しを傍聴した作家の大佛次郎は、次のように感想をつづった。

「裁かれたのはあの一連の被告だけでなく、日本の近代の過去であり、日本人だと云う感銘を動かし難いのである。つまり日本人の出来の悪さなのである。恥辱と慙愧の念が激しく入り混つていた。被告たちは死なり鉄の扉でこの世から隔離せられて了うのだから、寧ろそれでよい。私たちはこれから生きて行くのである。あの無表情なマスクの裏に、どんな心が隠れていたかは今は知る由がないが、悪かつたと誰も云わなかつたのが不思議なような心持がする」(「東京裁判の判決」「朝日評論」48年12月号)

東条英機は法廷で、敗戦の責任は自分にあると認めた。しかし、日本の侵略は認めず、謝罪もしなかった。

東京裁判は、死刑に処せられた東条らへの同情と占領軍への不満を日本人に呼び起こした。しかし、アジア侵略に対する深い反省を日本人に促す契機とするという占領軍のねらいは実現できたのかどうか。

法廷を取材した共同通信記者、小沢武二は判決から五年後に振り返っている。

「七年の久しきに亘って、連合国の占領下に言論の自由を奪われた日本の大衆は、東京裁判に対して何ひとつ批評がましいことを言い得なかったが、心からこの裁判に服していたものは、ほとんど皆無といってよい」(「還る人、還らぬ人」『秘録大東亜戦史　東京裁判編』〈53年刊〉所収)

戦犯裁判の刑死・獄死者一〇六八人の遺書を分析した社会学者、鶴見和子の論文「極東国際軍事裁判──旧日本軍人の非転向と転向」(「思想」六八年八月号)が興味深いデータを示している。

「戦犯受刑者の八七・四パーセントは、旧日本軍隊の戦争イデオロギーをあからさまに否定するに至らなかった。旧日本軍隊のイデオロギーに嫌悪を表明するか、またはそれを批判したのは、わずか八・九パーセントである。はっきりと戦争反対の立場を表明したのは、わずかに三・四パーセントでしかない。しかし、それら『反戦』の意志表示をしたもののうち『有罪』を認めたものはひとりもいない。また、『有罪』を認めた二・一パーセントのうち『反戦』の立場を表明したものは皆無である」

東京裁判は、受刑者にさえもほとんど反省をもたらさなかった。東京裁判が終わると、「戦争責任の問題はこれで終わった」という気分が社会に広がった。[4] 南京事件は、その裁判のなかの一エピソードとして、やがて日本人の記憶から遠ざかっていった。

注

1 『現代日本文学全集48（尾崎士郎・石川達三・火野葦平集）』〈55年刊〉所収の石川の年譜から。

2 石川達三はその後、「小説新潮」五五年一月号に短編小説「旧悪」を発表している。南京事件で家族全員を失った元日本留学生の中国人「呉孝直」が戦後、来日して、殺害した元日本兵を追跡する。加害者の元伍長を突き止めた主人公は、報復目的で接近し死へと追い込む。南京事件を中国側から描いた作品だ（陳童君「南京大虐殺事件の戦後日本文学表現史論」「中国研究月報」２０１８年12月号）。

「旧悪」の発表から三〇年近くたった八四年一〇月、石川は、阿羅健一の取材申し込みに対し、次の返事を寄せたという。「私が南京へ入ったのは入城式から二週間後。大殺戮の痕跡は一片も見て居ません。何万の死体の処理はとても二三週間では終らないと思います。あの話は私は今も信じては居りません」（阿羅『決定版「南京事件」日本人50人の証言』）

石川は三カ月後の八五年一月、七九歳で没した。

3 同様のことはマニラ戦の司令官、山下奉文が捕虜虐待などの理由で戦犯として裁かれ死刑判決を受けたマニラ軍事裁判の報道でもみられたという。朝日、毎日、読売新聞とも弁護側証言を多く取り上げ、検察側証言を掲載した日数は読売五日、毎日四日、朝日三日。とくに朝日は山下寄りの報道だったという（賀茂道子『ウォー・ギルト・プログラム』2018年刊）。

4 「日本人は、東京裁判によって、日本が一方的に悪いという歴史観（東京裁判史観）を植えつけられた」といった主張が一部にみられるが、それを客観的に論証する論文を筆者（上丸）はまだ見ていない。なお、「東京裁判史観」については拙著『「諸君!」「正論」の研究』（2011年刊）で詳述した。

## ヒューマニズムの限界

五一年九月、サンフランシスコ講和条約が調印された。

敗戦から六年間続いた連合国軍による占領統治は、その役割を終えようとしていた。それと入れ替わるように、戦前への回帰を図るかのような動きが日本社会に目立ってきた。戦前の勲章が高値で売買され、キャバレーには軍艦マーチが鳴り響いた。読売新聞は一一月、そうした動きを敏感にキャッチしてシリーズ「逆コース」（全25回）の連載を開始した。「逆コース」はたちまち流行語となった。そうした復古主義的な風潮を読売新聞は「理性の惰眠　治世の怠慢」と題する社説で戒めた。

「今年一年を文化的な面から回想して見ると終戦後の革新気分を薄くし、何かしら昔の日本への逆戻り、つまり『逆コース』によって強く色どられている感が深い。これは、日本自身の歩む方向として最も容易であり緊張のゆるみであり溜めた涙を流したような惰性としか思われない」

「日本の過去への復帰は、断じて理性の惰眠であったり知性の怠慢であってはならない」（51年12月22日付）

## 藤本比佐志の南京戦記

日本が独立を回復して一年がたった五三年五月、東京・南品川にあった出版社「富士書苑」から『秘録大東亜戦史』（全12巻）の刊行が始まった。占領軍は四五年一二月の「神道指令」で、「大東亜戦争」などの用語を公文書に使用することを禁止した経緯があり、「大東亜戦史」というタイトル自体に「復古」への意志が込められていた。

全巻の構成は「満州編　上」「満州編　下」「ビルマ編」「比島編」「朝鮮編」「マレー・太平洋島嶼編」「蘭印編」「大陸編」「原爆国内編」「東京裁判編」「開戦編」「海軍編」。

各巻十数編から二十数編の文章が収められており、筆者の大半は現地で報道にあたった朝日、毎日、読売、共同通信などの記者または元記者。その数は全体でのべ一五〇人に及んだ（一人で数編書いている筆者もいる）。「大東亜戦史」と名乗っているものの、通史としての体系性はなく、記者の回想文集という方が近かった。

「大陸編」に「南京一番乗り」と題する一文が収録されている。筆者は、山陽新聞社東京支社長の藤本比佐志。南京戦当時、朝日新聞記者として「藤本亀」の名で報道活動にあたり、その後「比佐志」と改名した。南京を目前にして中国軍の銃弾に倒れた同僚カメラマン、浜野嘉夫の遺骨をもって光華門にたどりついた藤本は、当時をこう振り返った。

「夜半、重砲で崩した城壁の一角を突撃路として、〔鯖江歩兵第三六連隊の〕全部隊は城内に殺到した。僕たちも続いて突撃路をよじのぼる。土塊《つちくれ》とともに滑り落ちる。戦死者の死体とともに滑べる。血の海だ。まさに死山血河であった。やがて東天の白むころ、脇坂部隊長の指揮刀一閃、城頭に軍旗は翻り、部隊は遥かに東天を拝し、感激の南京一番乗りを神に感謝した。〔略〕僕のリュックの中には浜野特派員の遺骨があった。時に昭和十二年十二月十三日午前六時！」[1]

実は、藤本は戦時下にも同じような文章を書いていた。三九年に出版された『戦争と従軍記者』（新聞之世界社刊）という本に、こうつづっている。

「時恰《ときあた》かも東天は紅ひに染まり神神しい日の出を仰ぎ、勇壮なるラッパの音、軍旗はさつと紫の房を輝かし、軍刀を抜いて号令する脇坂部隊長の眼にも露が光つてゐる。まさに歴史的感激の場面である。感極つた私は頰を伝はる熱涙がいつまでもとまらなかつた。浜野君の霊も泣いてゐたであらう」

敗戦から八年がすぎても、藤本は、戦時下と同様の美文調で日本軍の南京侵攻をつづった。文章はほとんど、戦時中の文章の焼き直しだった。藤本だけではない。『秘録大東亜戦史』に収められた体験記の多くは戦争中の記事と同じような調子で書かれていた。戦場で日本軍将兵がどんなに奮闘したか。書かれているのは主に、そうしたことだった。

検閲がなくなったにもかかわらず、彼らは戦争中の報道統制下と同じように書いた。『秘録大東亜戦史』をみる限り、敗戦とその後の占領統治は、元従軍記者の意識と文体に大きな変化をもたらすことはなかったようだ。

戦争中の記事と違うのは、日本軍将兵が指揮官の誤った判断によっていかに悲惨な戦いを強いられたか、その情景も描かれたことだ。例えば『秘録大東亜戦争　ビルマ編』はほぼ全編、インド・ビルマ国境のインパール作戦にあてられている。[2]

## 丸山邦男の批判

「もはや戦後ではない」

五六年七月に発表された経済白書は、そう述べていた。前年一一月の保守合同で自由民主党が発足、かつてのA級戦犯容疑者、岸信介が幹事長に就任し、首相の座をうかがっていた。五六年暮れ、日本は国連に加盟して国際社会への復帰を果たした。戦争が終わって一〇年が過ぎていた。

「ジャーナリストと戦争責任」について評論家の丸山邦男(政治学者、丸山真男の弟)が問いを投げかけたのは、このころだった。

「この一年間、知識人とくに文学者の責任がするどく追究されながら、ついにジャーナリストの責任については全くとりあげられなかった。〔略〕〔このことは、戦争責任が〕大部分のジャーナリストにとっては、A級戦犯やパージ〔公職追放〕解除者にとってと同じように、既に廃語となっているという事実を示している。それは、十年前、各新聞社、雑誌社、放送局を襲った社内民主化と戦犯追放のあらしによって、片づいてしまったものと考えられているのである。

間違いの出発点はここにあった。言論と報道に携わるジャーナリストの責任問題が、役人や財界人などと同じ目尺で行われた戦後の形式的な責任処理(職階によってきめられたパージ)によって解消されうるはずがない。〔略〕ジャーナリストの戦争責任の問題が、この一年間まったく取上げられていない、と私はいった。いや一年間だけではなかった、戦後ただの一度もジャーナリスト自身の問題として自主的に考えられたことはなかったのではないかと思う」(『中央公論』57年2月号)

丸山の指摘は的を射ていた。

新聞社の経営幹部の責任を労働組合などが問う動きは敗戦直後にみられたし、占領政策によって公職から追放された幹部もいた。しかし、個々の記者の責任はほとんど語られてこなかった。[3]

## 「ビルマの竪琴」

丸山論文とほぼ同じ時期、ジャーナリズム研究者の荒瀬豊は「〝亜細亜〟は生きている　言論人のアジア観」と題する論文を発表した。このなかで荒瀬は「一九四五年の秋から展開された言論界の戦争責任の追及は、もっぱら国内的な主題で『国民を戦争にリードした』責任を問うだけに終った」と指摘。「日本の言論人のアジア観がどの点でどう変り、どの点でどう変っていないかを検討しておく必要を感じる」として、次のように主張した。

「竹山道雄氏の『ビルマの竪琴』が提示している問題は、見落すことができない。この作品の主人公水島安彦上等兵は、敗戦後のビルマで山野に放置されてある日本兵の白骨をみて、帰国の情を断ち切り托鉢僧となつて同胞の霊をとむらうために現地にのこる。そこに描かれているビルマ人の仏教にたいする帰依の念は崇高であり、仏教を通じて戦争責任をはたそうとする主人公の心情も一見したところ高いヒューマニズムにささえられているかにみえる。しかし、この主人公がはたそうとしている仕事は『同胞』の骨を拾うことであつてビルマ人への贖罪ではなく、托鉢という主人公の生活手段は、かつて災厄をあたえたビルマ人にふたたび寄食してくらす生活である。彼の行為は、死んだ日本人にたいする戦争責任のとりかたではあり得ても、生きている他民族への責任のとりかたではない。〔略〕なによりも重大なことは『ビルマの竪琴』が発表されてから約十年にわたつて、多くの読者を得ながら、ここにふくまれている民族的エゴイズムと、かたちを変えて生きつづける古いアジア観とを問題にする声が、読者のあいだから生れなかつたことである」（「中央公論」58年6月号）

「おーい、水島。一しょに日本にかえろう！」

五六年に公開された映画「ビルマの竪琴」（市川崑監督、安井昌二主演）が国内外で高く評価されていた。しかし、「ビルマの竪琴」に示されたヒューマニズムの限界に、日本人の多くは気づいていないのではないか――と荒瀬は指摘した。

もう一つの限界を指摘したのが評論家の橋川文三だった。同じころ、橋川は「日本近代史と戦争体験」と題する論稿でこう述べている。

「現代日本人は、山東出兵いらいの中国大陸における日本人の歴史について、あまりにも語らなすぎる。極端にいえば、日本の近代史において、日本は中国に対して、記憶に値いするほどの何ごともなさなかったかのようである。戦後十五年目の今日においても、日本人は、その悪夢のような記憶について、いまだに十分に想起せず、忘れもしないような状態にある。この曖昧な十幾年は、将来必ずその対価を要求されることになるであろう」[4]（『現代の発見2　戦争体験の意味』59年刊）

橋川が述べるように、中国戦線で戦った元兵士の大多数は黙して語らなかった。もちろん、だからといって彼らに悔恨がなかったと決めつけることはできない。深い悔恨が彼らを沈黙へ追いやったとも言える。記者たちもまた同じだったのかもしれない。

注

1　藤本は、雑誌「サンデー日本」五七年一〇月一五日号に「光華門突入の脇坂部隊」を寄稿しているが、内容は『秘録大東亜戦史』に書いた「南京一番乗り」の抜粋で、ほとんど違いがない。

2　インパール作戦については陸軍報道班員として中国戦線、ビルマ戦線に従軍した高木俊朗が四九年の段階で、ルポ『イムパール』を著し、日本軍の無謀な作戦指導を批判していた。

3　同盟通信の記者だった栗林農夫《たみお》は戦後、「私は何をしたか　戦争責任の自覚について」と題する自己批判の文章を雑誌「俳句人」四七年七・八月号に発表した。南京陥落から一年後の三八年九月から一二月まで、日本軍の広東侵攻を取材。翌年、従軍記『兵隊とともに』を改造社から出版した。栗林は「栗林一石路《いっせきろ》」の俳号をもち、「プロレタリア俳句」のリーダーとしても活動。四一年には「新興俳句弾圧事件」に連座して治安維持法違反容疑で検挙され、二年余を獄中に送った。

「私は何をしたか」は原稿用紙にして二二枚ほど。栗林はこう述べる。

「私は『兵隊とともに』を書いた。しかしそこにひそめている意図はどうであれ、それを公けに書くには結局現実と妥協しなければならぬ。しかし妥協はとかく現実を肯定する方に陥りがちである。私の著書が何らかの影響をもつたとすればその小さい意図よりも、全体として戦争協力への方向が強かつたであろうと考えられる。これはまつたく私の犯した誤りであつた」

ただし、俳人としての姿勢や獄中での転向手記執筆など幅広く論じており、従軍記者としてどう行動し、どこに問題があったのか、自らの責任を具体的に掘り下げるまでには至っていない。

栗林は戦後、松本重治（南京戦当時の同盟通信上海支社長）らと東京で新聞「民報」（のち「東京民報」）を創刊、編集局長を務めたが、三年で廃刊。以後、俳句に専念した。

栗林については、栗林一石路を語る会編著『私は何をしたか　栗林一石路の真実』（２０１０年、信濃毎日新聞社刊）が詳しい。

**4**　中国の戦犯管理所に抑留されていた元日本軍将兵約一〇〇〇人が五六年に帰国。「中国帰還者連絡会」という団体をつくり、中国侵略の実態について証言活動を展開した。五七年に出版した『三光』は発売わずか二〇日で五万部に達するベストセラーとなった。日本の侵略によって傷つき倒れた中国人を視野に入れていた日本人が存在しなかったのではない。なお、拙稿「戦後日本の平和主義と中国帰還者連絡会」（雑誌「中帰連」62号、２０１７年5月刊）参照。

## 郷土部隊戦記の戦争観

六〇年代に入ると、戦友会が盛んにつくられるようになった（戦友会研究会『戦友会研究ノート』２０１２年刊）。それと軌を一にして、地方紙は盛んに、郷土出身の兵士たちの「奮闘」ぶりを振り返る郷土部隊戦記を連載した。日本新聞協会の調べによると、六二年四月の時点で、全国二二の地方紙が三九の郷土部隊戦記を連載していたという[1]（高木俊朗「戦記　その真実と虚構」、坪田五雄編『昭和日本史5　太平洋戦争後記』〈77年刊〉所収）。

新聞に連載された郷土部隊戦記のいくつかは単行本になっている。

大和タイムス（奈良）は六一年九月から一年間、郷土史家、野口俊夫による「奈良三十八連隊興亡史」を連載。六三年に『奈良連隊戦記』として出版した。日清戦争にはじまり、太平洋戦争下、グアム島で全滅するまでの郷土部隊の足跡をたどる。

南京戦についてはこう述べている。

「助川部隊〔歩兵第三八連隊、助川静二連隊長〕は敵セン滅の態勢を整えると、南京北方へなだれ出した七―八万の敵を追いまくり、紫金山北麓から下関にわたる揚子江沿岸で四万に近い敵を掃蕩した。そのために揚子江の流れを血に染め、敵の死体はるいるいとしてその下流へ二―三里も続いた」

その筆致は、戦時下に書かれた戦記とかわるところがない。

## 兵士に罪はない

千葉日報は、日中戦争からフィリピン戦にいたる佐倉歩兵第五七連隊の足跡を、六五年八月から連載「レイテの雨」でたどった。これをまとめた単行本『レイテの雨　佐倉連隊の最後』が六六年一〇月に刊行されている。

千葉日報社の社長、久保勇は「発刊のことば」で次のように述べる。

「人類最大の悲劇――それは戦争であるといえましょう。戦争はあくまでも避くべきであるし、それを繰り返してならぬことは申すに及びません。しかしながら、郷土部隊の将兵が祖国のために奮戦、幾多の尊い犠牲者を出したことは決して無意味ではありません。たとえ戦争が罪悪であるにしても、連隊将兵の崇高な行為それ自体は、むしろたたえられるべきものと思います」

戦争は罪悪であるにせよ、戦場に赴いた将兵はたたえられるべきだ――。

そうした二元論は千葉日報だけのものではない。

新聞社が出した郷土部隊戦記は、その序文などで、それぞれ次のように述べている。

「軍閥による政治支配は、現在も将来も、どんな理由でも、これを排除せねばならぬ。〔略〕軍閥とこれに追従した権力は憎むべし。しかし、彼らに、かり出され、しかも一意愛国の至情に燃え、祖国の栄光を信じて散った将兵を、単にその犠牲として葬るべく、民族の血は、しかく冷たくはない」（岩手日報社常務取締役編集局長・渡辺武。松本政治『郷土兵団物語』岩手日報社、63年刊）

「七万余の県民が愛する妻子を忘れ死についた事実は善悪をぬきに、静岡県最大の歴史であり、その爪跡は平和を謳歌する現代にもハッキリと残されております。〔略〕命《めい》のままに征き、すべてをささげつくしたわれわれの父夫、そして兄は軍閥ではありません。それどころか、出陣をどうにもすることのできない運命として受けとり、政治の谷間に、苦しみ悩んだ庶民そのものであったといえましょう」（サンケイ新聞静岡支局・増田得三。同支局編『ああ、静岡三十四連隊』63年刊）

「人類は悲しくも戦争の歴史を繰り返してきました。しかし今の世界観をもって過去の戦いの歴史の必然性をすべて否定し去ることは誤りでありましょう。しかもその戦いの場に生命を賭して自らを捧げ切った若者たちは、その時代のその条件の中での至高の姿であったといわねばなりません」（大和タイムス社長・田中治郎。『奈良連隊戦記』）

戦時下の新聞は、「強く正しい日本軍」の姿をもっぱら描いた。戦後になると、日本軍が強く正しかったかどうかは別として、兵隊たちはすばらしかったとたたえた。

## 悪いのは戦争

夕刊フクニチ新聞（福岡）は六一年七月から翌年三月にかけて「郷土部隊戦記」を連載した。担当は杉江勇記者。六二年一〇月に同じタイトルで単行本化された。

この本に、インパール作戦の指揮官、牟田口廉也が一文を寄せている。

「戦争が勝敗を問わず、いかに悲惨であるかということは、いつまでも忘れられない。むしろそれを忘れぬようにつとめ、悲惨さを二度と繰り返さぬように正しい世論を守ってゆかねばならぬ。〔略〕かって私とともに杭州湾に、マレーに、ビルマに戦った逞《たくま》しい青年たちを思う。彼らはみな勇敢であり、情誼に厚く、感激性に富み、貫くに正直であった。戦争は憎むべきであるが、赤裸々になったよき人たちの真心にふれるのはうれしい」

食糧の補給をも無視した無謀な作戦によって日本軍は、参加兵力一〇万のうち、約七万人もの戦死・戦傷病者を出した。そこには福岡県出身の将兵が多数、含まれていた。失敗の責を負うべき牟田口が、戦争一般の悲惨に責任を転嫁していた。[2]

しかも、連載を担当した記者は取材で知った事実の一部をあえて伏せたことを明かしていた。

「書かなかったことが二、三ある。たとえば飢えのあまり人肉を食い、または駐とん中の殺人犯人をみつけるために、女を交えた十余人を全裸にして二階から逆づりし、白状しなかったので打ち首にした事件。あるいは一少佐が敵弾を恐れて軍司令部の撤退命令を前線に伝達せず、このため郷土部隊が無用になった陣地をいたずらに死守して全滅するなど――。あまりに悲惨だからである」（杉江記者による「あとがき」から）

それらは、部隊にとって「不都合な事実」だった。記者は、戦争のリアルな姿を書く機会をみすみすのがした。

戦争はまちがっていたにせよ（あるいは、戦争に突き進んだ国策の是非はともかくとして）、郷土出身の兵士たちは立派だった、悪いのは戦争であって兵士ではなかった――。

郷土部隊戦記は、こうした考えが叙述の基調となっていた。兵隊たちが、誤った国策の被害者、あるいは犠牲者だったことは確かだ。しかし、同時に、彼らが侵略の最前線にいた事実も否定できない。

郷土部隊戦記に共通するのは「責任」という観念が極めて希薄であることだ。先の牟田口の言葉に象徴されるように、戦争は、地震などの自然災害と同じように、避けがたい災厄であるかのように語られた。戦争に「自らを捧げ切った」若者をたたえる半面、彼らはなぜ死地へ赴かねばならなかったのか、だれに責任があるのか。それらを新聞が問うことはなかった。

新聞が戦争責任に言及すれば、それはこだまのように自らに跳ねかえってくる。それを予期してか、郷土部隊戦記が、戦争にかかわる誰それの責任を問うことは全くと言っていいほどなく、新聞自らの責任を語ったものは、筆者の知る限り、皆無だった。

もう一つ共通するのは、「他者」の不在ということだ。戦争には相手があった。日本軍が侵攻しなければ命を落とすことがなかったであろう人は中国に限っても膨大な数にのぼる。しかし、その姿は郷土部隊戦記には、ほとんど描かれていない。

戦争中、戦場の兵士と銃後の庶民を励まし、戦意高揚を図った新聞は、海を越えて侵略してきた日本軍に命を奪われた中国民衆に向けて何を語るのか、語りうるのか。深く考察した形跡はない。

こうしてみていくと、戦時下に出た戦記ものと、戦後になって一部の地方紙が出した郷土部隊戦記[3]の間に、濃淡の違いこそあれ、本質的な違いを見いだすことは困難だ。

## 新潟日報の連載

新潟日報は六四年八月一四日から「わが終戦の夏　生き残りの郷土軍人たち」(全12回)を連載した。新潟県にゆかりのある一二人の元将兵らにそれぞれの戦争体験を聞き、記者がまとめた。フィリピン戦線でかろうじて餓死をまぬがれ、戦後は戦犯容疑で取り調べを受けた元師団参謀長、アリューシャン列島キスカ島への上陸作戦に参加した元一等水兵らが登場する。この連載は、郷土部隊の「奮闘」ぶりをたたえる他の新聞連載とは、やや趣を異にしていた。

連載のなかで一人の元陸軍上等兵が南京虐殺を語っている。八月二四日付の連載第一〇回、「目おおう南京虐殺　ウソだった日本軍の規律」という見出しだ。記事掲載時、元上等兵は五一歳だった。取材にあたった記者(無署名)はこうつづる。

「〔元上等兵の〕脳裏に焼きついて離れないのは、日本軍の中国人虐殺の地獄絵図だった。軍の機密を守るということで、逃げまどう市民を手あたりしだい銃撃した南京大虐殺ではまだ息のあるものまでトラックに積み上げ、揚子江に投げ捨てた。あの広い河はんが死体で埋まったというのは真実だった。これだけではない。いたるところで、婦女子を乱暴したあげく軍か(靴)でふみ殺し、お茶をもらいにきた、飢えにやつれた老人、子供を歩しょう線を越えたという理由だけで突き殺した」元上等兵は言う。

「日本の軍隊は正義の存在であると教えられ、信じてきました。まったくのウソでした」

六〇年代後半、戦友会の結成がピークを迎えた(『戦友会研究ノート』)。福岡県久留米市出身の詩人、丸山豊は六九年、西日本新聞に従軍回想記「月白の道」を二カ月間にわたって連載した。戦時、軍医としてビルマ戦線や中国南部の雲南戦線に従軍した丸山はこうつづっている。

「昨年のある旧軍人の会合など、戦地のままに階級順で整列し、レコードの軍歌はなりひびき、数十名の自己紹介を兼ねたあいさつのうち、戦争の意味をあらためて問う気配があったのは、たった二人だけであった」(69年7月1日付西日本新聞夕刊)

## 加害者の自覚

六五年二月、米軍が北ベトナムへの爆撃(北爆)を開始した。時の首相、佐藤栄作は、北爆を支持した。新聞、テレビは連日、ベトナム戦争の戦況を伝えた。

日本でもベトナム反戦の運動が起こり、六五年四月にベ平連(ベトナムに平和を!市民連合)が発足した。作家の小田実、哲学者の鶴見俊輔、久野収らが中心だった。

七月、米戦略爆撃機B52、三〇機が、沖縄・嘉手納基地から発進して南ベトナムの首都、サイゴン(現ホーチミン)の近郊を爆撃した。沖縄からベトナムへ直接出撃するのはそれが初めてだった。沖縄は当時、米国の施政権下にあった。ベトナムの戦場で壊れた戦車や武器は、日本に運ばれ修理された。

社会学者の日高六郎は指摘する。

「一九六五年のアメリカ軍の北ベトナム爆撃開始のころから、私たちのなかには、日本がいまやベトナム戦争における加害者の立場に立っているという自覚が生まれてくる。それは同時に、もう一

度私たちを、戦争加害者であった戦前の日本国家および日本国民の立場につれもどす」（日高『戦後思想を考える』80年刊）

武器の破壊力では圧倒的に優位に立つ米軍が、ベトナムで苦戦を強いられた。一般の農民と兵士は外見上、区別がつかない。米軍は農民の家に火を放ち、子どもや老人が逃げまどった。その光景を、世界中から集まったジャーナリストがカメラにおさめ、ルポにつづった。日本の報道各社も多数の特派員を送り込んだ。ベトナム戦争の報道にあたった朝日新聞の特派員の一人に、本多勝一がいた。ベトナム戦争の取材のあと、本多は中国へと旅立った。

注

1　ただし、「日本新聞協会の調査」については未確認。

2　牟田口の文章をめぐって、作家の高木俊朗は「すくなくともインパール作戦の場合、憎むべきは戦争そのものというより、それを計画した人ではなかろうか。罪悪とすべきは、戦争よりも、その人々の無責任ではないだろうか」と指摘している（『戦記作家高木俊朗の遺言Ⅰ』）。

3　六〇年代から七〇年代初頭にかけて新聞社が刊行した郷土部隊戦記や部隊史には、次のようなものがある（本書既出のものは除いた）。

島根新聞社『郷土部隊秘史1』62年刊

平松鷹史『郷土部隊奮戦史』1―3。大分合同新聞社、62―63年刊

千葉日報社『福井部隊の血戦記』63年刊

佐藤芳郎『南海の墓標』河北新報社、63年刊

熊本兵団戦史編さん委員会『熊本兵団戦史』1―3。熊本日日新聞社、65年刊

日本海新聞社『渦まくシッタン　鳥取・歩兵第121連隊史』69年刊

客野澄博『二十二聯隊始末記』愛媛新聞社、72年刊

京都新聞社『防人の詩　悲運の京都兵団証言録』（「比島編」「南太平洋編」「インパール編」「レイテ編」「ルソン編」「ビ

ルマ編」「沖縄編」の全7巻、76—94年刊)。京都第一六師団が中心的な役割を担った南京戦については取りあげていない。

## 本多勝一「中国の旅」

六〇年代末から七〇年代初頭にかけて「戦争の記憶」にまつわる様々な動きがあった。

元首相の岸信介を会長とする自主憲法制定国民会議が六九年五月、結成大会を開催。六月に自民党は靖国神社国家護持法案を国会に初めて提出した。

七〇年八月一五日、朝日新聞は初めて社説で戦争の加害責任に言及した。

「戦後の敗戦国において、侵略戦争をはじめた政治の責任者が、いまなお政治の第一線に動いているというのは、わが国のほかに見当らないであろうが、その責任のあいまいさを許しているこの国の性格とは一体なんであろうか」

七〇年一二月、西独の首相ブラントは、ポーランドの首都ワルシャワで、ユダヤ人犠牲者の慰霊碑の前でひざまずき、謝罪した。

日本でフォークソング「戦争を知らない子供たち」のレコードが発売されたのは七一年二月のことだった。

### なぜ今さら

七一年八月二六日、朝日新聞夕刊一面で「中国の旅」の連載が始まった。

筆者は編集委員、本多勝一。六六年から翌年にかけてのベトナム戦争取材を通して、「では、日本軍はどうだったのか」との疑問が浮かび、七一年六月から四〇日間、中国各地を回って取材した。

連載第一部は「平頂山事件」（9月14日まで全11回）。日本が中国東北部（旧満州）への武力侵攻（満州事変）を開始してから一年後の三二年九月、遼寧省撫順近郊の村「平頂山」を日本軍が襲撃、多数の住民を集めて機関銃で虐殺した事件だ。

七一年一〇月六日に始まる第二部「万人坑」（10月19日まで全10回）の最初の回で、本多は、第一部掲載後に読者から寄せられた疑問や批判に答えた。

――今さら、あんなことを掘りかえすなんて。

「確かに一番よい方法は、事件のあったとき即座に報道することです。それが全くなされぬまま敗戦を迎えたわけですが、以後今日まで、ついにこの種の本格的報道はなされていません。『今さら』と、この問題にふれまいとする態度は、日本を見つめるアジア諸国に、不信と警戒の色をますます強めさせるだけでなく、『今さら』と考えること自身がみずからの目をおおって、今こそやるべき問題をやらずに逃げていることの現れかもしれません」（傍点原文）

――戦争とはああいうもの。

「戦後、私たちは戦争を否定し、平和を追求してきました。『戦争とはああいうもの』といってしまうと、戦争だから仕方ないじゃないかというところでとまってしまい、戦争の実態を明らかにし、それによって戦争否定を本当に根づかせることができません。『ああいうもの』とは『どういうもの』だったのか、それを報道することが、つねに平和につながる道であると考えます」

「かりに、この連載が中国側の『一方的な』報告のようにみえても、戦争中の中国で日本がどのように行動し、それを中国人がどう受けとめ、いま、どう感じているかを知ることが相互理解の第一前提ではないでしょうか」

## 被害者に取材

「南京事件」は一一月四日に始まる第三部（11月16日まで全10回）で取りあげた。東京裁判で事件が取りあげられて以来、すでに四半世紀がたっていた。

この間に、いくつかの戦記雑誌などが事件に関する記事を載せた。また、中国人の視点で南京事件をとらえた堀田善衛の小説『時間』[1]（55年刊）や、やはり南京事件をテーマとする榛葉《しんば》英治の長編小説『城壁』（64年刊、2020年復刊）が出版されたが、一般紙が、南京事件の被害者に直接、取材をして事件を振り返る記事は、戦中戦後を通して、これが最初とみられる。[2]

本多は、四人の被害者に取材し、それぞれの体験をつづった。

その一人、南京戦当時九歳（取材時四三歳）で、家族とともに下関に暮らしていた男性は、母と赤ん坊の弟を日本兵に目の前で殺され、父を連れ去られた。さらに一三歳の姉を日本兵に斬殺されて失い、一一歳の姉、七歳と五歳の弟の四人で、ひと冬を越した。その後姉は、日本軍に協力する中国人によって売り飛ばされ、七歳の弟も売られてどこかに消えた。四人が再会したのは戦後の五〇年代になってからだった。

取材時五三歳だった別の男性は、南京陥落後の三七年一二月下旬、約二〇〇〇人の青壮年男子とともに難民区からかり出され、長江岸で日本兵に銃撃されて危うく殺されそうになった。一〇人ずつの集団で埠頭を走らされ、待ち構える日本兵が銃でねらい撃った。河に飛び込んだその男性は幸い銃弾の命中を免れた。桟橋の下に隠れて一夜を明かし、一命をとりとめる。

「中国の旅」は、七一年一二月一三日に始まる第四部「三光政策」(12月25日まで全9回)を最後に完結した。それは、戦後日本の新聞が、どの新聞であれ、だれが書くのであれ、かつての戦時報道と対比させるうえで、どうしても書かねばならないルポだった。日本軍は中国で何をしたのか。それは中国の人々にどのように記憶されているのか。日本の新聞はそれまで、ほとんど何も報道してこなかった。

「中国の旅」の連載が終わってまもない七二年一月三日、朝日新聞論説顧問の森恭三は、戦争責任をめぐってこうつづる。

「戦争責任は、対外的にも対内的にも、日本人自身の手によって究明すべきであった。それをやらなかったから、何のための戦争をやり、何のため戦争に敗れ、何のため国民が塗炭の苦しみをうけたか、また、なぜ日本は敗戦国のなかでただ一国、戦争犯罪人が返り咲いて政治に大きな発言権をもっているのか、そういった戦後日本の政治問題の一番かんじんなところがボケてしまうのだ」

「遅過ぎるということはない。日本軍の残虐行為を日本人自身の手によって暴露することは、いまとなっては一種の考古学的発掘の作業にも似ている。困難であり不十分ではあるにしても、日本国民の良心としては、最善をつくして試みねばならぬ仕事だ」

**月刊誌「潮」の戦争特集**

戦後二五年がたって、ジャーナリズムは戦争の加害の側面にようやく目を向けるようになった。「中国の旅」だけではない。このころ、毎号のように加害証言で特集を組んでいた雑誌がある。月刊「潮」(潮出版社)がそれだ。特集のタイトルを列記しておく。[3]

①七一年七月号「大陸中国での日本人の犯罪　一〇〇人の証言と告白」

②七一年九月号「日本人の朝鮮人に対する虐待と差別　植民地支配と強制連行の記録」
③七一年一〇月号「戦争中の新聞は何を書いていたか　執筆者一〇〇人の記録と告白」
④七一年一一月号「沖縄は日本兵に何をされたか　生き残った県民一〇〇人の証言」
⑤七二年四月号「生死をさ迷った日本人の天皇陛下　虜囚から集団自決まで極限を生きた一〇〇人の証言」
⑥七二年五月号「日本で中国人は何をされたか　強制連行された中国人と加害者日本人一〇〇人の証言」
⑦七二年七月号「大量殺人から生き残った朝鮮人と日本人一〇〇人の証言　隠れて生きる被爆者と人種差別」
⑧七二年八月号「生きのびた戦争犯罪人ＡＢＣ級一〇〇人の証言　裁かれていなかった戦犯」
⑨七二年九月号「日本人の兵役拒否と抵抗の体験　いかにして私は徴兵・兵役を逃れたか一〇〇人の証言」

このうち①には、日中戦争にかかわった新聞記者や元軍人らの証言が含まれる。いくつかの証言から、その一節を書き出してみよう。

**読売新聞国際情勢調査会・西村忠郎**「『侵略戦争に協力した』という忌わしい限りの記憶は、いまでも私の心に永久に除かれることのないドス黒いシミとなって残っている」

**秋田在住のノンフィクション作家・野添憲治**「中国に侵略した日本軍の数々の蛮行は三光（殺光、焼光、略光〔殺しつくし、焼きつくし、奪いつくす〕）に集約されるが、いまでもわたしの周辺にいる旧軍人の老人には、酒に酔うと、大陸での蛮行を自慢して語る人が多い」

**朝日新聞論説顧問・森恭三**「日本が太平洋戦争で敗れたのは、アメリカの原爆によってではなく、それ以前すでに、中国において軍事的に点と線しか維持しえず、とくに道義的・精神的には中国ナショナリズムのまえに完全に敗北していたのである」

**毎日新聞論説/編集顧問・橘善守**「日本の中国に対する『非人道的行為への道義的責任』は、第一義的には、明治以来のわが国の政治指導者、とくに軍部の専横に帰せられるべきだが、それに盲従した国民の側にも責任がないとはいえない」

特集③では、新聞社の幹部、一線記者が、新聞の戦争責任について発言している。これについては、次の「終章」で改めて取り上げる。

## 昭和天皇が訪欧

「中国の旅」の連載が続く七一年秋、昭和天皇と皇后は欧州七カ国を歴訪した。しかし、欧州は歓迎ムード一色とはいかなかった。英国では、天皇の植樹したスギの木が何者かに切り倒された。オランダでは、乗っていた車に瓶が投げつけられ、日の丸が焼かれた。

太平洋戦争で、日本は英国領だったマレー半島、シンガポール、ビルマ、またオランダ領だった現在のインドネシアなどに侵攻した。日本軍に虐待された元捕虜らは、その悲惨な日々を忘れていなかった。

日本の各紙は社説で次のように述べた。

**朝日新聞**「それ〔天皇への批判〕は陛下に代表される日本に対する批判だったといえるだろう。われわれはこの批判を素直に受入れる必要がある。日本人がともすれば水に流しがちの過去がそこには生きていた」(71年10月14日付)

**毎日新聞**「戦後二十六年もたって、いまさら大人げない、という感じがしないでもない。というのは、過去は水に流して、新しい関係に白紙で取組む淡泊さを好む、日本の国民性にあわないからである。しかし、歴史と伝統を重んじるヨーロッパで、過去を忘れて現在はない、と過去にこだわるのを、いちがいに非難するわけにいかない」(10月15日付)

**読売新聞**「不幸な過去は水に流してしまいたいとする日本に対して、〝許すことはできても、忘れることはできない〟というヨーロッパ人のきびしい態度をそこに見いださないわけにはいかない」(同右)

三紙とも「水に流す」という言葉を使っていた。こちらは戦争の問題はもう終わったことと思っていた。ところが、欧州はそうではなかった。まだ水に流していなかった。各紙の論説委員はそこに驚いた。

ジャーナリズム研究者の荒瀬豊はこう指摘した。

「興味をひくのは、全国三紙の社説に『水に流す』ということばが共通に用いられ、それが天皇の行為だけで〔なく〕日本人の心情の特性として、新聞によって強弱の差はあれ、自己弁明の論理とされていることである」(荒瀬「マス・コミと天皇制」「ジュリスト」73年9月1日号)

七一年一〇月一四日夕、帰国した天皇が羽田空港の貴賓室で異例の「お言葉」を述べた。

「この旅行を省みるとき、真に国際親善の実を挙げ、世界の平和に寄与するためには、なお一層の努力を要することを痛感しました」(71年10月15日付朝日新聞)

## ヒロシマというとき

敗戦直後の作品「生ましめんかな」などで知られた広島の詩人、栗原貞子が七二年五月、一編の詩を新たに書き上げた。題は「ヒロシマというとき」。

〈ヒロシマ〉というとき
〈ああ　ヒロシマ〉と
やさしくこたえてくれるだろうか
〈ヒロシマ〉といえば〈パール・ハーバー〉
〈ヒロシマ〉といえば〈南京虐殺〉
〈ヒロシマ〉といえば　女や子供を
壕の中にとじこめ
ガソリンをかけて焼いたマニラの火刑
〈ヒロシマ〉といえば
血と炎のこだまが　返って来るのだ
〔略〕

原爆はある日突然、投下されたのではない。日本の戦争責任を問い返さぬまま「ヒロシマ」といっても世界の人々は〈ああ　ヒロシマ〉とはこたえてくれない。日本は単に原爆の被害者だったのではない、侵略の加害者であったことを忘れてはならない、と詩人は静かに訴えた。

被爆者は、なぜ被爆しなければならなかったのか。

日本が国策を誤ってアジアを侵略した、そのツケを非戦闘員である広島、長崎の市民が負わされたのだった。[4]

栗原が「ヒロシマというとき」を書いたのと同じころ、鈴木明の「『南京大虐殺』のまぼろし」第一編が月刊誌「諸君!」(72年4月号)に掲載された。

注

1　堀田善衛の「時間」に次の一節がある。

「死んだのは、そしてこれからまだまだ死ぬのは、何万人ではない、一人一人が死んだのだ。一人一人の死が、何万にのぼったのだ。何万と一人一人。この二つの数え方のあいだには、戦争と平和ほどの差異が、新聞記事と文学ほどの差がある」

2　ジャーナリストの大宅壮一、大森実は六六年に南京を訪問した。「日本人にこのような〔南京事件の〕写真を見せ、大虐殺の模様をくわしく話したのは、私たちがはじめてのケースだという」と大森は訪中報告『天安門炎上す』(66年刊)に書いている。このころまで中国は南京事件について日本人に語るのを控えてきたようだ。なお、日中間の記者交換制度が始まったのは六四年だった。

3　国際法学者の大沼保昭は、本多の「中国の旅」と、月刊誌「潮」の特集について、こう評している。

「さまざまな人が本多さんの作品や『潮』の記事に出会って、そこで初めて中国の民衆のひとりひとりをわたしたちの父親たちがどう殺したか、どう火をつけ、略奪したかということが具体性をもって見えてきた。これは大きなことだったと思う」(内海愛子、大沼保昭、田中宏、加藤陽子『戦後責任　アジアのまなざしに応えて』2014年刊)

4　八五年八月一五日、中曽根康弘首相が靖国神社を「公式参拝」すると、アジアから批判が上がった。朝日新聞アジア総局長だった吉田実は、「アジアの心ある人々」の声として、次の言葉を伝えている。

「被爆者の方々には同情する。しかし、あの原爆投下が、中国や東南アジアの広範な民衆を悲惨な目に会わせた、日本軍の侵略に対する総決算だった、と感じている人間のいることを忘れないでほしい。日本の『反核・平和運動』は、あくまでも、過去の戦争で日本の犠牲者となったアジアの民衆と、心の痛みを分かち合えるものであってほしい」(吉田「戦後四〇年と『靖国』問題」「ジュリスト臨時増刊」85年11月10日号)

## 終章　記者たちの戦争責任

### 戦時報道とは何だったのか

日本軍の南京侵攻を新聞はどう報じたのか。具体的に記事を取りあげながら、これまでたどってきた。そこから何を学ぶべきなのか、改めて考えてみたい。

戦後五〇年の節目の年を間近に控えた一九九四年一二月、私は、全国に散らばる「九軍神」の遺族を訪ねた。戦後の報道を、朝日新聞を中心に、戦時期までさかのぼって批判的に振り返る企画（「戦後五〇年　メディアの検証」）の取材の一環だった。

「九軍神」とは何か。

四一年一二月、日本軍はハワイ・真珠湾の米主力艦隊を奇襲攻撃した。その際、特殊潜航艇五隻が湾内に潜入、米艦に攻撃をしかけた。特殊潜航艇は二人乗りで、全部で一〇人が乗り込んでいたが、うち一人は米軍の捕虜となった。

戦死した九人は翌年三月、「九軍神」として新聞に大々的に報じられた。一人が捕虜となったことは伏せられた。この「九軍神」の遺族の一人を私は三重県内の自宅に訪ねた。「軍神」の末の弟が、こう語った。

「軍神の母は涙ひとつこぼさずなどと言われましたが、母は泣いて泣いて一、二カ月床に伏しておりました」(朝日新聞取材班『戦後五〇年　メディアの検証』)

軍人の母たるもの、ましてや「軍神」の母たるもの、息子の死を悲しむ姿を人前でみせてはならない。国にささげた息子の命、もとより戦死は覚悟のうえと端然と受けとめねばならない。そんな国家との「黙契」をよそに、母は泣きに泣いた。

それを当時の新聞は「軍神の母は涙ひとつこぼさず」とたたえた。

同じ企画の取材で、沖縄タイムスの上間正諭元社長に話を伺った。

戦時下、朝日新聞那覇支局員として取材活動にあたった上間は、那覇市内の喫茶店でコーヒーを飲みながら、自身の痛恨の体験を振り返った。

軍司令部で沖縄出身の兵士の戦死公報を見て上間は、遺族の家に取材に走った。

「名誉の戦死を遂げられました」と告げる上間に、母親が「そんなわけはない。不吉な。帰れ」と怒りを投げつけた。

納得させようとさらに説明を続けると、母親はわっと泣きじゃくった。

上間もまた「銃後の母は涙ひとつ流さず……」の調子で記事を書いた。

「当時は戦意高揚が記者の最大の使命だと思っていました。そのためには実際より脚色して書いて

もいいんだと。無明の世界にいたのだと後でつくづく感じました」（同右）

上間はそう語った。戦時報道とは何だったのか。

幾通りもの答えがあるかもしれないが、最大の特徴は、事実が二の次にされたことだ。

記者たちは、戦死者遺族が悲嘆にくれる光景を書かずに、涙一つこぼさず気丈にふるまったと書いた。「現に目の前にある光景」ではなく、「軍国の母」の「あるべき姿」を、それが事実ではないと知りつつ、あたかも事実であるかのように書いた。

銃後の報道だけでなく、戦場報道でも同じことだった。

兵士たるもの、上官に忠実で、勇気にあふれ、死を恐れず、進んで国に命を捧げる。指揮官たるもの、兵士への温情にあふれ、勇猛、大胆、細心にして公平無私でなければならない。

そうした日本軍将兵の「あるべき姿」がそのまま現実の姿であるかのように記者たちは記事を書いた。

しかし、現実の戦場にあるのは、目を覆う惨状であり、屍臭だった。そこには逃亡兵もいれば、自殺する兵士もいた。軍紀違反や戦闘忌避もあった。指揮官の判断ミスもあった。しかし、それらが記事になることはなかった。それは言うまでもなく、「皇軍」にとって、あってほしくない事実、あってはならない事実だったからだ。日本軍は常に「強く正しい日本軍」でなければならなかった。

南京・下関に死体の山があったといった描写は当時の新聞にもみられるが、多数の捕虜を機関銃で虐殺する場面を日時や場所を特定して具体的に描いた記事はない。それは、そうした光景がなかったからではなく、「皇軍の倫理」に反する行為をあからさまに描く記事の掲載は許されなかったからだろう。

## 日本軍のプロパガンダ

南京占領直後に掲載された「平和が甦った」という趣旨の記事も、そうした戦時報道の特質を示していた。

蔣介石とその軍隊を撃滅、排除して、中国民衆を救済する——。

そうした旗印を掲げて中国に侵攻した以上、日本軍は、戦争に疲弊した中国民衆にただちに救いの手をさしのべ、民衆は笑顔で日本軍を迎え入れる。そんな「日中親善」の「平和な光景」が日本軍の南京占領後、すみやかに出現しなければならなかった。だから新聞は、中国の子どもが日本兵の差し出す食べ物に手をのばす写真などを大きく取りあげ、それが全体であるかのように報道した。

そんな意図をもつプロパガンダ記事を引いて、「住民は笑顔をみせている」「虐殺なんてなかった」などと主張する向きが今日、一部にあるが、「日本の正義」を強調するための宣伝記事だけを取りあげて、南京で当時、何が起きたかを判断することはできない。「何が書かれたか」だけでなく、「何が書かれなかったか」をみる必要がある。

南京陥落後、大阪朝日に掲載された記事は、こう述べている。

「〔皇紀〕二五九八年の希望の朝が明けた。わが軍の進撃によつて民衆の生血を啜る敵軍は遠く敗退し、かはつて入つたわが軍の慈しみ深い保護により戦火を避けた避難民も村々に帰還して、軍とともに立ちかへる新春を寿いでゐる」（38年1月5日付大朝富山版、6日付滋賀版、同岐阜版）

中国軍が去ったあと、逃げていた村人が村に戻り、侵攻してきた日本軍とともに平和な新年を祝っている、と。

これなども、別に「慈しみ深い」日本軍の来訪を喜んで村に戻ったのではなくて、銃砲弾飛び交う戦闘がようやく終わったのを見計らって村人たちが、それまでの避難生活に区切りをつけ、恐るおそる自分の家に戻った、とみる方が実態に近いのではないか。

捕虜の「あるべき姿」について書いた記事もある。日本軍の捕虜となった中国兵が、次のように語って感謝の意を表したと。

「貴軍各長官の訓示により〔戦争の〕大義を明かにし得、また今次の挙によつて近年の赤化されんとする我国の将来を戒め西欧諸国による分割を防ぎ、以て東亜の幸福を図り世界を紛糾の巷より救ひその平和を図らるるといふことは実に愉快なことであります」

「貴軍の過分の御優待を蒙り初めて人道を以て人を遇せらるることを知つた有様であります。我等多少ながら知識ある青年は如何にして貴国の鴻恩《こうおん》を忘れることが出来ませうか」（38年2月11日付九州日報〈福岡〉「支那軍捕虜の告白」）

日本軍の侵攻を捕虜は「実に愉快なこと」だと述べ、人道的な扱いに感謝したというのだ。日本軍の「正義」の前に、中国兵がひれ伏す。これが日本軍にとっての「理想の捕虜」像だったのだろう。

## 神話づくりが任務

大阪毎日新聞の従軍記者として上海戦を取材した藤田信勝が連隊長の戦死の真相を事実に即して書こうとして、結局、日本に呼び戻されたことはすでに紹介した通りだ（第一章参照）。藤田は「架空の武勇伝を書くこと、つまり神話づくりが従軍記者の任務だったのである」と戦後になって振り返っている。

「強く正しい日本軍」

記者が書くのは常に、そうした日本軍でなければならなかった。

石川達三の言葉をかりれば「常に勇敢常に慈悲ぶかい日本軍」である（第七章参照）。そうした日本軍の「神話」を書くことこそが当時の記者たちの使命だった。

記者たちが書くのは「真実らしい神話」でなければならず、また「国民を鼓舞する」記事でなければならなかった。[2]逆に言えば、兵士や銃後の人々の戦闘意欲を「鼓舞する」記事でさえあれば、その記事がどこまで事実を語っているかはさほど問題ではなかった。

新聞を読む人々もおそらく、実際の戦場の光景は、新聞が書くような「華々しい」ものでないことに気づいていたのではないか。

東京刑事地方裁判所の検事、西ケ谷徹がまとめた資料「支那事変に関する造言飛語に就て」（司法省刑事局『思想研究資料』特輯第55号、38年刊）に次の事例が収録されている。

茨城県の三四歳の男が陸軍刑法第九九条（造言飛語の禁止）違反で三八年一月、禁固四カ月の判決を受けた。男が周囲にこう語ったことが当局の耳に入った。

「今度の日支事変では日本が勝つて居る様に新聞に書いて居るが実際は日本が負けたのだ。桃太郎の鬼征伐の話と同様、新聞にある事変の死傷や勝敗も自分の都合のよい様に書いてあるので新聞は信用出来ぬ」

栃木県で農業に従事する三五歳の男も、同じ理由で禁固六カ月の判決を受けた。男は、こう放言したのが罪に問われた。

「新聞やラヂオで日本が勝つて許《ばか》り居ると思ふのは馬鹿だ。新聞やラヂオは本当の事許り言ふものではなく出鱈目もある。国民の力を落させない様に都合の良いこと許り宣伝して居るのだ」

西ケ谷は「此種の〔報道機関に関する〕造言飛語は其の例が非常に多い」と述べている。

戦争報道は信用ならん。市井の人々は、そう見抜いていた。

注

1　上海戦では、突撃命令をうけた兵士がしりごみすることがあった。仙台第一三師団の「戦闘詳報」には「勇敢なる幹部突撃を決行するも後方之に続かず為めに失敗に帰するもの多し」との記述があるという（吉田裕『天皇の軍隊と南京事件』）。

2　四四年二月二三日、毎日新聞が「竹槍では間に合はぬ　飛行機だ、海洋航空機だ」と戦況に即して書いたために首相の東条英機が激怒。記事を書いた当時三七歳の記者、新名丈夫が懲罰的に召集された。この「竹槍事件」は戦時下の言論弾圧事件として知られるが、もう一つ別の「竹槍論」があった。神戸新聞は、四五年三月七日付の社説「自慰的戦局論と竹槍論」で主張した。

「われらがこの際切に反省すべきは、竹槍論は醜《しこ》の御楯《みたて》と化すべきわが国民の心の覚悟を示す一般概念論としてのみ、主張の価値を有し、敵上陸を邀《むか》ふるわれら国民の具体的態勢を説かんとする意図を持つ限りにおいては、直《ただち》に左袒《さたん》〔賛成〕し難い武勇論と批評せざるを得ないのである。〔略〕『竹槍による一人一殺』といふも、実際問題として、六尺の竹槍のとどく軀々相摩す近距離まで、敵の機銃と、戦車と、火焔放射器に、いかにして接近するや。われ十人のうち漸く一人が敵に接近し得、つひに一人一殺の実を挙ぐとも、これ、真に一人一殺ならずして十人一殺のみ」

竹槍論は国民の覚悟を示す言葉であって、実際には、これで敵の上陸を防ぐことはできないと指摘した。社説の筆者は畑専一郎。戦後、神戸新聞の主筆を務めた。畑は「潮」71年10月号の特集のなかで右の社説にふれていた。

## 報道統制と記者

南京戦当時、記者は厳しい報道統制にあって自由に記事を書けなかった。具体的に何が書けなかったのか。芥川賞受賞後、陸軍の報道班に所属し、「麦と兵隊」「土と兵隊」「花と兵隊」の兵隊三部作でベストセラー作家となった火野葦平は、戦後になって次のように述べている。

「第一、日本軍が負けているところを書いてはならない。皇軍は忠勇義烈、勇敢無比であつて、けつして負けたり退却したりはしないのである」

「次に、戦争の暗黒面を書いてはならない。戦争は殺人を基調におこなわれる人間最大の罪悪であり、悲劇であるから、これにはあらゆる犯罪がつきまとう。強盗、強姦、掠奪、放火、傷害、その他、いつのどんな戦争でも例外ではない」

「第三に、戦つている敵は憎々しくいやらしく書かねばならなかつた。味方はすべて立派で、敵はすべて鬼畜でなければならない」

「第四に、作戦の全貌を書くことを許さない。兵隊のせまい身辺の動きは書けても、作戦全体は機密に属しているから、スケールというものは出て来ない」

「第五に、部隊の編成と部隊名を書かせない」

「第六に、軍人の人間としての表現を許さない。分隊長以下の兵隊はいくらか性格描写ができるが、小隊長以上は、全部、人格高潔、沈着勇敢に書かねばならない」

「第七に、女のことを書かせない。戦争と性欲との問題は文学作品としての大きなテーマであるのに、皇軍は戦地では女を見ても胸をドキドキさせてはいけないのである。まして、現地の女との交渉などは以ての外だ」（『火野葦平選集』第2巻〈58年刊〉解説）

何が書けなかったか。ここにわかりやすく示されている。これをみても、記者は「強く正しい日本軍」しか書くことが許されなかったことがわかる。「強く正しい日本軍」の姿ばかり書くことによって、「強くない日本軍」「正しくない日本軍」の姿は隠された。

その条件の下、火野は、兵士たちの喜怒哀楽を描いて人々の支持を集めた。

## 発表文を届ける

報道統制を新聞記者はどう受けとめていたのか。

大正デモクラシーの時代は、新聞が政権批判の矢を放つことは珍しいことではなかった。この時代、朝日新聞は軍縮と普通選挙を主張した。

それが、一九三一年九月に日本軍の満州侵攻（満州事変）が始まったあと、五・一五事件、二・二六事件と軍部によるクーデター未遂事件が相次ぎ、軍部の政治介入が強まった。それにつれて、新聞は権力監視の使命からあとずさっていった。そして三七年七月の盧溝橋事件をきっかけに日本の中国侵略が全面化すると、新聞は総力戦遂行の一翼を担うことになる。

朝日新聞の陸軍省担当記者だった田村真作は、紙面には現れない陸軍省記者クラブの内情を今に伝えている。

「新聞記者団〔陸軍省記者クラブ〕の態度は、日華事変が始まる頃までは陸軍省の動きに対して批判的だった。特に中国侵略派の動向には、冷笑的な目を向けていた。ながく陸軍関係の記者をしていた電通の及川六三四や、読売新聞社の神田孝一などが、この記者団の先輩格だった。

この記者団も日華事変になって軍の鼻息が強くなると、軍の強制にあって軍の指示するもの以外はお互に書くまい——という「申し合せ」をした。記者団は軍の無言の威圧にあって後退した。言論の自由を抗議する代りに自分で言論の自由を制限しだした。

やがて軍発表がはばをきかせ、新聞記者は自分で筆をとって記事を書くことなんかてんでなくなった。軍が配る発表文を印刷したガリ版刷りの紙を、連絡に来ているオートバイに渡して新聞社に

とどけることが陸軍省詰めの新聞記者の重大な仕事になった」（田村『愚かなる戦争』50年刊）

外務省東亜局長として日中関係の外交的解決に奔走した石射猪太郎も新聞、雑誌の変質を目の当たりにした。

「事変発生以来、新聞雑誌は軍部迎合、政府の強硬態度礼讃で一色に塗りつぶされた。『中国膺懲』『断乎措置』に対して疑義を挿んだ論説や意見は、爪の垢ほども見当らなかった。人物評論では、『明日の陸軍を担う』中堅軍人が持てはやされ、民間人や官吏は嘲笑を浴びせられた。事変遂行に反対したり、軍部を非難すればすぐ憲兵の手が伸びた。言論は軍部の課した枠内に、完全に圧縮されてしまった」（石射『外交官の一生』）

新聞記者や新聞社は報道統制によってがんじがらめにされていた。それに従わなければ、新聞発行を継続することは難しかった。戦争批判、権力批判の余地はほとんど残されていなかった。

## 記者も抑圧を容認

では、新聞は、政府、軍部の報道統制の単なる被害者だったのか。

東京日日新聞の編集幹部だった阿部真之助は、日中戦争の初頭、「ヂヤーナリズム雑感」と題する文章で、国家の明暗を分ける事態に際して「厳重過ぎる取締といふものはあり得ない」（『新聞総覧　昭和十三年版』）と述べていた。つまり、報道統制は、どんなに厳重であってもいいというのだ。[1]

そのうえ阿部は「本来のヂヤーナリズムは、言論の批評性、従つてまた指導性には、本質的の結びつきを持つものではないのである」とまで述べている。「指導性」はともかくも、「批評性」を失ってはジャーナリズムは「本来のヂヤーナリズム」たりえない。

当時はそう述べるほかなかったのかもしれないが、果たしてそれほどまで「迎合」を装う必要があったかどうか、新聞人としての矜持はどこにいったのか、という疑問にかられる。

ただし、当時の新聞人がみな、阿部のような姿勢だったわけではない。

五・一五事件に際して菊竹六鼓とともに軍部批判の論陣を張った福岡日日新聞の阿部暢太郎は、同じ『新聞総覧　昭和十三年版』に「言論統制と新聞」と題する一文を寄せている。「言論統制の必要ありやといふ設題に対しては何人も之を首肯する外はない」としながらも阿部は、次のように主張している。

「願くは新聞人をしてその自発的、自主的態度による国家社会への奉公をなさしめよ、新聞の官報化、官営化の結果を想像せよ。〔略〕愛すればこそ心配もし批評もし忠言もしたくなる。吾々新聞人は文章報国を一片の口頭禅たらしめたくない、御用記者たるよりも進んで国家の進運に参加協力したい、之れが吾々の願ひである」

最大限の自主性が確保されたときに、新聞は最も国家に貢献し得ると阿部暢太郎は主張した。

一方、朝日新聞の海軍省担当記者だった泉毅一は戦後になって、こう振り返っている。

「大本営発表の最大級の提灯持ち、海軍報道部の〝記事指導〟を、そのまま何の疑念もなしに、いやむしろ積極的な熱意をこめて記事にし、戦意高揚に努めていたのが当時の私だった。恥多く、愚かしいきわみであった。さりとて、当時の私に主観的にはウソがあったのではない。意識的に事実を曲げたのでもない。私は私なりに命がけで一生懸命だったのである。軍と情報局の文字どおり、かしゃくすることのない言論抑圧を、私はむしろ戦争に勝つための必要と思った。敵にはもとより、国民に対しても、戦争遂行に不利な事実をわざわざ知らせることはないじゃないか……と」（泉「アメリカを叩き潰せ」「潮」71年10月号）

国家が必要とするなら、「言論抑圧」すなわち市民の知る権利の制限はやむを得ない、といった考えは戦時下だけのものではない。今日も一部に根強い。[2] そこでは、ジャーナリズムは、国家側に立つのか、市民側に立つのかが問われる。

戦時と平時は別個に遮断されたものではなく、切れ目なくつながっているとみなければならない。

## ベトナム戦争の場合

もし報道統制がなければ、記者は戦場の実態をありのままに書いたのだろうか。朝日新聞の特派員として、ベトナム戦争を取材した本多勝一は、次のような興味深い指摘をしている。ベトナム戦争では、常時四百数十人のアメリカ人ジャーナリストが南ベトナムにいた。

「そのほとんどがやっていたことは、戦前の日本軍従軍記者と変わりはない。『〇〇軍曹はいかに勇敢にベトコンを殺したか』といった記事を郷里の〇〇州の新聞に送っていた」（本多「ベトナムで死んだ〝戦友〟たちの代弁」『本多勝一集18　ジャーナリスト』95年刊）

ベトナム戦争では、米軍の行動を取材することは基本的に自由だった。米軍司令部に申請を出せば、前線に向かうヘリコプターなどに便乗させてくれた。

記事や写真を送るのに検閲はなかった。報道の自由は基本的に保障されていた。にもかかわらず、米国の記者たちは「郷土の勇士」の「奮闘」ぶりを書き送っていた。彼らは、ベトナム民衆の悲惨な日常をベトナム人の視点に立って書くことがなかった。それは、検閲があって書けなかったからではなく、そうした視点を記者がもっていなかったからだ。

日本軍の南京侵攻で日本の特派員が、日本兵の奮闘ぶりばかり書き送ったのも、同じような背景があったのだろう。彼らは中国の民衆の立場にたって原稿を書くことがなかった。報道統制のために書けなかったという面はもちろんあった。しかし、それ以前に、記者たちは、日本軍にとって不都合な事実を報道することは避けるべきだという認識と判断を軍と共有していた。

そうである以上、仮に報道統制がなかったとしても、記者たちは、日本軍が、非戦闘員や無抵抗の捕虜を虐殺するような場面を原稿に書くことはなかっただろうし、そうした記事を載せようとするデスクもいなかっただろう。民間人の殺害といった行為が人道に反することは当時の記者も知っていたにちがいないからだ。

報道統制があったから書けなかった、というのはウソではない。実際、書けなかった。ただ、それ以前にそもそも記者たちに書く意思がなかったのではないか。

こうも言えるかもしれない。

検閲を乗り越えて戦争を批判し、軍国主義を批判しようとした桐生悠々のようなジャーナリストにとって検閲は大きな障害だった。桐生は明らかに、報道統制の被害者だった。しかし、もともと統制の範囲内で書こうとした記者、戦場の兵士と銃後の民を励まし、鼓舞することが自分の使命と考えた多くの記者にとって検閲は、ほとんど執筆の障害とはならなかった。

たとえば、朝日新聞南京通信局長だった橋本登美三郎は報道規制について「何も不自由は感じていない。思ったこと、見たことはしゃべれたし、書いてたよ」と戦後、語っている（阿羅健一『「南京事件」日本人48人の証言』）。

この発言をもって「当時も報道は自由だった」「なのに新聞が虐殺について書いていないのは、もともと虐殺がなかったからだ」と主張する向きがあるが、果たしてそうか。

なるほど、橋本は、報道統制が苦にならなかったようだ。それは、軍にとって都合のわるい記事を書く意思をはじめからもっていなかったからだろう。軍にとって都合のいい記事を書くのに不自由がなかったからといって、それゆえ報道が自由だったことにはならない。

## 兎狩りのように

京都第一六師団福知山歩兵第二〇連隊の兵士、北山与《あとう》は、南京陥落の三七年一二月一三日、日記にこうつづっている。

「西山を一回りして下りて来ると、壕内に敗残兵がいたと大勢の人達が集ってヤイヤイ云ってゐる。紅顔の美少年である。シャツは抗日救国聯合会の署名入のものを着てゐる。祖国中華民国を守れと随分苦労したらう。余り皆んなが惨酷な殺し方をし様とするので見るに忍びず僕が銃殺し様とするが、皆が承知しない。戦友が無残な死に方をしたので唯の殺し方では虫が納まらぬのだと云ってゐる。無理からぬこと。だが余りに感情的ではないだらうか。日本軍は正義の軍であり、同時に文化の軍でなければならない。同じ人を殺すにしてなるだけ苦しめずに一思いにバサリ殺ってやるのが、日本の武士道ではないだらうか」(井口和起ほか編著『南京事件　京都師団関係資料集』89年刊)

いくらなんでもひどいじゃないか。

戦場の兵士のなかにも、仲間たちのふるまいに、そうしたまなざしを向けた者がいた。北山は「日本軍は正義の軍」でなければならない、と日記に書きつけた。「一思いにバサリ」と殺すことが「正義」かどうかはひとまずおくとして、兵隊仲間の行為を相対化して批判的にみていた。

翻って、記者はどうだったのか。同じような凄惨な場面に遭遇した記者はおそらく少なくなかっただろう。なかには、何もそこまでしなくても、と身を震わせた記者もいたかもしれない。しかし、大方の記者は、従軍生活のなかで次第に感覚が鈍麻し、虐殺の場面に遭遇しても痛みを感じなくなっていったのではないか。

三七年一一月一七日付愛媛新報に「兎狩のやうに支那兵を狙ひ打つ　我が戦車部隊の大活躍」という見出しの記事が載っている。河北省の大名《だいめい》から同盟通信の特派員が書き送った記事だ。

「遥な後方でけたたましい銃声が起る。暫らくすると敵が算を乱して後方から逃げて来るのが見えて来る。しかし戦車隊が待つてゐる事を知ると方向を変へて逃げ出す五人、七人、三十人、五十人バラバラとこれは面白い。兎狩りのやうに狙ひ撃ちだ。〔略〕午後三時半、前進の命令が下つた。勇躍進撃を開始し山高上の敵に対し一時間で之れを完全に全滅せしめ、次いで武馬村を夕闇の中に攻撃し、此の日の絶へ間なき戦闘を終つた。此の日の敵の死傷五六百に上つたらしい」

記者は、何を思いながらこの記事を書いたのだろうか。

夕闇の「武馬村」からわきあがる人々の阿鼻叫喚の声が記者の耳に届かなかっただろうか。その声を記者はどう聞いたのだろうか。

それらの問いが、報道統制とは関係なく、記者の前におかれている。

注

1　戦後になって、阿部真之助は戦時下の報道についてこう述べる。

「〔戦時下の〕新聞記者は、報道の権利を軍人に奪い取られ、軍人の命令のままに、報道でない報道をかき集めなければならなかつた。これだけで人民の指導に利き目がないと分つてくると、軍人は記者達に、報道をお説教化するよう命令した。〔略〕この故にお説教の効果を悪くする様な事実は曲げ、歪め、ひつくり返して報道するのが、当然の措置で

あると考へられたことである」（阿部『老記者の想い出話』50年刊）
一転して、阿部は被害者の立場を強調した。六〇年から六四年まで阿部はＮＨＫ会長を務めた。
**2** 二〇一三年一二月の国会で成立した特定秘密保護法は、知る権利や取材、報道の自由の制限につながるとして反対論、慎重論が全国紙、地方紙の間に広がったが、一部の新聞は賛成に回った。
安倍晋三政権で内閣情報官を務めた北村滋は二〇一三年七月、読売新聞の老川祥一グループ本社取締役最高顧問に会い、「どうか反対の論陣を張らないでください」と依頼したことを明らかにしている（北村「外事警察秘録」「文藝春秋」2023年8月号）。

## 元従軍記者の戦後

従軍中、記者たちは何を考えていたのだろうか。

戦時下に公刊された記者の従軍記は、いずれも建前的な「従軍奮闘記」の域を出ず、記者たちの嘆き、おびえ、怒り、不安などを知ることはできない。

では、従軍記者当時の心境を戦後になって内省的に回想した文章があるかというと、これもほとんど見当たらない。[1]その数少ない一つが、毎日新聞の藤田信勝記者の日記だ。敗戦後二カ月の時点で藤田は従軍経験が自分に何をもたらしたか振り返っている。

四五年一〇月九日の項で、藤田はこうつづる。

「満州事変が勃発したころには、帝国主義戦争とか、侵略戦争と考へて白眼視してゐた。しかし、もとより、これに強く反抗する勇気も強い信念もなかつた」

「昭和十二年七月に、中日事変が華北の一角に火蓋を切り、世を挙げてショーヴィニズム〔排外主義〕

の嵐と化した時、僕は、思想的に何ら反省もなく、ただ一途に新聞記者として従軍したいといふ熱望にうかされてゐた。命令が来たのは八月十日だつたと思ふ。すぐ上海へ行け。僕は興奮して、上海へ、戦火の上海へ旅立つた。そしてそれから三箇月、泥とクリークの戦線をかけ回つた。僕は同じ年配の兵隊と苦楽をともにし、あるひは生死をともにするのが、ほんとうにうれしかつた。〔略〕戦争への冷静なる反省のごときは入り込む余地がなかつた。ただ一途に戦友をたほした敵が憎いと思つた。それは、低劣な人間的な感情だつたかも知れぬがあのやうなはげしい戦場では、理性の入りこむ余地はなかった」

「この三箇月の経緯は、僕を心の底から民族主義者にし、戦争支持者にした。その時、僕は反省してみたであらうか。かつて、左翼思想に心酔した時のごとく、無反省に、戦争支持者になつた僕だつた[2]」

京大で「一かどのマルクス・ボーイ」となった藤田は、大毎入社直後に起きた満州事変を「侵略戦争」と考えた。ところが、日中戦争に従軍したとたん、「心の底から」戦争を支持した。戦場に「理性」の居場所はなかった。「日本は『力』によつて立つた以上、戦ふ力に少しでもプラスするのが、国民としての義務である」と藤田は腹を決めた。

敗戦後、藤田は、考えを改める。四五年一〇月九日の日記に、こうつづっている。

「新聞人としては、軍を中心としたあくなき侵略的欲望に、徒らに追随し、戦争への本能的興味を理性によつて、反省する義務を怠つた。理性と勇気の欠如は、いかに責められてもいたし方あるまい。〔略〕自己反省の苛酷な鞭と贖罪者的精進が少くとも新聞記者にはもつとも必要である」（藤田『敗戦以後』47年刊。引用は2003年の再刊から）

この転換がどのようにもたらされたか、敗戦が近づくなかで徐々に変化していったのか、敗戦後に突然、気づいたのか、その経緯は書かれていない。

## 記者たちの告白

ほかの新聞記者はどうだったのか。

これについては月刊誌「潮」七一年一〇月号の特集「特別企画　戦争中の新聞は何を書いていたか執筆者一〇〇人の記録と告白」が参考になる。日中戦争の開始から敗戦までの間、新聞に執筆してきた元記者、作家、大学教授ら一〇〇人が、当時の心境や出来事、自らの戦争責任について語るという内容で、貴重な証言集となっている。

登場するのは、元新聞記者八六人。内訳は、朝日新聞OB二三人、毎日新聞OB一九人、読売新聞OB一〇人、同盟通信OB七人、西日本新聞、中国新聞、京都新聞、中日新聞など地方紙のOB二六人、その他（元日本新聞公社）一人。

記者以外の作家・詩人（石川達三、今日出海、棟田博、阿部知二、草野心平）、学者（大河内一男、神川彦松、中山伊知郎、中川善之助）ら一四人。

どういう思いで戦争報道に携わっていたか、そして現時点（71年時点）で何を思うか。新聞の戦争責任、新聞記者の戦争責任をどう考えるか。彼らの言葉を拾ってみよう（肩書はいずれも記事による）。

目立つのは、報道統制に従うほかなかった、仕方がなかったという釈明のトーンだ。ニュアンスの違いを捨象しないよう、それぞれの言葉をできるだけそのまま引用する。

**元朝日新聞ニューヨーク支局長／評論家・細川隆元**「大本営の報道部長に、たまたま私の同郷の友がついていたことがある。彼の頼みで、一軍人の死を〝鬼戦車隊長　花と散る悲壮の最後〟などという見出しでのせたことがある。尾ヒレをつけ、ハデに粉飾して、日本の虚像をリポートしなければならなかった。書きたくなくとも書かなければ過当競争における敗残者となってしまう。ウソと知りつつのせた記事も数多い。また真実と知りつつ書けないこともあった。これを書くのは、新聞社をつぶす覚悟がないとできない相談であった」

**元毎日新聞編集総長／同社最高顧問・高田元三郎**「ひとたび戦争がはじまった以上、新聞の行く途は一つしか残されてなかった。総力戦の成果を発揮できるように、全社をあげて積極的に戦争に協力するのみであった。〔略〕戦時中に報道が統制されることはやむをえない。しかし言論、報道の自由が、せめて米英程度に許されていたら、国民に真実を知らせることも、ある程度できたと思う。真実を報道しなかったという意味で、私たちも戦争責任を負わねばならない」

**元岩手日報編集局長・松本政治**「兵隊さんたちは命を賭けて戦っていることを思うと、私たちはペンをもって報国するとの一念にならざるをえませんでした。第八師団関係（秋田、青森、岩手、山形）の兵隊さんたちをたずねたときの兵士たちの喜びをこの目で見たときには新聞記者冥利に尽きる思いでした。だが、真実を書こうとすると軍の報道部の検閲にひっかかり『おまえの記事は、まともすぎる』などといわれ悲惨なことは、まったく書けませんでした。〔略〕軍の思うまま戦意をあおる記事を書くことになってしまったと思うと、いまや慚愧《ざんき》にたえません」

**元毎日新聞記者・平田外喜二郎**「そのころの新聞や雑誌は皇軍破竹の進撃や、敵城いちばん乗りや、敵兵何人斬りなど、進軍ラッパのような記事や武勇伝でいっぱいだった。だが一歩戦地へ足を踏み入れてみると、数知れぬ若い兵士が黙々と死んでいるし、負傷したものは野戦病院に続々と運ばれて傷の痛みに男泣きに泣いていたし、戦場のあとには罪もない老婆や子供の屍体がごろごろところがっていた。だがそれらは、いっさいタブーだった。戦争とは勝つもの、勇ましいものという検閲の鉄条網が張りめぐらされていて、たとえ書いても活字にならないばかりか、従軍の腕章さえが剝奪されるのがオチだった」

**元読売新聞記者／報知新聞大阪本社代表・海野秀雄**「当時、軍の監視のなかで、国民に真相を伝えることが、いかに困難であったことか。もしも報道の自由があったなら、無謀な太平洋戦争に突入しなくてすんだかもしれない。〔略〕敢然として生命を投げ捨てて報道の自由を守ることは、じっさいムリなことだろう。たしかに、自分にとってはがゆいことではあったが、しかたがなかった」

**元毎日新聞記者／作家・中山善三郎**「昭和十二年八月、東日特派員として上海にいた私は、上海陸戦隊の悪戦苦闘を眼のあたりにみながらも、せっせと勝利を告げるニュースを送っていた。たとえば〝猛烈な敵の反撃を受けた〟という表現は敗けいくさ。〝壮烈な戦死をとげた〟という常套語は、おおむね戦わずしてたおれていった将兵を悼む、せめてもの哀悼句だったといってよい。日夜、虚構を書きつづけねばならぬ自分がいとわしかった。こんな場合に、後続部隊や銃後の士気を高めるためには、やむをえないのだ、とみずからにいい聞かせることが、かろうじて精神のバランスをとることだった」

## 勝つために協力

統制に従うほかなかったという苦渋の思い。時代の制約を個人の力ではね返すのは極めて難しかった。一方で、報道統制があったからやむなく、というより、戦意高揚のため、自ら進んでペンをとったと明かす元記者もいる。

**元新愛知新聞記者／中日新聞総合研究室次長・山田祐静**「新聞記者として当時は、戦意をあおるように書くことこそが、最善だと信じておりましたし、と同時に、日本が勝つことを強く信じていました。戦争は命のやりとりであり、そうした極限のなかでの報道は、中立を保つことは不可能でした」

**元毎日新聞副社長・工藤信一良**「誤ちの根本は、読者の喜びそうな記事を作りたいという新聞の〝潜在意識〟にあるのではあるまいか。本能にちかい欲望である。日本の軍部、およびそれに指導された民衆に好まれないニュースは、新聞の本能がきらったのであろう」

**元西日本新聞論説委員・岡枝英元**「若気のせいだったか。軍の検閲ということもあったが、当時、仲間のほとんどは国に不利なこと、敗け戦さは書きたくないといった感情が強く働いてもいた。〔略〕私たちは愚かだったかしれぬが、国の発展を願い恥部に眼をつむり、軍に協力『謳歌』した点が率直にいってありました。今日考えると、それが誤った軍国主義の拡大、そして破綻に結びついていったかと思うと切に反省するものです」

**朝日新聞編集委員・宍倉恒孝**「けっこうケイキのいい〝戦場秘話〟も拾ったはずだが、まあ、戦時教育のせいでね、軍と一体になった取材も、軍につごうのいい記事の表現も、さほど抵抗を感じなかった。弾圧されるとか、圧迫に苦しむとかいうものじゃなかった。しぜんだった」

**元同盟通信記者・笠井真男**「あくまでも勝つために、われわれは協力しているのであり、その方向に相反することに筆を取るべきではないというのが、記者の側の暗黙の了解事項であった。したがって、軍人から記事についての圧迫を受けたことはなかった。ただ恥ずかしいことに、私には戦争についての定見がなかった。終始、スポーツ的な興味で戦場に参加していたということだ。この定見のなさが、結果的に戦争に協力したことになったことは、新聞記者の一人として恥ずかしいことだと反省している」

**読売新聞専務取締役広告局長・深見和夫**「軍の圧力を恐れてというより、もっぱら自分自身で規制したといえよう。〔略〕味方の不利は書かない、有利なことは大々的に書く。それを欺瞞とは思わなかった。苦しい戦いの中で果敢に活動する兵士たちの動静を、郷里の人々に伝えたいという使命感のみだった。それが戦争協力記事だといわれれば、そうだと答えるしかない。責任の所在は報道統制をしいた軍部よりも自分自身のうちにあるだろう」

軍と一体となって日本の勝利をめざすことが新聞の使命だと考えられていた。戦争や戦争報道に対する疑問や批判は、そこには存在しなかった。

**秋田魁新報取締役・伊藤正一**「私はなにも直接軍国主義に賛成したものではないし、ただあったことを知らせたにすぎません。〔戦死者の遺児が靖国神社を参拝したときの記事は〕子供たちの動静を書けということに従ったにすぎません。〔略〕新聞は事実、時事の報道を積み重ねていくのが役目であるから、あとから軍国化に加担したなどというのはおかしい」

**元香川日日新聞記者／四国新聞社友・池下孝義**「新聞人の戦争責任というのは、私はありえないと思う。だいたい、あの大東亜戦争は、米英が仕組んだ謀略であった。〔略〕東京裁判で、パール博士が主張したとおり、私は日本無罪論が正しいと思う。侵略側は米英仏蘭である。私はそう考えているから、新聞人の戦争責任などありえないと思う」

## 不明を愧じる

九〇ページにも及ぶ特集を通読して気づくのは、記者の責任ということを掘り下げて考えた発言がほとんど見当たらないことだ。当時は仕方なかったという言葉はあっても、戦時下の報道のどこに問題があったか、事象の表面をなでるだけで、深部にまで言葉が届いていない印象をぬぐえない。

戦中から戦後にかけて毎日新聞の記者を務めた古谷糸子は六三年の著書『ジャーナリスト』で、敗戦直後の気持ちを、こう明かしている。

「戦争中をふり返って、それほど良心に恥じるような記事を書いた覚えもなかったが、戦争というものに対してはっきりとした自分の意志を持ち得なかったことに反省と責任を考えないではいられなかった。また、自分は新聞記者の端くれにすぎないにしても、戦争中の新聞が犯した大きな誤ちを考える時、やはり、私たちは〝どうしようもなかった〟――それはそのとおりなのではあったが、それではすまない気がした」

「潮」の特集で、謝罪の言葉を述べた記者が一人だけいる。敗戦を「満州国」の首都新京（現・長春）で迎えた元朝日新聞満州総局長、久住悌三だ。

「良心がとがめます。悲惨な集団自決をしたり、ソ連兵に辱められたり、暴徒に虐殺されたりした、あの開拓民の人たちのことを思うと。ほんとに、すまない……、申しわけない……。拓務省の担当記者だった私は、開拓民集めの宣伝に一役かった。貧しい農家の二、三男に『五族協和』のユメをふきこみ、長野や福島の村の集会所で『王道楽土』建設の決意をさそってまわったこともある。

よもや、屈強を誇った関東軍が敗け、しかも自分たちの家族、財産のみを守って、いのいちばんに逃げ出すような不首尾を起こすとは考えていなかった。それを知ったとき、私は、ハラワタを焼くような怒りをおぼえ、また軍の画策におどらされた自分の不明を愧《は》じた。満州開拓民のことは、かえすがえすも残念に思っている。〔略〕戦争の末期には、明らかに敗けるいくさと知りながら、銃後での闘いを強調したりした……。新聞の責任は見落とせないと思う」（傍点原文）

注

1　日中戦争、太平洋戦争で従軍した記者が自身の取材体験をまとめた記録には次のものなどがある。
小俣行男『戦場と記者』（67年刊）
同右『侵掠　中国戦線従軍記者の証言』（82年刊）
同右『続・侵掠　太平洋戦争従軍記者の証言』（同右）
丸山静雄『インパール作戦従軍記』（84年刊）
船戸光雄『最後の従軍記者』（84年刊）
松本直治『大本営派遣の記者たち』（93年刊）
石井幸之助『イエスかノーか　若きカメラマンのマレー・千島列島従軍記』（94年刊）

2　藤田は六七年の著書『体験的新聞論』でもこう述べている。
「私は当時まだ二十代の独身ものだったが、正直な話が、戦争ほど〝面白い〟ものはないと思ったことがしばしばだった。〔略〕侵略戦争という意識はまったくなかったというのが、ほんとうだったろう。人なみにヒューマニズムなどということばを知ってはいたつもりだったが、いま考えて不思議でしょうがないことがある。戦場でたくさんの両方の戦死者の死体をみた時、日本兵の死体をみると悲痛な感情が本能的にこみあげてくるのに、中国兵の死体をみても、そういう感情がおこらなかったということだ。私は超国家主義者でもなければ、軍国主義者でもなかった。リベラリストであり、新聞記者だと思っていた。しかし戦場という舞台にほうりこまれると、まったく別な心理に支配されてしまうのである」

## 沈黙の意味

月刊誌「潮」七一年一〇月号の特集「戦争中の新聞は何を書いていたか」に、陥落直後に南京に入った元記者が一人だけ登場する。山陽新聞（岡山）の前身である「合同新聞」の松山吾一だ。

特集記事によると、松山は、早稲田大学を卒業後すぐに上海の邦字新聞「上海日日新聞」に勤め、一年半ほどで日本に帰国、三四年ごろに合同新聞に入社した。松山はこう述べている。

「上海上陸作戦から南京入城まで従軍したことがある。列車で南京へ行ったのだが、とちゅう死骸がるいるいとしている。駅のプラットホームをみても、後ろ手をしばられた中国人がずらっと並んで死んでいた。犬にかじられた死骸もあった。〔略〕感覚はまったくマヒしていて、死骸をみても、なんとも感じない。現在の常識でもって、当時の常識は判断できない」

「新聞人の戦争責任という問題については、私は第三者が判断してくれるものだと思う。すくなくとも私は、戦争をあおるようなことは書かなかったつもりである。郷土出身の兵士たちが、どうしているか。わが子や兄弟がどうしているか知りたがっている郷土の人たちに知らせること――それが地方新聞の役割であった。だから、第三者から、戦争責任があるといわれれば〝それはなぜか？〟と問い直したい。戦争という事実があっても、伝えなくていいのか、と問いたいとも思う」

松山としては、「強く正しい日本軍」の「奮闘」ぶりを郷土に伝えるという記者の使命を全うして、どうして責任を問われねばならないのか、という思いだったのだろう。それが侵略戦争だったという認識も、それを新聞が支えたという自覚も希薄だったようだ。

ちなみに松山は、熱心に原稿を書く記者だったらしい。三八年一月には、松山の署名入りの南京発の大型記事が連日のように合同新聞の紙面を飾っている。

一月一〇日付「南北競ふ〝復興の春〟 中山路続々開店」

一一日付「快足無敵の誉れ 万朶と咲く山田部隊武勇伝 輝く南京入城まで」

一三日付「南京に山田部隊のお正月」

**消え去ってほしい記憶**

陥落直後の南京に入った記者は何人ぐらいいたのか。

中支那派遣軍の報道部長を務めた馬淵逸雄によると、南京侵攻に際し、各兵団に配置した記者、通信員、カメラマンは五百―六百人に及んだという（馬淵「中支に於ける報道戦争」、矢部良策編『アジア問題講座第二巻』39年刊）。

しかし、戦後になって言論報道の自由が保障されたあとも、その従軍体験を発表した記者、カメラマンはごくわずかしかいない。

すでにみたように、毎日新聞の五島広作、浅海一男、佐藤振寿、朝日新聞の今井正剛、同盟通信の前田雄二らが戦後になって手記を残している。

このほか『「南京大虐殺」のまぼろし』の著者である鈴木明や、『「南京事件」日本人48人の証言』の著者、阿羅健一の取材を受けた元記者らもいる。そこには、南京虐殺はなかったと語った元記者も含まれる。ほかにも証言を残した記者がいるかもしれないが、いずれにしても、南京戦を取材した記者全体からみれば、非常に限られた数であることはまちがいない。

記者たちのほとんどが戦後になっても沈黙を続けたのはなぜか。

南京陥落後の死体整理について、大阪朝日新聞の林田重五郎が記事を書いたことはすでに第七章で紹介した。戦後、林田は「ある従軍記者　ふた昔たっても消えぬ痛恨」(岡本光三編『日本戦争外史　従軍記者』〈65年刊〉所収)と題する手記を執筆している。

それによると、林田は三七年七月に姫路第一〇師団に従軍して華北に行き、三八年一月にいったん帰国。二月末に南京通信局に赴任した。死体整理について書いたのは、このときだった。その後、四〇年に漢口に異動、その年の秋に大阪に帰った。また、四一年暮れからフィリピン戦線に従軍、翌年七月に帰国した。

朝日新聞南京通信局＝1939年撮影

手記のなかに次の一節がある。

「はっきりいって、従軍記者の思い出は、いまとなってはあの戦争が痛恨事であるように、消え去ってほしいと考えるほどのものである」

朝日新聞の海軍省担当記者だった泉毅一が戦時下の報道活動について「恥多く、愚かしいきわみ」と語っていたのと通じるものがあろう。

林田は、南京で何を見たか、「消え去ってほしい」と思うほどの何があったのか何も語っていない。手記「ある従軍記者」も、戦時下に新聞に書いたあたりさわりのない記事を数編、集めたもので、従軍当時の自身を省みるものではない。

戦後、六五年春になって林田は、中国に出張した。「雨に煙る西湖」

のほとりで林田は「日中不再戦」を誓った。

「十年一昔というが、ふた昔以上たっても痛恨は消えぬ」(「ある従軍記者」)

戦場の惨憺たる光景を見ながら、記者たちはそれを美談や武勇伝、あるいは「神話」に仕立てた。報道統制があったとはいえ、読者に事実を伝えなかったことは、記者にとって何よりの「痛恨事」だったにちがいない。「事実を伝える」という本来の使命を果たさず、事実を伏せることによって記者は侵略に荷担した。そのことへの悔恨が記者を沈黙させたのではなかったか。

## より高いモラル

ここで、日中間の関係構築に尽くした経済人、岡崎嘉平太の言葉を引いておきたい。岡崎は南京陥落翌年の三八年、日本銀行に籍をおきながら陸軍省の事務嘱託として上海に赴任。戦後は全日空社長などを歴任する一方、日中覚書貿易事務所代表として高碕達之助らとともに、日中間の経済交流の再開と国交正常化に尽力した。

岡崎は、「潮」七一年七月号の特集「大陸中国での日本人の犯罪　一〇〇人の証言と告白」のなかで次のように語っている。

「私たち日本人が、戦争当時に犯したかずかずの残虐行為および戦後の無定見、無節操な中国政策の何と罪深く、恥多いことか。私はより高いモラルをもちえなかったことをおなじ日本人のひとりとして、心からくやしく思っている」

「より高いモラル」をもちえなかったのは、従軍記者も同じだった。

子どもや老人までもが殺される光景を見て、「まちがっている」と考えた記者がいなかったわけではあるまい。実際、陸軍中枢は「皇軍の倫理」に照らして、将兵の軍紀違反を問題視し、繰り返し粛正を呼びかけた。しかし、実効はあがらなかった。

同じ現場にいた記者たちが日本軍将兵の問題行動に気づかなかったとは考えにくい。ただし、記者たちは（岡崎がそうだったように）それを批判的にみる「より高いモラル」を持ち合わせていなかった。

東京日日新聞の従軍記者だった鈴木二郎は戦後、こう振り返っている。

「南京虐殺目撃以前、つまり上海、南京間の従軍一カ月の間にもしばしば『虐殺』を目撃しているのであり、たびかさなるムゴイ戦闘、戦場での、多くの死体と血の臭いに、神経がマヒ状態にあった事はたしかであるが、目の前に多数の日本軍戦死者の姿を見るたびにわきおこる敵がい心、復しゅうと、神経の片すみに嗜虐的なヒラメキがなかったとはいえない」（鈴木「私はあの〝南京の悲劇〟を目撃した」「丸」71年11月号）

鈴木は、兵士たちと同じように、敵愾心と復讐心をもって従軍した。鈴木もまた兵士たちの行動を相対化する「より高いモラル」を持っていなかった。

戦後になって言論の自由、報道の自由が保障されても元従軍記者のほとんどは南京であったこと、中国であったことについて語ろうとしなかった。

三八年二月に福島民報の特派員として南京に入った坂本六良は戦後、著書『無冠の帝王』のなかで率直に心境を吐露している。

「侵略戦争のちょうちん持でしかない従軍記者である。これは私にとって一生のひけ目である」（傍点原文）

## 妻子には話せない

加害体験を語ることは苦しい。自らは手を下さなくとも、それを近くで見ていた記者にしても、同じような苦しさがあったことだろう。戦後になって亡くなった元従軍記者の妻（当時七六歳）が、新聞に次の投書を寄せたことがある。

「昭和十二年七月に勃発した日中事変で夫は従軍記者の第一陣に加わり、弾丸の飛び交う京漢線〔北京―漢口の鉄道線〕の最前線ばかりを軍隊と共に歩き、戦況を内地に送り続けました。〔略〕従軍記者で戦地の最前線を経験した夫が〔戦後になって〕『戦場のむごたらしさは女房や子には話せない。聞いたらショックでメシが食えなくなるから』と言っていたが、夫が生きていたら戦後四十二年たち風化されそうになっている今こそ、地獄絵のようなおぞましい体験談や秘話を聞きたいと思います」（朝日新聞テーマ談話室編『日本人の戦争』88年刊）

元従軍記者の多くが、戦場の凄惨な現実や日本軍の「不都合な事実」を語ることなく世を去った。戦争中に自分が書いた記事や従軍体験について語りたくない、忘れたい。どうせ理解してもらえないならば、いっそ何も見なかったことにしたい、そこにいなかったことにしたい、何も起きなかったことにしたい。

なかにはそんな思いに駆られた元従軍記者もいたかもしれない。

それにしても、と思う。

戦時中の報道統制下、書こうにも書けなかったことは、その通りだ。しかし、「事実を伝える」ことが記者本来の使命である以上、戦争が終わって言論、報道の自由が確保されたあと、どうして自己の体験を書き残そうとしなかったのか。

それが南京を見た記者たちの、戦後に持ちこされた使命であり責任ではなかったか。
記者としての戦争責任、戦後責任を果たそうとするなら、戦争当時は書けなかった事実を改めて書く以外、方法はなかったのではないか。
太平洋戦争末期の四四年、インド・ビルマ国境で繰り広げられたインパール作戦については、陸軍映画報道班員としてビルマに滞在した経験のある高木俊朗が、多数の関係者からの聞き取りをもとに、戦後四九年という早い段階でノンフィクション『イムパール』を発表、無謀な作戦指導を批判した。しかし、南京事件では高木のような記録者は現れなかった。

## 晩年の述懐

南京戦を取材した朝日新聞記者の一人に平松儀勝がいた。鈴木明の『「南京大虐殺」のまぼろし』のなかで、平松は、こう語っている。

「捕虜は捕えたところも殺しているところも見たことはない。上海では、敵の隠れるところをなくすためといって、家を焼き払っているのも見たし、女、子供を交えた腐爛死体も見て凄絶な感じがしたけど、南京では放火も、女子供に対する乱暴も見なかった。当時、虐殺という噂はわれわれの間ではなかったと記憶している」

その平松が晩年の九〇年に自費出版した本がある。タイトルは「罪悪深重《しんちょう》」。親鸞の「歎異抄」に出てくる言葉で、文字通り「深く重い罪」の意味だ。

それによると、平松は一九二四年に大阪朝日新聞に入社。社会部に所属し、三一年の満州事変では特派員として取材にあたった。敗戦間際の四四年にはセレベス島（現インドネシア・スラウェシ島）で、メナド・マカッサル支局長を務めている。戦後は大阪本社編集庶務部長などを務め、五九年、定年退職した。

この本の「はじめに」で、平松は執筆の動機について「真実報道の職業意識を捨てきれず」に書いたと述べる。それまで沈黙していた元兵士らが最晩年になって「語らずには死ねない」と戦場での経験を遺言のように語るケースがある。[2] 平松のこの本も、そうした意味合いのものだったのだろう。

なかに「戦争と悪鬼」と題する一文がある。国会図書館も所蔵していない資料なので、記録の意味から、南京での出来事について述べた箇所を全文引用する。文中、「和夫」は平松自身を指している。

「軍がひどいことをやっている。見るに耐えなかった。和夫君、一緒に行ってくれ」

森村記者がまっ青になって駆け込んだ。南京に入城して二日後の昼すぎ。軍から割当てられた宿舎、市民の住宅を臨時の前線支局にして五～六人が食事中だった。

「どこへ行くんや」

「揚子江の埠頭や。僕一人では辛抱できなくて逃げ帰った」

「何があったんや」

「司令部へ行くと敗残兵を見せてやる、と埠頭へ連れて行かれた。一人ずつ縄を解いて細長い板桟橋の先端まで歩かせる」

「それで……」

「先端につくと後方から銃声一発。濁流に真っ逆さまに落ちた。すぐ中尉が、うまいッ。一発必中だ、と褒めるんだ」

「そりゃ無茶や。殺されたのは一人か」

「三人まで見て気分が悪くなった。君、一緒に行ってくれ。逃げ帰ったことが知られたらあすから司令部で取材でけへん」

「いやだよ。人殺しに立会うなんて」

食事中の同僚たちは森村君の一語一語を言葉もなく聞いていたが、うまそうに食べていた銀めしを残して箸を投げた。

上海郊外の激戦から南京まで、長粒種の南方米、それも赤い下級米ばかりだった。南京で入城祝いの内地米が軍から配給された。久しぶりの内地米がおいしいこと、「やはり故国の米はうまい。おかずは要らん」といっていたのに、みんな食べ残した。

「まさか司令部の命令ではないやろ」

「激戦で殺気だっているんだ。見ぬふりして入城までの記事をまとめてくれ」

前線本部長格の田丸君がぽつり。その夜、和夫は無錫から蘇州までの光景が妙にやきついて眠れなかった。寒山寺は馬小屋となり仏殿は毀《こわ》され、金色の仏像がこなごなになっていたが、それよりも二十四、五歳、農村の若嫁が裸で雨に打たれ、道端に仰向けにされていたのが眼底から離れない。白い肌の股間に青竹。戦争は兵を鬼にする。いや鬼より恐ろしい悪魔になる。おとなしい農村の召集兵までが……。


文中、「森村」は同僚記者の守山義雄を指しているとみられる。というのも平松は鈴木明の『「南京大虐殺」のまぼろし』のなかで「虐殺事件に関しては、守山君が船着場で中国兵を射殺するところを見たといって憤慨していたので、よく憶えている」と語っているからだ。

また「前線本部長格の田丸君」も仮名とみられる。実際に「前線本部長格」だった記者は、南京通信局長だった橋本登美三郎である。橋本は戦後、「南京での事件ねえ。私は全然聞いてない」と語ったという（第七章参照）。

埠頭で中国兵の虐殺を見たと言って駆け込んできた同僚記者の姿と、雨に打たれる裸の「若嫁」と。それらは平松の脳裏に刻みこまれて、終生、消えることがなかった。

注

1　三七年一二月一八日付合同新聞掲載の社告は松山記者が、三七年一二月一九日午後に岡山を発って中国に向かうとしている。その時点ですでに南京は陥落していること、列車で南京に行ったとしていることから、松山が「上海上陸作戦から南京入城まで従軍した」とは考えにくい。当時の記事と、戦後の証言の間にズレがある。

また、のちに松山がつづった手記によると、松山は三七年一二月二九日に列車で南京に入っている。「和平門から城壁を迂回して下関に行く間は一帯が焼野原と化し敗残兵の死体が至る所に転つてあたり一面には塹壕などが構築されて激戦の跡を物語つてゐる」とそのときの模様を描写している（松山「感激に充つ上海！南京!!」『大黄河を征く　合同新聞社特派員従軍記』38年10月刊）。

2　元日本軍兵士から聞き取り活動をしてきた市民団体「戦場体験放映保存の会」（東京）は、元兵士らが晩年になって明かした証言を多数、収集、公開している。

## 過ちを繰り返さぬために

ひっかかっている言葉がある。

「満州事変から81年」と題する毎日新聞の特集紙面（2012年9月18日付）に書かれていた言葉だ。

「国家が栄えるために報道し、戦争となった場合には国の勝利を支援し称賛するのは、メディアとしては当然であり、それ自体を糾弾することはできないと思う。問題は、軍部に追随する域を超えて軍と一体化し、さらにあおり立てるような報道をしたことだ」

メディア史を専門とする著名な大学名誉教授がそう論じていた。

驚いた。

国家が侵略戦争を始めたとしても、報道機関は「国の勝利を支援し称賛する」のが「当然」であって、批判するのはまちがっているということだろうか。「軍部に追随する域を超えて軍と一体化した」のが問題だというが、「追随」と「一体化」はどうちがうのか。

二〇二二年二月、ロシアは、隣国ウクライナへの全面侵攻を開始した。右の言葉を改めて思い返した。名誉教授に従えば、ロシアの新聞や放送局は、ロシアの「勝利を支援し称賛する」のが当然ということになる。軍事侵攻に批判的なメディアをロシアが弾圧するのもまた、当然ということだろうか。

## 書くことで責任をとる

敗戦時、ともに朝日新聞東京本社の報道第二部員（社会部員）だった岸田葉子、むのたけじ（武野武治）の二人による対談が朝日新聞に掲載されたのは、二〇〇七年四月二九日付紙面だった。二〇〇七年から〇八年にかけて連載した「新聞と戦争」の締めくくりの企画で、このとき岸田は八三歳、むのは九二歳。戦時下にどんな思いで取材活動にあたっていたか、記者の戦争責任をどう考えるか、などについて語り合っていただいた。

むのは、特派員として日本占領下のジャワ島〈現インドネシア〉に特派員として駐在した経験があった。敗戦の四五年八月、読者に背き続けてきたことにけじめをつけようと三〇歳で朝日新聞社を去り、郷里の秋田県横手市に戻って週刊新聞「たいまつ」を発行し発言を続けた。[1]

対談でむのは、こう語った。

「新聞のすることは、いかなる場合であっても戦争はやらせないこと。それ以外には役割を果たせないし、責任のとりようもない」

戦争は、ひとたび始まってしまえば、止めるのは極めて難しい。始めないように力を尽くすのが第一だ。そして、むのは意外にも、こう続けた。「意外にも」というのは、むのは、「負け戦を勝ち戦と書き、戦争遂行の手助けをした責任を取る」ため新聞社を辞めたと語ってきた〈むの『老記者の伝言』2022年刊〉。そのむのから次の発言があったからだ。

「会社を辞めるという〈敗戦時の〉自分の身の処し方は最悪だったと、今では思う。本当はどうすべきだったのかを先日、琉球新報から教えられた。琉球新報は〈二〇〉〇四年、〇五年、『沖縄戦新聞』という企画記事を連載した。[2]同紙の若い記者たちは、『もしあの戦争中に新聞が新聞の魂を持っていたら、こういう新聞を作ったはずだ』という思いをもとに、今の情報と視点で沖縄戦の実相を書いた。その作業を四五年八月一六日から実行すること。それが当時の私たちの、読者に対する責任であり、私のやるべきことだったと思った。そういうことを戦後六〇年間、続ければよかった」

書くべき事実を書かなかった責任は、改めて書くことでしか果たせない。そのことに気づいたというのだった。確かに戦後、日本の新聞は、戦時下の報道を批判的に自己検証する作業をしないまま、「平和国家」のなかにするりと移行してしまった感がある。

南京戦について言えば、当時の従軍記者たちは、戦場で何があったのか、そこで何を思ったのか、戦後になって書き残しておくべきだったのだ。書くべきことを書かなかった責任は、たとえ長い時を経たとしても、改めて書くことでしか果たされない。それがいかに困難であっても。

## 国民の義務として

一方、岸田はこう話した。

「望むと望まないとにかかわらず戦争が始まってしまった。船でいえば、日本丸が嵐の海の中に出てしまった。そうなってしまった以上、乗組員は正しいか正しくないかより、船を助けようとするでしょう」

「私は新聞社に入ったからには、やっぱり戦いの気持ちで一生懸命やっていたんです。戦争をした方がよいとは思っていなかったけれど、戦争が始まった以上は何とか国のためになりたい、と願っておりました」

なるほど、そういうことだったのか。対談の司会をした私（上丸）は、岸田の言葉がすとんと腹におちた。

国のために役立つ、それが国民の義務である。

多くの記者が「報道戦士」となって、「強く正しい日本軍」という「神話」を書いた土台には、「国のために役立ちたい」[3]「役に立たねばならぬ」という意識があった。

毎日新聞の藤田信勝が戦時中は「今は『理性』ではなくて『力』の時代である。日本は『力』によって立つた以上、戦ふ力に少しでもプラスするのが、国民としての義務である」（藤田『敗戦以後』）と考えていたというのも、岸田と同じ心境だったのだろう。

元西日本新聞記者の今野義雄も月刊誌「潮」七一年一〇月号の特集「戦争中の新聞は何を書いていたか」のなかで次のように振り返っている。

「記者自身としても、国民の一人として戦争に勝ってほしかったし、国民一人一人を鼓舞する必要があった。報道が針小棒大となったのも避けえない状況であった。ただ、戦争状態になってからでは手のほどこしようはなく、それ以前の段階で、いかに阻止するかだと思う。何となく古傷をさされるという感じがするが、これがいまの心境だ」

元同盟通信記者の福岡誠一も、同じ「潮」誌上でこう述べる。

「国をあげての戦争であってみれば、報道や言論の自由はありえるはずがない。報道よりも、まず国の戦争遂行の必要に服さざるをえないわけで、これはひとり日本だけではなく、どこの交戦国も同じである。〔略〕いったん開戦となったからには、国民の一員として総力をあげるしかない」

権力を監視し、事実を伝えて、人々の知る権利に応えるという「ジャーナリズムの義務」は戦時下、「国民の義務」論に、あえなく呑み込まれた。ジャーナリズムの独立はそこにはなく、あるのは国家への従属だった。

「国のために役立ちたい」と考えたのは記者だけではなかった。戦後を代表するオピニオンリーダーの一人、英文学者で評論家の中野好夫は、戦時下の心境について、四八年にこう述べている。

「私自身の如きも一度として聖戦などとは思つたこともない、書いたこともない（これは書いた一切の断片を提出して断言できる）、勝つともあまり思へなかつた。しかし私は決して傍観して日本の負けるのをニヤニヤと待ち望んでいたことは決してない。〔日米開戦の四一年〕十二月八日以後は一国民の義務としての限りは戦争に協力した。欺《だま》されたのではない。喜んで進んでしたのであります」（『怒りの花束』48年刊）

## 国家への忠誠を超えて

この「国民の義務」論について、評論家の加藤周一は次のように論じている。

「多くの知識人は、日本型『ファシズム』の体制に批判的であったが、始めた戦争には勝たなければならない、したがって戦争努力には協力しなければならない、と考えた。この考えには二つの弱点がある。その一つは、戦争の本質に関する理解の誤りである。帝国主義的膨張政策は過ちであり、侵略戦争は過ちである。過った行為は、その主体が国家であろうと個人であろうと、始めた以上貫徹すべきものではなく、一日も早く改めるべきものである」

「もう一つは、戦争の現実に関する判断の誤りである。中国の人民の抵抗に日本軍が勝つ可能性はなく、米国の軍事力に勝つ可能性も全くなかったことは、当時すでに明らかであった。勝つ可能性のない戦いに『勝たなければならない』と言うのは、意味をなさない」（『戦後日本　占領と戦後改革5　過去の清算』〈95年刊〉所収の「序論『過去の克服』覚書」）

この「戦争努力には協力しなければならない」という議論を超えるために、何が必要なのか。加藤は別の著作で「国家に対する忠誠概念を超えて国家の善悪を判断する規準」をもたねばならない、と指摘している。

「なぜ、日本の国家がやっている戦争が『間違いだからやめろ』と、真っ向からぴしゃりといえなかったのか、その根本的な要因の一つは、知識人が自分の信じている思想と集団の間を揺れ動いていて、自分の信じる思想や価値が集団、すなわち日本に超越しなかったということです」

「止められようが、止められまいが、ほかの日本人の九九パーセントが賛成だろうが、反対だろうが、とにかく悪いものは悪い。『生命線』だろうと『赤化防衛』だろうと、どういう理屈をつけようと、中国の子どもを殺すことは悪い。子どもには社会的な責任がないからね。それがたとえば、矢内原先生が選んだ道です」(加藤、凡人会『「戦争と知識人」を読む　戦後日本思想の原点』99年刊)

「矢内原先生」とは矢内原忠雄のことだ。盧溝橋事件発生直後の三七年八月、東京帝大教授だった矢内原は「中央公論」九月号に論文「国家の理想」を寄せ、こう述べた。

「真の愛国は現実政策に対する付和雷同的□□〔二字伏せ字＝挙国〕一致に存するのではない。却つて付和雷同に抗しつつ国家の理想に基いて現実を批判する預言者こそ、国家千年の政策を指導する愛国者である」

掲載誌は発禁となり、やがて矢内原は東大を追われる。

## 自国の罪過

「どういう理屈をつけようと、中国の子どもを殺すことは悪い」

このことに気づいた従軍記者もなかにはいただろう。しかし、この一行を書こうとした従軍記者はおそらくいなかったのではないか。記者たちは「国家に対する忠誠概念」にしばられて、「国家の善悪を判断する規準」を見失っていた。

岡崎嘉平太の言う「より高いモラル」と、加藤の言う「国家に対する忠誠概念を超えて国家の善悪を判断する規準」は、おそらく同じものを指すのだろう。

なぜ記者たちはそれをもてなかったのか。その理由は、国家への忠誠を二の次にすれば愛国心を疑われかねない、そのことを恐れたからではなかったか。

矢内原より一世代早く、明治、大正期に活躍したキリスト教思想家、植村正久に「三種の愛国心」と題する文章がある。書いたのは日清戦争の勝利から一年後の一八九六年。清国からの割譲が決まった遼東半島が独仏露の三国干渉で返還を余儀なくされ、日本で排外的ナショナリズムが沸騰した時期だ。

植村は「自国の罪過を感覚」するのは「愛国心」であると、次のように主張した（『植村正久著作集1』66年刊）。

「国の古《いにしえ》を慕い、その歴史の光栄を楽しみ、もしくは国家の屈辱を悲しむのみならず、よく自国の罪過を感覚し、その逃避せる責任を記憶し、その蹂躙《じゅうりん》せし人道を反省するは愛国心の至れるものにあらずや」

「わが国のいわゆる愛国心なるものは〔略〕滔々《とうとう》たる天下歴史に心酔するものにあらざれば、悲歌慷慨外に対して意地を張らんとするに過ぎざるなり。自ら国家の良心をもって任じ、国民の罪に泣くものほとんどまれなり。甚だしきはこの種類の愛国心を抱くものを非難するに国賊の名をもってす。良心を痴鈍ならしむるの愛国心は亡国の心なり。これがために国を誤りしもの、古今その例少なからず」

自国の罪を自覚し、その責任を記憶するのは愛国心である。

植村は、そう説いた。

自国の罪に目をふさぎ、その責任を忘却することこそ、「亡国の心」であると。ところが今は「自国の罪過」に真摯に向き合おうとする者に、ともすると「反日」の罵りが投げつけられる。

## 憲法理念の土台の上に

四五年八月、戦争が終わった。二年後の四七年五月三日、日本国憲法が施行された。日本の政治や社会制度は土台からつくりかえられた。

新聞は、国家の意思を国民に伝え、国民を「指導」する立場から、憲法を軸に、政府の言動を監視し、国民、市民の知る権利に奉仕する立場へとその位置をかえた。

それでも「戦争協力は国民の義務」という論理を超えること、あるいは、ジャーナリズムが「国家に対する忠誠概念を超えて国家の善悪を判断する」ことが今日なお、たやすくないこともまた事実であろう。

日本国憲法の制定にかかわった首相、幣原喜重郎は、満州事変が起きる三年前の一九二八年、「外交管見」と題して講演し、こう述べている。

「世界各国を通じて一般の民衆は自国と外国との間に発生する紛議に付ては何となく対手国の主張が常に不正不当なるが如き一種の先天的偏見を抱くの傾向を免れない、冷静なる態度を以て双方に公平なる意見を公表する者は動《やや》もすれば其愛国心を疑はれ、悲憤慷慨の口調を以て対手国に対する反感を煽動する者は却て聴衆の喝采を受ける、此人心の傾向は屢々《しばしば》国際関係の円滑を妨ぐる所の一大原因であります」(国立国会図書館憲政資料室資料)

外国との間に外交上の対立がある場合、一般の人は、相手の主張がまちがっているという一種の偏見を抱きやすい。冷静に、双方に公平な意見を表明する者は、ともすると愛国心を疑われ、相手国への反感を煽る者がかえって喝采をあびる傾向がある。これが国際関係を妨げる一つの原因となっているというのだ。

こうした傾向は、現在も大きくは変わっていない。歴史認識や領土問題など、ナショナリズムの感情にふれるテーマでは、ことにそうした傾向が強い。政府とは異なる意見を示したり、冷静に政府を批判したりする者に対して、「反日」「非国民」などといった粗雑な言葉がネット上で浴びせられることがある。

平時でもそうなのだから、これが戦争となったら、たちまちナショナリズムが沸騰するであろうことは目にみえている。戦争は国家への忠誠を暗黙のうちに、あるいはあからさまにその成員に求める。自国の政府を批判するな、それは敵を利する行為だ、ジャーナリズムは自国の戦争に協力せよ、と。

そのとき、ジャーナリズムは、権力監視という自身の立場を貫けるのか。

この問いを考える上で、参照すべき事例がある。

**紛争の教訓**

八二年四月、英国とアルゼンチンとの間で長年、帰属が争われてきたフォークランド諸島（アルゼンチン側の呼称はマルビナス諸島）をめぐって武力衝突が起きた（フォークランド紛争）。アルゼンチン軍が先に島に上陸し、英国軍が奪還した。

この紛争の報道で、英公共放送ＢＢＣは「英国軍」を「わが軍」と呼ばずに「英国軍」「アルゼンチン軍」と並列させて呼んだ。そして、英政府の主張とともに、英政府に批判的な意見も取り上げた。
「艦船撃沈の場合、夫や息子の死を知って泣きくずれる妻や母親の涙は、英国、アルゼンチン双方から送られ、大映しされ」た（浅井泰範「英国のマスコミが提起したもの」「新聞研究」82年7月号）。

英国のサッチャー保守党政権は、ＢＢＣの報道は英国の立場を十分に説明していないなどと批判。大衆紙「サン」は「われわれの真ん中に反逆者がいる」「銃声の響きの上に中立の審判はありえない。英国人は祖国の側に立つか、敵になるかのどちらかだ」とＢＢＣや英紙を非難した（佐藤欽也「英紙論説委員の処分めぐるホットな論争」「朝日ジャーナル」83年1月21日号）。

ＢＢＣの幹部リチャード・フランシスは八二年五月、マドリードでの国際新聞編集者協会の総会で、予定の演説草稿を離れて、こうスピーチした。

「イギリス軍の士気を高揚させたり、イギリス国民を国旗の下に団結させたりするのはＢＢＣの仕事ではない。われわれの仕事は主戦論を唱えることではない。混乱した憂慮すべき事態について、将兵自身とその家族に対し、国民全体および全世界に対し、最も信頼できる情報を伝えることがわれわれの仕事なのである」

「非愛国的と言われることを恐れてアルゼンチン側の撮った映像を抑えるのは卑怯なやり方である。〔英国の軍港〕ポーツマスの岸壁に立つ〔戦争〕未亡人《ママ》は、ブエノスアイレスの〔戦争〕未亡人《ママ》と異なるところはない。ＢＢＣは愛国心について教えを受ける必要はない。真実こそ最もすぐれた宣伝である。ＢＢＣが名声を得ているとすれば、それは政府のヒモ付きではないからである」（村井仁「もうひとつの〝フォークランド紛争〟」「ＮＨＫ文研月報」82年7月号）

英国の戦死者遺族の悲しみも、アルゼンチンの戦死者遺族の悲しみも、同じ悲しみである。ＢＢＣの幹部はそう訴えた。

新聞は、あるいは広くジャーナリズムは、平時はもちろんのこと、戦時においても、政府から独立して政府を監視しなければならない。そのために「国家に対する忠誠概念を超えて国家の善悪を判断する規準」（加藤周一）を持たねばならない。

政府と国家は、重なる部分はあるが本質的に別の存在である。

民主国家において政府（政権）は選挙によって取りかえ可能であり、それは国家の全体ではなく一部である。ある政府の一つの政策を批判することを反国家（日本で言えば「反日」）であるかのように言い募る傾向が一部にあるが、これは誤りだ。政府の政策を批判したからといって、「この国（どの国であれ）から出ていけ」と非難されるいわれはない。批判の自由、言論・報道の自由は、民主国家に欠くことができない。批判する者は出ていかねばならないとしたら、それは民主国家ではない。

政府が「国策」と呼ぶ政策が、常に最良の選択であるとは限らない。政府は、しばしば判断を誤る。同様に、政府が「国益」と呼ぶものが、常に国家（とその成員）にとって利益であるとは限らない。政府は往々、判断を誤る。

そのことは、一九四五年の敗戦に至る日本の歴史をみれば明らかだ。

日本は国策を誤った。ジャーナリズムはそれを批判せず、かえって拍手喝采を送った。その典型的な姿が、日本軍の南京侵攻をめぐる報道だった。

過ちを繰り返してはならない。

注

1　六〇年代末、むのは新聞の戦争責任について、こう述べている。

「日本の新聞が全体として犯した罪過はきりもなかったが、その中でも三つの傷はまだ血を流したままであることをみつめよ。第一に、〔米英との〕開戦の準備が進んでいたのに、それを民衆に全く伝えなかった。第二に、負けいくさを勝ちいくさであるように報道しつづけて民衆をあざむいた。第三に、降伏の準備が進んでいたのに、それさえも事後報告し、民衆が自分の手で戦争の始末をつけるという最後のチャンスにも何ひとつ手をかさなかった」

「かつて自分の職場を媒介として深めた傷のいたみゆえに、悔いを食って悔いを支えとするほかに生きようのない『元朝日新聞記者』が日本のあちこちにまだ生き残っていることも、知っておいてわるくはあるまい」（朝日新聞東京本社編集局報「えんぴつ」53号、69年5月15日発行）

2　「沖縄戦新聞」は、沖縄戦六〇年の記念企画。二〇〇五年の新聞協会賞、石橋湛山記念早稲田ジャーナリズム大賞を受けた。

3　四五年一二月に米陸軍情報部将校が北京在住の日本人（民間人三〇一人、軍人八四人）を対象におこなった意識調査では、「自分の個人的な幸福よりも日本国家のために働かねばならない」という項目について、賛成八三%、反対九%だったという（吉見義明『草の根のファシズム』87年刊）。戦争中にはもっと賛成が多かったことが推測される。

## あとがき

この本を書くために、本格的に資料集めを始めたのは二〇二〇年二月だった。その月に私は六五歳に到達し、それまで四二年間勤めた朝日新聞社を退社してフリーになった。

以来、三年半にわたって、私は、くる日もくる日も「南京」と向き合ってきた。

図書館に通って日本軍の南京侵攻を報ずる一九三七―三八年当時の新聞（ほとんどはマイクロフィルム版）を閲覧し、「これは」と思う記事のコピーをとった。傍線を引きながら記事を読み、パソコン上のノートに書き込む。一人でやるのは無理かもしれない……と途中で思うほどの膨大な作業量だったが、だれも知らない数行を発見できるかもしれないと考えて、少しずつ読み進めた。

調査を始めてまもなく、新型コロナウイルスの感染拡大が始まった。図書館は入館が制限されるようになった。パソコンの前で私は毎日、一〇時間近くをすごした。二、三カ月たったところで腰に鈍い痛みを感じるようになった。

準備作業に一応の区切りをつけて原稿の執筆に取りかかったのは二〇二一年五月だった。

### ロシアのウクライナ侵略

二二年二月二四日、ロシアがウクライナへの全面侵攻を開始した。

NHKのニュースキャスターが、「侵略」という言葉を繰り返した。

ロシアの侵略は、かつての日本の中国侵略を否応なく想起させた。

当時の日本が、言論・報道の自由を厳しく制限したのと同じように、今日のロシアもまた、独立系メディアの戦争批判を封じ、活動停止に追いこんだ。

日本の新聞、テレビ、ネット上のニュースサイトは日夜、ウクライナ情勢を報じた。そうした状況下で、私は南京戦を報じた古い新聞を読み返し、記述し続けた。

現在進行形の戦争報道と、八十数年前のそれが重なり合った。

市街地への無差別攻撃、民間人の集団虐殺、誘拐される幼い子ども、性暴力、捕虜への拷問、虐殺、闇のなかでおびえる住民そして流亡。

一九三〇年代の光景とよく似た光景が今日、私たちの目の前に出現していた。

ロシアのウクライナ侵略という鏡に日本の中国侵略の歴史を映すとき、日本の過ちが映像のように浮かび上がってきた。

そして、その戦争は、今なお続いて終わりがみえない。

## 侵略の定義

ロシアのウクライナ侵攻開始から三カ月後の二〇二二年五月二四日、安倍晋三元首相は、日米豪印（クアッド）首脳会合に参加するため来日したインドのモディ首相と面会したあと、記者団に語った。

「ウクライナへのロシアの侵略を受け、インド太平洋地域の民主主義国家である日米豪印が日本に集まって、世界に向けて地域の平和と安定に責任を果たしていく意思を示したことは極めてタイミング、意義においても良かった」（22年5月24日朝日新聞デジタル「訪日したバイデン氏、台湾防衛に関与」）

あれっ、と思った。安倍がロシアの行動を「侵略」と呼んだからだ。

二〇一三年四月、安倍は、参院予算委員会で歴史認識について問われ、「侵略の定義は学界的にも国際的にも定まっていない。国と国との関係でどちらから見るかで違う」と答弁した。

実際には一九七四年一二月、国連総会は「侵略とは、国家による他の国家の主権、領土保全もしくは政治的独立に対する、又は国際連合の憲章と両立しないその他の方法による武力の行使」と定義した総会決議を全会一致で採択、日本も賛成していた。

安倍内閣は二〇一三年五月、侵略の定義について「様々な議論が行われており、確立された定義を含め、回答は困難」などとする答弁書を閣議決定したのだった。

戦後七〇年の節目にあたる二〇一五年八月、安倍は首相談話を発表した。

戦後五〇年の村山談話、六〇年の小泉談話にあった「植民地支配と侵略によって、多くの国々、とりわけアジア諸国の人々に対して多大の損害と苦痛を与えました」という文言は、安倍談話では消えた。かわりにあったのは「〈日本は〉『新しい国際秩序』への『挑戦者』となっていった」という、そこだけ読むと何か善いことをしたかのような文言だった。

「日本が侵略した」とは、どうしても言いたくない。

そんな安倍の執念のようなものが談話に反映されていた。

その安倍が、ロシアがウクライナを侵略するや、定義のないはずの「侵略」という言葉をこともなげに口に出した。なるほど、ロシアの行動は国際法に反し、「侵略」としか言いようがない。国境を越えてウクライナ領土内にミサイルを撃ち込むなどして、多数の死者と国外脱出者を生み出している。しかロシア軍の中国侵略もやはり「侵略」と呼ぶほかない。日本は中国の領土に大軍を送り込み、非戦闘員を含むおびただしい数の中国人を殺戮した。ロシア軍のウクライナ侵略も、日本軍の中国侵略も、定義を云々するような境界例ではなく、文字通りの「侵略」ではないか。

安倍は、ロシア軍の行動については、単刀直入に「侵略」と言い切った。結局、安倍は、ロシアがしたのは侵略だが、日本がしたのは侵略ではない、と言うのである。

これが果たして、歴史とのフェアな向き合い方だろうか。

歴史学者の入江昭ハーバード大名誉教授は次のように述べる。

「日本では歴史認識問題ということがよくいわれ、近隣諸国とのあいだに過去の記憶について大きなギャップがあるとされている。しかし、それは国別の歴史にとらわれているからだ。本当は存在しているのは『世界の歴史』であり、その意味では人類の歴史は一つである。そして、それはすべての人々が共有しうるものだ」

「自分たちの国の歴史を独りよがりな解釈でとらえるだけで満足するのは、偏狭なナショナリズムを育成するのみならず、現実の世界から孤立した意識を広めることにもなろう」（入江『歴史家が見る現代世界』2014年刊）

**石川文洋氏に聞く**

本書執筆にあたって、どうしても話を聞きたいジャーナリストがいた。

ベトナム戦争報道などで知られる報道写真家、石川文洋さんである。

東日本大震災からまもない二〇一一年三月末に始まった朝日新聞の夕刊連載「ジャーナリズム列伝」で、私は石川さんの仕事と人生をたどったことがあった。従軍取材について、改めて体験を聞いておきたかった。

二〇二三年三月、私の腰痛は急激に悪化、右太ももに激痛が走ってほとんど歩けなくなってしまった。数メートル歩くごとにしゃがみこむ始末だった。医師には、椎間板ヘルニアと診断された。痛み止めの薬をのんでストレッチを続けた。手術を覚悟した。

ところが不思議、五月になって、ほんの少しずつ歩けるようになった。まだこわごわ歩くような状態だったが、折りたたみの杖をかばんに忍ばせて、長野県諏訪市の石川さん宅に向かった。

「日本軍に従軍した記者は、軍の統制下におかれました。ベトナム戦争でフリーのカメラマンだった私とは、決定的に立場がちがいました」

石川さんは、そう強調した。

トンキン湾事件直後の一九六四年八月、石川さんは二六歳で初めて南ベトナムに渡った。首都サイゴン（現ホーチミン）に着くとすぐに、南ベトナム政府新聞局と米南ベトナム援助軍司令部の新聞局を回って、記者証を出してもらった。従軍中に死亡しても何も求めないこと。それだけが条件で、午後には米司令部の記者会見場に入ることができた。

米軍はフリーのカメラマンにも協力を惜しまなかった。依頼すれば前線に向かう輸送機やヘリコプターに乗せてくれた。最前線では無償で食事も提供してくれた。戦争当事国以外のジャーナリストが長期にわたって自由に取材できた戦争は、その後の戦争も含め、ベトナム戦争だけだった。石川さんは一カ月に三、四回従軍取材し、合わせて二〇日前後を前線ですごした。そうして四年間、ベトナムに滞在して取材を続けた。

――米軍といっしょに行動していると、戦争に対する見方が米軍寄りになりませんでしたか。

「米軍や南ベトナム政府軍の兵士たちとは自然に親しくなります。私にとって彼らは友人でした。しかし、私は米国のベトナム政策に反対でした。だから、当時、米軍がベトコンと呼んだ南ベトナム解放民族戦線の兵士を『敵』と考えることはありませんでした。もともと農民の彼らには、共産主義も資本主義も関係なかった、平和に暮らせたらそれでよかった、米軍の攻撃から村を守ろうとしただけなのです。私は、戦争の悲惨さを伝えたいと考え、ベトナム農民の視点で写真を撮っていました。沖縄出身の私は、多数の民衆が犠牲になった沖縄戦と重ねてベトナム戦争を見ていました」

――戦場では、凄惨な場面に幾度も出合ったのでは?

「日本テレビの取材班に加わって、南ベトナム政府軍の部隊に従軍したことがあります。あるとき、辺りのヤブから銃撃を受けた。私は地面に伏せました。三〇メートルほど先で、年若い農民がうつぶせになって倒れている。政府軍兵士の一人が短剣を抜いてその少年に何かしているのが見えました。兵士が立ち上がると、その手に少年の首がありました。兵士は首を道に投げました」

石川さんはその一瞬の光景をムービーカメラで撮った。斬首を見たのはこの一回だけだった。この場面を含むドキュメンタリー番組が六五年五月に放送された。

それを見た内閣官房長官が日本テレビ社長に「あれほど残酷なものを放送するなんて、ひどいじゃないか」と電話で抗議、日本テレビはこの番組の再放送と、第二部、第三部の放送を取りやめた（2011年4月15日付朝日新聞夕刊「ジャーナリズム列伝」）。

電話をかけた官房長官は、橋本登美三郎。

南京戦当時に朝日新聞南京通信局長を務めた橋本は戦後、政界に転じ、佐藤栄作内閣の官房長官を務めていた（1976年にロッキード事件で逮捕）。

解放戦線の兵士と農民は外見では区別がつかない。南ベトナム政府軍の兵士は、若い農民を捕まえて拷問を加えるなどした。米軍部隊は、農民の家に火を放ち、空爆で村を焼き払った。老人が焼け出され、幼い子どもが母親に抱かれて泣いていた。

——そうした光景を目の当たりにしたときは、どんな心境でしたか。

「それはつらいですよ。しかし、この場面を撮影して世の中に伝えることができるのは自分しかいないんだ、そう自分に言い聞かせてシャッターを切っていました」

——南京戦に従軍したカメラマンは、戦場で苦しむ日本兵の姿も、また日本軍の侵略で被害を受けた中国民衆の姿も、ほとんど撮影しなかったのではないかと思われます。戦後になっても、そうした写真は、ほとんど発表されていません。

「陸軍の嘱託カメラマンとして日中戦争、太平洋戦争に従軍した小柳次一《つぐいち》[1]について調べたことがあります。小柳は良心的なカメラマンと思っています。しかし、彼もまた日本の『良い兵隊さん』を撮った写真が多く、中国の民衆を撮影した写真は、燃える家を背景に、中国人女性が泣いている写真が一枚、確認できただけでした。中国人の悲劇を撮影したネガは敗戦時に焼かれてしまったのかもしれません。同じ現場にいても、視点がちがえば見えるものがちがいます。主体的に見ようとしなければ見えるものも見えません」

戦意高揚のための写真を撮り続けた日本の従軍カメラマンの目には、日本軍に苦しめられる民衆の姿は映らなかった。目の前にいても、気にとめることもない、だからいないのと同じことだった。

石川さんは六九年、三一歳で朝日新聞社に入社。出版写真部員としてカンボジア紛争などの取材活動にあたった。八四年にフリーになってからも、ボスニア、アフガニスタンなど戦争の現場を歩いてきた。

——南京を見た従軍記者やカメラマンのほとんどは、戦後になっても沈黙を守りました。

「その気持ちはわかる気がします。私は逆に今、うんとしゃべっておかないといけない。ベトナム戦争に従軍したジャーナリストはほとんど亡くなってしまいました。私は八五歳になりましたが、これからも私の体験を語り続けるつもりです」

## 祖父のこと

最後に私事にふれることをお許しいただきたい。

私の祖父、上丸大吉《だいきち》[2]は、一九一四（大正三）年、現在の岐阜県高山市に生まれた。二三歳のとき、金沢山砲兵第九連隊第一大隊[3]の輜重兵として中国にわたり、南京戦に従軍した。輜重兵は食糧などを運ぶのが任務で、通常は銃を持たなかった。このため「輜重輸卒が兵隊ならば蝶々トンボも鳥のうち」と揶揄され、兵士のなかで一段、低くみられていた。

大吉が所属する第一大隊の隊長は比土平隆男。本書では、カメラマンの佐藤振寿ら毎日新聞の取材班が南京陥落直後、国民政府の庁舎に日の丸を掲げる場面で比土平の名をみることができる。

大吉が戦地から郷里に送った手紙やはがきが幾つか私の実家に残されている。そのうちの一つは、便箋に「南京陥落紀念　上海　12・12・17　野戦郵便局」のスタンプが押されている。三本の日の丸がはためく図案は、野戦郵便長、佐々木元勝の著書『野戦郵便旗』（73年刊）に載っているスタンプのそれと同じだ。

大吉が陥落直後の南京に足を踏み入れたことはまちがいない。しかし、南京で、また南京への途上で何を見たか、手紙は一切ふれていない。

大吉が所属する山砲兵第九連隊は三七年一二月一三日から二四日まで「南京城内の掃蕩及び警備」にあたり、二八日に移駐のため南京を出発。三八年の元日は丹陽郊外で迎えた（山砲兵第九連隊記念写真帖編纂委員編『支那事変記念写真帖』40年刊）。

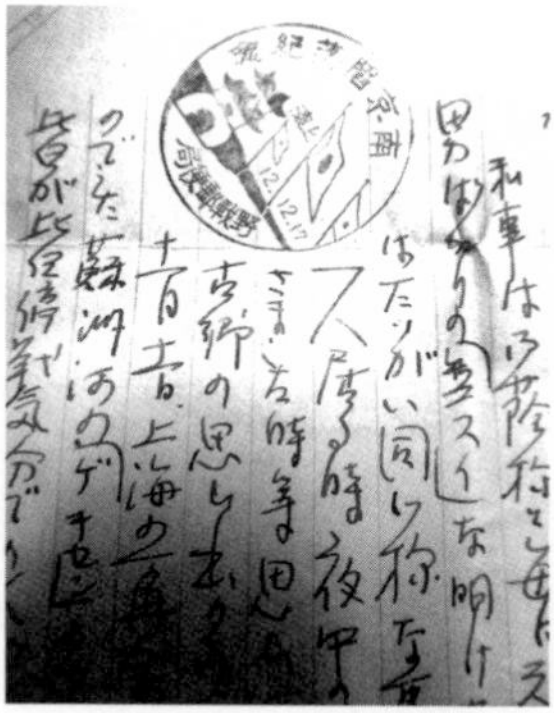
上丸大吉が郷里の飛騨高山に送ってきた手紙（部分）。「南京陥落紀念」のスタンプが押されている

その後の大吉の足跡はほとんどわかっていない。ただ一つわかっているのは、四四年二月六日、中部太平洋マーシャル諸島のクェゼリン島（現在はクワジェリン島と表記）で戦死したことだ。享年二九。

日本軍はこのとき、米軍の攻撃の前に全滅した。

そのクワジェリン島に私が飛行機で立ち寄ったのは二〇

一四年二月、ビキニ事件六〇年の取材でマーシャル諸島共和国の首都マジュロを訪れる途次だった。立ち寄ったといっても、クワジェリン島には米軍基地がおかれており、飛行機の外に出ることは許されなかった。

そこは、大日本帝国が太平洋に拡げた版図のほぼ東端にあたっていた。

山深い飛騨の地で、大吉は、母の手ひとつで育てられた。一〇歳の時に、母と死別。当時、義務教育だった尋常小学校六年を終えると愛知県内の印刷所にいわゆる丁稚奉公に出たと聞く。

その青年が——遥けくも来つるものかな、なぜこの南の島で、絶望的な飢餓に苦しみながら死んでいかねばならなかったのか。

戦後に生まれた私は、大吉を知らない。しかし、大吉と無縁とはいえない。

そうである以上、「南京」は、単に一つの歴史事実として私の外にあるのではなかった。

私の内に「南京」はあった。

三年半にわたって調査と執筆にあわただしい日々をすごした末に、私はようやくそのことに気づいた。

◇

参考文献の主なものは、引用文の出典として本文中に示した。ほかにも多数の書籍、論文を参考にしたが、それを列記すると相当のページ数を要するため、一括掲出は断念せざるを得なかった。また、今回収集した新聞記事や資料のうち、本書に活用できたのは一部で、多くは割愛せざるを得なかった。

本書執筆のそもそものきっかけは二〇一九年一一月、専修大学教授（当時）の藤森研さんの依頼を受けて、南京戦の報道について学生に講義をしたことだった。元朝日新聞編集委員の藤森さんは、私の尊敬する先輩記者であり、連載「新聞と戦争」をともに担当したことがあった。新聞社を退いたあとの私の執筆テーマが決まったのはこのときだった。

本書が「新聞と戦争」について考え、「歴史と向き合う」ことの一助となるならば、著者として、それ以上の喜びはない。

本書の執筆、刊行にあたっては、直接、間接に、たくさんの方々のお力添えを得た。編集を担当していただいた中島美奈さん、校閲の山田欽一さん、そして、この本を手にとっていただいたすべての方々に深く感謝申し上げます。

ありがとうございました。

二〇二三年九月二七日　　上丸　洋一

注

1　小柳は一九三八年一月初めに南京に入った。当時の南京の状況について戦後、次のように語っている。
「もう南京城内には中国兵はおりませんで、戦闘はありませんでしたが、まだ所々に死体が転がったままのところもありました。〔略〕逃亡兵は城外に出てから、筏や小舟で揚子江を渡って対岸の浦口へ逃げようとしたんですね。ところが潮の流れで南京側へ押し戻されてしまうんだそうで、それを日本の駆逐艦が機銃掃射で狙い撃ちにしたもんだから、たいへんな数の中国兵が死んだと聞きました。特務部の案内で郊外に出ましたら、まだ掃討戦が散発的に続いてましたから、中国兵の死骸もそのままになっていました」（小柳、石川保昌『従軍カメラマンの戦争』93年刊）

2　上丸大吉は戸籍上、私の祖父であるが、実の祖父ではない。日中戦争が全面化してまもない三七年九月、出征する大吉の養子となったのが当時九歳の茂（のちの私の父）で、大吉と茂は従兄弟の関係だった。

3　ネット上の情報では一九八二年に『山砲兵第九連隊　一銭五厘の兵隊の記』という本が出版されているようだ。著者、出版者は「中瀬武」。山砲兵第九連隊は上丸大吉が所属した部隊だ。ぜひ目を通したいのだが、国会図書館などの蔵書や、ネット上の古書店を検索してもヒットせず、未見である。

# 人名索引（50音順）

本文から主な人名を抽出した。注にある人名や引用文献の筆者名などは除いた。記者については所属社を（　）内に示した。その際、東朝、大朝は朝日新聞に、東日、大毎は毎日新聞に統一した。

## 【あ行】

## 【か行】



## 【さ行】

## 【た行】

## 【な行】



## 【は行】

## 【ま行】



## 【や行】

## 【ら行】



## 【わ行】

【著者略歴】
上丸洋一（じょうまる・よういち）
ジャーナリスト。1955年、岐阜県高山市生まれ。78年、朝日新聞社入社。オピニオン編集長、「論座」編集長、編集委員を務め、2020年退社。著書に『新聞と憲法9条——「自衛」という難題』『原発とメディア——新聞ジャーナリズム2度目の敗北』『「諸君！」「正論」の研究——保守言論はどう変容してきたか』など。共著に『新聞と戦争』など。

　個人として新聞労連ジャーナリズム大賞、平和・協同ジャーナリスト基金奨励賞、取材班のメンバーとして科学ジャーナリスト大賞、石橋湛山記念早稲田ジャーナリズム大賞などを受賞した。

南京事件《なんきんじけん》と新聞報道《しんぶんほうどう》
記者《きしゃ》たちは何《なに》を書《か》き、何《なに》を書《か》かなかったか

二〇二三年一〇月三〇日　第一刷発行

著　者　上丸洋一
発行者　宇都宮健太朗
発行所　朝日新聞出版
〒一〇四-八〇一一　東京都中央区築地五-三-二
電話　〇三-五五四一-八八三二（編集）
　　　〇三-五五四〇-七七九三（販売）

印刷製本　株式会社 加藤文明社


ISBN978-4-02-251941-2
定価はカバーに表示してあります。